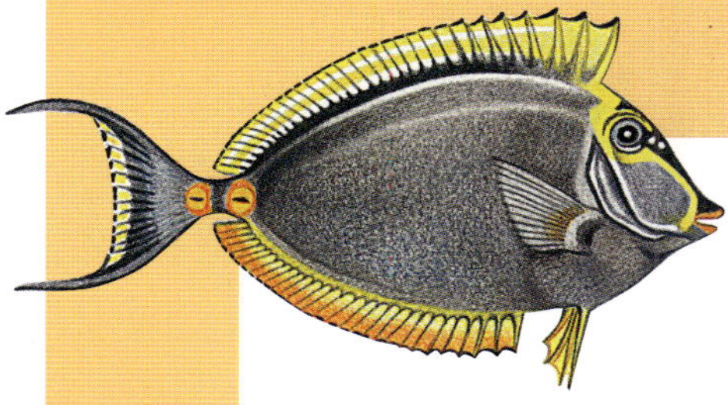

LES PLUS BEAUX

SITES DE PLONGÉE

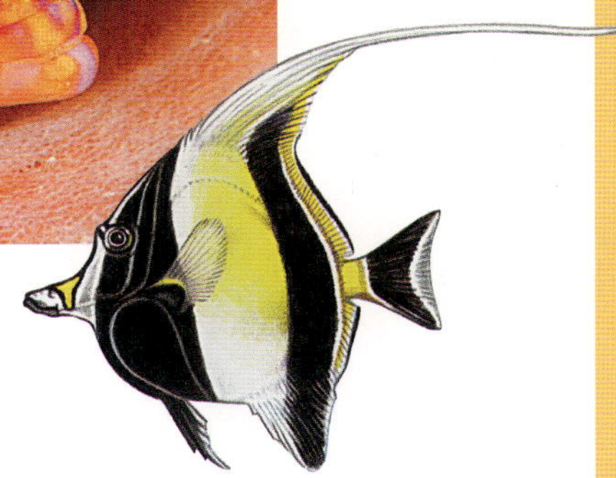

EDITIONS WHITE STAR

Amérique du Nord
Océan Atlantique
Europe
Amérique du Sud
Océan Pacifique
Océan Atlantique
Océan
1
2
3
4
5
6
7
8
9
10
11
12
13
14
15
16
17
18
19
20
21
22
23
24
25
26
27
28
29
30
31
32
33
34
54
55
56
57
58

LES PLUS BEAUX SITES DE PLONGÉE

Sous la direction d'Egidio Trainito

TEXTES ET PHOTOGRAPHIES
KURT AMSLER
JONATHAN BIRD
BRANDON COLE
ELEONORA DE SABATA
GIORGIO MESTURINI
VINCENZO PAOLILLO
ROBERTO RINALDI
EGIDIO TRAINITO
JAMES TRETER

DESSINS
DOMITILLA MÜLLER
AURORA ANTICO

CONCEPTION GRAPHIQUE
CLARA ZANOTTI

Liste des sites de plongée

1 *Un petit labre pointe le nez hors de son repaire.*

2-3 *Alcyonaires, madrépores et éponges sur le bord du récif.*

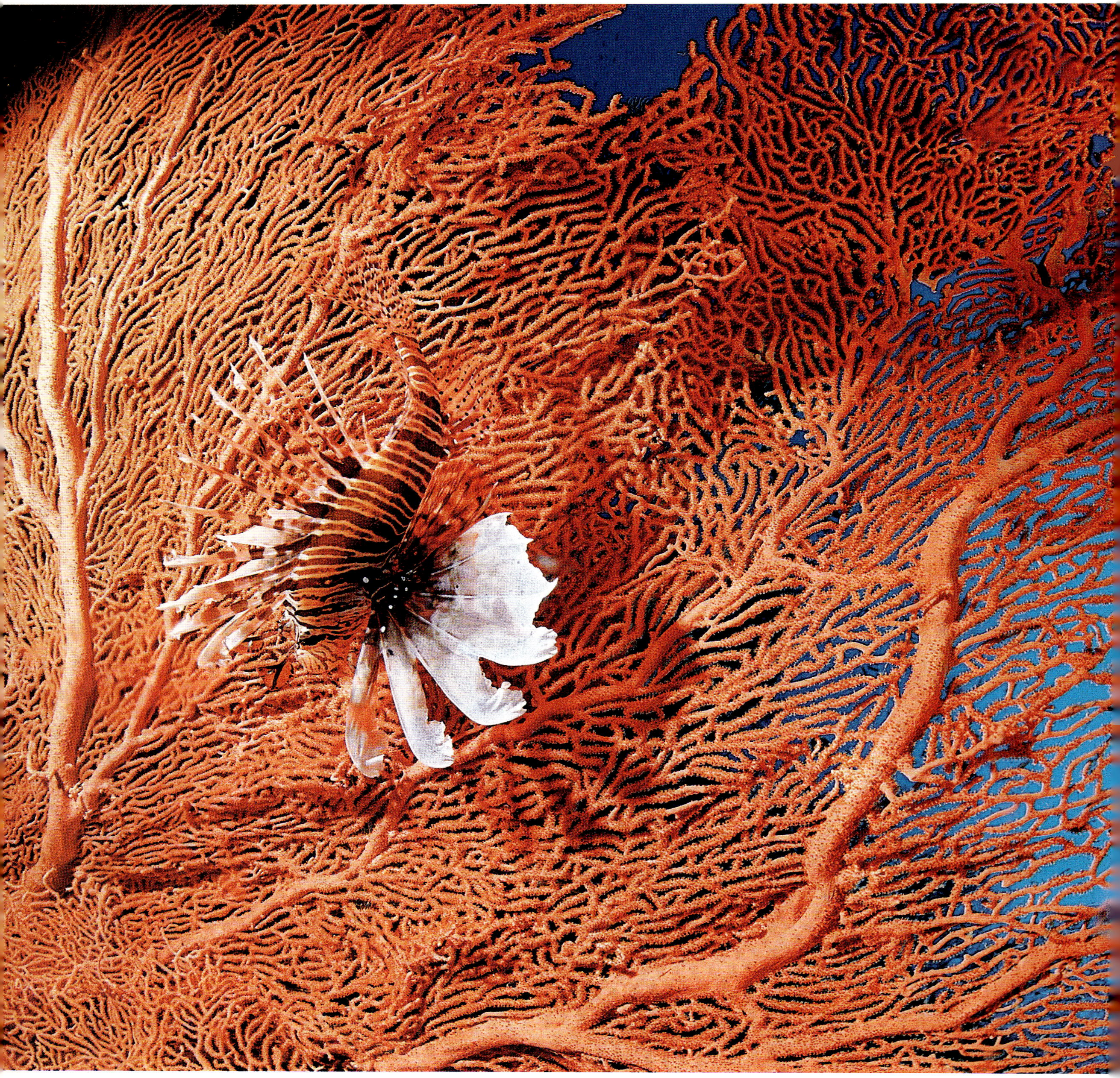

INTRODUCTION

PAR EGIDIO TRAINITO

Les trois quarts de la surface de la Terre sont recouverts de mers et d'océans. Or nous connaissons encore très mal cette masse colossale d'eau, car le milieu aquatique est soumis à des conditions et à des règles qui diffèrent radicalement de celles qui régissent la vie sur la terre ferme. En effet, si presque tout le monde peut descendre jusqu'à 20 mètres en dessous du niveau de la mer, voire, grâce à la technologie moderne, jusqu'à 50 mètres dans de bonne conditions, les problèmes d'ordre technique, logistique, économique et physiologique sont si vastes qu'il n'est donné qu'à une poignée d'entre nous de consacrer son temps à ces profondeurs. En revanche, s'il est vrai que la somme de nos connaissances en matière de milieux marins demeure limitée, il est tout aussi vrai que les trente dernières années ont vu le nombre de plongeurs augmenter de manière vertigineuse. Et les équipes d'aventuriers des débuts ont cédé la place à des millions de plongeurs qui explorent désormais des centaines de sites touristiques, et ce dans toutes les parties du globe. Aujourd'hui, on peut ainsi dire que nous connaissons parfaitement le moindre recoin de certaines régions et de leurs rivages – au moins jusqu'à 40 mètres de profondeur. Nous avons ainsi identifié un nombre impressionnant de formes de vie différentes, et de nombreux animaux ont des admirateurs qui tentent de les approcher avec masque et palmes. La majeure partie du spectacle se déroule dans les eaux chaudes de la planète, là où prolifèrent les coraux qui érigent de gigantesques barrières dans les fonds marins, mais aussi dans les mers moins chaudes, comme la Méditerranée, voire dans les mers froides, sous des latitudes situées au nord ou à l'extrême sud, qui comptent aussi leur cortège d'aficionados. D'ailleurs, les plongeurs ont coutume d'affirmer que chaque excursion possède son charme propre, qu'il s'agisse d'admirer les couleurs de la barrière de corail ou de tâtonner dans une forêt de kelp, d'évoluer au-dessus de vastes bancs de sable ou entre de majestueuses architectures rocheuses. Et si chaque plongeur a des préférences en matière de mer ou de circuit, il n'est pas de site meilleur que les autres.

6-7 Une rascasse volante (Pterois volitans) *déploie ses longues nageoires entre les rameaux d'une grande gorgone.*
Photographie Roberto Rinaldi.

7 à gauche en haut Le poisson Garibaldi est typique des forêts de kelp du Pacifique oriental.
Photographie Vincenzo Paolillo.

7 à gauche en bas Le premier plan offre une vision insolite d'un groupe de poissons de verre (Parapriacanthus ransonneti) *à Hin Daeng en Thaïlande.*
Photographie Egidio Trainito.

7 à droite en haut Les gorgones rouge et jaune (Paramuricea clavata) *de Scilla démentent la légende d'une Méditerranée dénuée de couleurs.*
Photographie Roberto Rinaldi.

7 à droite en bas Alcyonaires, gorgones, crinoïdes entourent une éponge-baril : sur les récifs des Philippines, la variété de formes de vie qui animent ces espaces est extraordinaire.
Photographie Vincenzo Paolillo.

8 Une énorme éponge-baril (Xestospongia testudinaria) *domine un amphithéâtre du récif, à Mari Mabuk au Sulawesi (Célèbes) : sur le sommet, un crinoïde profite de cette position favorable pour déployer ses bras dans le courant.*
Photographie Egidio Trainito.

8-9 Un poisson-ange (Pomacanthus *sp.) à la livrée discrète nage dans Careless Reef en mer Rouge.*
Photographie Vincenzo Paolillo.

C'est d'ailleurs un facteur qui n'a pas été sans poser quelques difficultés au cours de la préparation de ce livre. Comment sélectionner, en effet, une soixantaine de sites dans la diversité des spots du globe ? De toute évidence, le choix est arbitraire. Les plongées décrites dans les pages suivantes sont toutes exceptionnelles, non seulement par leur situation géographique, mais surtout parce que la plupart d'entre elles sont à la portée du plongeur amateur. Ainsi, les novices découvriront un outil irremplaçable pour sélectionner une destination qui réponde à la fois à leurs attentes et à leurs possibilités. Toutefois, l'ouvrage s'adresse également aux plongeurs plus expérimentés, qui l'aborderont comme un album de souvenirs des lieux auxquels ils ont rendu visite à travers le monde, retrouvant au fil des pages un décor, un nom de poisson, autant d'images enfouies dans leur mémoire qui leur donneront envie de repartir pour de nouvelles explorations. Enfin, l'ouvrage n'ignore pas tous ceux qui, n'ayant jamais chaussé de palmes, souhaitent simplement rêver d'horizons lointains en restant bien au chaud dans leur fauteuil.

Chaque site est présenté par un texte rédigé par un spécialiste de la plongée et illustré de photographies en couleurs des éléments les plus marquants ainsi que d'un schéma précis du circuit décrit dans le texte. Vous serez ainsi à même de repérer les points forts de chaque site, de les comparer entre eux, d'identifier ses habitants – où aller observer le requin-baleine, les grands mérous ou encore tel phénomène de symbiose ? Nous vous proposons un voyage à travers les mers les plus spectaculaires de la planète, voyage au cours duquel vous approfondirez vos connaissances du milieu marin, par exemple en élaborant une carte de répartition de certaines espèces, un peu comme dans un atlas naturaliste.

Comme c'est aussi le cas sous l'eau, vous choisirez votre fil conducteur préféré, pour suivre par exemple de l'océan Indien au Pacifique les tribulations des membres de la famille des poissons-clowns, avec plus de trente espèces différentes. Vous emboîterez peut-être le pas à la considérable variété de mérous qui peuplent toutes les mers du globe ou compléterez votre vision de l'extraordinaire diversité qui caractérise le groupe des invertébrés. Notre ambition n'est pas de vous présenter une étude exhaustive du milieu marin, de sa faune et de sa flore, mais de vous montrer qu'il n'est pas

9 en haut Un poisson argenté dans la forêt de kelp, en Californie.
Photographie Vincenzo Paolillo.

9 au centre La mer des Caraïbes est peuplée d'innombrables formes de vie animale et végétale.
Photographie Egidio Trainito.

9 en bas Deux timides poissons-clowns se cachent entre les tentacules d'une anémone.
Photographie Vincenzo Paolillo.

*10-11 Ce banc, qui compte des milliers de barracudas (*Sphyraena *sp.), forme une structure circulaire qui paraît tourner autour du soleil : la dynamique des bancs repose sur le contact visuel entre ses divers membres, qui se tiennent toujours à la même distance.*
Photographie Vincenzo Paolillo.

si difficile d'apprendre à s'orienter parmi le foisonnement des fonds marins.
Un grand nombre des plongées décrites ci-après sont situées à l'intérieur de zones marines protégées, restriction qui leur permet de conserver leur richesse et d'offrir des opportunités de rencontres avec des animaux extrêmement difficiles à approcher. Ces sites constituent d'ailleurs une illustration parfaite de l'équation qui affirme que les mesures de protection et la valeur esthétique et naturaliste d'un site ne font pas que coexister : elles sont souvent intimement liées, et c'est ce mariage qui distingue les fonds les plus beaux du globe des autres
Enfin, vous pouvez également vous contenter de feuilleter ces pages pour vous laisser entraîner dans un voyage imaginaire sous les mers et océans, en gardant à l'esprit la phrase de Christophe Colomb : « La mer offrira à chaque homme de nouvelles espérances, comme le sommeil offre les rêves. »

Amérique du Nord
Eastport
Épave de l'*Atlas*
N
Little Bahama Bank
Floride
Îles Bahamas
Océan Atlantique
GOLFE DU MEXIQUE
Molasses Reef
Cabo Francés
République dominicaine
Santa Rosas Wall
YUCATÁN
Cabezeria de Cayo Blanco
BELIZE
Îles Cayman
Isla Catalina
Martinique
Three Sisters
La Faille
MER DES CARAÏBES
Cap Salomon
Blue Hole
Îles Galápagos
Amérique du Sud
Océan Pacifique

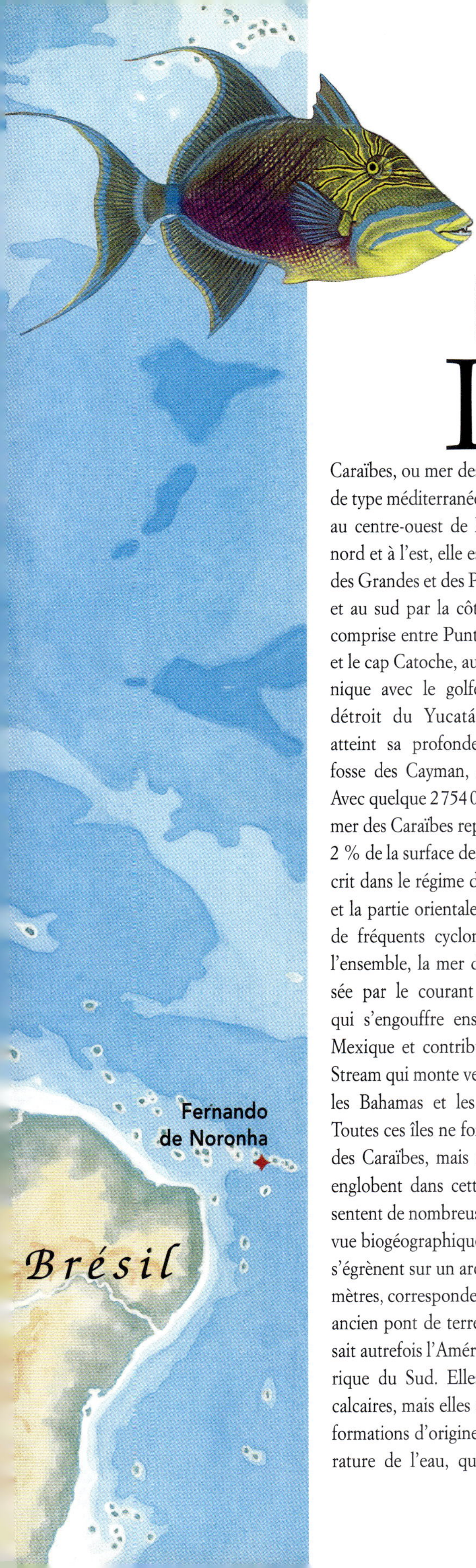

Océan Atlantique et mer des Caraïbes

Introduction par Egidio Trainito

La mer des Caraïbes, ou mer des Antilles, est un bassin de type méditerranéen caractéristique, situé au centre-ouest de l'océan Atlantique Au nord et à l'est, elle est bordée par l'archipel des Grandes et des Petites Antilles, à l'ouest et au sud par la côte d'Amérique centrale comprise entre Punta Peñas, au Venezuela, et le cap Catoche, au Yucatán. Elle communique avec le golfe du Mexique par le détroit du Yucatán, au nord-ouest, et atteint sa profondeur maximale dans la fosse des Cayman, à moins 7 680 mètres. Avec quelque 2 754 000 kilomètres carrés, la mer des Caraïbes représente un peu plus de 2 % de la surface de l'Atlantique. Elle s'inscrit dans le régime des courants atlantiques et la partie orientale du bassin est sujette à de fréquents cyclones et ouragans. Dans l'ensemble, la mer des Caraïbes est traversée par le courant équatorial méridional qui s'engouffre ensuite dans le golfe du Mexique et contribue à alimenter le Gulf Stream qui monte vers le nord et la Floride, les Bahamas et les îles Turks et Caicos. Toutes ces îles ne font pas partie de la zone des Caraïbes, mais certains chercheurs les englobent dans cette région car elles présentent de nombreuses affinités du point de vue biogéographique. Les îles Caraïbes, qui s'égrènent sur un arc de quelque 2 000 kilomètres, correspondent à des fragments d'un ancien pont de terres émergées qui réunissait autrefois l'Amérique du Nord et l'Amérique du Sud. Elles sont majoritairement calcaires, mais elles arborent également des formations d'origine volcanique. La température de l'eau, qui varie entre 22 °C en hiver et 29 °C en été, favorise le développement de vastes récifs de madrépores. La plus grande falaise corallienne des Caraïbes (deuxième du monde par sa taille) est située non pas du côté des îles, mais le long de la côte du Belize, sur 250 kilomètres de longueur. C'est au Belize, mais aussi dans d'autres sites de la région, que l'on trouve les fascinants « trous bleus », cavernes immergées dans lesquelles l'affaissement de la voûte a ouvert des gouffres à ras de la surface de l'eau et dont le disque bleu soutenu tranche sur le turquoise clair des eaux environnantes. L'autre barrière importante de la région s'étend dans les environs d'Andros, une des trois mille îles qui composent l'archipel des Bahamas, et offre près de 230 kilomètres de corail.

Dans les Caraïbes, les formations madréporiques et les organismes qui composent la barrière diffèrent radicalement de ceux des autres océans, tant par les espèces présentes que par leur allure complexe.

Le paysage de la barrière caraïbe est, en effet, plus échevelé, plus ondulé et plus articulé, avec des pinacles, des murs et des parois, qui plongent parfois à des profondeurs abyssales, entrecoupés par des bancs de sable blanc très fin. L'élément fondamental du paysage repose sur les grandes éponges tubulaires et barriques, avec des ramifications complexes, de brillantes nuances de jaune, d'orange, de bleu et de violet, et sur les filaments des gorgones à fouet. La diversité des organismes y est remarquable, mais on est loin de la biodiversité qui caractérise les récifs de l'Indo-Pacifique. Si l'on compare le nombre de poissons identifiés dans les zones les plus riches des Caraïbes avec ceux des divers sites de l'océan Indien et du Pacifique, la différence est saisissante : dans les eaux caraïbes, on rencontre la moitié des espèces identifiées en mer Rouge, 33 % de celles de la Grande Barrière de corail et 20 % de celles des eaux philippines.

Les Caraïbes sont la destination la plus fréquente des amateurs de plongée – l'océan Atlantique ne compte d'ailleurs pas beaucoup d'autres milieux coralliens –, principalement venus des États-Unis avec des millions de visiteurs dans les Keys de Floride, les Bahamas et les îles Cayman, où certains sites se sont transformés en cirques submergés. C'est le cas de Stingray City, où on nage dans quelques mètres d'eau sur le sable blanc à côté d'énormes raies ; de Crystal River, où on approche des lamantins ; ou des Bahamas où l'on est sûr de croiser les requins ou les dauphins. Les spots de haut niveau sont extrêmement nombreux : la côte mexicaine du Yucatán, le parc marin de Cozumel, les sites occidentaux de Cuba (isla de la Juventud, Cayo Largo et Los Jardines de la Reina), ainsi que les îles situées au large de la côte sud du Venezuela, comme le parc national de Los Roques ou les îles Sous-le-Vent, avec Bonaire qui est la capitale de la macrophotographie caraïbe, alors qu'Aruba est l'une des meilleures destinations du monde pour les épaves.

C'est dans les Bermudes que l'on trouve les formations coralliennes les plus septentrionales, avec une extraordinaire concentration d'épaves, et il y a quelques coraux le long de la côte brésilienne, à Fernando de Noronha.

Textes et photographies Jonathan Bird. Illustrations Aurora Antico

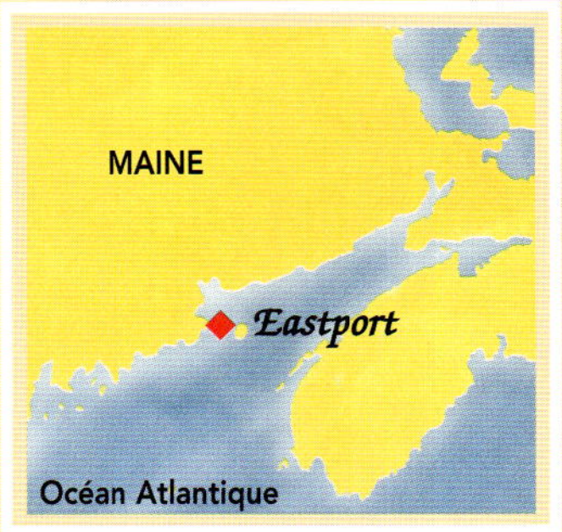

MAINE - PASSAMAQUODDY BAY
EASTPORT

14 en haut Marée haute à Passamaquoddy Bay, dans la baie de Fundy : c'est là que le phénomène des marées est le plus marqué du monde, avec une montée de plus de 10 mètres.

14 en bas Bien équipés pour dévorer des mollusques qu'ils broient entre leurs dents, les poissons-loups (Anarhichas lupus) *se nourrissent de crabes, d'oursins, de mollusques et autres coquillages.*

La côte rocheuse de la Nouvelle-Angleterre présente une topographie idéale pour la vie sous-marine, avec de nombreux tombants qui favorisent l'installation des poissons et des invertébrés. Plus on s'éloigne vers le nord, plus l'éventail de flore et de faune est large, atteignant son apogée le long de la côte nord du Maine, à Passamaquoddy Bay et dans les alentours. Là, les fortes marées – jusqu'à 10 mètres – produisent des courants violents supérieurs à 10 nœuds. Toutefois, au moment de l'étale, les plongeurs peuvent observer une variété de plantes et d'animaux avec laquelle peu d'autres sites peuvent rivaliser. Nombre des spots intéressants sont accessibles depuis la côte, ce qui est pratique car de nombreux sites démarrent par une pente raide qui ne permet guère de mouiller une embarcation. Il est donc plus simple de plonger directement depuis la plage.

L'un des meilleurs spots de plongée se situe au cœur même d'Eastport, à l'emplacement de l'ancienne jetée de la cité. À marée basse, on aperçoit encore les anciens piliers et les blocs de granit, et

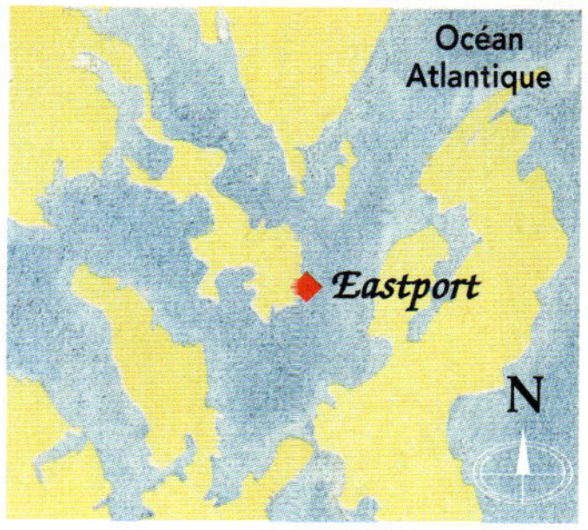

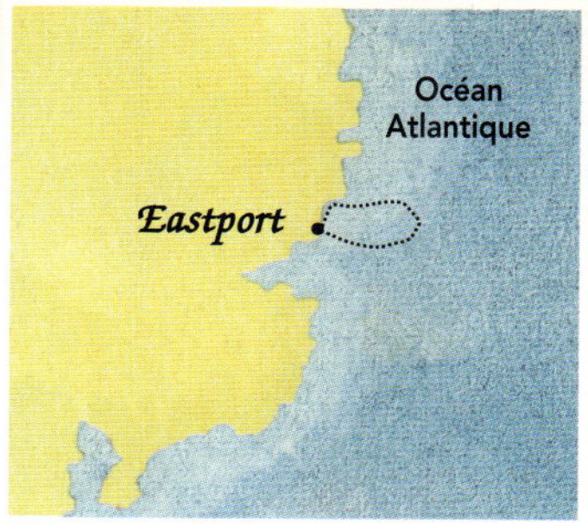

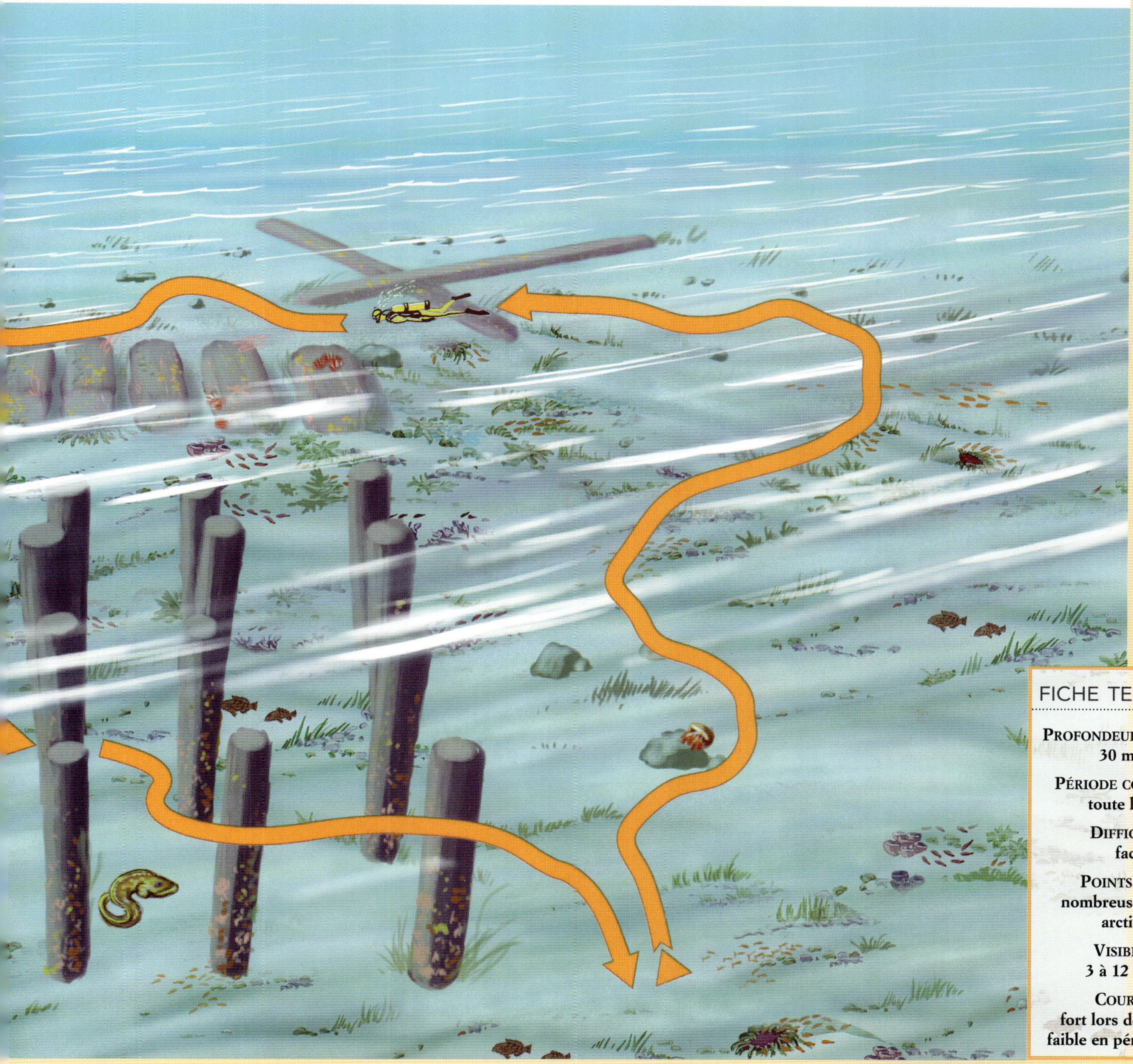

FICHE TECHNIQUE

Profondeur maximale :
30 mètres

Période conseillée :
toute l'année

Difficulté :
facile

Points forts :
nombreuses espèces arctiques

Visibilité :
3 à 12 mètres

Courant :
fort lors des marées, faible en période d'étale

16 en haut Tealia crassiformis *prospère dans les eaux froides d'Easport, qui dissimulent un véritable jardin immergé où foisonnent les espèces arctiques et acclimatées.*

les plongeurs du cru ont baptisé le lieu « The Bottle Dump » (le remblai des bouteilles) puisque c'est là qu'on jetait autrefois lesdites bouteilles ! Désormais, on y vient prendre des photos.

Parmi les vestiges, on découvre un véritable paradis sous-marin, d'autant plus précieux qu'il est situé près des côtes, à une faible profondeur et près du Nord. Vous pourrez, en effet, y admirer un assortiment colossal d'invertébrés arctiques, de coraux mous roses et d'étoiles à panier, de nudibranches, de tuniciers et d'étoiles, comme *Pycnopodia helianthoides*, qui se mêlent aux autres espèces acclimatées en dehors de leur habitat naturel, tel le loup de mer atlantique *(Anarhichas lupus)*, la loquette d'Amérique *(Macrozoarces americanus)* et des anémones *Tealia lofotensis* dans toutes les couleurs de l'arc-en-ciel. Les énormes piliers immergés du vieux ponton sont devenus le refuge de nombreux nudibranches à branchies rouges *(Coryphella rufibranchialis)*, rares dans les mers situées plus au sud. Tout aussi nombreux sont les nudibranches bruns ou violets de l'espèce *Dendronotus frondosus.*

Les dalles de granit de la jetée abandonnée forment un mur qui descend de 7 à 15 mètres en fonction de la marée. À partir de là, le fond marin est sablonneux et parsemé de petits rochers. Vous y admirerez des hydraires de la taille d'une pièce de monnaie, les coraux mous, les bernard-l'ermite, les cottidés, les étoiles à panier et l'extraordinaire étoile soleil commune *(Crossaster papposus)* avec ses douze bras. Ces bancs de sable abritent également la très rare étoile de mer ridée *(Pteraster militaris)* qui prend soin de ses jeunes dans une poche protectrice spéciale et que l'on rencontre plutôt du côté du cercle arctique.

Comme elle est abritée de l'océan, on peut plonger à Passamaquoddy Bay toute l'année et par tous les temps. La température de l'eau y est plus douce de juin à novembre, mais elle reste fraîche, et il est conseillé de s'équiper d'une combinaison. Les courants océaniques font, en effet, remonter les eaux des profondeurs jusqu'à la surface. Si, en été, la température de l'eau atteint en surface 10 °C, il suffit de plonger à 6 mètres pour qu'elle ne soit plus que de 4 °C. La visibilité est acceptable, de 10 à 40 mètres, même lorsque la bise souffle sur les terres. Un conseil : vérifiez bien les horaires des marées avant de vous lancer et plongez plutôt en période d'étale, lorsque le courant est pratiquement inexistant, en évitant les moments plus dangereux de flux et de reflux maxima. À quelques encablures du point de départ, au-delà du vieux ponton, Eastport Motel East est un hôtel assez récent, mais charmant, où les plongeurs peuvent rincer leur équipement. Si vous disposez d'un budget plus serré, vous pouvez vous installer dans le camping Seaview, ou dans l'un des nombreux bed and breakfast du coin.

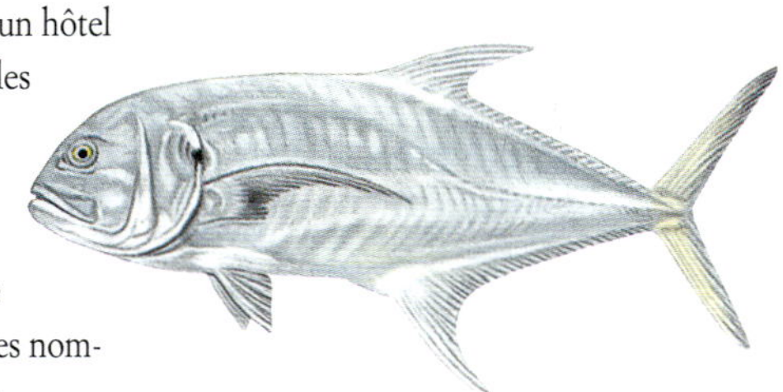

17 Les éponges et les actinies constellent le fond rocheux. Eastport est renommé pour sa richesse biologique, exceptionnelle pour un milieu aussi proche de la côte et à une profondeur si faible.

16 en bas Les eaux de la région comptent de nombreux pétoncles de l'espèce Chlamys islandica *ou* Pecten islandus.

16 en bas à droite Parmi les crustacés, le grand crabe du golfe (Cancer irroratus) *est très répandu dans les eaux de l'Atlantique nord-ouest, depuis la Caroline jusqu'au Labrador.*

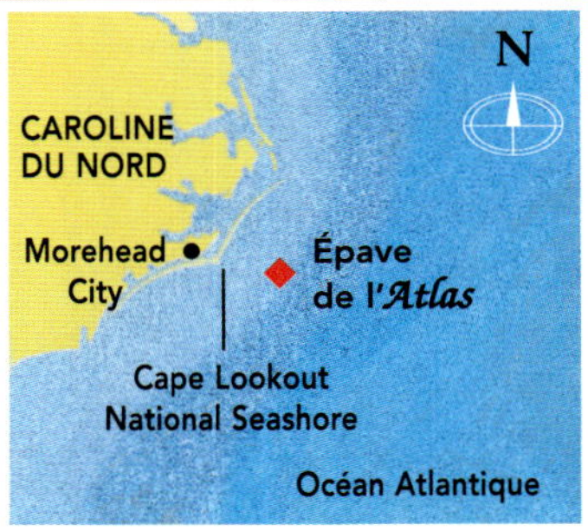

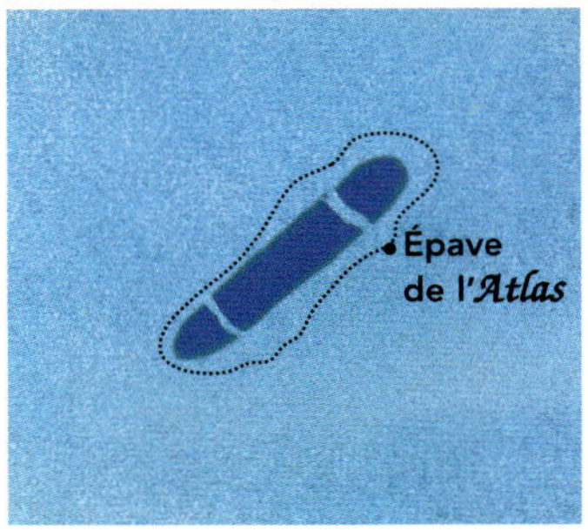

FICHE TECHNIQUE

Profondeur maximale :
38 mètres

Période conseillée :
d'avril à octobre

Difficulté :
moyenne à élevée

Points forts :
requins-taureaux
et rascasses volantes

Visibilité :
9 à 18 mètres

Courant :
modéré

Textes et photographies Jonathan Bird. Illustrations Aurora Antico

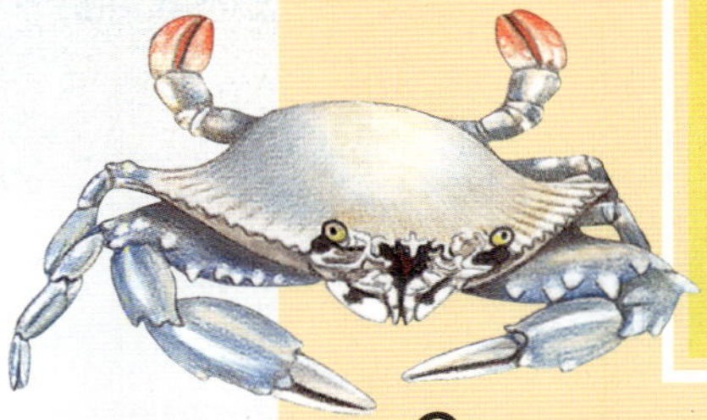

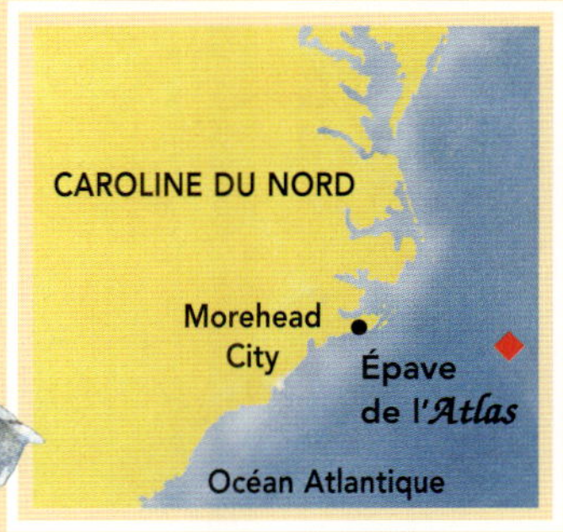

CAROLINE DU NORD - CAPE LOOKOUT

ÉPAVE DE L'*ATLAS*

Comment oublier ma première plongée dans les eaux de Caroline du Nord ? Près de la berge, les eaux étaient comme voilées par la boue mais, au bout de quelques mètres, elles virèrent au bleu profond, comme si nous avions franchi une frontière invisible. Les poissons volants commencèrent à filer devant la proue et un petit banc de dauphins vint même nous tenir compagnie. Mais les conditions météorologiques au large des côtes de Caroline du Nord sont souvent difficiles, au point qu'il n'est pas toujours possible de plonger. Par beau temps, en revanche, ces eaux figurent parmi les plus spectaculaires du monde.

On ne compte plus les épaves qui sont venues s'immobiliser ici après avoir heurté l'un des récifs de la région. En outre, au cours de la Seconde Guerre mondiale, les U-Boats allemands y ont coulé des centaines de navires marchands. Au fil

19 en haut Le requin-taureau (Odontaspis taurus) *est un visiteur fréquent des nombreuses épaves qui émaillent les fonds le long de la côte de Caroline du Nord, riche de secs et de falaises.*

*19 en bas Un requin-taureau parcourt les eaux bleues et claires qui entourent l'épave de l'*Atlas.

du temps, ces épaves se sont transformées en sites sous-marins très fréquentés, notamment parce que le Gulf Stream réchauffe ici l'eau qui, plus au nord, au large du New Jersey et de l'état de New York, est extrêmement froide.

Dans les années 1980, plusieurs expéditions dans les cimetières d'épaves de Caroline du Nord ont relevé une concentration de requins-taureaux *(Odontaspis taurus)* autour de certains navires atteignant jusqu'à cinquante ou soixante individus ! C'est ainsi que les plongeurs, alertés par la rumeur et par les magazines, en vinrent à fréquenter ces sites. Les biologistes pensent que les requins s'approchent des épaves parce que la nourriture y est abondante, mais aussi pour s'y reproduire. Alors que les femelles s'installent à proximité des coques abandonnées, les mâles n'y viennent que pendant la période d'accouplement avant de retourner vers la haute mer. Quoi qu'il en soit, il semble que les requins tolèrent la présence des plongeurs et ne montrent aucune agressivité tant qu'on ne les touche pas.

Le meilleur site du monde pour admirer les requins-taureaux serait l'*Atlas.* Ce pétrolier de 135 mètres de longueur a été coulé en 1942 par le U-552 allemand, et il repose à 38 mètres sous le niveau de la mer, au large de Morehead City. Le courant peut y être modéré, et la visibilité autour du vaisseau est généralement d'une quinzaine de mètres. Le pont est situé à environ 24 mètres de profondeur, et il est préférable de s'équiper de réservoirs de nitrox afin de prolonger le séjour sur le fond marin. L'*Atlas* est couché sur le sable, dans la posture de navigation. Les cales sont ouvertes et faciles à traverser. D'ailleurs, les requins-taureaux s'y glissent souvent, et vont jouer à l'intérieur… Un jeu qui peut être dangereux. Un jour, entendant un coup sourd derrière moi, je me suis

*20 à gauche en haut et au centre Les requins-taureaux apprécient les épaves – ici celle de l'*Atlas*, pétrolier coulé par un U-boat en 1942 – car elles constituent d'excellents sites de reproduction pour les femelles.*

20 à gauche en bas Il est plutôt étonnant de croiser dans ces eaux la rascasse volante (Pterois volitans)*, plus habituée aux mers du Sud.*

20 en bas à droite Au prix de quelques précautions, les requins-taureaux de ce récif ne montrent pas d'agressivité vis-à-vis des plongeurs.

*20-21 Un requin-taureau surpris depuis le pont de l'*Atlas*, alors qu'il s'approche de l'une des batteries englouties du pétrolier malchanceux.*

retourné pour apercevoir un requin qui filait sans demander son reste. L'animal avait dû être effrayé et, dans sa hâte, avait dû heurter un obstacle. Puis j'ai compris que le bruit n'était dû qu'au balayage de sa queue qui le propulsait dans sa fuite : la puissance de sa caudale est telle qu'elle produit un son digne d'un coup de fouet. Par conséquent, il vaut mieux éviter d'effrayer les requins et demeurer hors de portée de leur queue !

Il y a quelques années seulement, les plongeurs ont commencé à apercevoir des spécimens de rascasses volantes *(Pterois volitans)* sur l'épave. Probablement échappées d'un aquarium de Floride, elles prospèrent désormais sur les épaves de Caroline du Nord, offrant une occasion unique d'observer des poissons tropicaux du Pacifique dans cet habitat inattendu.

La meilleure saison pour visiter les épaves de Caroline du Nord s'étend d'avril à octobre, lorsque la température de l'eau tourne autour de 20 à 27 °C, et l'eau devient plus chaude au fil de la saison.

BAHAMAS - GRAND BAHAMA

LITTLE BAHAMA BANK

Bahama Bank est une zone de quelque 180000 kilomètres carrés de bas-fonds et de bancs de corail relativement peu profonds, caractérisés par une faune et une flore subtropicales alimentées par un courant marin chaud qui arrive du centre de l'Atlantique, poussé par les alizés.

22 en haut L'ange gris (Pomacanthus arcuatus) *est le véritable emblème de la mer des Caraïbes.*

22 en bas La lumière de la torche permet d'admirer le rouge vif d'une éponge qui se développe sur les fonds de Mount Olympus.

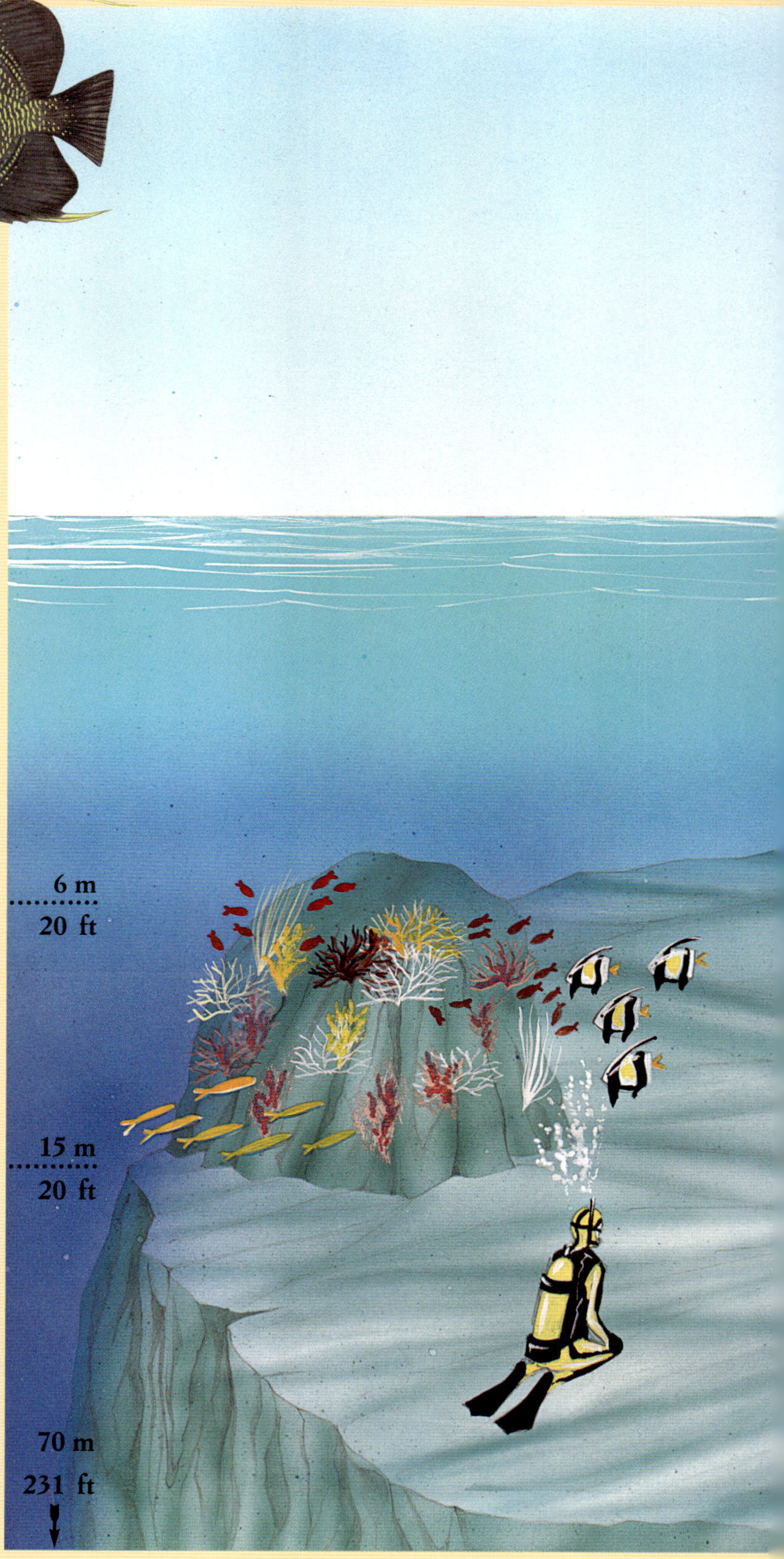

Illustrations Domitilla Müller

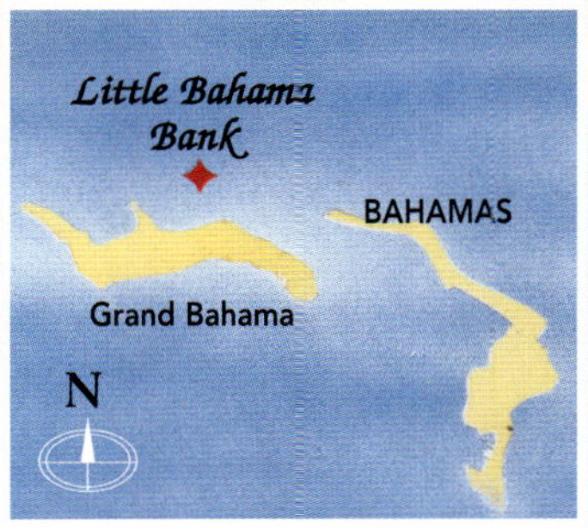

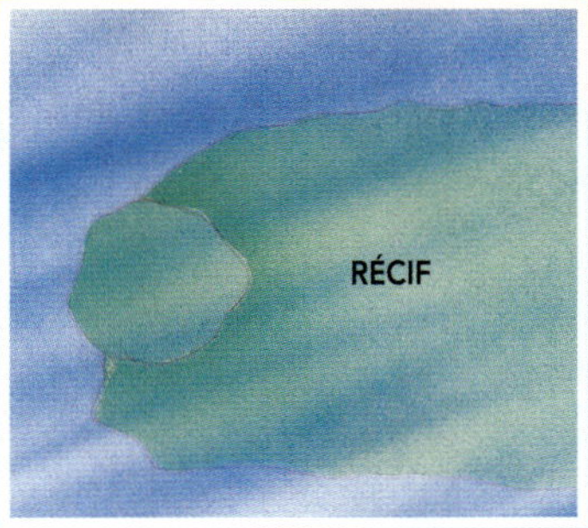

FICHE TECHNIQUE

PROFONDEUR MAXIMALE :
15 mètres

PÉRIODE CONSEILLÉE :
de septembre à avril

DIFFICULTÉ :
facile

POINTS FORTS :
on nage avec les dauphins

VISIBILITÉ :
plus de 30 mètres

COURANT :
faible

Le milieu est typiquement caraïbe : des formations de calcaire et de lave sur lesquelles vivent des communautés fort étranges, au comportement très particulier, dénuées des couleurs vives qui distinguent les paysages sous-marins de la mer Rouge ou du Pacifique équatorial au profit de teintes plus discrètes, plus claires et délicates, animées par d'innombrables nuances de blanc, de jaune, de rose, de gris et de vert.

Little Bahama Bank borde la partie septentrionale de l'île de Grand Bahama, formant une plate-forme qui ne dépasse pas 15 mètres de profondeur : du fond sableux émergent de temps en temps de petits éperons sur lesquels poussent des gorgones à éventail et à fouet, des coraux, des éponges de toutes les formes, et où évoluent d'étonnants poissons-anges français *(Pomacanthus paru)*, ange royal *(Holocanthus ciliaris)*, ange gris *(Pomacanthus arcuatus)*, des

24-25 Entre les structures de Sugar Wreck, « l'épave du sucre », à l'ombre des gorgones, évoluent des bancs de grogneurs (grogneur à raies bleues, Haemulon sciurus, *et grogneurs français,* Haemulon flavolineatus*).*

25 à gauche en haut Sur les plateaux de sable des Bahamas, notamment sur Little Bahama Bank, vivent de nombreuses grandes raies pastenagues américaines (Dasyatis americana)*, faciles à observer pour les plongeurs.*

25 à gauche au centre Les poissons-anges (Pomacanthus paru)*, flamboyants habitants des eaux tropicales, aiment fréquenter les zones superficielles de la barrière corallienne, où prolifèrent les gorgones.*

25 à droite en haut Mount Olympus se distingue par des forêts de gorgones, au milieu desquelles poussent de belles éponges caraïbes.

25 en bas Un poisson-perroquet (Sparisoma chrysopterum)*, à la superbe livrée polychrome, s'apprête à passer la nuit dans les eaux transparentes de Little Bahama Bank.*

26 à gauche au centre
Les énormes rougets à nageoires jaunes (Mulloides martinicus) *nagent en banc compact, peut-être pour échapper au photographe.*

26 à gauche en bas
Le requin-nourrice (Ginglymostoma cirratum) *trouve un habitat idéal sur les étendues de sable du banc.*

26 à droite Un banc de dauphins tachetés semble vouloir jouer avec un plongeur.
Photographie Gianfranco D'Amato.

26-27 Le requin de barrière (Carcharhinus perezii), *accompagné par un rémora, ne paraît pas fuir la rencontre avec le plongeur.*
Photographie Gianfranco D'Amato.

26 à gauche en haut
Une grande gorgone à candélabre s'est développée de manière luxuriante sur le récif de Mount Olympus.

bancs colorés de grogneurs *(Haemulon flavolineatus, Haemulon plumieri, Haemulon sciurus)*, de vivaneaux (*Lutjanus* sp.) et de rougets, de mérous rayés *(Epinephelus striatus)*, de requins-nourrices *(Ginglymostoma cirratum)* et de raies.

Les superbes itinéraires des plongeurs passent par des sites aux noms plus évocateurs les uns que les autres : Mount Olympus, avec son paysage enchanteur, l'extraordinaire forêt de gorgones et d'alcyonaires que fréquentent de nombreux poissons jaunes et argentés; ou encore Sugar Wreck, où s'élèvent les restes d'un transporteur de sucre qui disparaît à présent sous une tapisserie de gorgones à éventail aux branches roses ou jaunes, point de repère pour d'innombrables bancs de poissons coralliens, d'énormes tortues luths et des requins de barrière. Il n'est pas rare d'y croiser de nombreux dauphins : dauphins bleu et blanc *(Stenella caeruleoalba)* et grands dauphins *(Tursiops truncatus)* en groupes de quinze à vingt individus. Lorsqu'on plonge dans les eaux de Little Bahama Bank, notamment en cours d'après-midi, la rencontre est pratiquement inévitable.

Les spécimens locaux de ces mammifères sont amicaux, confiants et, notamment les dauphins bleu et blanc, ne fuient pas devant les plongeurs : bien au contraire, ils viennent à votre rencontre, nagent avec vous et vous entraînent dans leurs jeux, s'éloignent et reviennent dans un ballet incessant, s'arrêtent, observent, comme s'ils vous invitaient à quitter le monde des humains pour demeurer avec eux dans les eaux transparentes. C'est une expérience inoubliable qui vaut à elle seule le voyage dans la mesure où elle confirme l'intelligence de ces mammifères aquatiques.

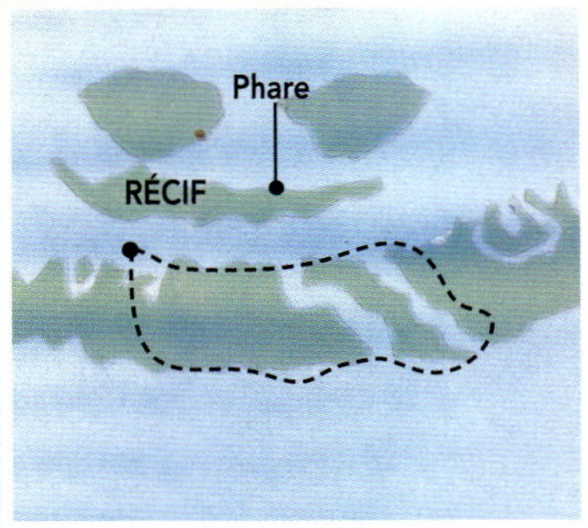

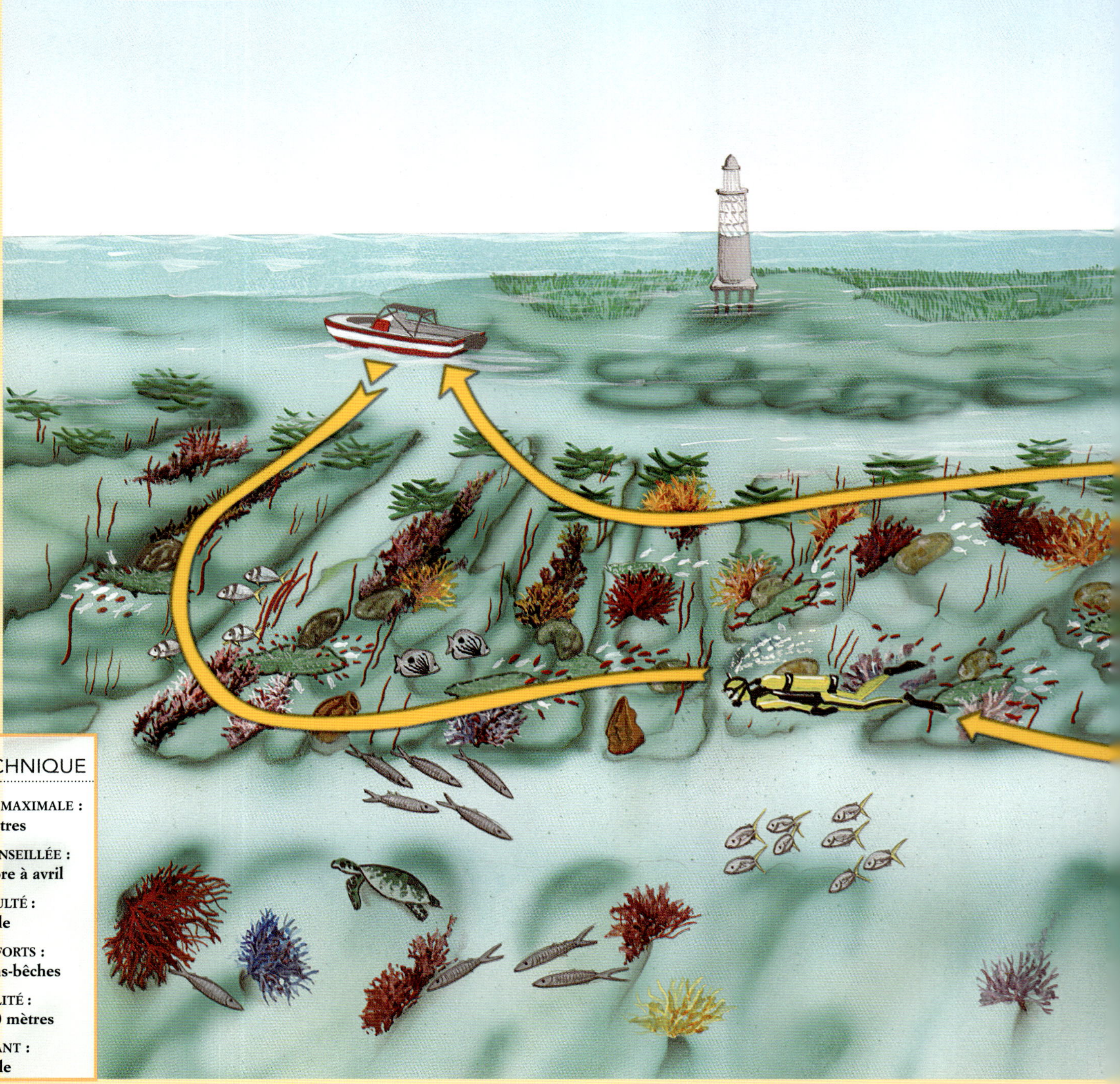

FICHE TECHNIQUE

Profondeur maximale :
17 mètres

Période conseillée :
de septembre à avril

Difficulté :
facile

Points forts :
les poissons-bêches

Visibilité :
plus de 30 mètres

Courant :
faible

Illustrations Domitilla Müller

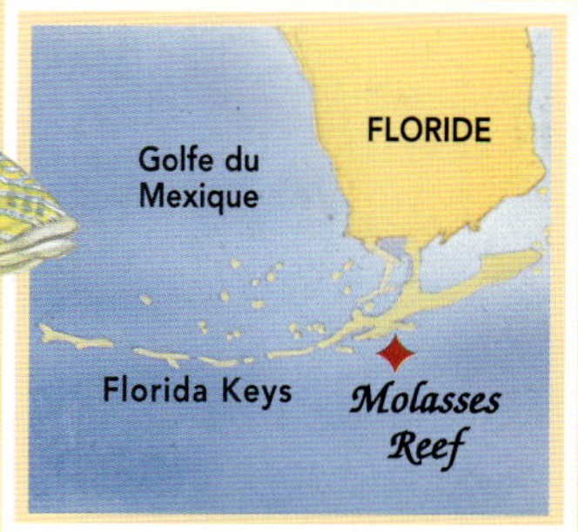

FLORIDE - KEY LARGO
MOLASSES REEF

Les Keys de Floride correspondent à un archipel qui compte plus de deux mille îles, dessinant un arc qui prolonge la Floride, d'une longueur totale de 212 kilomètres. L'influence protectrice de l'archipel qui borde le banc de corail de Floride et canalise les eaux chaudes du Gulf Stream engendre une végétation subtropicale luxuriante et un climat d'une grande douceur. Sur les deux cents îles, trente-quatre sont reliées entre elles par quarante-deux ponts qui forment la célèbre et spectaculaire autoroute US Highway n° 1. La route, d'une longueur totale de 115 miles (184 kilomètres), est subdivisée en *mile-marker*, des bornes qui correspondent aux traditionnelles «pierres miliaires», un repère capital pour qui ne veut pas se perdre dans les Keys – et le centre de Key Largo correspond à la borne n° 100.

29 en haut Un groupe de poissons-bêches de l'Atlantique (Chaetodipterus faber) *s'abrite dans une anfractuosité.*

29 en bas Dans les eaux claires, les grands barracudas (Sphyraena *sp.) ne sont pas agressifs, mais toujours impressionnants lorsque leur puissante mâchoire s'approche : les plus grands spécimens atteignent 2 mètres de longueur.*

30 à gauche en haut Une grande concrétion de coraux émerge du sable blanc; elle est couronnée par de nombreux éventails de gorgones et par de grandes éponges d'espèces différentes.

30 à gauche au centre La queue, les nageoires jaunes et les rayures obliques des flancs permettent d'identifier le grogneur français (Haemulon flavolineatus), *l'espèce la plus répandue dans les Caraïbes.*

30 à gauche en bas Un poisson-trompette (Aulostomus maculatus), *immobile entre les gorgones et les coraux, surveille les mouvements du photographe : c'est une espèce qui change de couleur et de posture pour mieux se fondre dans le décor par mimétisme.*

30 à droite Un groupe de vers spirographes (Sabellastarte sanctijosephi) *a grimpé entre les madrépores : c'est une espèce asexuée qui se reproduit par division, ce qui rend les groupes aussi nombreux parfaitement courants.*

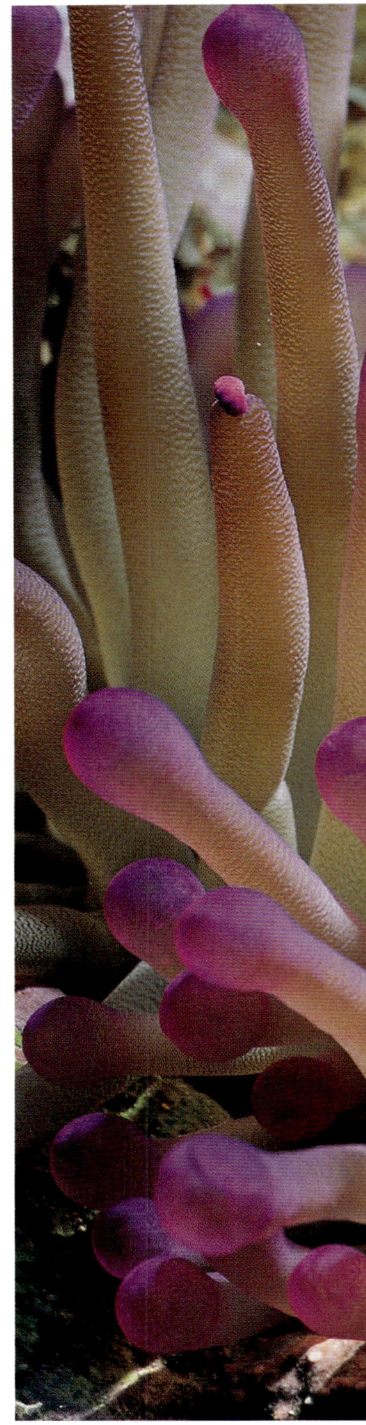

Si l'on compare la topographie du fond marin des Keys avec celle des Bahamas, on constate que les bancs coralliens à proprement parler s'élèvent à une grande distance de la côte. Les zones côtières sont colonisées par les mangroves et les phanérogames marins dans de vastes zones peu profondes, essentielles du point de vue écologique : elles accueillent la reproduction de nombreux habitants des mers, et les alevins y passent la première période de leur vie.

À faible profondeur, le banc corallien se compose de blocs isolés de corail, souvent entourés de phanérogames – la profondeur tourne en moyenne autour de 3 à 5 mètres. De même, le récif suivant, plus au large, est constitué d'un amas de blocs de corail qui se déploient jusqu'à la surface.

Ce lieu de la côte de Floride est le point de départ d'un spot intéressant, où l'eau est particulièrement claire. Le fond descend progressivement vers les bancs coralliens profonds, où les polypes ont formé des gorges, des grottes et des architectures allongées qui émergent du sable. À l'endroit où la ceinture de corail atteint le fond sableux de la haute mer, la profondeur atteint 17 à 20 mètres.

En raison de la grande distance entre le banc de corail et la côte, il est indispensable de se procurer une embarcation pour aller plonger plus près – on trouve d'ailleurs dans les îles des modèles spécialement conçus pour la plongée et vérifiés par la garde côtière. La sécurité à bord est cruciale, et tous les points d'immersion sont décrits très en détail.

Les environs de Key Largo font partie d'un grand parc national, Pennecamp Coral Reef State Park. Fondé en 1960, il est le premier parc sous-marin des États-Unis et porte le nom de John D. Pennecamp, un habitant de Floride engagé dans la défense des bancs de corail et de la nature. Audelà du dernier banc de corail, le parc s'étend jusqu'à 5,5 kilomètres vers la haute mer et atteint 90 mètres de profondeur.

Lorsqu'on demande aux plongeurs qui sont allés à Key Largo de nommer leur site préféré, ils répondent pratiquement toujours : «Molasses Reef». Cette portion du banc de corail externe, marquée

30-31 Une anémone géante (Condylactis gigantea) *à la couleur rose vif et l'extrémité gonflée des tentacules où se trouvent les cellules urticantes caractéristiques de l'espèce.*

31 en bas Crevette nettoyeuse (Periclimens yucatanicus) *sur un tentacule d'anémone : une symbiose classique où l'anémone protège son hôte qui la maintient propre en échange.*

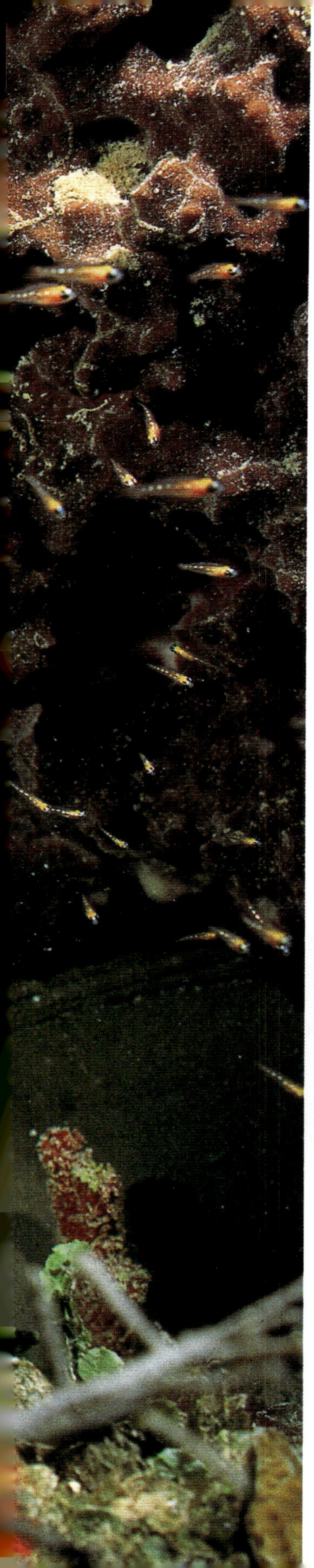

32-33 Une murène verte (Gymnothorax funebris) *surgit d'une fissure dans le récif, la bouche grande ouverte. Il n'y a pourtant rien à craindre : la posture ne sert qu'à faire affluer l'eau dans les branchies.*

33 à gauche en haut Un poisson-perroquet offre son profil au photographe : il s'agit d'un spécimen à queue rouge (Sparisoma chrysopterum) *en phase initiale, lorsque l'appareil génital femelle se développe.*

par un grand phare à la bordure méridionale du parc marin, est la plus attractive. Le Gulf Stream, qui passe sur le banc corallien, apporte de l'eau propre qui augmente considérablement la visibilité en plongée et, souvent, on aperçoit dans la région de grands poissons pélagiques.

La topographie du banc de corail, traversé par des canyons et des plages, est très intéressante, même s'il n'arbore pas de hautes parois vertigineuses. La pente démarre lentement près de la surface, pour se transformer brusquement en chute à la verticale. La profondeur maximale est de 17 mètres environ. En certains endroits, le petit mur rocheux présente des surplombs sous lesquels les poissons se regroupent, offrant un spectacle rare

et fascinant. Au cours du circuit, vous pourrez pénétrer à l'intérieur des nombreuses cavités et galeries qui rythment la paroi.

Molasses Reef présente un intérêt qui lui est propre – même si vous plongez dans les eaux de Fire Coral Cave, Miniwall ou de Wellwood Side. Sur le fond plat de Hole in the Wall (trou dans le mur), vous apercevrez une ancre de belle taille surnommée «Spanish Anchor». Et partout, sur le bord externe et sur la surface du banc, se déploient comme autant de doigts gigantesques les acropores palmés, coraux caractéristiques des Caraïbes et de l'Atlantique occidental. On y croise des poissons en petits groupes, notamment plusieurs variétés de grogneurs (français, à rayures bleues ou grogneurs blancs), mais aussi des poissons-trompettes, immobiles entre les branches de corail, une astuce pour échapper au regard de leurs proies. Les grands poissons-anges français sont omniprésents, tout comme les anges gris et les anges royaux, vivement colorés. Dans les eaux libres, on peut aussi faire des rencontres intéressantes. Près des bancs de thons à nageoires jaunes (albacores), les coraux attirent les poissons-bêches ou platax de l'Atlantique *(Chaetodipterus faber)* : s'ils ressemblent à leurs homonymes des mers tropicales, ces spécimens ne leur sont cependant pas apparentés et ils peuvent atteindre 50 centimètres de longueur. On a l'impression de nager dans un aquarium… Mais attention, la réserve d'air n'est pas inépuisable !

33 à gauche en bas Un vivaneau dents-de-chien (Lutjanus apodus) *a trouvé refuge sous une voûte du récif ; cette espèce plutôt farouche se rassemble normalement en groupes très nombreux.*

33 à droite en haut Un requin-nourrice (Ginglymostoma cirratum) *se repose dans une cavité du récif. Au centre de la tête, on distingue un rémora parfaitement visible sur la peau rugueuse du squale qui évoque le papier de verre.*

33 à droite au centre Deux mérous (probablement Epinephelus itajara*) s'affrontent d'un air menaçant. Il s'agit de deux mâles qui combattent pour un territoire en ouvrant la bouche et en exécutant un frémissement caractéristique du corps.*

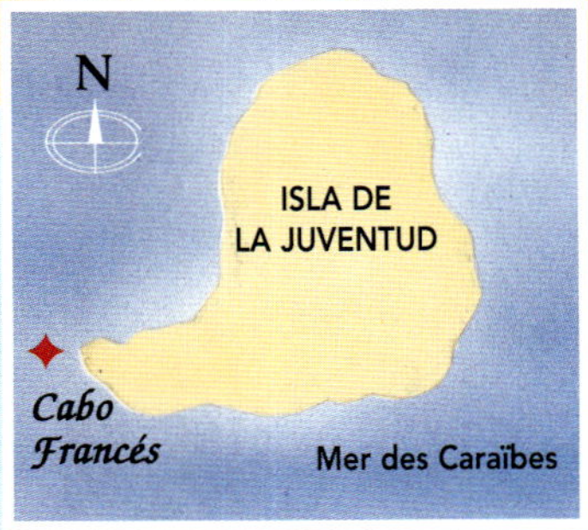

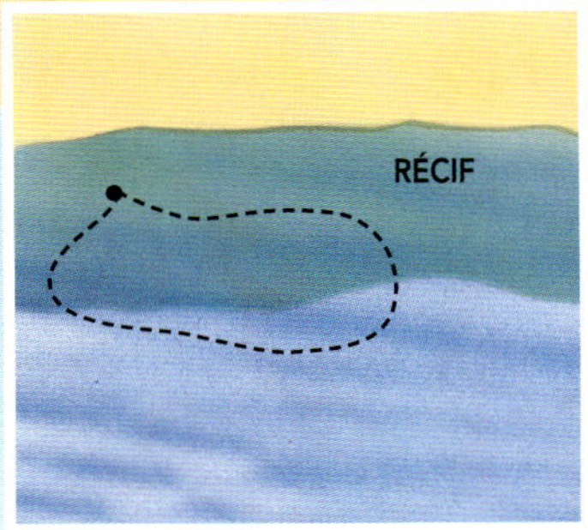

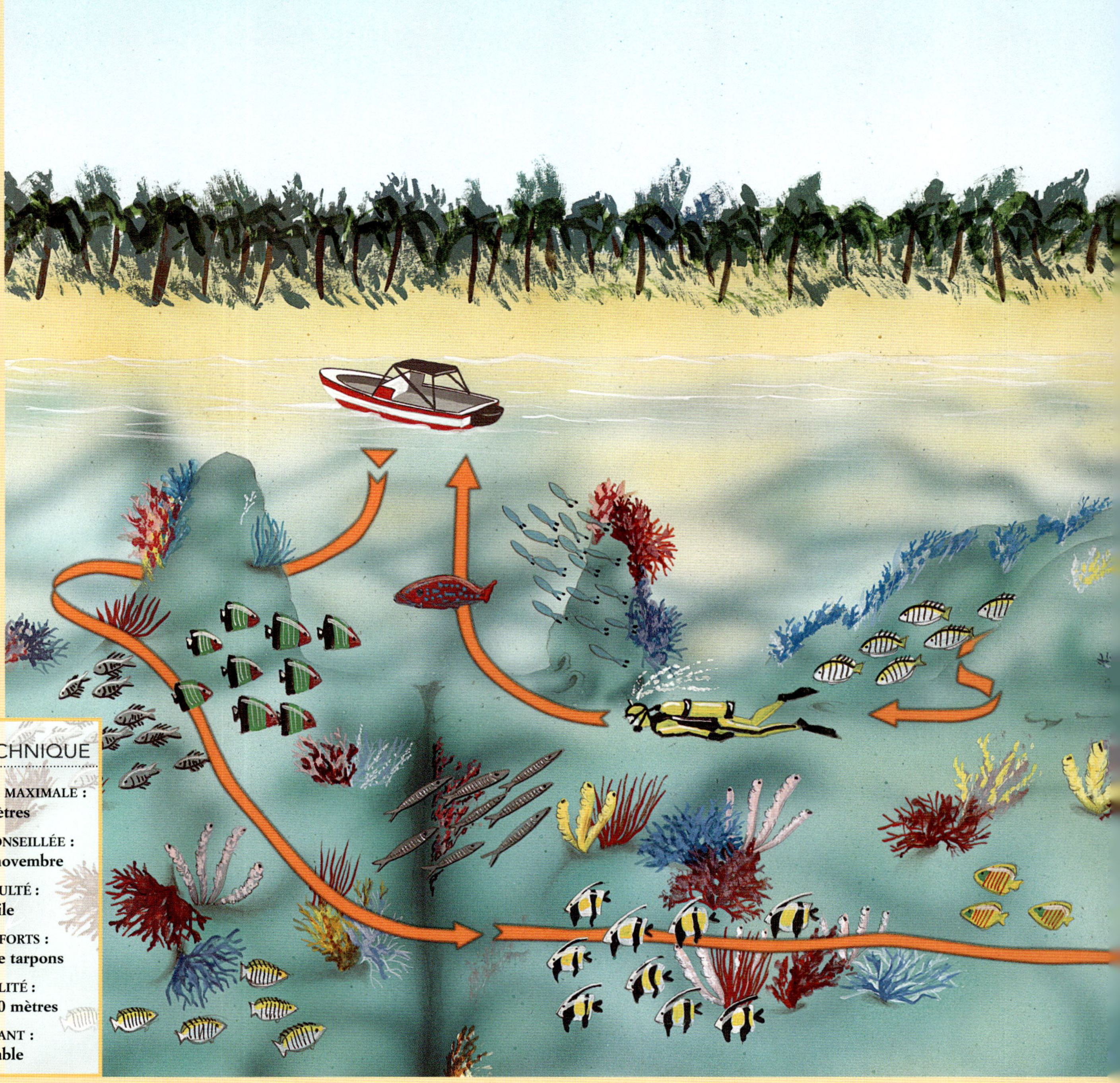

FICHE TECHNIQUE

Profondeur maximale :
20 mètres

Période conseillée :
de mai à novembre

Difficulté :
facile

Points forts :
groupes de tarpons

Visibilité :
plus de 30 mètres

Courant :
variable

Textes et photographies Eleonora De Sabata. Illustrations Domitilla Müller

CUBA - ISLA DE LA JUVENTUD

CABO FRANCÉS

C'est une paroi impressionnante qui affleure à la pointe des Français, dans l'isla de la Juventud : elle coïncide avec les limites de la plate-forme continentale et vous précipite en quelques bonds à plus de 1 000 mètres de profondeur. Ce site de plongée célébrissime est un lieu de rencontre depuis des dizaines d'années pour les plongeurs du monde entier, attirés par la clarté extraordinaire des eaux, les profondeurs et les gigantesques éponges. Le rebord démarre vers 20 mètres pour aller se perdre dans le bleu avant d'atteindre le fond à plusieurs centaines de mètres de profondeur. La paroi est extrêmement longue et les points d'immersion innombrables, que ce soit le long de la pente ou sur le bas-fond voisin.

Partout dominent les éponges, de toutes les formes et de toutes les tailles, depuis les spécimens minuscules, pratiquement invisibles, qui vivent en creusant des galeries à l'intérieur du corail aux gigantesques «oreilles d'éléphant», qui peuvent atteindre 3 mètres de diamètre. Vous les observerez sur la paroi, engagées dans de silencieuses mais cruelles luttes pour l'espace et la lumière. Ces animaux adoptent des formes et des caractéristiques

35 à gauche La végétation atteint le bord de la plage, formée par de très fins résidus de coraux d'une blancheur immaculée.

35 à droite Les parois de Cabo Francés plongent souvent à la verticale vers de profonds abysses, et la clarté de l'eau ne permet pas toujours d'en évaluer correctement la profondeur. Dans cette illustration, on voit au premier plan une éponge-baril. C'est la faiblesse de la lumière, et non le plongeur du fond, qui indique que nous sommes bien loin de la surface.

36-37 À l'intérieur d'une cavité, le plongeur croise un groupe de tarpons (Megalops atlanticus)*; les bancs, souvent territoriaux, peuvent demeurer des années au même endroit.*

37 à gauche en haut Le jeu de la perspective donne l'amusante impression que le plongeur sort de l'éponge tubulaire, une espèce typique des fonds des Caraïbes.

37 à gauche en bas Une touffe d'éponges ramifiées occupe une saillie – ce type de croissance permet aux éponges de tirer partie du courant, leur offrant une plus ample surface d'absorption.

différentes, même au sein d'une seule espèce, selon le milieu et la profondeur. Les éponges aspirent l'eau environnante par les milliers de petits trous qui s'ouvrent vers l'extérieur, la filtrent et la restituent par le grand trou central, l'oscule, au rythme de 200 litres d'eau par vingt-quatre heures pour une éponge de moyenne dimension.

Le long de la paroi s'ouvrent quelques grottes, dont l'une, très vaste, descend à plus de 50 mètres de profondeur. Le sommet de la faille est ouvert, et sur le décor lumineux de la surface, vous verrez la nage lente des tarpons, au corps revêtu de grandes écailles argentées.

Un nom poétique désigne le « tunnel de l'amour », une profonde ouverture verticale dans la paroi que l'on peut parcourir en évoluant au milieu des grandes éponges qui émaillent les murs. Au-delà de la paroi, le haut plateau corallien ne descend jamais en dessous de 15 mètres de profondeur ; sur le fond de sable s'élèvent de nombreuses formations madréporiques où les plongeurs expérimentés trouveront de nombreux spots intéressants. Un grand arc formé de coraux de 3 ou 4 mètres de hauteur constitue le lieu de rassemblement où nage sans relâche un banc de tarpons. Partout, les mérous abondent, et vous pouvez les approcher sans problème : ils sont habitués à ce que les plongeurs leur apportent de la nourriture.

Comme son nom le laisse entendre, le Cabezo Solitario est un récif isolé où sont situées de nombreuses stations de nettoyage de crustacés. Entre les anfractuosités, cherchez les actinies aux tentacules tortueux et vous y dénicherez aussi les crevettes translucides et violettes qui ont pour mission de débarrasser les animaux des parasites. Dans les environs, vous surprendrez ainsi un mérou, bouche grande ouverte, qui se soumet de bon gré à des soins énergiques et précis. Par ailleurs, si vous êtes en quête d'éventails des gorgones violettes, vous en trouverez un grand nombre sur les parois des canaux qui coupent le récif. Suivez des yeux les branches pour dénicher les langues de flamant rose *(Cyphoma gibbosa)*, mollusques présents uniquement dans les Caraïbes qui, lorsqu'on ne les dérange pas, parent leur coquille d'une livrée à motifs carrés, dans un effet de mimétisme parfait avec le fond de l'entrelacs des branches des gorgones. Même le recoin à l'allure la moins prometteuse, comme les pilotis sur lesquels s'appuie le restaurant qui offre un moment de détente entre deux plongées, mérite une visite ne serait-ce qu'avec un simple masque et des palmes : entre les piliers s'agite un banc d'ombrines tropicales.

La visibilité est souvent médiocre, et l'on préférera plonger entre mai et novembre. Dans tous les cas, il convient d'éviter septembre et octobre, les mois les plus pluvieux.

37 à droite en haut Les grandes gorgones déploient leurs éventails de manière à offrir constamment la plus grande surface possible au courant dominant.

37 à droite en bas Le banc de poissons est si compact que la lumière des torches n'arrive pas à le traverser : pour les espèces de petite taille, le banc constitue une défense contre les prédateurs.

Textes et photographies Eleonora De Sabata

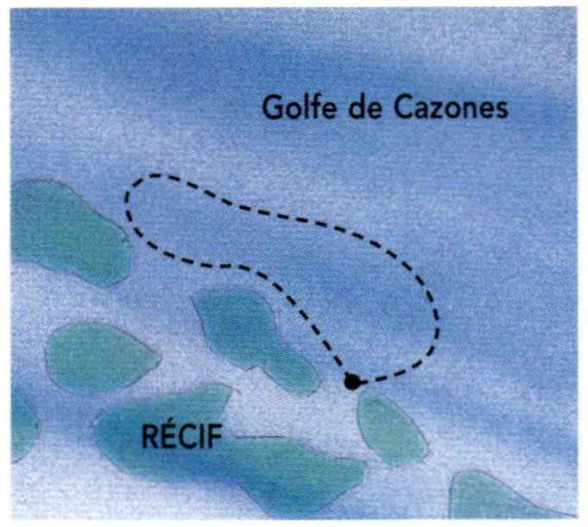

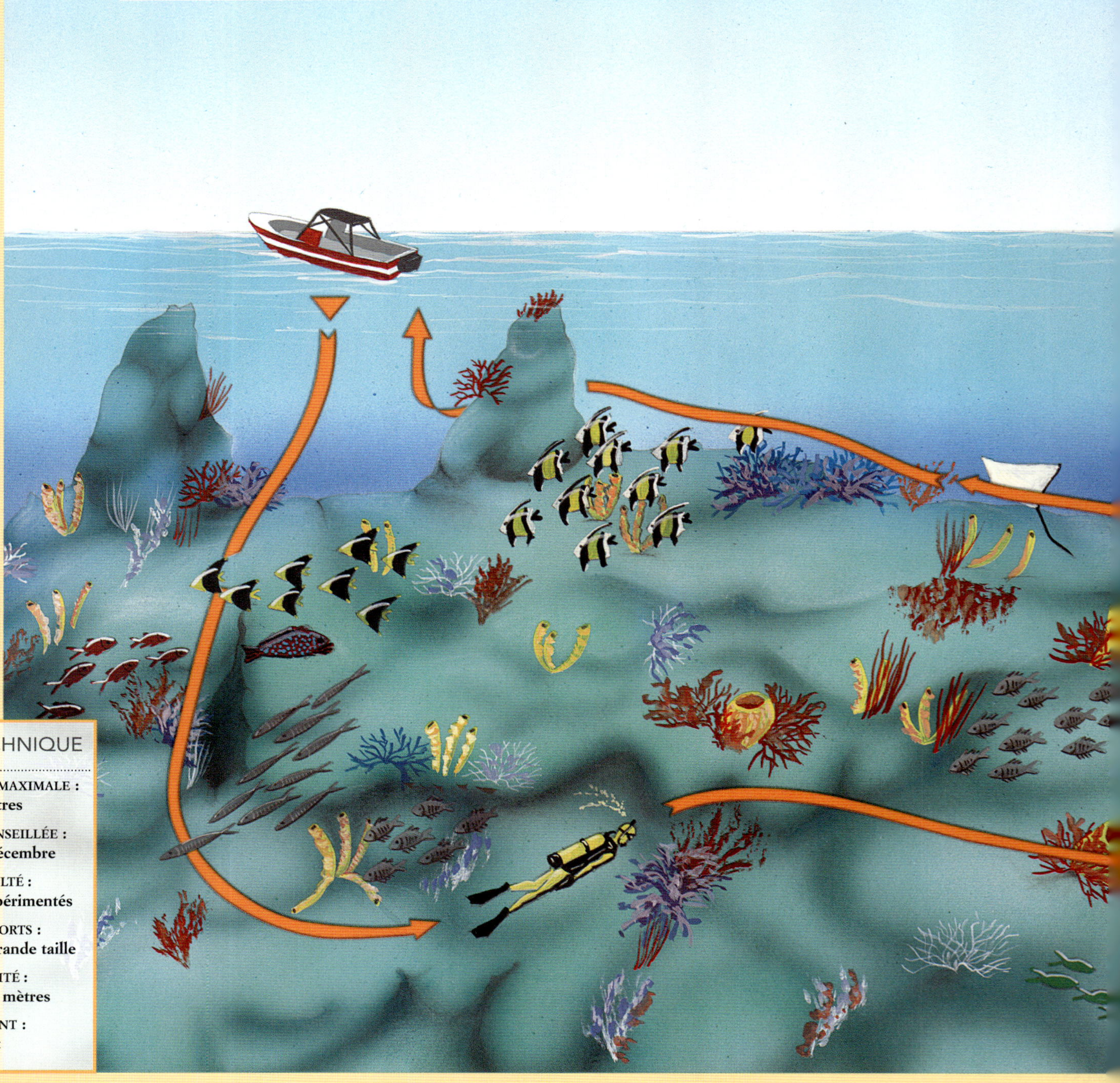

FICHE TECHNIQUE

Profondeur maximale :
16 mètres

Période conseillée :
de juin à décembre

Difficulté :
plongeurs expérimentés

Points forts :
poissons de grande taille

Visibilité :
plus de 30 mètres

Courant :
fort

CUBA - CAYO LARGO

CABEZERIA DE CAYO BLANCO

Un profond canyon sous-marin de dizaines et de dizaines de kilomètres se glisse entre Cuba et Cayo Largo, et les parois de cette gigantesque crevasse – la Cabezeria de Cayo Blanco, qui plonge directement à plus de 200 mètres de profondeur pour poursuivre sa descente de manière plus progressive vers les abysses – offrent l'une des descentes les plus riches en émotions de toute la région des Caraïbes.

39 en haut L'un des îlots coralliens qui entourent Cayo Largo : la ceinture de sable blanc et le bleu turquoise de la mer composent un paysage caractéristique de la région.

39 en bas Vue aérienne de Cayo Largo : dans l'eau claire, le fond est parfaitement visible.

40 à gauche en haut *Un aigle de mer* (Aetobatus narinari) *nage entre deux eaux, la silhouette se découpant en contre-jour. Souvent difficiles à approcher, ces raies arborent une délicate livrée à pois et de grands yeux sur la tête pointue.*

40 à gauche au centre *Une raie pastenague américaine* (Dasyatis americana) *nage sur le fond de sable et de formations coralliennes. Les pastenagues fréquentent les zones sableuses et se nourrissent d'invertébrés qu'elles déterrent dans les sédiments.*

40 à gauche en bas *Un mérou géant* (Epinephelus itajara) *jaillit de son repaire. Un rémora* (Echeneis naucrates) *est fixé sur le grand poisson qui peut dépasser 2 mètres de longueur.*

Le décor ne pourrait pas être plus spectaculaire : le canyon s'ouvre en un immense banc semi-affleurant qui borde au nord Cayo Largo, le banc Jardines, longue succession de récifs et de langues de sable d'une blancheur immaculée qui apparaissent et disparaissent au rythme des marées. Cette vaste zone qui hésite entre mer et terre s'interrompt brusquement avec l'impressionnante chute de la paroi, jusqu'à 200 mètres de profondeur. Ce point de transition est souvent battu par de forts courants qui contribuent à la prolifération de la vie benthique et à la présence des poissons de barrière et qui attire en conséquence tous les poissons pélagiques qui transitent par les lieux au cours de leurs migrations : les grands requins-marteaux et les requins-tigres, par exemple, au cours des premiers mois de l'année. Il est difficile de privilégier un spot plutôt qu'un autre le long de la Cabezeria ; la paroi recèle des recoins encore inexplorés et, dans tous les cas, elle est d'une richesse peu commune. Vous y admirerez ainsi des coraux, des éponges, des gorgones et, parmi les innombrables poissons, de gigantesques dentés *(Dentex dentex)*, des mérous tropicaux et des requins-nourrices. C'est aussi le territoire des grands pélagiques, des requins (et des requins-baleines), des raies mantas *(Manta birostris)*, des aigles de mer, des carangues et des poissons migrateurs. La règle veut que vous gardiez un œil vers la paroi et l'autre du côté de la haute mer. Tout aussi insolite, la descente dans le trou bleu local mérite le voyage. L'immense gouffre s'ouvre comme une bouche noire d'encre dans les entrailles du récif. Les galeries tortueuses se déploient sous la barrière en s'enfonçant elles aussi à des profondeurs non négligeables, et les parois lisses sont remarquables, bien que dénuées de vie. Toute la rive de la Cabezeria est également intéressante, mais elle est réservée aux plongeurs aguerris, car le courant y est souvent puissant – d'autant que les plongées se font souvent à la dérive. Cependant, il y a en pour tous les goûts, et les débutants qui s'en tiendront aux faibles profondeurs feront également de superbes rencontres.

40 à droite en haut *Un classique groupe de vers spirographes* (Sabellastarte sanctijosephi) *: les radioles, qui peuvent adopter divers coloris, servent aussi bien pour la respiration que pour la récolte de nourriture.*

40 à droite en bas *Un banc de vivaneaux dents-de-chien* (Lutjanus apodus) *nage sur le récif. Toujours rassemblés en groupe, ces poissons se posent souvent sur de grandes formations de corail ou à l'abri des gorgones.*

41 *Un ange gris* (Pomacanthus arcuatus) *sur le récif. En général, les anges gris évoluent en couple et ne sont pas effrayés par les plongeurs qu'ils n'hésitent pas à approcher.*

Textes et photographies Kurt Amsler

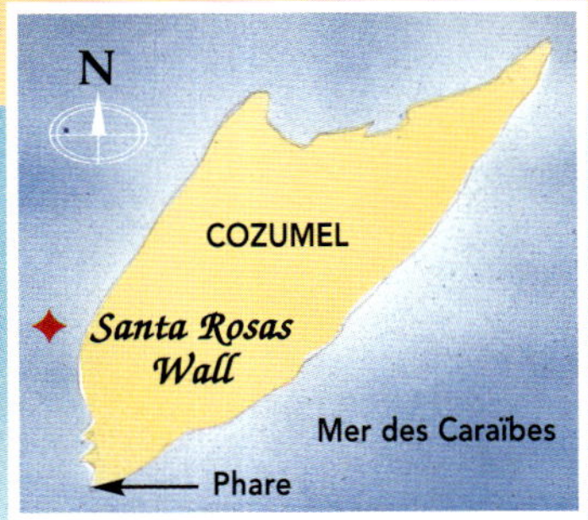

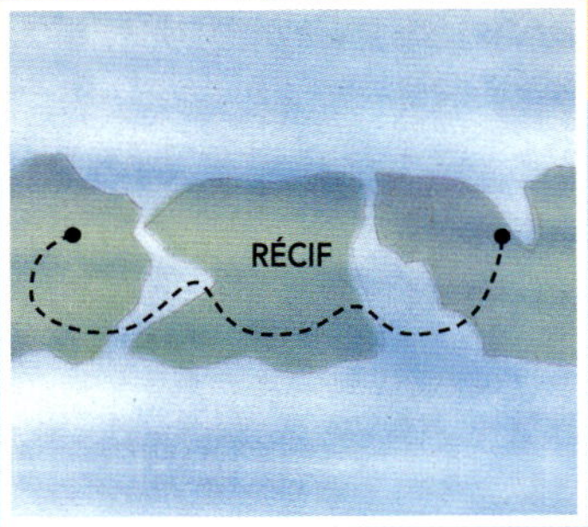

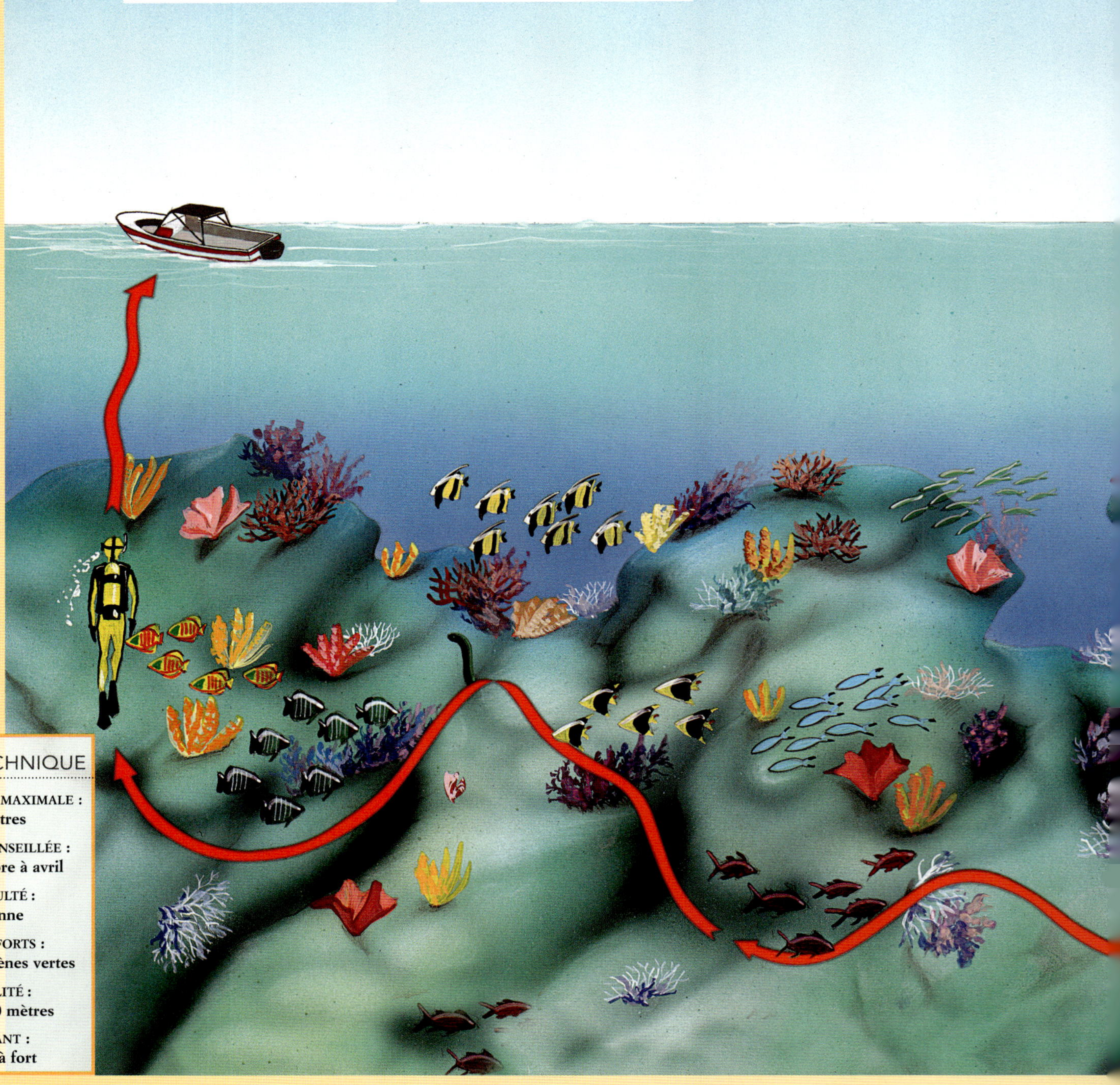

FICHE TECHNIQUE

Profondeur maximale :
20 mètres

Période conseillée :
de septembre à avril

Difficulté :
moyenne

Points forts :
grandes murènes vertes

Visibilité :
plus de 40 mètres

Courant :
moyen à fort

Illustrations Domitilla Müller

MEXIQUE - COZUMEL

SANTA ROSAS WALL

L'île de Cozumel est située à 12 kilomètres de la côte nord-est de la péninsule du Yucatán. C'est une île de petite taille, de 47 kilomètres de long et 15 kilomètres de large, et son altitude la plus haute enregistre à peine 14 mètres. Toutefois, c'est aussi la plus vaste des îles qui rythment ce littoral, où se dresse la ville de Cancún; les autres, dont Mujeres et Contoy, se trouvent plus au nord. Le monde sous-marin de Cozumel est dominé par la

43 en haut Un banc de grogneurs (Haemulon album) *nage le long du récif. Dans les zones sableuses, les grogneurs se nourrissent d'invertébrés benthiques.*

43 en bas Une grande gorgone flotte sous le courant, vital pour sa croissance.

44 à gauche en haut
Ce détail révèle la complexe superposition des organismes de divers groupes, dominés cependant par la présence de plusieurs espèces d'éponges, dont l'énorme éponge jaune-vert (probablement Lotrochota birotulata*) qui s'est développée dans des proportions gigantesques.*

deuxième barrière corallienne du monde : la barrière du Belize s'étend, en effet, sur 320 kilomètres de la pointe sud de l'île de Mujeres jusqu'à la baie du Honduras.

À Cozumel, presque toutes les activités de plongée se déroulent le long de la côte occidentale, qui est la plus abritée du vent. Les bancs de corail qui cernent presque totalement l'île rendent en effet les plongées depuis la côte orientale impossibles, en raison de la marée haute.

Le départ peut également se faire depuis la terre ferme puisqu'à l'endroit où le banc de corail affleure le rivage, il suffit de quelques coups de palme pour atteindre le rebord. En présentant votre brevet de plongée, vous pourrez louer votre équipement et parcourir la côte en voiture de location pour vous arrêter dans l'un des nombreux clubs de plongée (une vingtaine au moins) et demander la liste de tous les sites avec les points de mise à l'eau.

Attention, à Cozumel comme ailleurs, on plonge dans un total respect de l'environnement, et le maniement du gilet de stabilisation est une condition *sine qua non* pour participer aux sorties.

Les caractéristiques des fonds de Cozumel sont celles de la zone nord-est des Caraïbes. Ici aussi, les bancs de corail se divisent en trois catégories : banc profond, banc moyen et rive.

Tout le paysage, notamment dans les bancs moyen et profond, est entrecoupé de gorges encadrées par le fond sableux, qui s'achèvent sur la rive. Durant l'ère glaciaire, d'impétueuses masses d'eau ont creusé ces canyons, comme c'est le cas de tout le territoire qui se trouve au niveau de la mer. Aujourd'hui, toute la région est recouverte de coraux durs et mous et d'éponges, qui contribuent à la beauté du panorama sous-marin.

Grâce aux courants constants, les eaux de Cozumel sont cristallines et il n'est pas rare de disposer d'une visibilité de plus de 50 mètres. La température de l'eau est pratiquement constante : autour de 25 °C en hiver et jusqu'à 29 °C en été.

La diversité des poissons est extraordinaire. Même si l'on n'y voit pas les grands pélagiques, il

44 à gauche en bas
Les ramifications massives d'une éponge tubulaire (probablement Aplysina lacunosa*) s'élèvent des madrépores qui forment le récif, avec des gorgones et d'autres invertébrés.*

44 à droite Une ample fracture parcourt le récif, créant une belle image monochrome. Le sable blanc, qui réfléchit vivement la lumière solaire, augmente l'atmosphère évocatrice des lieux.

44-45 Cet ange royal (Holocanthus ciliaris) *pose pour le photographe. Cachés entre les gorgones, les jeunes de cette espèce se comportent souvent en nettoyeurs.*

45 en bas Des centaines de barracudas (Sphyraena *sp.*) *nagent dans le bleu : ils ont plutôt un comportement grégaire à l'état juvénile tandis que les adultes sont plus solitaires.*

suffit de plonger sur le rebord et sur le banc moyen pour croiser des aigles de mer, des barracudas, des carangues, des requins gris de roche et des requins à pointes noires. Sur les plages, on voit souvent les raies et, sous les saillies, tout le long de la barrière corallienne, dorment d'énormes requins-nourrices (baptisés aussi «requins dormeurs»). La gamme des poissons vivement colorés de falaise corallienne compte toutes les variétés caraïbes : le premier, le poisson-ange, que l'on peut croiser dans tous les recoins du récif, mais aussi les bancs de vivaneaux, que l'on observe sur le banc moyen. Cozumel compte aussi un poisson endémique, c'est-à-dire présent uniquement dans ses eaux : dans la journée, le poisson-chat *Sanopus splendidus*, ou «poisson-crapaud des récifs», demeure dissimulé sous les saillies, pour évoluer entre les coraux la nuit. Ce poisson est capable de mordre avec une grande rapidité, et il est déconseillé de le toucher. La nuit, les plongées s'accompagnent d'ailleurs du grognement caractéristique que les frottements de leurs dents engendrent.

Le Santa Rosas Wall est l'une des parois de ce haut plateau corallien ; situé à 10-12 mètres, il descend à la verticale jusqu'à des profondeurs inac-

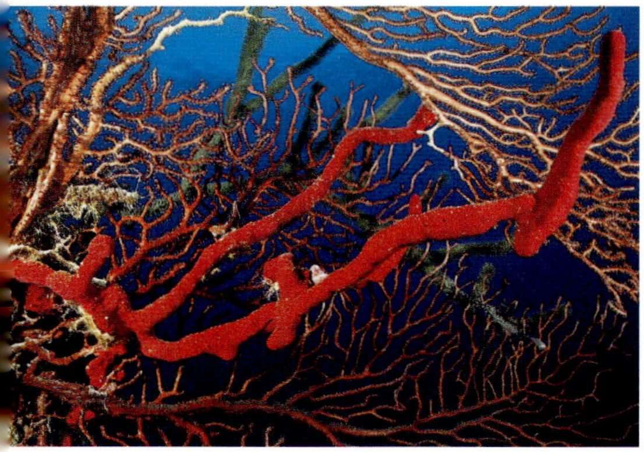

46 en haut Les grandes éponges constituent une constante du paysage et indiquent la présence de matières organiques en suspension favorisant leur croissance.

46 au centre Une véritable forêt de gorgones recouvre un grand écueil du récif, où prospèrent aussi des éponges jaunes et des «monnaies de Poséidon» (Halimeda *sp.).*

46 en bas Certaines espèces très différentes dépendent du même plancton porté par les courants. Les gorgones captent les particules par l'intermédiaire de leurs polypes, et les éponges les recueillent en filtrant l'eau avant de la rejeter par l'oscule.

46-47 Un splendide poisson-chat (Sanopus splendidus) *jaillit de sa cachette : c'est une espèce endémique de la région de Cozumel.*

47 à droite en haut Ce poisson-soldat à longues épines (Holocentrus rufus) *se laisse photographier entre les madrépores. Il se distingue des autres espèces par les taches triangulaires à l'extrémité de la nageoire dorsale.*

47 à droite en bas Un requin-nourrice (Ginglymostoma cirratum)*, au repos dans une zone sableuse, dissimule sa tête sous le corail.*

En général, la mise à l'eau se fait derrière le banc de corail pour nager vers l'ouest, au-dessus du fond sableux légèrement incliné, afin d'atteindre enfin la barrière proprement dite. Le récif est rythmé par de nombreuses gorges qui conduisent toutes à la pente raide. Le fond est recouvert de sable blanc et les parois qui émergent du banc de corail sont à leur tour colonisées par les alcyonaires et les éponges : extrêmement colorées et aux ramifications insolites, celles-ci composent un splendide contraste avec le bleu de l'eau. Dans les gorges, on ne sent pas encore le courant, mais sur la pente, en haute mer, on se sent entraîné et porté par un flux lent mais constant.

C'est une merveilleuse sensation que de se laisser glisser le long de la paroi du récif. Il suffit alors de quelques coups de palme pour s'approcher du banc de corail, où le courant est plus faible, pour faire une petite pause. La clarté exceptionnelle de l'eau permet de voir bien au-delà de la limite des profondeurs permises, et la tentation est forte de se laisser aller dans le bleu. N'oubliez pas pour autant les règles de sécurité, surtout lors des sorties sur les parois abruptes.

cessibles pour le plongeur. Des tunnels permettent de traverser le banc à la nage pour déboucher sur le bleu de la haute mer. La paroi abrupte est recouverte de gorgones à éventail et à fouet. Ici aussi les éponges dominent, avec de nombreuses oreilles-d'éléphant orangées et des tubulaires jaunes, qui mesurent jusqu'à plus d'un mètre.

Entre les ramifications des coraux noirs ou sur les branches des gorgones mortes, vous apercevrez de merveilleuses ascidies. Au-delà de 20 mètres de profondeur s'ouvre un nouveau paysage, tant du point de vue topographique que de celui de la flore et de la faune. Il se distingue notamment par la présence d'énormes mérous noirs *(Mycteroperca bonaci)* et de murènes vertes *(Gymnothorax funebris)* qui occupent les fissures de leur corps allongé. Enfin, les saillies du canyon abritent souvent des groupes importants de langoustes.

Textes et photographies Kurt Amsler

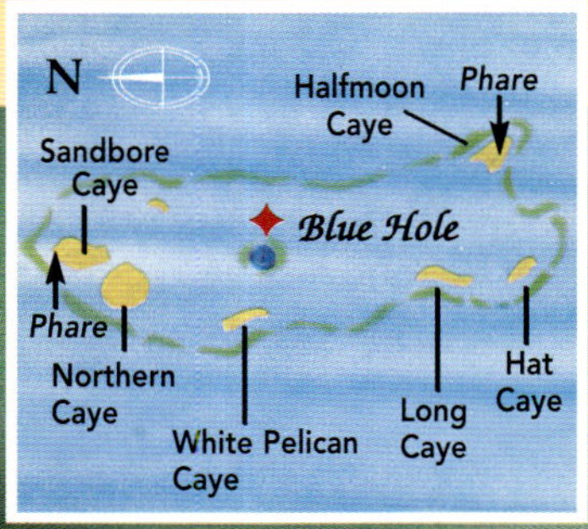

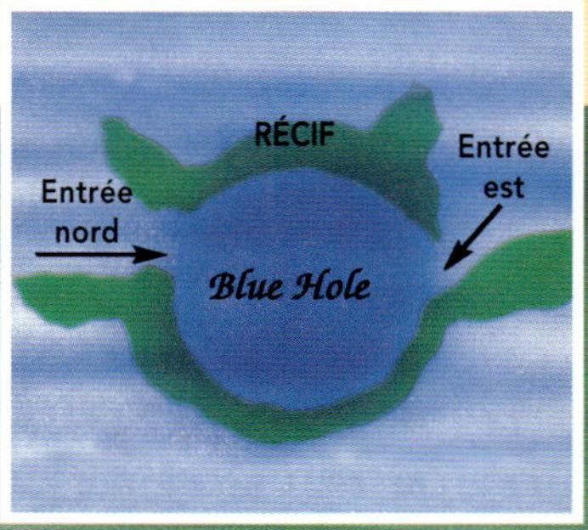

FICHE TECHNIQUE

Profondeur maximale :
145 mètres

Période conseillée :
de septembre à avril

Difficulté :
plongeurs expérimentés

Points forts :
stalactites immergées

Visibilité :
plus de 40 mètres

Courant :
aucun

Illustrations Domitilla Müller

Belize - Lighthouse Reef

Blue Hole

Ex-Honduras britannique, le Belize – 23 000 kilomètres carrés pour 180 000 habitants – s'étend le long de la côte caraïbe de l'Amérique centrale. La partie nord du pays est dominée par la plaine, les forêts équatoriales et les marécages ; le sud est le royaume des monts Maya, qui s'élèvent au-dessus de vastes étendues de verdure. La barrière corallienne du Belize se déploie le long de la côte sur près de 300 kilomètres, et elle est la deuxième du monde par la taille, après la Grande Barrière australienne.

49 en haut Les trous bleus sont des cavités formées par l'écroulement de la voûte des grottes immergées. Sur la photo, l'eau profonde et sombre du grand trou bleu contraste avec la couleur claire du bas-fond.

49 en bas Dans le gouffre qui descend à pic vers l'obscurité totale, l'eau, d'une clarté époustouflante, fait paraître les fonds très proches.

Le littoral du Belize est un lieu idéal pour les passionnés de plongée : les récifs, distants du rivage de 12 à 22 kilomètres, regorgent de beautés immergées. Les eaux qui s'étendent entre la terre ferme et la barrière sont calmes, le fond sablonneux et les *cayos* (îlots typiques recouverts de mangrove) sont nombreux. Vers l'est, trois atolls coralliens – Turneffe, Glovers et Lighthouse – constituent les meilleurs sites de plongée du coin.

La faune et la flore des eaux du Belize sont typiques des Caraïbes, mais plus riches en termes de couleurs et de variété. Là, une fois par an, des milliers de serranidés et de raies se rassemblent pour se reproduire, tandis que les dauphins y cherchent habituellement le contact avec les plongeurs. La position de la barrière, située au large, dans un océan sillonné par les courants, favorise la biodiversité. La température de l'eau, constante tout au long de l'année, varie entre 23 et 25 °C en hiver et entre 25 et 28 °C l'été.

Il y a de nombreux «trous bleus» («Blue Hole») dans les Caraïbes, que ce soit du côté de l'île d'Andros ou de Bahama Grande, mais le plus grand d'entre eux s'ouvre au centre du récif de Lighthouse. Au cours de l'ère glaciaire, des cavernes karstiques se sont formées lorsque les eaux ont érodé les montagnes calcaires qui se trouvaient à l'époque à quelques centaines de mètres au-dessus du niveau des mers. La présence de stalactites et de stalagmites prouve que les cavernes de jadis n'ont pas été submergées, et on peut aussi en admirer dans le trou bleu du Belize. En 1972, Jacques Cousteau dévoilait le secret des « trous bleus » : à bord du célèbre sous-marin de poche de la *Calypso*, il dirigea l'expédition qui explora le trou bleu dans le moindre recoin.

Cet immense gouffre affiche un diamètre de quelque 40 mètres pour 145 mètres de profondeur ; les parois descendent à la verticale et, sous les saillies, à 40 mètres, d'énormes stalactites de plus de 3 mètres de hauteur évoquent de gigantesques aiguilles de sapin (les stalactites les plus imposantes se trouvent du côté nord-ouest).

La faune et la flore du trou bleu n'ont rien de particulier, et c'est plutôt son atmosphère de mystère et son évocation du passé qui laissent aux plongeurs un souvenir mémorable. Il est à souligner que pour participer à de telles plongées, lesquelles vous entraînent à plus de 40 mètres de profondeur, au-dessus d'abysses qui descendent à 145 mètres, il faut disposer d'un excellent entraînement. Avant de vous lancer, demandez des précisions sur le parcours, sur la durée de l'immersion et sur les limites de profondeur ; dans tous les cas, vous devez être accompagnés d'un guide. En outre, comme l'obscurité est presque totale dans la partie la plus profonde du trou bleu, il est indispensable de vous équiper d'une lampe torche. Vérifiez régulièrement votre assiette afin de ne pas risquer de vous retrouver à évoluer dans ce gouffre de près de 150 mètres. Comparées à celles de la barrière de corail, les parois sont ici plutôt nues, ou simplement tapissées d'algues verdâtres. En effet, même si le soleil brille de tous ses feux en surface, il fait très sombre trente mètres plus bas, et la torche est plus que jamais indispensable. À 40 mètres, vous discernerez la ligne sombre de la saillie sous laquelle se trouvent les stalactites. Dans la lueur des torches, les énormes silhouettes qui pendent du «plafond» jettent des ombres sinistres. Et la légère ébriété due aux profondeurs associée au spectacle époustouflant vous marqueront à tout jamais. Sous l'eau plus qu'ailleurs, le temps court à toute allure, et vous ne devez pas oublier de contrôler souvent vos instruments. La plongée s'achève sur le fond sablonneux où elle a commencé. Dans la lumière du soleil où la vie triomphe, prenez le temps de vous détendre aussi longtemps que vous le souhaitez pour observer les poissons certes, mais surtout pour fixer dans votre mémoire la magnifique expérience d'une promenade dans le trou bleu du Belize.

50 à gauche en haut Un petit groupe de barracudas (Sphyraena *sp.) patrouille le bas-fond sableux où prolifèrent les gorgones.*

50 à gauche en bas Autour du gouffre, des groupes de gorgones se développent sur les concrétions coralliennes.

50 à droite À l'entrée de la cavité, un plongeur illumine de sa torche d'énormes stalactites : ce sont des structures qui ont été formées par des dépôts de carbone lorsque le terrain n'était pas recouvert par l'océan.

50-51 Dans l'obscurité de la grotte, le plongeur évolue entre les stalactites qui, par manque de lumière et en raison de l'hydrodynamisme limité, offrent des conditions de vie peu favorables à la majeure partie des organismes marins.

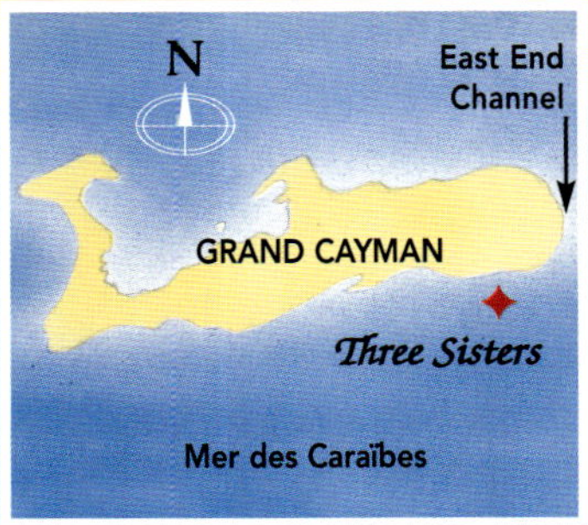

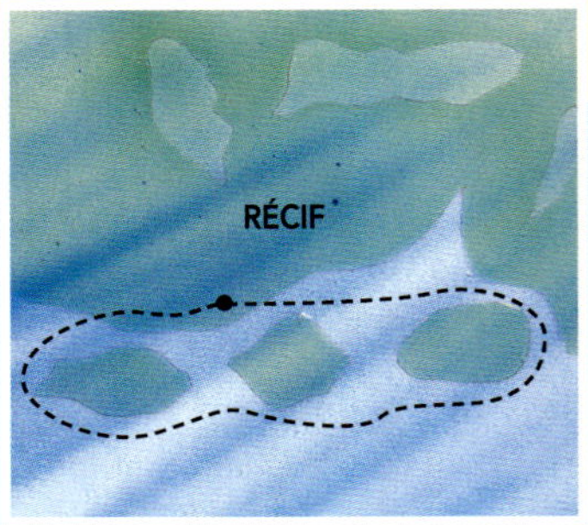

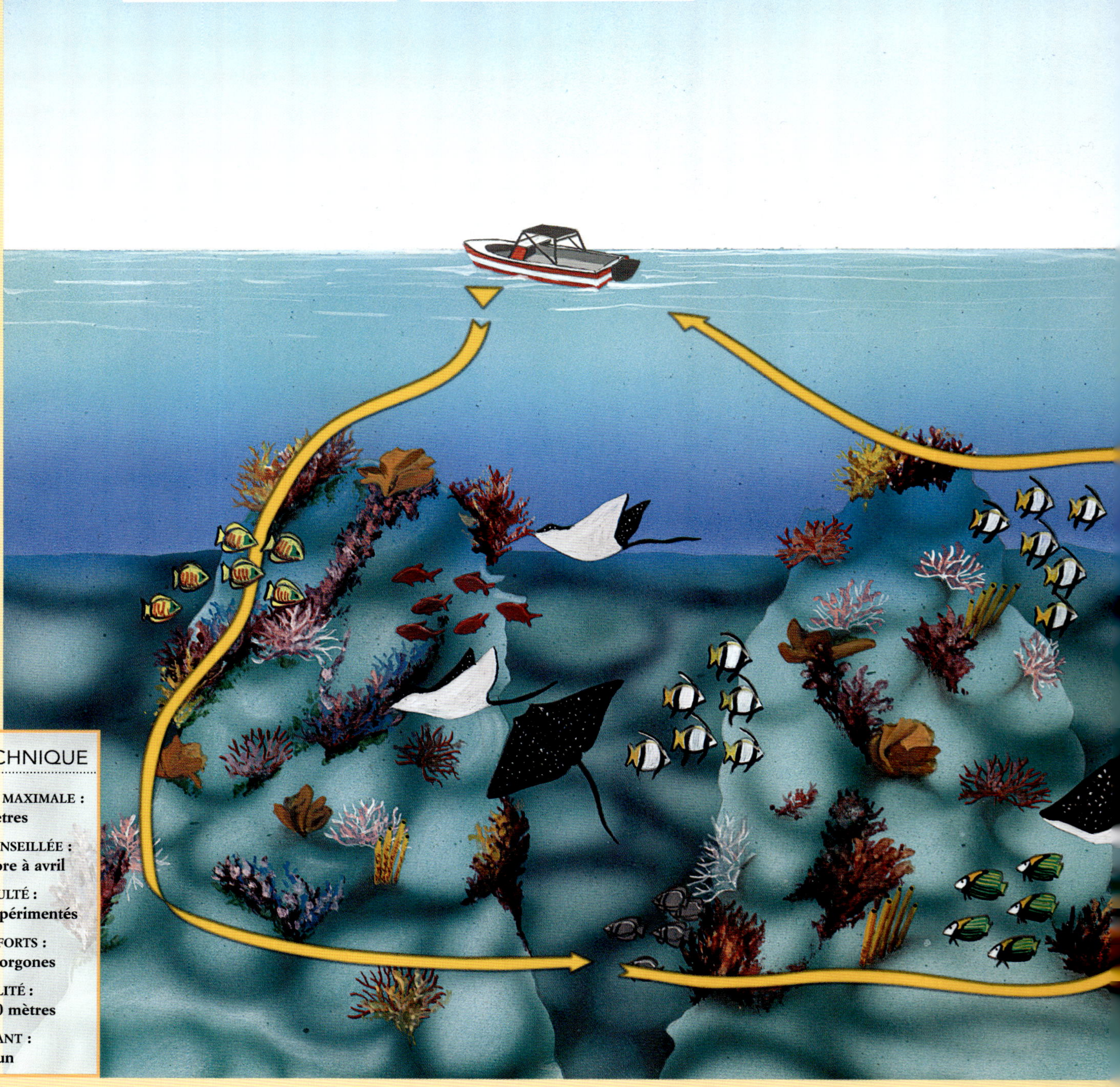

FICHE TECHNIQUE

Profondeur maximale :
40 mètres

Période conseillée :
de septembre à avril

Difficulté :
plongeurs expérimentés

Points forts :
grandes gorgones

Visibilité :
plus de 30 mètres

Courant :
aucun

Illustrations Domitilla Müller

GRAND CAYMAN - NORTH WEST WALL
THREE SISTERS

L'île de Grand Cayman se trouve à près de 800 kilomètres au sud de Miami, entre Cuba et l'Amérique centrale. En 1503, Christophe Colomb découvre la région par hasard au cours de son quatrième voyage dans le Nouveau Monde. Abordant sur Little Cayman, il remarque la présence de nombreuses tortues de mer et baptise l'île « Las Tortugas ». Puis son nom se transforme en « Lagatargos » pour être définitivement remplacé, en 1530, par « Las Cayman », un mot indien qui signifie « petits crocodiles ». On peut plonger tout autour de l'île, mais la côte ouest est plus fréquentée : l'eau y est plus calme et permet de plonger sans danger toute l'année. Le long de la côte nord s'élève le North West Wall, site idéal pour plongeurs expérimentés, sauf en cas de vents ou de pluies violentes.

Cette partie de l'île est certainement la plus spectaculaire. Les points d'immersion sont éloignés de

53 en haut La vue générale de la barrière permet de mieux se rendre compte de sa diversité et de sa complexité : algues vertes, coraux durs, gorgones et grandes éponges se partagent l'espace. Au premier plan, une éponge oreille-d'éléphant (Agelas clathrodes).

53 en bas Un couple d'anges gris (Pomacanthus arcuatus) *évolue lentement dans l'entrelacs serré des gorgones qui se développent au-dessus des coraux.*

54-55 Les éponges constituent un élément caractéristique des paysages récifaux caraïbes; elles adoptent des formes variées et des couleurs très intenses. Ici, les éponges tubulaires et les éponges ramifiées entourent une éponge balle-noire (Ircinia strobilina).

55 à gauche Une éponge-barrique (Xestospongia muta) *caractérise ce coin du récif – ce genre d'éponge peut atteindre plus de 100 ans.*

55 à droite en haut Un grand barracuda (Sphyraena *sp.)* *solitaire s'approche de l'objectif du photographe.*

55 à droite au centre L'impression d'espace est soulignée par le disque du soleil et par l'effet du grand angulaire. L'éventail de mer (Gorgone ventalina), *au centre, possède effectivement des dimensions remarquables – jusqu'à 2 mètres de hauteur.*

55 à droite en bas La torche du plongeur éclaire une éponge de dimensions remarquables.

tous les hôtels et du club de plongée, et il faut pour les atteindre utiliser de grosses embarcations. C'est là qu'est située notre destination, les Three Sisters (« Trois Sœurs »), pratiquement à l'extrémité de la côte sud, non loin du détroit qui débouche sur l'East End Channel.

La véritable attraction de cette partie de l'île repose sur les rebords, qui descendent dans les profondeurs marines bien plus bas que sur la côte occidentale. Ici, le récif ne s'élève qu'à 22 mètres de la surface. Les « trois sœurs » doivent leur nom à trois énormes formations rocheuses situées devant la barrière corallienne, position qui permet de traverser tranquillement les canyons qui se trouvent entre l'une et l'autre. Ceux-ci regorgent de végétaux, et il est essentiel de vous déplacer avec précaution pour éviter d'endommager le milieu marin. Si vous décidez d'explorer minutieusement toutes les Sisters, veillez à préparer soigneusement votre excursion car elles sont éloignées de 80 mètres environ l'une de l'autre. En outre, il faut soigneusement calculer le trajet entre l'embarcation et la barrière corallienne. Pour économiser l'air, ne vous immergez pas juste à la barrière ; nagez plutôt le long du rebord à environ 5 mètres de profondeur. Ainsi, vous pourrez également vous faire une idée de la topographie du fond et il vous sera plus facile de vous orienter. Une autre manière d'atteindre votre destination consiste à effectuer la descente directement à travers le canyon. Cette voie offre naturellement un spectacle plus attractif, mais elle conduit en profondeur, au niveau du récif et, ainsi, augmente le temps d'immersion et les problèmes liés à la réserve d'air, qui ne suffit généralement pas pour explorer toute la zone. Les Sisters présentent une faune riche et une flore tout aussi variée. Parmi les

organismes marins, les nombreuses gorgones et plusieurs variétés d'éponges se distinguent par leurs couleurs et par leurs dimensions. Partout resplendissent les éponges oreilles-d'éléphant de couleur orange et les éponges tubulaires, qui jaillissent comme autant de bouches de canon. C'est également dans les Three Sisters qu'il est possible d'observer tout l'échantillon des poissons qui vivent dans la région. Ce qui n'empêche pas d'y croiser, notamment dans les environs de l'East End Channel, des spécimens de plus grande taille tels que les aigles de mer, les requins ou autres prédateurs. Mais les plongeurs sont surtout frappés par l'insolite paysage marin, par la diversité biologique et par l'eau cristalline qui caractérise ce bras de mer.

En raison de la profondeur et du plan rigoureux d'immersion, l'exploration des Three Sisters est réservée uniquement aux plongeurs les plus aguerris. Le briefing de l'instructeur est une étape capitale de la sortie, et il est indispensable de se procurer une carte où figurent le récif, le point de mouillage et la voie la plus rapide pour les sites d'intérêt majeur. En suivant l'itinéraire qui est décrit ci-contre, vous découvrirez un ample panorama de toute la zone.

Le premier objectif est de rejoindre la « sœur » située à l'ouest, pour continuer ensuite le long du rebord en direction de l'est vers les deux autres. De toute évidence, la direction de l'itinéraire doit tenir compte des courants. On peut apercevoir de loin l'énorme roche qui émerge des profondeurs marines ; sa silhouette presque carrée est séparée de la paroi récifale par un profond canyon, alors que le plateau s'étale à 22 mètres de profondeur. Les plongeurs voient apparaître des faisceaux de labres créoles et de nombreux coraux à feuille entre lesquels évoluent des mérous de dimensions remarquables qui, de leurs énormes yeux, épient les intrus avec curiosité. En nageant le long du rebord, richement orné de coraux mous, vous atteindrez la seconde « sœur ». Sa forme élégante et élancée évoque un énorme index. Elle est également tapissée de gorgones, auxquelles la lumière du soleil qui filtre de la surface confère une apparence surnaturelle. À droite et à gauche, le fond descend encore et l'on pourrait demeurer là pendant des heures si le temps ne scandait pas impitoyablement toutes les étapes de la plongée, suprême certificat de survie des plongeurs.

La distance entre les deux derniers rochers est plus grande que prévu. La dernière « sœur » est légèrement plus grosse, mais pas moins fascinante. Il vous reste sans doute juste assez d'air pour explorer la partie supérieure du rocher, qui se trouve encore à 22 mètres de profondeur.

56 à gauche Les ramifications de cette éponge (Aplysina fistularis) *se découpent dans le disque du soleil.*

56 à droite en haut Un requin gris (Carcharhinus amblyrhynchos) *s'approche du photographe sur un banc de sable. L'évolution des squales procède d'une extraordinaire exploitation de la morphologie, parfaitement adaptée à leurs activités de prédateurs.*

56 à droite au centre Un banc de carangues gros-yeux (Caranx latus) *regroupe des centaines d'individus. Ce sont des prédateurs qui occupent les plus hauts niveaux de la chaîne alimentaire et, parfois, ils renferment dans leur chair une toxine dangereuse pour l'homme, la ciguatera.*

56 à droite en bas Les carangues gros-yeux (Caranx latus) *peuvent atteindre 75 centimètres de longueur à l'âge adulte. Les jeunes supportent bien les variations de salinité et remontent même les cours d'eau douce.*

57 à gauche Une belle image de la richesse et de la diversité sous-marine des Three Sisters.

57 à droite Un énorme groupe de vivaneaux (Lutjanus *sp.*) *évolue dans l'eau sans se montrer le moins du monde gêné par la présence des plongeurs. Dans les Caraïbes, on compte au moins cinq espèces de vivaneaux à la livrée argentée, impossibles à différencier de loin.*

Textes et photographies Edigio Trainito

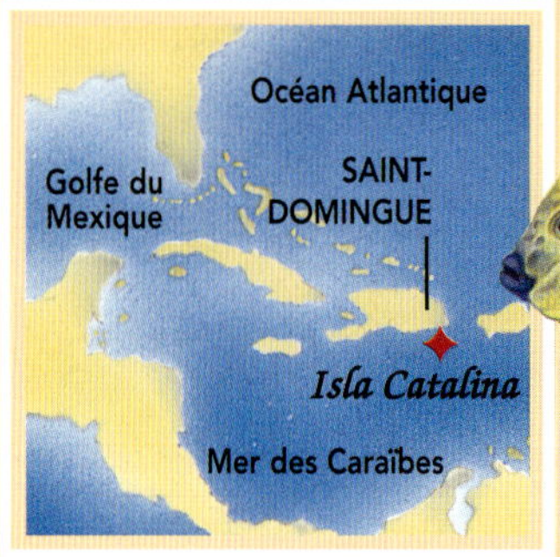

RÉP. DOMINICAINE - PARC NATUREL DE ESTE

ISLA CATALINA

Du point de vue touristique, la partie orientale de la République dominicaine est l'une des zones les plus exploitées du monde. C'est une région de quelque 43 000 hectares, qui englobe également l'île de Saona, et qui est comprise dans le Parque Natural de Este. La zone protégée ne couvre cependant pas les fonds marins qui comptent parmi les plus intéressants de la région des Caraïbes. À l'est du parc, à peu de distance de la côte, l'isla Catalina offre les meilleurs sites de plongée. Pas très loin de la rive nord de l'île, on descend sur un fond en plaine de 7 à 8 mètres qui conduit vers un rebord qui surmonte une paroi quasi verticale jusqu'à 25 mètres

58 en haut Les ramifications de l'éventail de mer (Gorgone ventalina) *sont soudées entre elles et forment un filtre non seulement pour les particules dont l'animal se nourrit, mais aussi contre la lumière de la torche, qui est ainsi atténuée.*

58 en bas Les ramifications de cette éponge tubulaire (probablement Aplysina fistularia*) s'élèvent du récif formé par les coraux durs. L'éponge porte à l'extrémité des tubes un oscule qui permet d'expulser l'eau absorbée et filtrée.*

de profondeur environ. Ensuite, le fond se prolonge en pente douce et présente moins d'intérêt. L'immersion se déroule au niveau des vingt mètres dans un milieu varié et coloré. Quelques canaux rythment le rebord, formant des anfractuosités où s'engouffrent les courants qui favorisent à leur tour le développement de grandes éponges, au côté des gorgones. Les éponges tubulaires de diverses couleurs – jaune, violet ou brun –

Illustrations Domitilla Müller

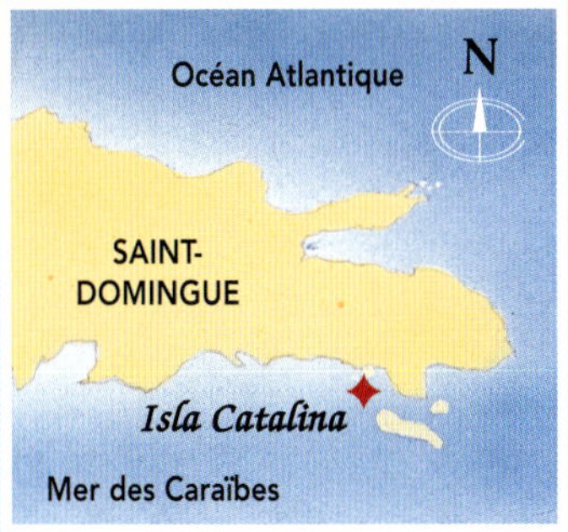

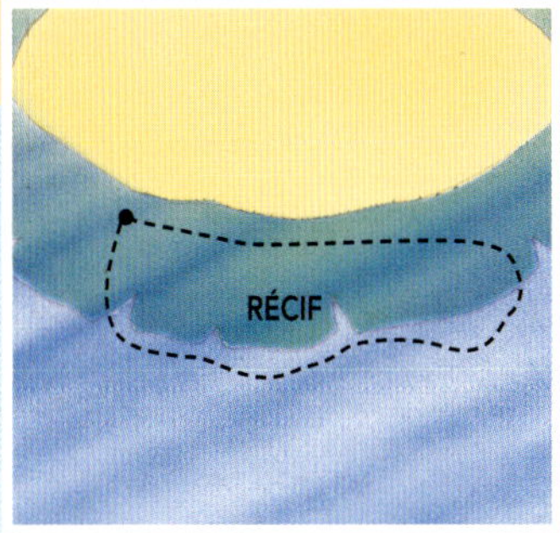

FICHE TECHNIQUE

Profondeur maximale :
25 mètres

Période conseillée :
de septembre à avril

Difficulté :
moyenne

Points forts :
grandes éponges tubulaires

Visibilité :
plus de 30 mètres

Courant :
faible

60 à gauche en haut Sur les concrétions coralliennes, où poussent les éponges et les gorgones, évolue un indolent poisson-lime à taches blanches (Cantherhines macrocerus). *Il suffit de l'approcher pour constater combien il excelle à changer de couleur, faisant apparaître et disparaître à loisir les points blancs sur sa livrée.*

60 à gauche en bas Un grand barracuda nage en solitaire au-dessus du récif. C'est un prédateur dont il faut se méfier et, dans les Caraïbes, on lui attribue des agressions contre les humains, toujours dans des situations cependant particulières, en général en eaux troubles.

arborent des formes élancées, et les ramifications se déploient souvent en rayon à partir du pied. On voit également de grosses éponges à l'intérieur desquelles se glissent des petits poissons et crustacés. Entrelacées avec les éponges et autres coraux mous et durs, des gorgones forment de grands éventails de nuance bleu ciel avec les branches soudées caractéristiques, un peu à la manière d'un filet. Ce mode de croissance augmente la capacité à récolter la nourriture des innombrables et minuscules polypes qui composent la colonie. Dans les zones plus profondes, vous apercevrez aussi des gorgones de couleur orange aux fûts allongés.
La plongée se poursuit au même niveau, sur le parcours du retour, sauf lorsque le courant est trop fort. Dans ce cas, il faut continuer dans la même direction, mais il est alors plus probable de croiser quelque gros barracudas venus du large, dans une eau d'une telle clarté qu'elle offre souvent une visibilité supérieure à 30 mètres.
En raison de la faible profondeur, la promenade peut se prolonger. La partie finale est plus amusante et l'entrelacs des organismes qui recouvrent les basfonds regorge de surprises. Dans les anfractuosités se dissimulent les grands crabes *(Mitrax spinosissimus)*, et si vous vous déplacez lentement entre les coraux, vous verrez des poissons porcs-épics *(Diodon hystrix)* avec leur œil fascinant de couleur émeraude. Les éventails des gorgones paraissent créer leur propre milieu : dans l'entrelacs de leurs ramifications vivent, en effet, de nombreux invertébrés. Certains s'y abritent, comme la crevette mécanique, d'autres, comme les langues de flamant rose *(Cyphoma gibbosum)* – sont des prédateurs qui se nourrissent des polypes de la gorgone. Leur coquille brillante évoque la porcelaine ; l'animal a coutume de la recouvrir de son manteau qui arbore un motif imitant le réseau des mailles de la gorgone, effet de mimétisme qui lui permet de mieux se dissimuler. Sur les éponges ou sur les anémones, il est fréquent d'observer de petites familles de crevettes aux longues antennes : il s'agit des nettoyeuses qui jouent un rôle essentiel pour les poissons de la barrière. Parmi les nombreux spécimens qui évoluent dans ces eaux, signalons le caractéristique poisson-lime à taches blanches *(Cantherhines macrocerus)* dont la livrée jaune et brun s'orne à volonté de taches rondes et blanches. Il évolue avec indolence entre les coraux et les éponges, et il se laisse aisément approcher. Dans les zones plus proches de la surface, entre les algues qui recouvrent certaines parties du fond, on peut croiser une superbe limace de mer *(Tridacna crispata)* au manteau évoquant la dentelle, tandis que parmi les boutons roses des grandes étoiles de mer, les plus observateurs découvriront une crevette *(Gnathophyllum ameriquenum)* qui vit en symbiose avec son hôte.

60 à droite en haut La torche du plongeur éclaire une éponge-baril géante (Xestospongia muta) *entourée de gorgones : souvent, les petits poissons ou les crustacés se cachent dans la cavité centrale de l'éponge.*

60 à droite en bas Une grande raie pastenague américaine (Dasyatis americana) *vient de sortir de sa cachette sous le sable et navigue sur le récif. Les raies pastenagues fouillent le sable en quête de proie et se recouvrent de sédiments.*

61 à gauche Sur le récif, qui descend presque à la verticale, se déploient les longs fouets d'une gorgone (Eunicella elongata). *C'est une espèce caractéristique de ces milieux, plus courante au-delà de 20 mètres de profondeur.*

61 à droite Sur la partie sommitale du récif, entre les coraux durs et diverses espèces de gorgones, les éponges tubulaires (Aplysina fistularia) *ressortent dans le décor par leurs formes et leurs couleurs.*

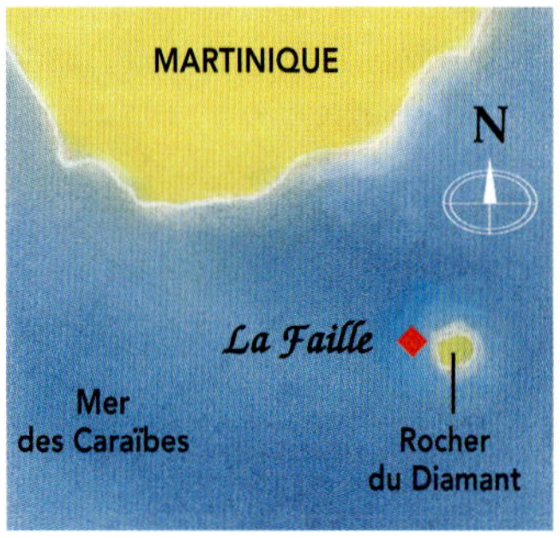

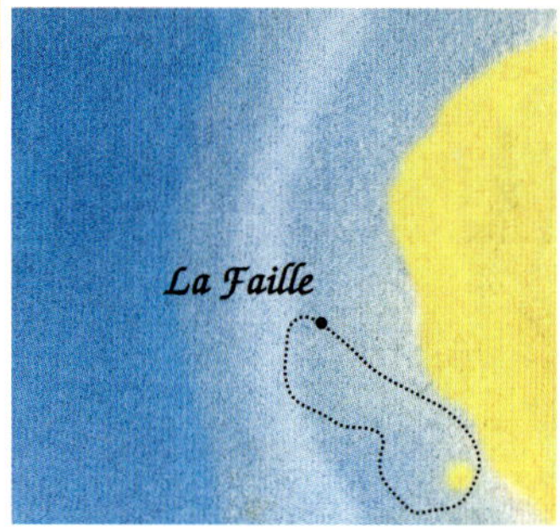

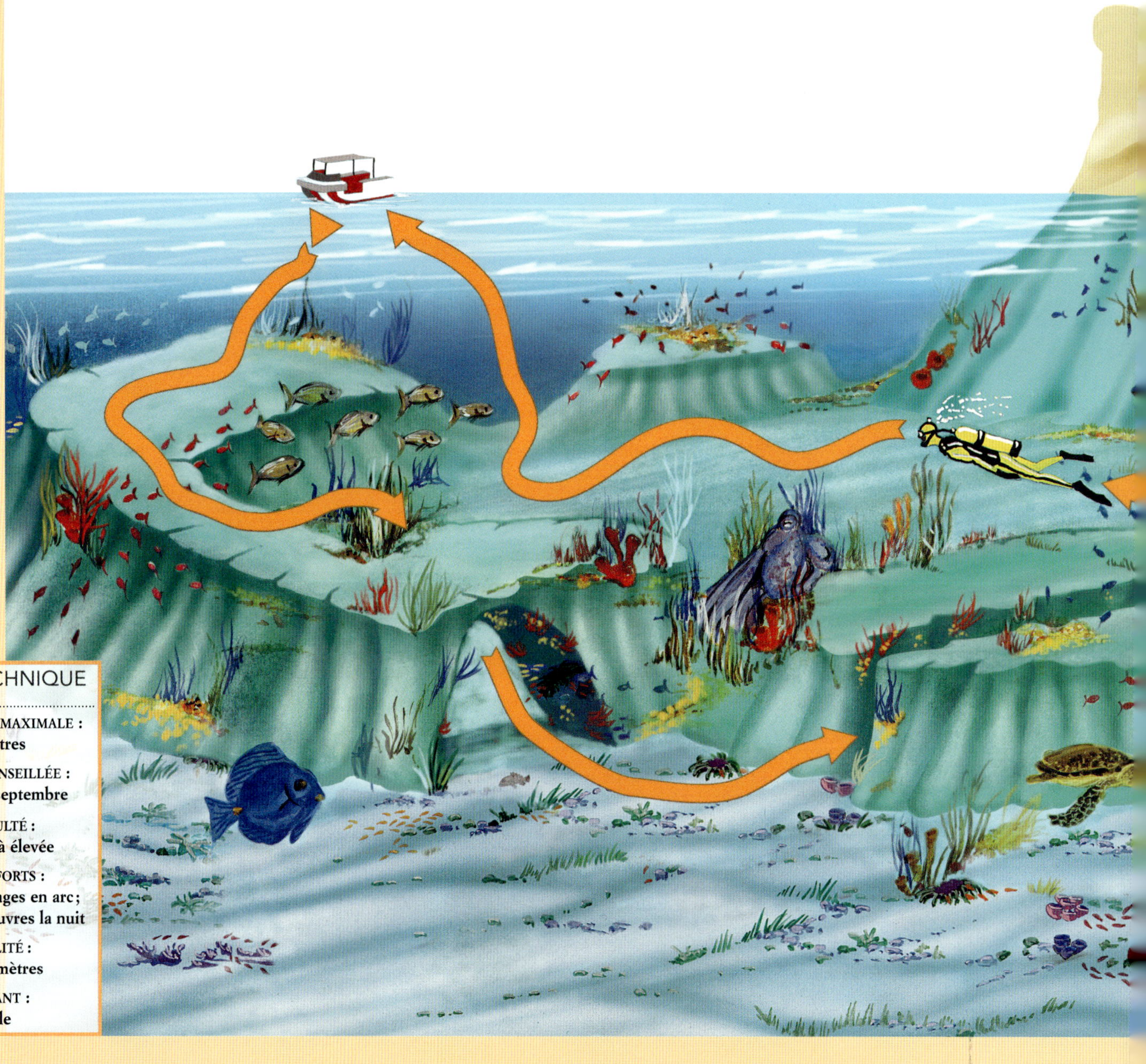

FICHE TECHNIQUE

Profondeur maximale :
60 mètres

Période conseillée :
de juillet à septembre

Difficulté :
moyenne à élevée

Points forts :
tunnels, passages en arc ; calmars et pieuvres la nuit

Visibilité :
20 à 30 mètres

Courant :
faible

Textes et photographies James Treter. Illustrations Aurora Antico

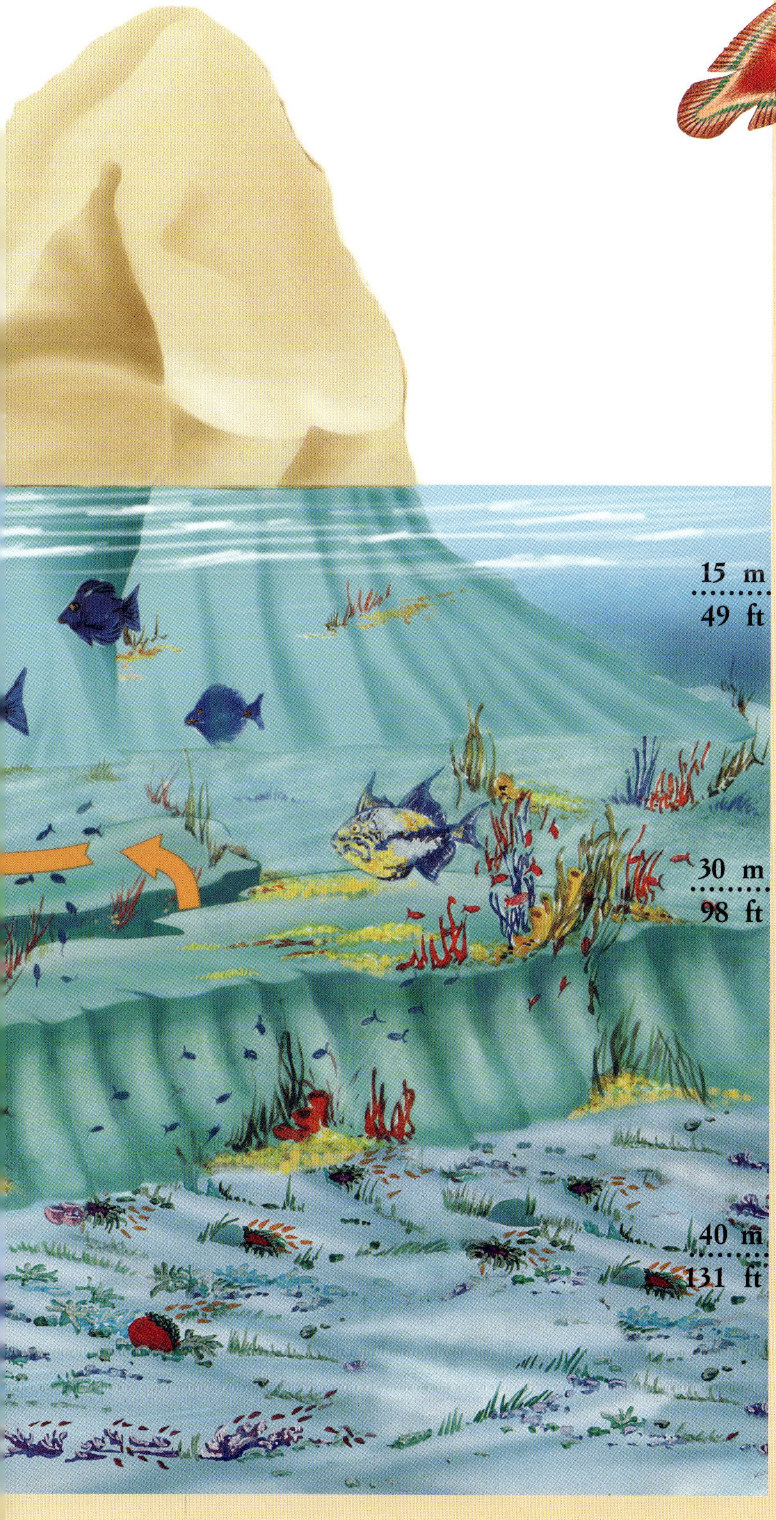

Martinique - Rocher du Diamant
La Faille

L'île de la Martinique regorge de magnifiques spots pour les plongeurs de tous niveaux, du novice au plus expérimenté, et la température de l'eau y est toujours idéale. Les meilleurs spots sont sans doute sur la pointe sud et la côte sud-ouest de l'île, et ils offrent la chance d'explorer des récifs, des grottes, des tunnels, des arches, des tombants et des surplombs, sans oublier les épaves. Les fonds de Martinique

63 en haut Un poisson-chirurgien (Acanthurus caeruleus) *patrouille dans les eaux de La Faille.*

63 en bas À La Faille, on peut voir des actinies jusqu'à 20 mètres de profondeur, où vivent généralement les plus grands spécimens.

64 à gauche en haut Un flet, apparenté à la sole, nage en rasant le fond où il recueille sa nourriture.

64 à gauche au centre L'un des habitants les plus intéressants de La Faille est le baliste royal (Balistes vetula). *Vorace et de nuances variées, il est doté de dents extrêmement acérées.*

sont d'une richesse extraordinaire, et la flore et la faune y sont partout abondantes, depuis les coraux, les éponges et les crinoïdes aux nombreuses espèces de poissons tropicaux en passant par les tortues de mer et les invertébrés.

Les sites les plus fréquentés se trouvent sans aucun doute dans les environs du rocher du Diamant, à l'extrémité sud-est de la Martinique, position qui leur vaut d'être abrités, pour la plupart, du fort courant de l'océan. Une brève course en canot vous emmènera à un mille du rivage, là où un énorme rocher en forme de losange (le «diamant») haut de 176 mètres sort de l'océan.

Sur le côté nord-ouest du rocher, il y a un superbe spot de plongée baptisé «La Faille», avec une profondeur de 15 à 60 mètres et une visibilité d'une vingtaine de mètres. Il s'agit effectivement d'une faille sous-marine dans le rocher, un tunnel et une arche qui regorgent de plantes et d'animaux marins. Selon toute probabilité, l'embarcation mouillera dans le sable sur le dessus d'un rebord situé à une vingtaine de mètres de profondeur. Lorsque vous pénètrerez dans l'eau, pour vous glisser vers les rochers et le fond sableux, vous rencontrerez un grand champ de sargasses. Ouvrez les yeux et vous apercevrez des poissons-trompettes *(Aulostomus maculatus)* en robe de camouflage, flottant à la verticale, leur tête dirigée vers le bas. Plus bas, les sargasses cèdent la place à un décor vivement coloré d'éponges et de coraux, de superbes et délicats crinoïdes, dont les bras flottants se confondent avec les anémones et les diverses espèces d'hydroïdes. À l'entrée du tunnel se déploient d'innombrables éventails de mer, avec les «langues de flamant rose» *(Cyphoma gibbosum)*. Ces mollusques très courants aux Caraïbes, à la coquille d'un blanc rosé laiteux, se nourrissent des polypes des gorgones. À la sortie du tunnel, vous découvrirez toute une variété d'espèces de coraux durs, d'éponges tubulaires jaunes et de gorgones.

Pour revenir vers le mouillage, vous tournerez alors à droite et progresserez le long d'une pente regorgeant de plantes et d'animaux marins intéressants : coraux «cerveau de Neptune» *(Diploria labyrinthiformis)*, coraux «bois d'élan» *(Acropora cervicornis)* et autres éponges et anémones colorées. Vous y verrez aussi évoluer un assortiment de poissons tropicaux spectaculaires, comme les

64 à gauche en bas Les crinoïdes, apparentés aux étoiles de mer, partagent l'espace aquatique avec une éponge.

64 à droite La lime rouge des Caraïbes (Lima scabra) *se sert de ses tentacules comme autant de bras pour porter la nourriture entre ses valves, mais aussi comme des capteurs qui lui donnent l'alerte au moindre danger.*

sergents majors *(Abudefduf saxatilis)*, les chirurgiens bleus *(Acanthurus caeruleus)* ou les balistes-clowns *(Balistoides conspicillum)*. Si vous regardez avec soin, vous devriez être capable de repérer des chevaliers ponctués *(Equetus punctatus)* qui se cachent sous les saillies rocheuses. Parmi les autres spectacles qui vous attendent, vous dénicherez peut-être des langoustes et des crabes dissimulés dans les fissures et les crevasses et qui ne laissent dépasser que leurs antennes. Vous observerez à coup sûr des crevettes nettoyeuses *(Periclimenes pedersoni)* qui dansent parmi les tentacules urticants des anémones.

Le temps et l'air ne sont jamais suffisants pour observer toutes les merveilles de cette plongée. De nuit, la balade est encore plus époustouflante, et plusieurs clubs organisent des expéditions nocturnes au cours desquelles vous pourrez croiser des tortues, des pieuvres et des coraux.

65 Les tentacules de Tubastrea coccinea, *déployés dans le courant, révèlent de près une structure diaphane, couverte d'une couche organique vivante.*

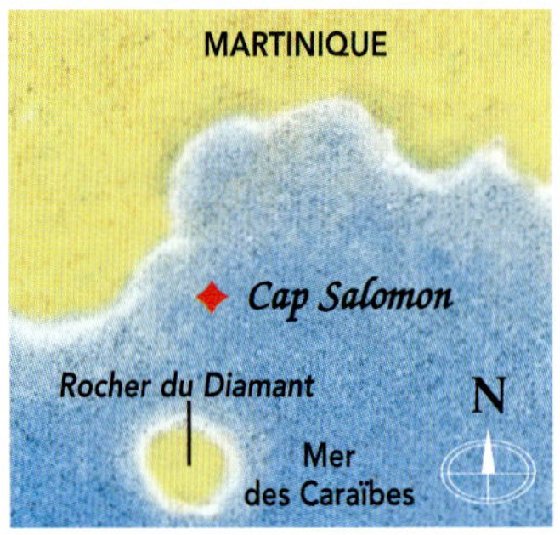

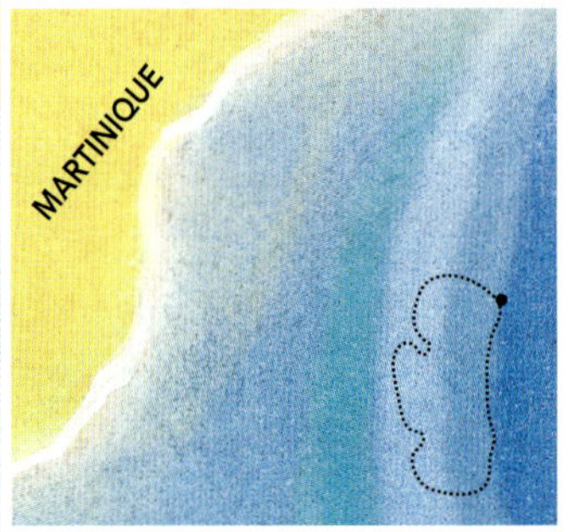

FICHE TECHNIQUE

PROFONDEUR MAXIMALE :
30 mètres

PÉRIODE CONSEILLÉE :
de juillet à septembre

DIFFICULTÉ :
facile

POINTS FORTS :
gorgones, éponges, poissons tropicaux

VISIBILITÉ :
25 mètres

COURANT :
très faible

Textes et photographies James Treter. Illustrations Aurora Antico

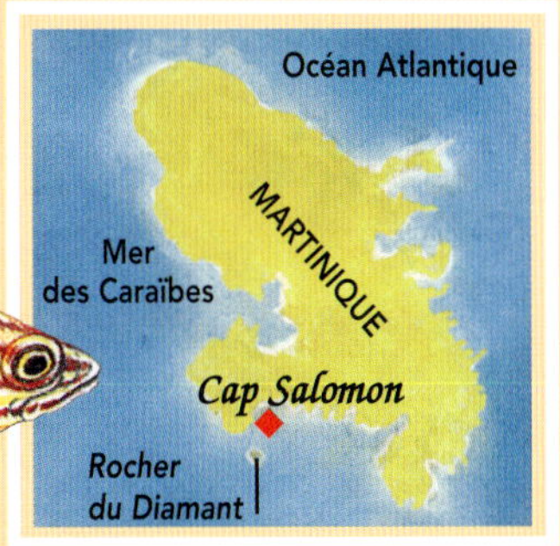

MARTINIQUE - PASSE DES FOURS
CAP SALOMON

Autre site spectaculaire de la Martinique, le cap Salomon constitue une excursion sous-marine très différente de celle du rocher du Diamant, notamment en ce qui concerne le terrain. Les environs offrent plusieurs spots de plongée stupéfiants, mais le cap Salomon est sans doute de loin le plus fascinant. Il s'agit en fait d'un petit mais superbe sec situé au nord du rocher du Diamant, sur la pointe de la grande crique au nord, pas loin de la ligne du rivage. La plongée démarre avec un fond de 15 mètres, qui s'enfonce ensuite jusqu'à 25 à 30 mètres sous le

67 en haut L'hôte le plus coloré du cap Salomon est certainement le poisson-perroquet (Scarus vetula) *que vous croiserez pendant qu'il se nourrit des végétaux qui poussent sur les coraux.*

67 en bas L'ange royal (Holocanthus ciliaris) *fait du cap Salomon un site extraordinairement animé; il se nourrit d'éponges, d'algues et de tuniciers.*

68-69 Une délicate crevette nettoyeuse à l'œuvre entre les tentacules d'une anémone.

69 en haut Le poisson-ange français (Pomacanthus paru) *explore le récif du cap Salomon. Il est assez facile à approcher, d'autant qu'il ne se montre pas craintif face aux plongeurs.*

69 au centre Un spécimen de ver de feu (Hermodice carunculata) *entre les éventails d'une gorgone. Ce prédateur vorace se nourrit de coraux, mais aussi de méduses.*

niveau de la mer. La visibilité est telle (autour de 25 mètres) que, lors de la mise à l'eau, vous apercevez déjà les formations rocheuses du dessous qui descendent vers le fond en une sorte de plateforme en gradins recouverts de coraux.

Cette plongée dans les récifs est d'autant plus remarquable en raison des pentes couvertes de gorgones et d'éponges de toutes les failles, formes et couleurs. Le site regorge de plantes et d'animaux majestueux et colorés. De nombreux coraux, durs et mous, s'accrochent çà et là, offrant des formations éblouissantes de couleurs et de textures. Parmi les coraux durs, on découvre des vers de feu, annélides polychètes qui rampent lentement vers leur destination – attention à leurs poils urticants ! Vous apercevrez peut-être des mollusques marins comme les « langues de flamant rose » *(Cyphoma gibbosum)* qui se nourrissent des polypes des gorgones. Regardez aussi entre les tentacules déployés des anémones pour dénicher les minuscules crevettes nettoyeuses qui vont et viennent en quête de nourriture. Vous admirerez sans doute des crabes décorateurs ou tête de flèche *(Dorippe frascone),* voire un bernard-l'ermite *(Eupagurus bernardus)* ou deux qui évoluent entre les coraux. Sur les rochers et sur les coraux, vous surprendrez de nombreux spirographes dits « arbre de Noël » *(Sabella spallanzanii)* aux plumeaux colorés… qu'ils font disparaître dès que les animaux relèvent la différence de pression de l'eau provoquée par votre approche. Pendant toute la balade, vous serez accompagnés par une foule de poissons tropicaux colorés de diverses espèces remarquables comme les anges de mer *(Squatina squatina)*, les poissons-papillons *(Pantodon buchholzi)*, les tétraodons ou poissons-lunes *(Tetraodon cutcutia)* et les poissons-trompettes *(Aulostomus maculatus)*, qui nagent sans souci dans le décor de la flore. Souvent, on peut observer la plupart des espèces de poissons-anges et de poissons-papillons qui nagent en couple, cela parce que nombre d'entre eux s'apparient avec le même individu pour toute la vie. Le poisson-perroquet royal *(Scarus vetula)* mâle et ses vives couleurs retiendront votre attention ; il se nourrit des végétaux qui poussent sur les coraux, jouant un rôle capital dans la digestion et dans la dispersion du sable des coraux.

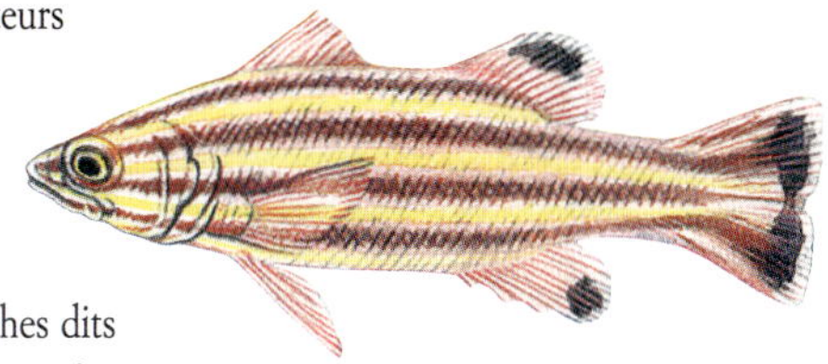

Bien que cette plongée convienne aux plongeurs débutants, elle attirera aussi les plus expérimentés, notamment les amateurs de photographie sous-marine. Dans tous les cas, il faut prendre son temps pour admirer chaque vue, aussi époustouflante que les autres, car chaque rocher, chaque creux et fissure regorge de nouvelles merveilles. À chaque visite au cap Salomon, vous découvrirez de nouvelles espèces de poissons, de mollusques, de crustacés et d'invertébrés que vous n'aurez pas remarquées lors de l'excursion précédente.

69 en bas Les eaux claires du cap Salomon permettent également d'admirer les couleurs les plus délicates, comme celles de cette éponge.

Textes et photographies Giorgio Mesturini. Illustrations Domitilla Müller

BRÉSIL - FERNANDO DE NORONHA
PONTA DA SAPATA

70 en haut *Praia da Conceicão est une splendide crique qui s'ouvre sur la côte nord de l'île de Fernando de Noronha, pas très loin du pittoresque port de San Antonio.*

70 en bas *La côte de l'île de Fernando de Noronha arbore un extraordinaire mariage de couleurs : les roches volcaniques noires contrastent avec le bleu de l'océan et alternent avec les longues plages de sable clair.*

Au large des côtes nord-est du Brésil, au prix d'un trajet de 350 kilomètres sur l'océan Atlantique, on atteint Fernando de Noronha, l'île principale d'un petit archipel qui en compte vingt et une. Découvertes en 1503 par Amerigo Vespucci, elles portent le nom du riche marchand portugais qui en finança les expéditions. Après avoir été pendant de nombreuses années une base militaire stratégique, l'île a été déclarée parc national en 1988, soit une zone totale de 112 kilomètres carrés. Des règles draconiennes préservent l'archipel, ses îles et ses eaux, interdisant par exemple la pêche sous-marine, la récolte des coquillages ou d'animaux, la fréquentation des plages en période de nidification des tortues, ainsi que toutes sortes de dispositions qui restreignent sévèrement les activités qui risqueraient de nuire à l'équilibre de la nature. C'est à ce prix que ces îlots peuvent demeurer un fragment

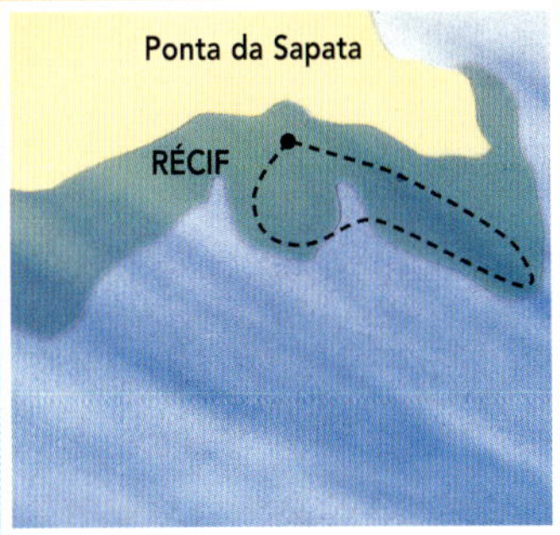

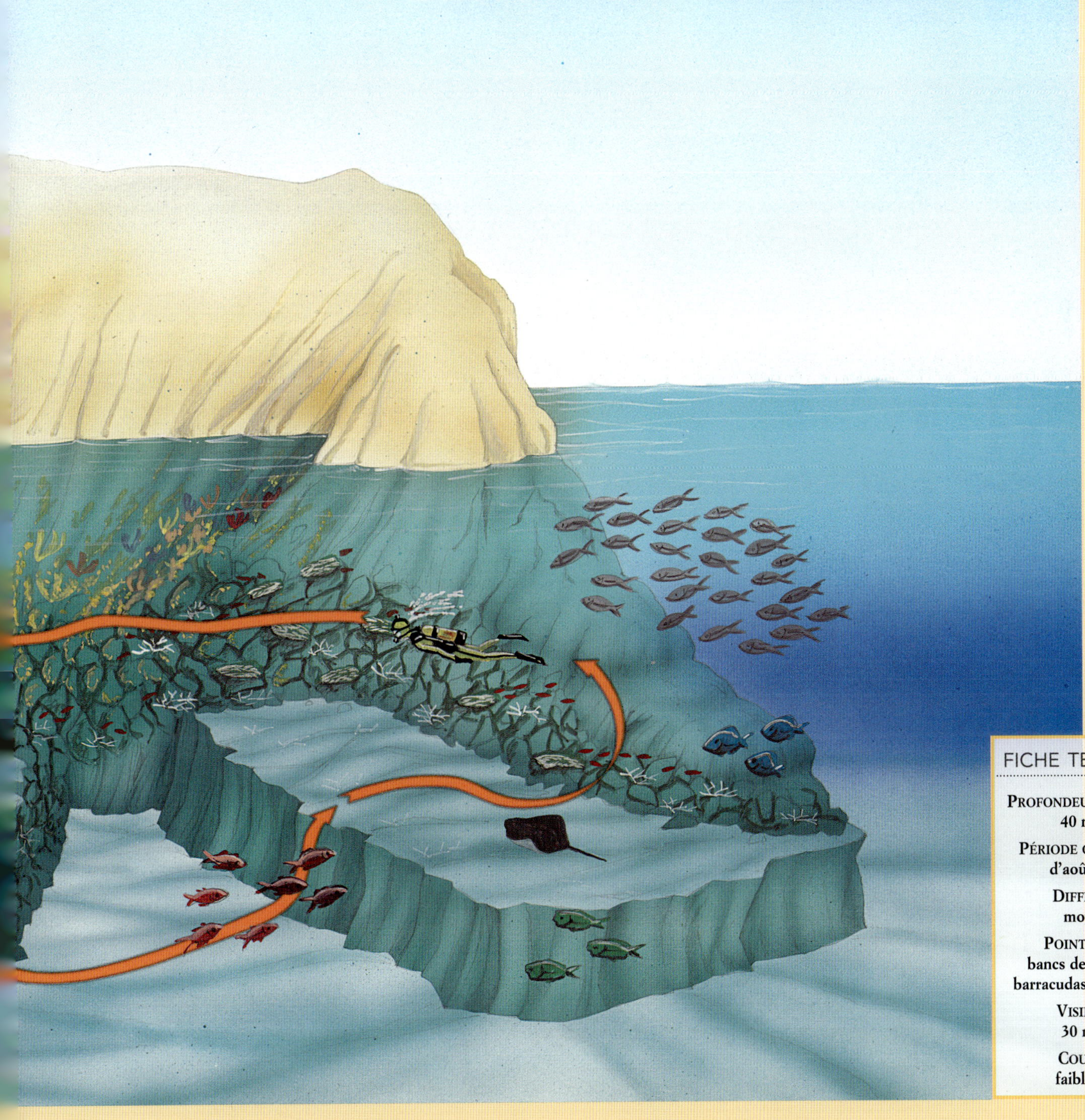

FICHE TECHNIQUE

Profondeur maximale :
40 mètres

Période conseillée :
d'août à avril

Difficulté :
moyenne

Points forts :
bancs de carangues, barracudas et vivaneaux

Visibilité :
30 mètres

Courant :
faible à fort

de paradis perdu dans l'océan. C'est dans la baie Dos Dolfinhos que l'on peut admirer l'un des aspects les plus spectaculaires de Fernando; là, chaque jour, à l'aube, plusieurs centaines de dauphins à long nez *(Stenella longirostris)* rejoignent les eaux tranquilles de la crique et, au crépuscule, retournent vers le large. Les milieux immergés de Fernando de Noronha sont tout aussi extraordinaires; en effet, ses origines volcaniques ont marqué ses fonds de manière spectaculaire, et les roches volcaniques noires alternent avec des espaces recouverts de madrépores, donnant au plongeur l'impression de se retrouver, dès les premiers coups de palme, dans une mer unique au monde, avec des décors qui, par certains aspects, rappellent davantage les paysages des fonds méditerranéens que tropicaux. Ponta da Sapata, située à l'extrémité occidentale de l'île, offre l'une des plus belles explorations. La mise à l'eau se fait sur le versant nord du promontoire, pour suivre d'abord une paroi scénographique riche de rochers et d'affaissements qui se terminent sur le sable, vers les 40 mètres de profondeur. Comme il est très exposé à la mer, le fond est soumis à l'action des grandes vagues atlantiques qui, avec le courant, se font sentir au-delà de 10 mètres. Les roches noires du fond présentent dès le début d'intéressantes formations madréporiques qui se développent en adoptant des structures basses et robustes, formations qui leur permettent de mieux résister à l'impétuosité des vagues. Au niveau des 15 mètres de profondeur, vous verrez s'ouvrir devant vous une vaste plaine où alternent les éboulis de cailloux de lave et les grands contreforts rocheux. C'est le règne des poissons-perroquets, qui brisent sans relâche le corail de leurs dents tenaces. Un peu plus loin, des bancs serrés de poissons-chirurgiens aux reflets bleus évoluent entre les rochers sans se soucier de la présence des plongeurs. L'eau est d'une incroyable transparence, en raison de la composition rocheuse du fond, mais aussi de la rareté du phytoplancton, et la visibilité dépasse 20 à 30 mètres. En allant vers le large, vous atteindrez, vers 28 mètres de profondeur, le bord d'un éboulement dont les gros rochers dégringolent jusqu'à une quarantaine de mètres pour céder la place à une vaste étendue de sable, habitat idéal des raies et des soles. La moindre fissure de rocher abrite des communautés de langoustes et de murènes, des bancs de poissons-écureuils ou poissons-soldats *(Holocentrus rufus)*, mais surtout des grogneurs *(Anisotremus surinamensis)*. Si vous portez plutôt les yeux vers la haute mer, vous verrez apparaître des murs argentés de carangues, de barracudas et des bancs de vivaneaux, voire quelques gros requins. En revenant vers la surface, si le courant n'est pas trop fort, faites un détour vers l'ouest pour aller jusqu'à une belle paroi tapissée d'éponges multicolores et hantée par de curieux poissons-anges et chirurgiens. En remontant le long de la falaise, vous atteindrez vers les quinze mètres une zone de gros rochers et, de là, il suffit de tourner vers le sud pour revenir à l'endroit où vous attend l'embarcation du club de plongée.

72 à gauche en haut Les grogneurs (Anisotremus surinamensis) *à la typique livrée argent comptent parmi les poissons les plus faciles à observer dès les premiers mètres de descente.*

72 à gauche en bas Malgré son allure agressive et intimidante, la murène verte (Gymnothorax funebris) *a un comportement plutôt calme, et elle se laisse facilement approcher.*

72 à droite en haut Les formations de madrépores qui recouvrent les roches volcaniques du fond ne sont pas très hautes, et elles confèrent au paysage sous-marin une allure plus méditerranéenne que tropicale.

72 à droite en bas Les bancs de vivaneaux qui nagent dans l'eau claire, laquelle assure une visibilité supérieure à 30 mètres, ajoutent à la fascination de la plongée.

72-73 Dans les eaux de Fernando de Noronha, les langoustes trouvent un habitat idéal avec le fond volcanique, riche en fissures, et elles y sont particulièrement nombreuses.

73 en bas Un grand barracuda (Sphyraena *sp.) patrouille sans être dérangé les étendues bleues de l'océan Atlantique.*

France
Espagne
Portofino il Monte
Sec de Pampelonne
Grand Conglue
Île Verte
MER LIGURIENNE
MER ADRIATIQUE
Sec de la Gabinière
Carall Bernat
Mérouville
Corse
Italie
MER TYRRHÉNIENNE
Îles Baléares
Sardaigne
Sec du Pape
Île d'Ustica
Corfou
Sec de la Colombara
Île de Colovri
Grèce
Sicile
MER IONIENNE
Montagne de Scilla
Afrique
Mer Méditerra
Crète
N

Mer Méditerranée

Introduction

par Egidio Trainito

À l'ouest, la mer Méditerranée est reliée à l'océan Atlantique par le détroit de Gibraltar, soit 14 kilomètres de largeur, qui ne laisse passer que les eaux superficielles. À l'est, le canal de Suez – creusé de 1859 à 1869 – est encore plus étroit ; il permet des échanges d'eau avec la mer Rouge, mais ceux-ci demeurent minimes et trop récents pour avoir une influence remarquable. La mer Méditerranée est donc une mer fermée, qui se distingue certes de toutes les autres mers du monde par son isolement naturel, mais surtout par l'ensemble de ses conditions climatiques. C'est, en effet, une mer relativement froide, où la température oscille entre 12 et 13 °C en hiver et 25 à 26 °C en été. C'est aussi, selon les biologistes, une mer pauvre dans la mesure où ses eaux sont moins riches en matière organique que les autres bassins de la planète. C'est enfin une mer où la lumière, qui reste fondamentale pour le développement de la flore, semble jouer contre elle : dans de nombreuses zones du bassin, la clarté de l'eau laisse la lumière pénétrer en profondeur, mais elle atténue d'autant plus les couleurs. Les zones plus sèches et bien éclairées, telles que les bancs de sable à proximité des côtes, les prairies de posidonies, les rochers et les récifs, affichent une teinte uniforme qui laisse perplexe celui qui a l'habitude de l'intensité saisissante des couleurs des eaux tropicales.

Or, c'est là tout l'attrait de la Méditerranée : c'est une mer qui se mérite. La couleur existe – il suffit de feuilleter les pages suivantes pour s'en convaincre – mais il faut la traquer à l'ombre des rochers, à l'entrée des grottes, dans les anfractuosités et en profondeur. Tous les organismes colorés, qu'il s'agisse des éponges, des gorgones voire des poissons, semblent fuir la lumière, comme s'ils jouaient à cache-cache avec l'observateur. La Méditerranée ne se dévoile pas immédiatement ; elle exige des recherches, des connaissances, de la patience et de la concentration. Peut-être est-ce ce mystère qui lui confère son attrait. On dirait qu'elle respecte les canons d'une esthétique antique, au lieu des fantasmagories psychédéliques des jeunes barrières coralliennes.

Dans l'album de la Méditerranée, le paysage joue le premier rôle, même s'il est si difficile à rendre avec un objectif de photographe. Certes, sous l'eau, les parois verticales, les îlots rocheux, les pinacles, les grands éboulis de rochers, les grottes et les galeries obéissent aux mêmes scénarios que sur la terre ferme, mais le bleu les transfigure au point que la présence des myriades de créatures qui hantent ces reliefs paraît parfaitement naturelle. Et voilà une autre composante du mystère de la Méditerranée : ses habitants, grands ou petits, ne se dévoilent pas tout de suite aux regards du plongeur. Il faut apprendre à les connaître et les chercher dans tous les recoins.

Ainsi, en tournant le dos aux préjugés pour vous intéresser aux particularités, vous découvrirez un monde extraordinaire, avec des organismes de toutes les couleurs de l'arc-en-ciel, des rapports complexes et des spécificités. Au cours de cette recherche passionnante, la Méditerranée vous révélera notamment ses composantes endémiques : elle compte des centaines de posidonies *(Posidonia oceanica)* ou l'omniprésent nudibranche *Discodoris atromaculata*, autant de conséquences de l'évolution spécifique de la vie à l'intérieur du bassin. Outre les espèces endémiques (20 % du total), les organismes méditerranéens sont à 75 % d'origine atlantico-boréale et à 5 % tropicale, véritables témoins de l'histoire géologique d'une mer qui, à l'origine, offrait un visage très différent.

Malgré sa petite taille – 3 millions de kilomètres carrés pour une longueur maximale de 4 000 kilomètres – la Méditerranée offre une diversité de milieux géographiques qui influence de manière non négligeable la diversité des organismes qui l'habitent. Ainsi, en vous lançant dans une traversée sous-marine d'ouest en est, vous verriez clairement diminuer la composante atlantique au profit de la composante tropicale, jusqu'aux espèces caractéristiques de la mer Rouge, qui, progressivement, colonisent le bassin oriental.

Enfin, en Méditerranée, l'équation « zone protégée = qualité du milieu » possède une valeur tout à fait concrète, ne serait-ce que lorsqu'on croise de grands mérous ou que l'on se retrouve enveloppé par une nuée de grands poissons de toutes les espèces, autant de spectacles exclusifs des parcs et zones protégées de France, d'Espagne, de Sardaigne, de Tunisie et ailleurs – et il faut bien admettre qu'une politique de protection efficace des milieux immergés ne rime pas simplement avec interdiction. Vous pouvez aussi effectuer des promenades mémorables dans des spots situés hors de parcs protégés, et les pages qui suivent sont là pour le prouver.

Textes et photographies Giorgio Mesturini. Illustrations Domitilla Müller

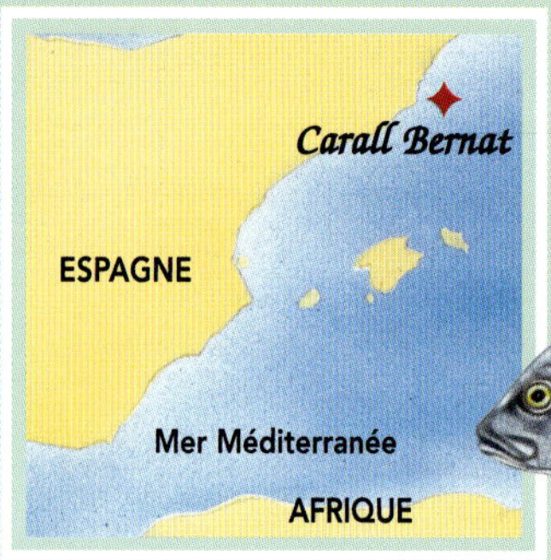

Espagne - Îles Medas

Carall Bernat

L'archipel des îles Medas est situé à 1 kilomètre de la station de L'Estartit, sur la Costa Brava, à quelques kilomètres de la frontière franco-espagnole. Du point de vue géologique, il correspond au prolongement maritime du massif calcaire du Montgrì. Les fonds de cet archipel offrent un singulier concentré de vie marine comme on en observe rarement dans d'autres zones de la Méditerranée. Cette richesse repose sur la combinaison de plusieurs éléments, dont l'un des plus importants est l'apport nutritif des eaux du fleuve Ter qui débouche à l'ouest de l'archipel. En outre, les courants engendrent un renouvellement régulier des eaux, même dans les parties les plus profondes des environs des îles, ce qui, associé à la morphologie des fonds, procure aux Medas une remarquable diversité d'habitats naturels. À ces conditions extrêmement favorables pour

76 en haut Vue panoramique de Meda Petita, au sud de Meda Grande, qui constitue avec ses falaises inaccessibles un lieu de reproduction sûr pour de nombreuses espèces d'oiseaux.

76 en bas Entre les mois de mars et mai, le goéland leucophée (Larus cachinnans) *forme dans les îles Medas l'une des plus grandes colonies de la Méditerranée, dépassant les huit mille couples.*

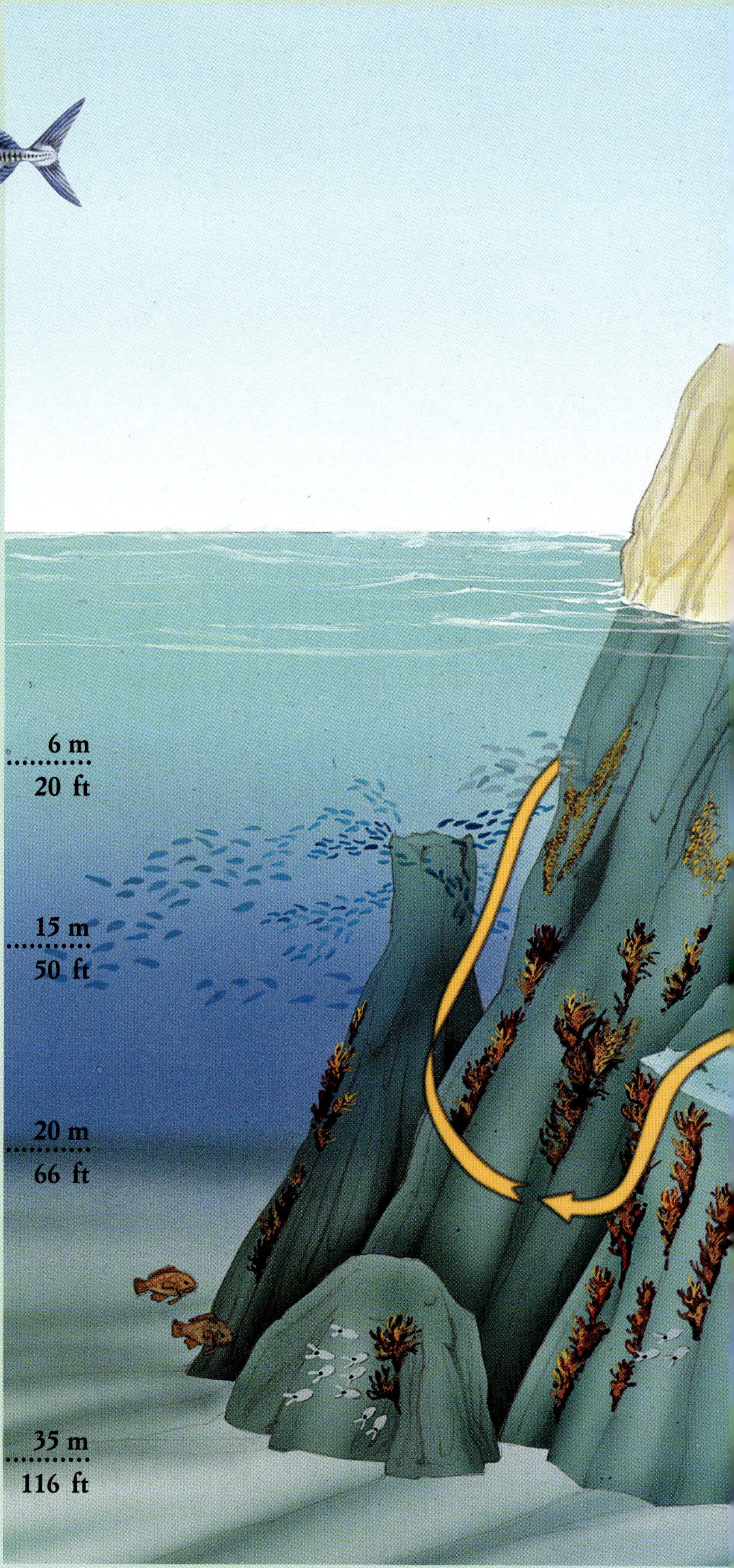

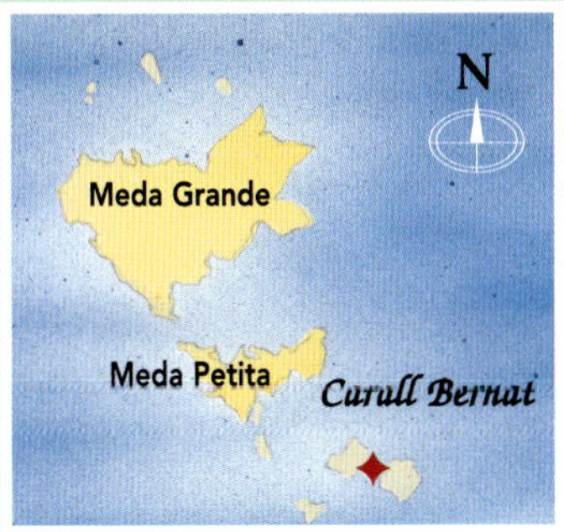

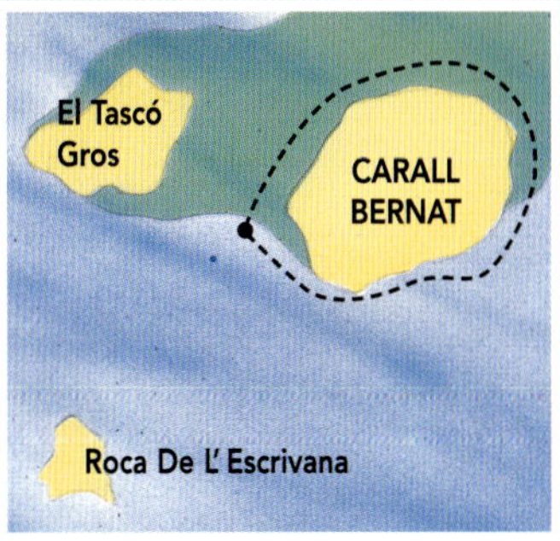

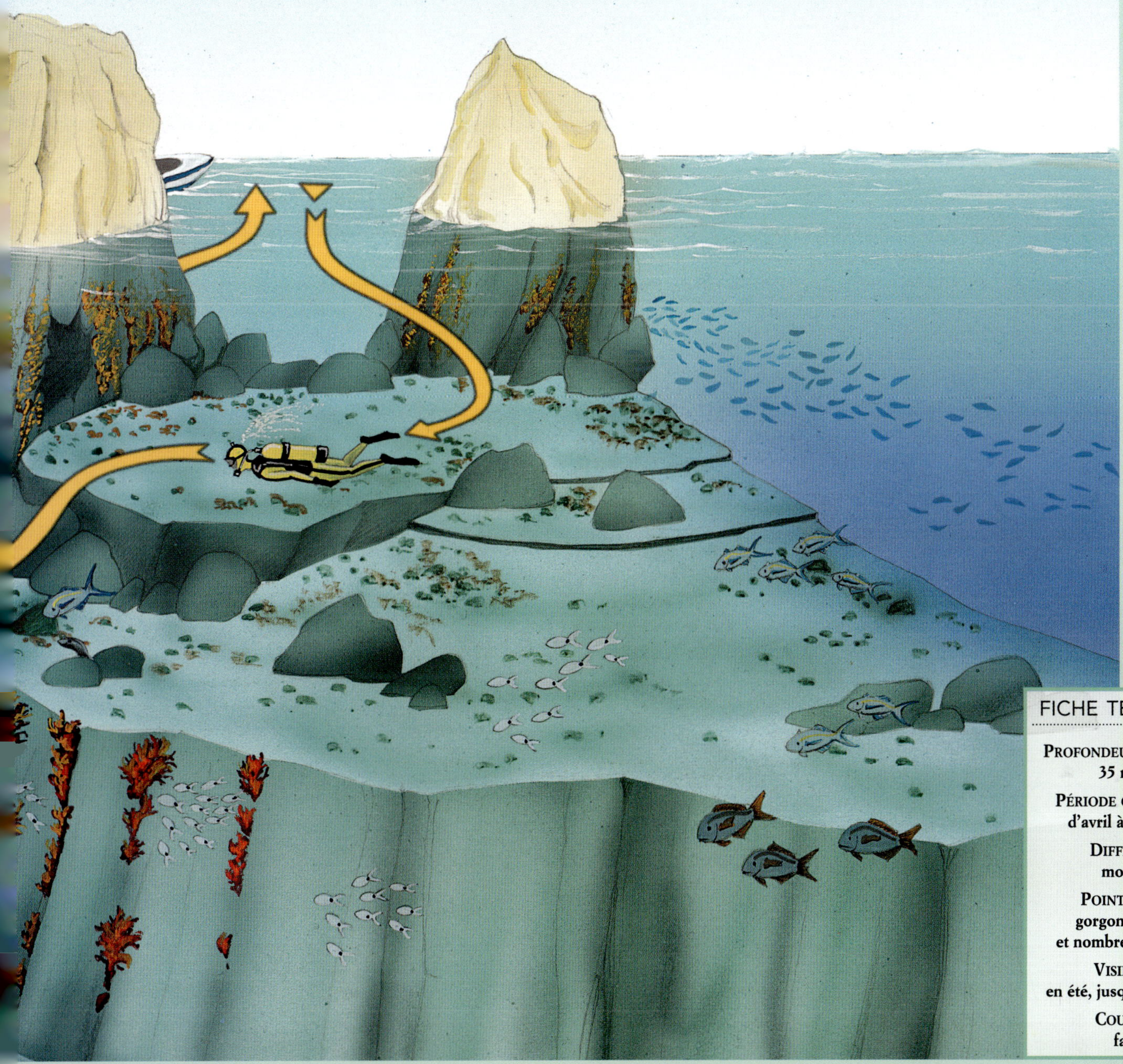

FICHE TECHNIQUE

Profondeur maximale :
35 mètres

Période conseillée :
d'avril à novembre

Difficulté :
moyenne

Points forts :
gorgones rouges
et nombreux poissons

Visibilité :
en été, jusqu'à 30 mètres

Courant :
faible

le développement du milieu sous-marin, il faut ajouter que les îles sont protégées depuis 1983, quand le gouvernement autonome catalan a interdit toute forme de pêche et de coraillage dans la région; en 1990, un règlement spécifique sur la protection de la faune a fait des Medas le plus vaste parc marin de Catalogne, et l'un des plus importants de toute la Méditerranée. Les Medas offrent ainsi d'innombrables spots de plongée de choix, dont celui de Carall Bernat.

Carall Bernat est une petite île située à l'extrémité méridionale de l'archipel et à peu de distance du gros rocher de Tascó Gros. Vous pouvez démarrer la visite dans l'étroit passage qui sépare les deux îles, où la profondeur atteint 6 mètres environ, en gardant la paroi de Carall sur votre droite. Vous suivez une légère pente, avec des gros rochers émaillés d'anfractuosités, où, dans les zones les plus abritées de la lumière, vous admirerez une superposition d'organismes aux livrées vivement colorées, comme les éponges, les madrépores, les algues calcaires et les nudibranches, qui parent de couleurs tout le fond. Dans les anfractuosités plus profondes, voici pointer le museau curieux des murènes *(Muraena helena)*, des congres communs *(Conger conger)* et des mostelles *(Phycis phycis)*. Continuez à descendre et dépassez quelques vastes gradins; vous remarquerez alors vers les 15 mètres de petites grottes qui s'ouvrent sur le versant nord de Carall. À partir de 20 mètres, la pente est plus marquée et se transforme en paroi abrupte qui plonge jusqu'à 35 mètres. À partir de là, l'immersion se fait plus passionnante, notamment en raison de la quantité de grandes gorgones *(Paramuricea clavata)* qui recouvrent entièrement le fond et qui, dans la lueur des torches, révèlent leur beauté et l'intensité de leur teinte rouge marbrée de jaune. Sans aller jusqu'au pied de la paroi, il suffit de rester à 25-30 mètres de profondeur pour admirer le ballet des bancs de gros sars à tête noire *(Diplodus vulgaris)*, d'oblades *(Oblada melanura)* et de dentés communs *(Dentex dentex)*. Parmi les roches apparaissent les mérous bruns *(Epinephelus marginatus)*, que rien ne semble effrayer, offrant ainsi aux plongeurs l'occasion de superbes photographies. En laissant la paroi de Carall Bernat sur la droite pour remonter à 20 mètres environ, vous passerez à l'intérieur d'un canal fascinant. Vous suivrez ensuite le côté sud de la roche, où, à une quinzaine de mètres, le fond se fait moins abrupt, dans une succession ininterrompue de gros rochers. Malgré la faible profondeur, le versant abrite de nombreux poissons de roche, rascasses, sars et donzelles *(Ophidion barbatus)* qui peuplent la moindre anfractuosité. Remontez ensuite à 10 mètres, dans le passage entre Carall Bernat et l'îlot de Tascó Gros, où a eu lieu la mise à l'eau.

78 à gauche en haut Le poulpe possède la capacité de changer rapidement de couleur, par mimétisme, au point de se confondre totalement avec les aspérités des fonds.

78 à gauche en bas Dans la journée, la murène (Muraena helena) *hante des tanières obscures, dont elle ne sort que la tête; la nuit, elle quitte son abri pour se mettre en chasse.*

78 à droite en haut Dans les îles Medas, les gorgones (Paramuricea clavata) *possèdent une coloration spécifique – les éventails sont rouges à la base et jaunes aux extrémités.*

78 à droite en bas Au cours des sorties aux îles Medas, vous serez constamment entouré de dorades grises (Spondyliosoma cantharus) *et de sars.*

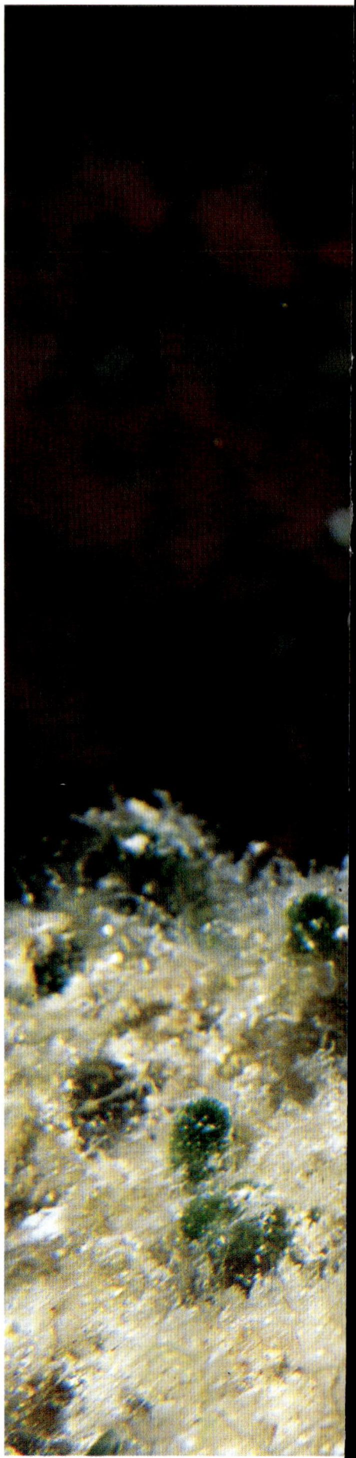

78-79 Ce serran (Serranus scriba) *observe le photographe avec curiosité – il présente sur les côtés de la tête de nettes rayures bleues et rouges.*

79 en bas La présence de mérous bruns, immobiles à l'extérieur des tanières, rendent les fonds des Medas inoubliables.

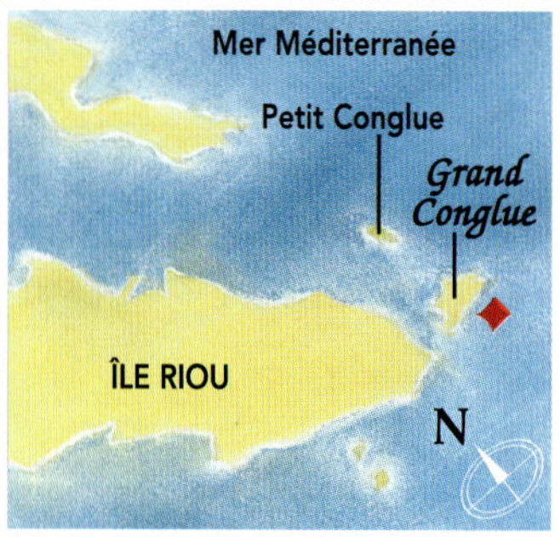

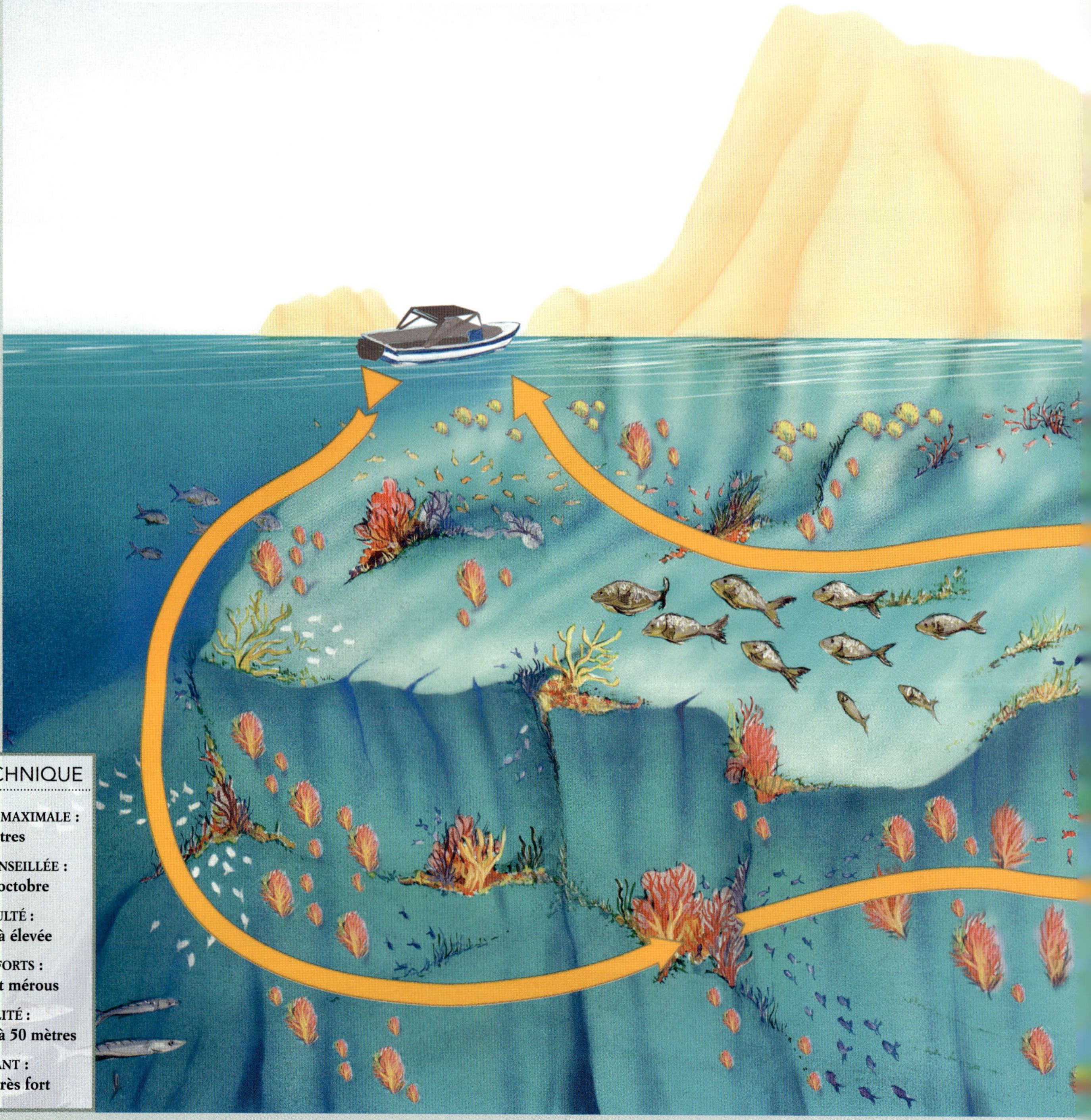

FICHE TECHNIQUE

PROFONDEUR MAXIMALE : 80 mètres

PÉRIODE CONSEILLÉE : de mai à octobre

DIFFICULTÉ : moyenne à élevée

POINTS FORTS : gorgones et mérous

VISIBILITÉ : en été, jusqu'à 50 mètres

COURANT : moyen à très fort

Textes et photographies Kurt Amsler. Illustrations Aurora Antico

FRANCE - MARSEILLE
GRAND CONGLUE

Grand Conglue est le dernier d'une série d'îlots inhabités situés à l'est de Marseille, à 16 kilomètres au large. Sauvages et accidentés, battus par les vents et par les vagues, assaillis de nuées de mouettes, ces rochers géants possèdent une allure exceptionnelle, propre à donner au visiteur l'impression soudaine d'être minuscule et coupé du reste du monde.

Pour effectuer d'extraordinaires plongées dans les eaux de Grand Conglue, du Petit Conglue et du sec des Impériaux, vous pouvez démarrer à l'est ou à l'ouest. Le moyen le plus rapide pour rejoindre les points de mise à l'eau consiste à

81 En général, la gorgone rouge (Paramuricea clavata) *aime l'ombre et se développe à partir de 20 à 30 mètres de profondeur. En revanche, au Grand Conglue, on la rencontre dès 10 mètres.*

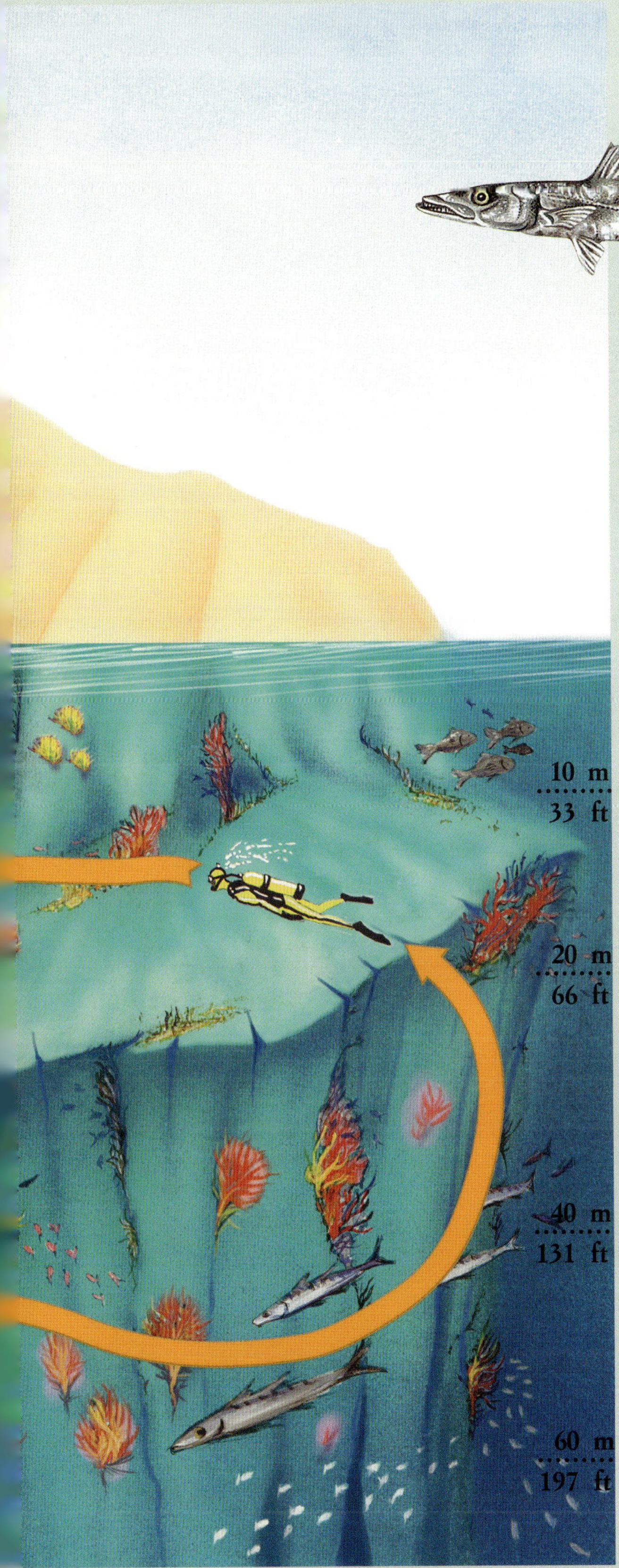

embarquer au port de la Pointe Rouge, à Marseille, où plusieurs clubs de plongée proposent des trajets vers les spots les plus spectaculaires de la région. Il est également possible de partir des ports voisins de Cassis, de La Ciotat et des Lecques, à l'est, mais la distance jusqu'aux spots de plongée est plus importante (25 kilomètres). Le Grand Conglue est une destination sous-marine exceptionnelle et un paradis pour les photographes munis d'un grand angulaire.

L'accès aux fonds situés au nord-ouest de la gigantesque masse est cependant interdit aux plongeurs et aux pêcheurs, et il n'est pas autorisé d'y mouiller. En revanche, les eaux situées au sud-est de l'île sont parfaitement accessibles aux plongeurs. Les fonds les plus fascinants sont d'ailleurs situés dans le coin nord de la zone ouverte au public, et vous pourrez y admirer un monde sous-marin des plus fantastiques entre les tombants abrupts, les canyons et les plateaux.

En fonction du vent et des conditions météorologiques, la proximité du rocher offre un mouillage assez sûr, mais il n'en est pas moins indispensable de prendre un certain nombre de précautions car

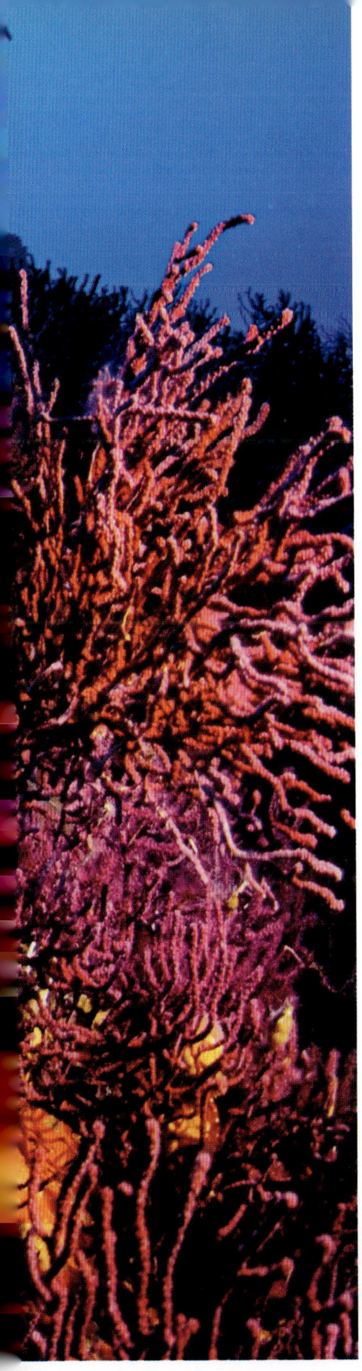

82-83 Si les gorgones rouges prospèrent au Grand Conglue, c'est grâce à l'intensité des courants qui garantissent aux colonies un apport abondant et régulier de particules nutritives.

82 en bas Au Grand Conglue, il suffit de lever les yeux vers la surface pour apercevoir de gros bancs de poissons en quête de proies.

83 en haut Les ramifications caractéristiques de l'éponge Axinella cannabina *lui permettent d'offrir au courant une plus grande surface pour absorber les substances nutritives.*

83 au centre La roussette (Scyliorhinus *sp.) a déposé son œuf sur une gorgone qui va protéger le fragile embryon.*

83 en bas Un gorgonocéphale (Astrospartus mediterraneus) *jaillit d'une gorgone éventail* (Paramuricea clavata) *dans une association insolite.*

la région à l'est de Marseille est célèbre pour sa météo instable. Il ne faut, en effet, que quelques minutes pour que les courants changent de cap ou que le vent donne du fil à retordre aux marins les plus aguerris. Lorsqu'il souffle, le célèbre mistral engendre des turbulences dangereuses, et le bateau pourrait aller jusqu'à s'enrouler autour de son ancre. Lorsque le temps est au «vent d'est», il ne faut pas hésiter à chercher refuge derrière Conglue aussi vite que possible. Dans tous les cas, il est recommandé de laisser au moins une personne à bord.

À Conglue, on plonge directement le long du tombant rocheux, qui descend tout droit, en une face verticale jusqu'à 20 mètres de la surface. Dès les premiers centimètres, la muraille est tapissée d'anémones de mer jaunes et d'éponges de toutes les formes et de toutes les couleurs. C'est parce que le côté sud de l'île n'est éclairé que le matin, et qu'il demeure dans l'ombre pendant le reste de la journée. Quelques mètres plus bas, relevez la tête pour jeter un regard vers la surface : là où les vagues heurtent les rochers, des bancs de mulets à grosse tête (*Mugil cephalus*) et autres poissons prédateurs sont en chasse.

Du côté du large, mais assez près de la paroi rocheuse, on aperçoit des barracudas sédentaires – poissons autrefois rares en Méditerranée – qui se sont installés dans les eaux du Grand Conglue voici quelques années. Le spot est célèbre pour les luxuriantes forêts de gorgones, qui prolifèrent dans les courants. Les murs d'éventails de mer *(Paramuricea clavata)* démarrent à une dizaine de mètres de profondeur pour descendre au-delà de 80 mètres. Avant que la muraille ne devienne horizontale, vous évoluerez au-dessus d'un petit plateau légèrement en pente. Là aussi, les branches de massifs spécimens de gorgones se déploient vers le haut. Observez-les de près et vous découvrirez des étoiles gorgonocéphales *(Astrospartus mediterraneus)*. Assez rares en Méditerranée, elles sont plus courantes dans les eaux tropicales.

Tout en palmant le long du plateau, vous rencontrerez sans doute des bancs de serrans (*Serranus* sp.), une espèce protégée depuis des années le long de la côte française. Avec un peu de chance, vous dénicherez des murènes *(Muraena helena)* pointant le museau hors de leur repaire.

Pour qu'elle soit complète, la plongée au Grand Conglue doit franchir l'arête de la falaise – sans jamais dépasser cependant votre niveau de compétence – pour nager le long de l'étonnante paroi en surplomb, entièrement recouverte de gorgones. Il est intéressant de noter le comportement des seiches, qui se cachent parmi les gorgones rouges et en adoptent les couleurs pour se fondre dans le décor. Au printemps, vous pouvez croiser la grande roussette (*Scyliorhinus stellaris)*, hélas de plus en plus rare en Méditerranée. Ces petits squales ne mesurent jamais plus d'un mètre de longueur, et ils vivent essentiellement sur le fond, se glissant d'un mouvement preste dans le labyrinthe des gorgones et déposant leurs œufs sur les branches de celles-ci.

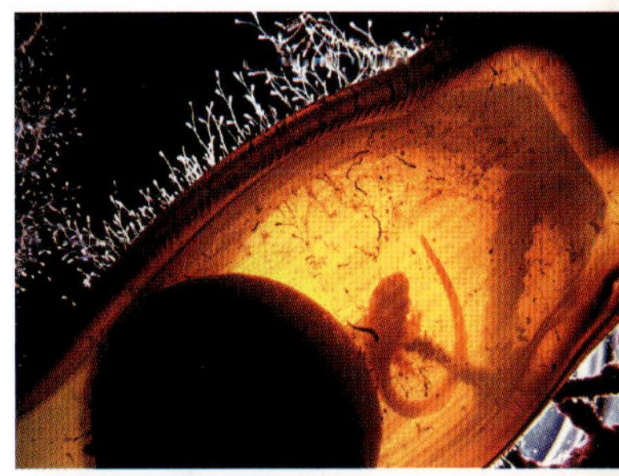

Avant que votre réserve d'air ne soit épuisée, revenez vers le plateau pour explorer les innombrables surplombs, les crevasses et les minuscules grottes. Elles abritent des langoustes *(Palinurus vulgaris)* et des crevettes «cigales de mer»; avec un peu d'attention (pensez à emporter une torche !), vous observerez des limaces de mer, des plathelminthes et autres créatures multicolores.

Vous pouvez vous organiser en toute sécurité pour faire une pause de décompression près de la paroi. Le bateau viendra vous récupérer à quelques mètres de l'île.

Textes et photographies Kurt Amsler. Illustrations Aurora Antico

FRANCE - LA CIOTAT
ÎLE VERTE

84 en haut Une rascasse dans le sec des Rosiers, au sud-est de l'île Verte.

84 en bas Une véritable forêt de gorgones attend les plongeurs qui s'aventurent dans le sec des Rosiers. Pour protéger ce fragile écosystème, il est interdit, depuis 2005, de mouiller dans cette zone.

L'île Verte, qui doit son nom à la végétation luxuriante et aux pinèdes qui couvrent ses pentes, est située dans la partie nord de la baie des Lecques. Au nord-ouest de l'île, le spectaculaire Bec de l'Aigle s'avance au-dessus de la mer, dominant l'ancien chantier naval de La Ciotat.

Au nord, le bras de mer qui sépare l'île Verte du continent ne mesure que 15 mètres à son endroit le plus profond. Au centre, un intéressant banc de sable baptisé « le Canonnier » voit son extrémité atteindre à peine 4 mètres en dessous de la surface de l'eau. Le sec est traversé par une galerie naturelle de 10 mètres de longueur que l'on peut parcourir aisément.

Du nord-ouest au sud-est de l'île, les fonds marins descendent rapidement vers de plus grandes profondeurs, et la topographie est marquée par la présence de deux plateaux sous-marins.

Le premier, le sec des Rosiers, situé au sud-est de l'île, démarre à une centaine de mètres du rivage. C'est aussi un spot où vous pourrez admirer d'intéressantes parois rocheuses en surplomb et un monde sous-marin spectaculaire, émaillé de crevasses et de fissures jusqu'à environ 30 mètres de profondeur, à l'endroit où le sec cède la place à un fond plat et sablonneux.

Le sable se prolonge jusqu'au second sec, la Pierre du Levant, à 300 ou 400 mètres de l'île, et descend jusqu'à 15 mètres de profondeur. Pour les plongeurs, la partie la plus intéressante du sec est celle qui donne sur l'île. Les rochers y sont tapissés de gorgones rouges et, contrairement à

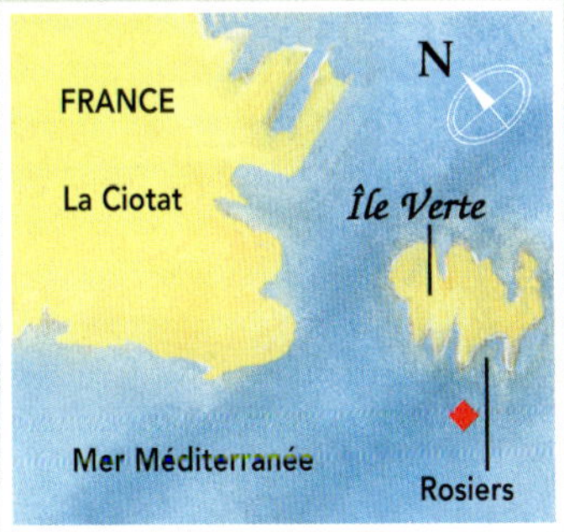

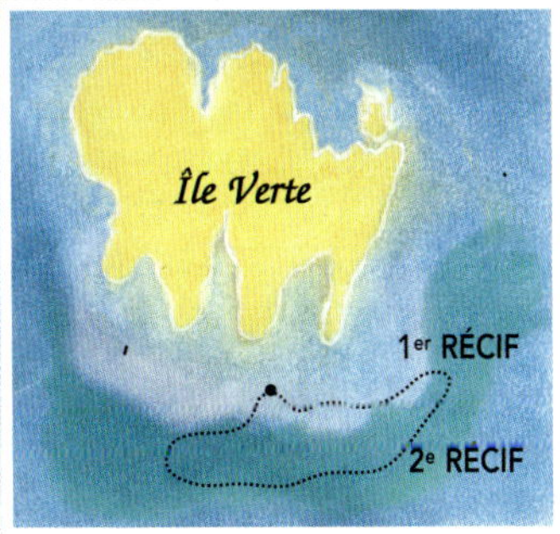

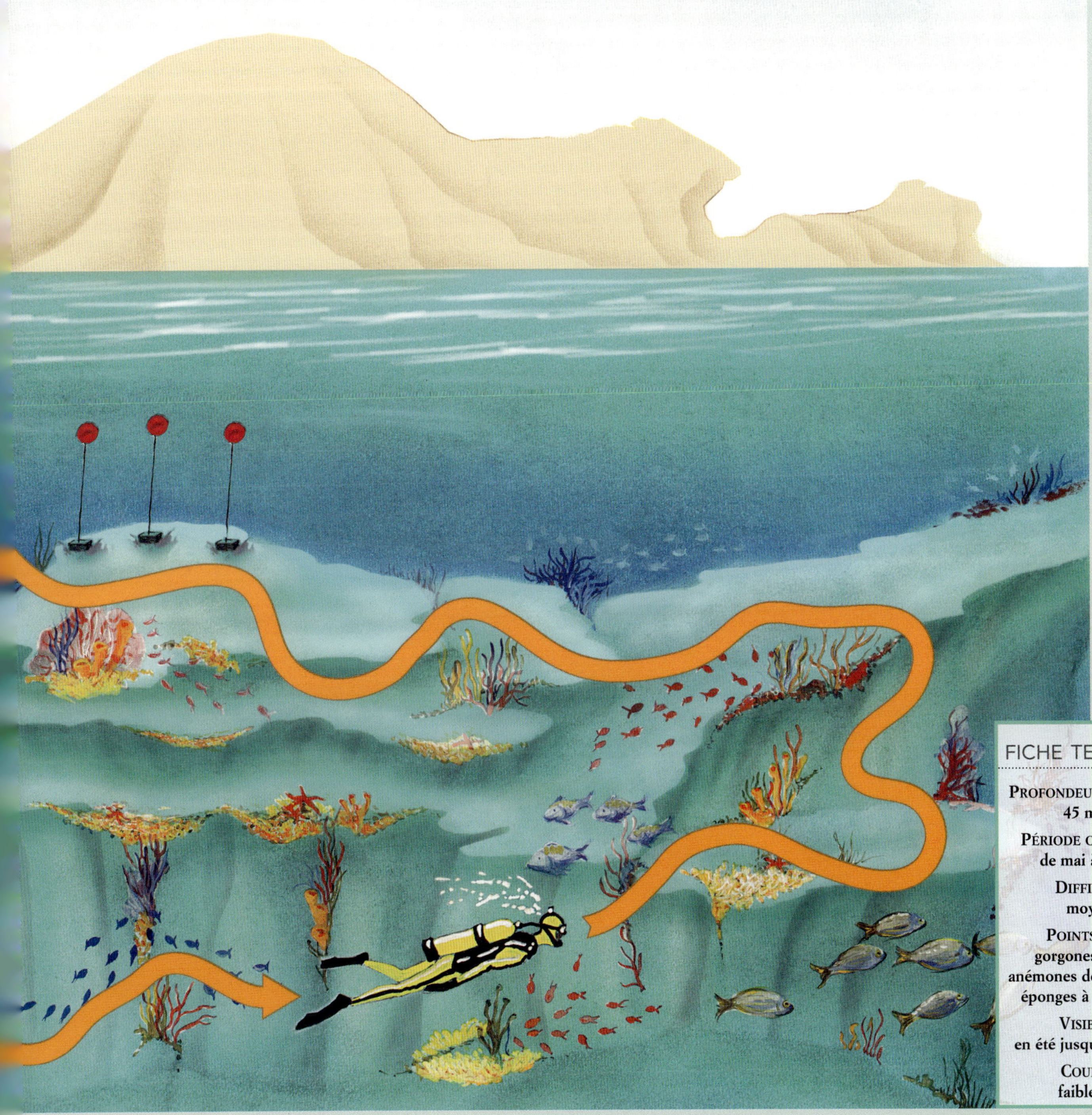

FICHE TECHNIQUE

PROFONDEUR MAXIMALE :
45 mètres

PÉRIODE CONSEILLÉE :
de mai à octobre

DIFFICULTÉ :
moyenne

POINTS FORTS :
gorgones, mérous, anémones de mer, coraux, éponges à candélabres

VISIBILITÉ :
en été jusqu'à 40 mètres

COURANT :
faible à fort

l'autre côté, les éponges jaunes à candélabres (*Axinella* sp.) y prolifèrent.
Toutefois, la partie la plus spectaculaire de circuit se trouve au sud-est, où le sec plonge à pic pour atteindre en certains endroits plus de 60 mètres de profondeur. En raison de la présence des courants, le manteau des éventails de mer y est luxuriant et les poissons abondent. En fonction de la saison et des conditions météorologiques, la visibilité est souvent excellente avec plus de 40 mètres à l'horizontale. Les deux spots de plongée, le sec des Rosiers et la Pierre du Levant, comptent certainement parmi les dix meilleures destinations sous-marines de la côte méditerranéenne française.
Toutefois, il faut rappeler que la Pierre du Levant est exclusivement réservée aux plongeurs très expérimentés, dans la mesure où les formations rocheuses n'apparaissent pas avant 30 mètres pour s'enfoncer ensuite très bas. En revanche, le sec des Rosiers est parfait pour tous les plongeurs, quel que soit leur niveau. Les clubs de plongée de

86-87 Une grande colonie de zoantidés, dont la croissance est rapide, prospère dans le sec des Rosiers.

la Ciotat, des Lecques et de la Madrague constituent d'excellents points de départ pour quelques excursions mémorables. Depuis 2005, il n'est plus permis de mouiller près du sec des Rosiers, interdiction qui vise à protéger les fonds marins. Les embarcations peuvent s'amarrer aux bouées fixes voisines, et il suffit de se mettre à l'eau pour aller jusqu'au point le plus élevé du tombant, à 15 mètres de profondeur.
Vous admirerez alors les étranges pics rocheux, entièrement recouverts d'anémones jaunes *(Anemonia viridis)*. Autour du sommet du récif, vous apercevrez des bancs de sars (*Diplodus* sp.) et des nuées compactes de castagnoles (*Chromis* sp.). Le courant dépend des conditions météo et, dans tous les cas, notamment lorsqu'il est assez fort, n'oubliez pas de démarrer – comme toujours – contre le courant pour suivre le circuit classique et descendre immédiatement à la profondeur voulue.
Le point fort de ce site demeure sans conteste le manteau d'éventails de mer rouges. Pendant la majeure partie de la journée, la paroi verticale demeure dans l'ombre, exposée aux courants, ce qui favorise naturellement la croissance de ces gorgones. Les membres de l'espèce *Paramuricea* sont des coraux dotés d'un squelette mou, flexible, et se composent de colonies de milliards d'animaux minuscules – les polypes coralliens. Leurs nuances varient du rouge foncé au rouge clair, et plusieurs colonies arborent parfois une teinte changeante qui vire du rouge au jaune brillant le plus vif.
Quelques coups de palme au-dessus de l'arrête du tombant vous offriront un spectacle à couper le souffle tandis que le fond marin s'éloigne dans le bleu. Lorsque votre destination comporte de telles parois – et de manière générale lorsque vous plongez en Méditerranée – il est indispensable de vous équiper d'une bonne torche sous-marine.
Plusieurs petites grottes s'ouvrent dans la façade rocheuse et, tandis que vous poursuivrez votre exploration, la torche que vous aurez donc pris soin d'emporter vous permettra d'observer leur plafond recouvert de corail rouge (*Corallium rubrum*). N'hésitez pas à faire une pause pour admirer le spectacle de près. Le corail rouge était déjà considéré comme un véritable joyau à l'époque de la Rome antique, et on le travaillait comme une pierre précieuse qu'on polissait pour en fabriquer des bijoux. Au Moyen Âge, le commerce des ornements en corail était si florissant que même les moines bouddhistes et autres prélats importants portaient des bijoux confectionnés avec ce matériau.
Au sec des Rosiers, les surplombs rocheux abritent également de nombreux nudibranches, ces mollusques marins aux formes merveilleuses. Avec un peu de chance, vous apercevrez la plus grosse limace de mer de la Méditerranée, qui appartient au genre *Hypselodoris* et atteint jusqu'à 8 centimètres de longueur. Facile à reconnaître, elle arbore une large rayure jaune sur le corps.
Au pied de l'écore, en fonction de l'endroit où vous avez débuté la plongée, vous vous trouverez à 35 à 40 mètres en dessous du niveau de la mer, là où le fond sablonneux décline vers la haute mer. À ces profondeurs, le temps vous est compté, et il n'est pas utile d'aller plus loin car le fond ne présente guère d'intérêt.
Amorcez alors la remontée en prenant votre temps pour relever la tête et observer la hauteur de la paroi qui semble tournoyer au-dessus de vous. Vous pourrez alors enfin admirer toute l'ampleur du manteau de gorgones qui couvre le récif. De petits anthias roses filent entre les branches des coraux. Semblables à leurs cousins des mers tropicales, ils arborent trois rayures pâles sur la tête et une longue pectorale multicolore.
Au cours de la balade, vous pouvez croiser de nombreux cerniers de l'Atlantique (*Polyprion americanum*), qui font leur réapparition sur les côtes françaises grâce à un programme de protection. Aux Rosiers, ces poissons sont particulièrement curieux, et ils n'hésitent pas à emboîter le pas aux plongeurs tout en conservant une distance de sécurité.
Lorsque vous atteindrez le haut de la paroi, vers les 20 mètres, et si vous disposez de suffisamment d'air, allez explorer l'autre versant de la falaise. Là, le mur s'incline à 40° environ, et les éventails de mer dominent encore. Toutefois, le point fort est le grand nombre d'éponges candélabre *Axinelle* sp. qui atteignent ici près d'un mètre de hauteur.
Au terme de la plongée aux Rosiers, faites une pause de décompression de trois à quatre minutes à 5 mètres de profondeur, par exemple (en toute sécurité) le long de la chaîne de la bouée, avant de remonter dans le bateau, encore émerveillé par l'extraordinaire expérience que vous venez de vivre.

87 en haut Malgré la clarté de l'eau – jusqu'à 40 mètres de visibilité à l'horizontale – les créatures marines capables de mimétisme, comme ce poulpe, peuvent échapper à tous les regards.

87 en bas Une magnifique comatule (Antedon mediterranea) *se déploie sur le fond rocheux envahi par les algues du sec des Rosiers.*

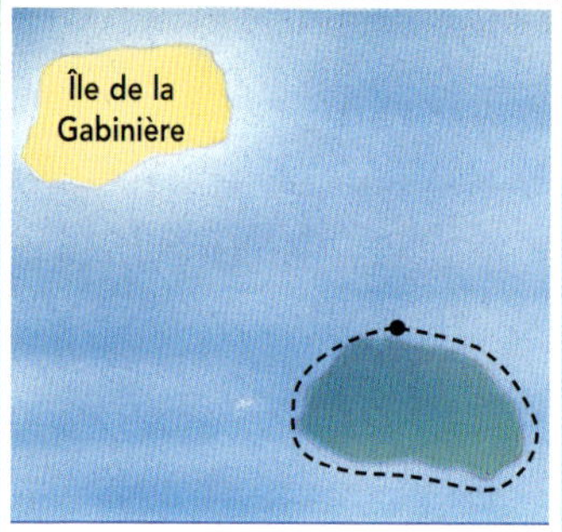

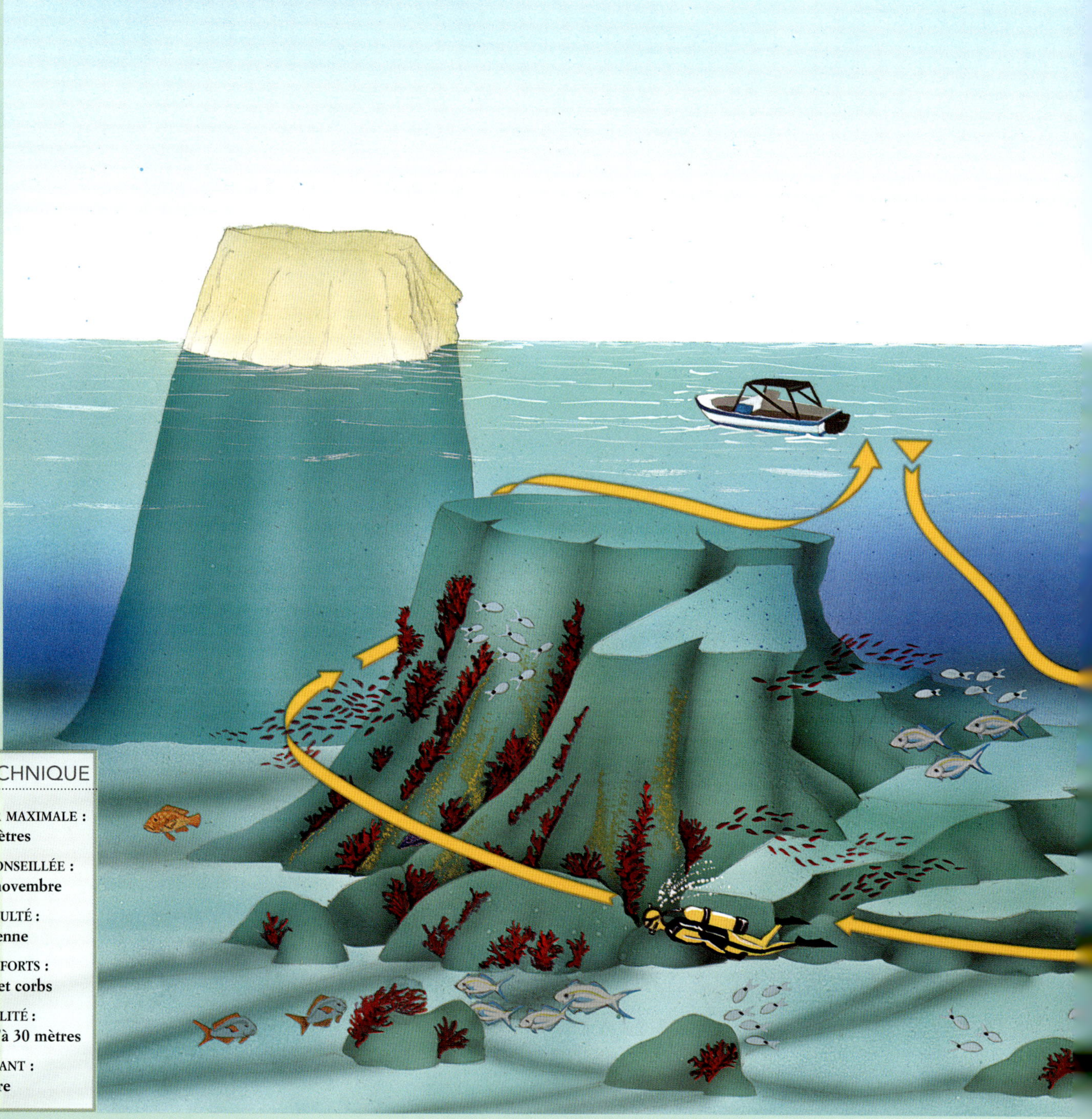

FICHE TECHNIQUE

PROFONDEUR MAXIMALE :
45 mètres

PÉRIODE CONSEILLÉE :
d'avril à novembre

DIFFICULTÉ :
moyenne

POINTS FORTS :
mérous et corbs

VISIBILITÉ :
en été jusqu'à 30 mètres

COURANT :
rare

Textes et photographies Giorgio Mesturini. Illustrations Domitilla Müller

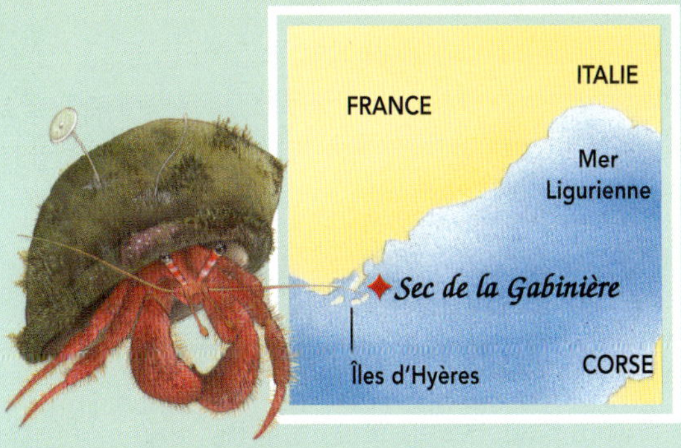

FRANCE - ÎLES D'HYÈRES
SEC DE LA GABINIÈRE

Les îles d'Hyères sont au nombre de trois, Porquerolles, Port-Cros et l'île du Levant, situées au large de la côte d'Azur, à quelques miles du port du Lavandou. Cet archipel a échappé à l'exploitation touristique grâce à l'intervention du gouvernement qui a déclaré, dès 1963, l'île de Port-Cros parc national, que ce soit sur terre ou sous l'eau. En outre, en 1971, l'État a acquis une bonne partie

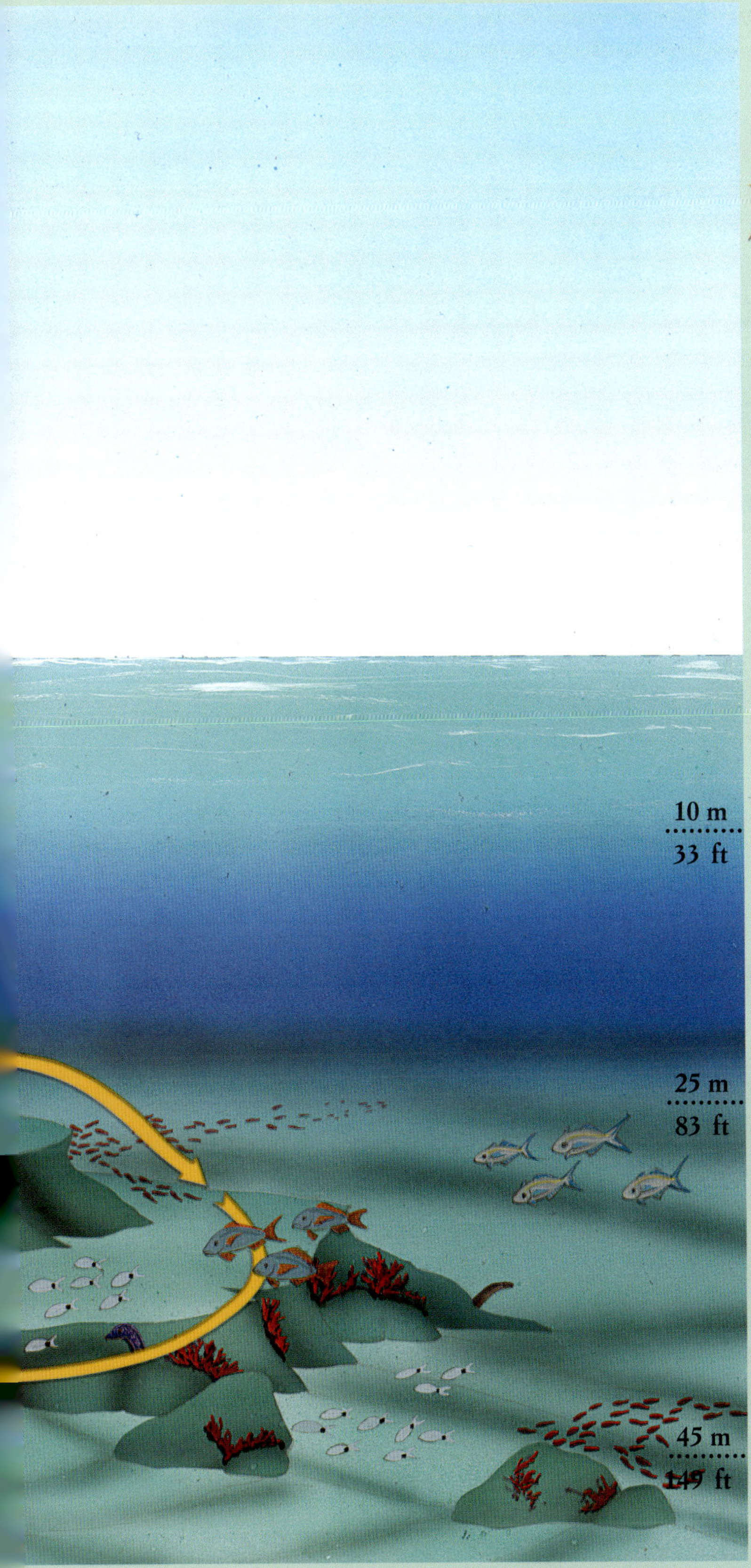

89 en haut Dans les fonds de la crique de la Palud et de l'île de Rascas, à Port-Cros, un parcours didactique est organisé.

89 en bas L'îlot de la Gabinière possède des fonds encore vierges et très peuplés.

90 à gauche en haut Lorsqu'on explore les fonds du sec au sud de l'îlot de la Gabinière, il est très fréquent de croiser des mérous bruns (Epinephelus marginatus) *qui dépassent parfois un mètre de longueur.*

90 à gauche au centre Dans les fonds du sec de la Gabinière, il est facile d'observer des bancs de corbs noirs (Sciaena umbra).

90 à gauche en bas À l'intérieur des fissures profondes, il n'est pas rare de débusquer des bancs de capelans (Trisopterus minutus)*, qui se distinguent par leur livrée argent et leur long barbillon.*

de l'île de Porquerolles, protégeant ainsi le précieux site naturel.

À présent, Port-Cros apparaît comme une île dédiée à la nature, entièrement couverte de bois touffus et où la main de l'homme n'a semé au fil du temps que quelques traces de son passage.

Conformément à la nouvelle politique de gestion des réserves, qui va au-delà de la protection de la flore et de la faune, le parc de Port-Cros affiche une nette vocation pédagogique. Ainsi, seules certaines zones sont classées «réserves intégrales» et interdites au public, mais tout le reste du parc est accessible aux nombreux touristes qui font le voyage pour admirer un milieu pratiquement vierge.

C'est aux alentours de l'îlot de la Gabinière, situé au sud de l'île de Port-Cros, que l'on trouve les plus beaux spots de l'archipel. Un peu plus loin, à quelques centaines de mètres au sud, le sec de la Gabinière constitue quant à lui un véritable trésor. Par temps et mer calmes, le sommet qui affleure à 10 mètres de profondeur est visible depuis la surface.

Le circuit peut démarrer sur le versant méridional par une descente en direction sud-ouest. Dès les premières brasses dans l'eau cristalline, vous serez frappé par l'allure presque lunaire du fond et par la roche claire qui paraît former un gigantesque escalier qui descend progressivement vers les 45 mètres de profondeur, avant de former un spectaculaire labyrinthe de gros rochers.

Si vous vous laissez tenter par la curiosité et pénétrez dans l'une des nombreuses tanières, vous serez surpris par la vie qui habite la moindre fissure de rocher : nombreuses et grosses langoustes rouges *(Palinurus elephas)*, murènes *(Muraena helena)*, corbs noirs *(Sciaena umbra)* et sars à tête noire *(Diplodus vulgaris)*. En levant les yeux, vous aurez l'impression de rêver tandis que l'eau claire s'animera sans relâche du passage des sérioles *(Seriola dumerili)*, des dentés communs *(Dentex dentex)*, des bancs d'oblades *(Oblada melanura)* et

90 à droite en haut Le poulpe (Octopus vulgaris) *n'hésite pas à abandonner sa cachette pour s'approcher des plongeurs.*

90 à droite en bas Les jeunes mérous bruns (Epinephelus marginatus)*, à la livrée plus claire, fréquentent surtout la zone la moins profonde du sec.*

91 La livrée de la rascasse brune (Scorpaena porcus) *lui permet de se fondre parfaitement dans le décor par mimétisme.*

92 L'élégante anémone Alicia mirabilis *n'offre toute sa beauté que la nuit car c'est dans l'obscurité qu'elle déploie ses tentacules transparents. En revanche, pendant la journée, elle se referme et n'apparaît que sous la forme d'un petit cône de couleur brune.*

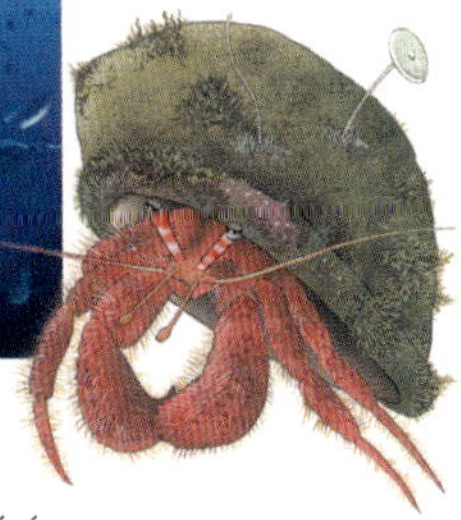

de bogues *(Boops boops)* qui nagent en toute sérénité autour de vos bulles d'air. Poursuivez la promenade vers l'ouest, en remontant vers les 30 mètres, pour atteindre l'extrémité occidentale du sec et en longer ensuite le versant nord. Ici, la falaise descend à pic, formant de hauts bastions de rochers jusqu'à environ 25 mètres. Tout le versant est dominé par l'explosion de couleurs du corail, et bryozoaires, serpulidés, annélidés, éponges et grands éventails de gorgones rouges tapissent la moindre anfractuosité du fond. Entre les gorgones nagent des bancs serrés d'anthias dont les mâles arborent une superbe livrée rouge délicatement striée de jaune et de lilas. Mais voilà enfin les rois inégalés de ces fonds, les mérous bruns *(Epinephelus marginatus)*, qui, sans se soucier des plongeurs, demeurent parfaitement immobiles, dans leur posture classique en chandelle, hors de leur tanière. Un peu plus loin, une autre surprise vous attend avec les fantastiques bancs de corbs noirs *(Sciaena umbra)* qui évoluent dans l'eau libre avec de nombreuses dorades *(Spondyliosoma cantharus)*, et qui font de ce sec l'un des plus précieux de la Méditerranée. Avant de remonter à la surface, arrêtez-vous quelques minutes sur le sommet du sec pour admirer les dorades qui, sans aucune frayeur, viennent nager à quelques centimètres de votre masque.

93 en haut Dès le sommet du sec de la Gabinière, vous serez encerclé par des rondes d'oblades (Oblada melanura) *et de bogues* (Boops boops).

93 à gauche au centre Parmi les espèces d'éponges de la Méditerranée, la plus fréquente est Axinella cannabina.

93 à gauche en bas Les ramifications des gorgones rouges (Paramuricea clavata) *offrent un support à diverses espèces, comme les délicates colonies arborescentes des hydrozoaires.*

93 à droite au centre Le nudibranche Cratena peregrina *arbore une élégante livrée translucide, avec de nettes papilles dorsales violettes et deux taches orangées.*

93 à droite en bas Les grands éventails des gorgones rouges (Paramuricea clavata)*, qui peuvent mesurer jusqu'à un mètre d'envergure, parent de leurs couleurs le versant nord du sec de la Gabinière.*

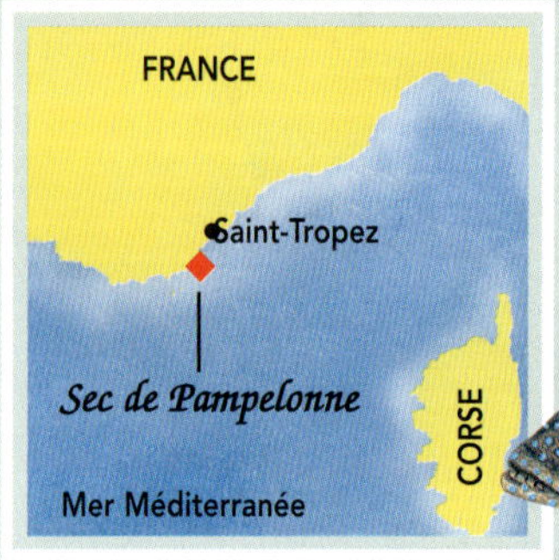

FRANCE - SAINT-TROPEZ

SEC DE PAMPELONNE

Le petit port de Saint-Tropez est célèbre dans le monde entier pour les personnalités du show-business qui y possèdent une villa, ou tout au moins un yacht – mais c'est également juste à côté de ce port que s'étend la magnifique plage de Pampelonne : 6 kilomètres de sable blanc qui attirent les amateurs de bronzage ou de natation et autres sports aquatiques les plus divers. À Pampelonne, il n'y a ni villas ni hôtels, seulement quelques villages de vacances, des campings et des restaurants dans un cadre naturel qui a conservé son authenticité.

94 à gauche Accrochées en surplomb à la paroi, les gorgones colorent le sec de Pampelonne de toutes les nuances de rouge.

94 à droite Une murène aux aguets entre les rochers du sec de Pampelonne.

La baie s'ouvre vers l'est, et la plage en est d'autant mieux abritée du féroce mistral qui, lorsqu'il souffle du nord-ouest, peut interdire toute velléité de plonger dans la région.

L'un des plus beaux spots des environs, le sec de Pampelonne, est situé face à la plage, à moins de 5 kilomètres au large. Les sommets du sec atteignent 15 mètres de profondeur mais, comme l'eau n'est pas toujours calme et limpide, il est relativement difficile de les repérer depuis la

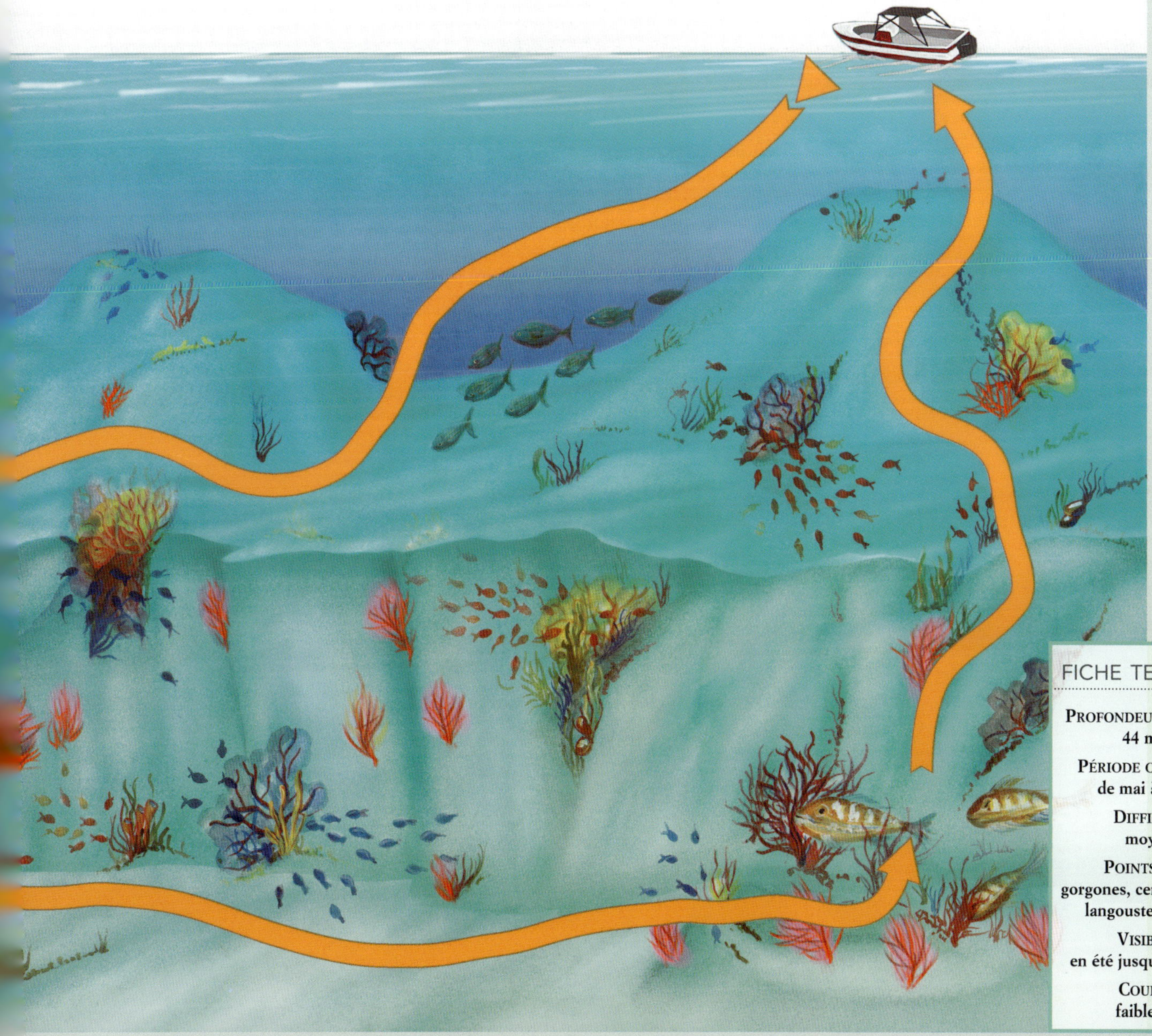

FICHE TECHNIQUE

Profondeur maximale :
44 mètres

Période conseillée :
de mai à octobre

Difficulté :
moyenne

Points forts :
gorgones, cerniers, coraux, langoustes, blennies

Visibilité :
en été jusqu'à 40 mètres

Courant :
faible à fort

96 en haut En rangs ordonnés, les saupes en banc croisent dans les eaux du sec de Pampelonne en quête de nourriture. Ils se nourrissent aussi bien d'algues que de petits crustacés.

96 en bas Le sec de Pampelonne est un véritable jardin de gorgones rouges, dont les colonies recouvrent le tombant rocheux, déployant leurs amples ramifications vers les eaux du large.

96-97 Disposées perpendiculairement au courant afin de mieux filtrer l'eau pourvoyeuse de substances nutritives, les colonies de gorgones prospèrent dans le moindre recoin des fonds du sec de Pampelonne.

surface. Bien sûr, vous pouvez toujours utiliser un échomètre, mais le plus simple est de vous joindre à une des excursions organisées par les différents clubs de plongée du coin. Certains, qui sont basés à même la plage de Pampelonne, proposent des départs quotidiens pour le sec et, depuis la base de plongée de Saint-Tropez, il faut compter environ 45 minutes de trajet.

Le sec s'étend du nord-ouest vers le sud-est, et le spot le plus spectaculaire, avec ses trois grottes et ses rochers aux mérous, est situé à une centaine de mètres du point de mouillage. En raison de l'exposition du site – vous êtes en pleine mer ! – les courants sont parfois assez violents. C'est ce qui explique aussi l'excellente visibilité (souvent jusqu'à 50 mètres).

Pour commencer, le pilote doit mouiller son embarcation au-dessus de l'un des sommets du sec, qui affleure à environ 18 mètres de la surface, une profondeur peu importante qui rend le circuit parfaitement accessible aux plongeurs moins expérimentés. Au départ, la roche est nue, et l'ancre ne risque pas d'endommager les gorgones ou les coraux. Dès la mise à l'eau, et jusqu'au moment où vous atteindrez les formations rocheuses, vous serez entourés par des centaines de castagnoles *(Chromis chromis)*, très courantes en Méditerranée.

Le sommet du sec dessine un plateau qui descend lentement sur quelques mètres avant de plonger pratiquement à pic vers les profondeurs. Comme d'habitude, vous plongerez directement au-delà de l'arrête pour descendre le long du tombant jusqu'à la profondeur voulue. Cette zone se distingue d'abord par le tapis luxuriant de gorgones dont les branches s'étalent perpendiculairement vers la haute mer, flottant dans le courant. Éclairez les rameaux de votre torche pour admirer les merveilleuses couleurs vives, qui adoptent toutes les nuances de rouge, du plus foncé au plus clair. Quelques gorgones de l'espèce *Paramuricea clavata* possèdent des extrémités jaunes.

La paroi verticale se prolonge sur une vingtaine de mètres avant de se transformer, vers 40 mètres, en un fond sableux horizontal. À 15 mètres de la façade rocheuse, vous rencontrerez une masse haute également recouverte de gorgones, fréquentée par un nombre important de cerniers de l'Atlantique *(Polyprion americanum)*. Prenez la peine d'explorer les fissures et les anfractuosités et, avec un peu de chance, vous débusquerez une ou deux murènes.

À ce stade, une fois atteints les 44 mètres, il sera temps de revenir vers le sec. Continuez en remontant la falaise transversalement, vers le sud-est. Vous apercevrez bientôt une grosse masse, peu éloignée de la paroi rocheuse. Entre cette masse et la falaise s'ouvre un petit canyon. Glissez-vous dedans et continuez à nager vers le haut en cherchant l'entrée de la grotte de 4 à 5 mètres de large. Elle est entièrement tapissée d'éponges et de coraux rouges *(Corallium rubrum)* et, si vous regardez de près, vous remarquerez les longues antennes des langoustes qui passent la journée à l'abri des niches rocheuses pour ne quitter leur repaire qu'une fois la nuit tombée.

Quelques mètres plus loin, vers le sud-est, vous découvrirez deux autres petites grottes qui pullulent elles aussi de gorgones et de petites créatures marines. Les spécimens qui préfèrent l'obscurité des grottes plus que tout autres sont les nudibranches. Ces minuscules mollusques marins ne possèdent pas de coquille protectrice, et leurs branchies externes jaillissent en touffes de leur corps, les rendant extrêmement vulnérables. Tou-

tefois, ils ne sont pas comestibles – certains sont même toxiques – et ne connaissent aucun prédateur. Plusieurs espèces de blennies vivent également à proximité des grottes. En période de reproduction, la tête et le corps des mâles change de couleur. Ces poissons sont uniques en ce qu'ils exécutent leur «danse» comique sur le fond marin : comme ils ne possèdent pas de vessie natatoire, ils doivent demeurer à proximité des rochers et ne s'éloignent jamais en haute mer.

Vous apercevrez peut-être aussi à l'entrée des trois grottes quelques cerniers de l'Atlantique *(Polyprion americanum)*, mais ils sont extrêmement timides et difficiles à approcher. La moindre agitation les effraie, et il vaut mieux rester aussi immobile que possible, en respirant régulièrement et lentement. Dans tous les cas, le contact visuel est également important : il y a de fortes chances pour qu'un animal reste en place dans la mesure où il est capable de voir le danger qui approche, alors qu'il s'enfuira à coup sûr si on le surprend par l'arrière. D'ici, il suffit de parcourir quelques mètres pour revenir au sommet du sec afin de rejoindre la surface et le bateau. En fonction de l'air qui vous reste, vous pouvez revenir directement sur le sommet ou explorer plus longuement le sec. Dans tous les cas, il est conseillé de remonter le long de la chaîne de l'ancre et de faire la pause obligatoire de sécurité de trois minutes à 5 mètres de profondeur.

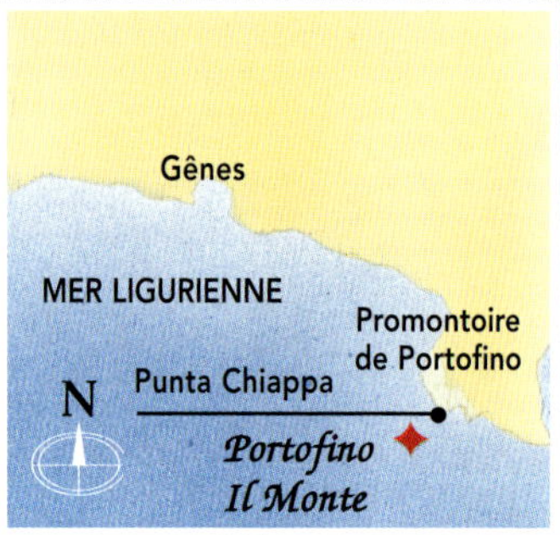

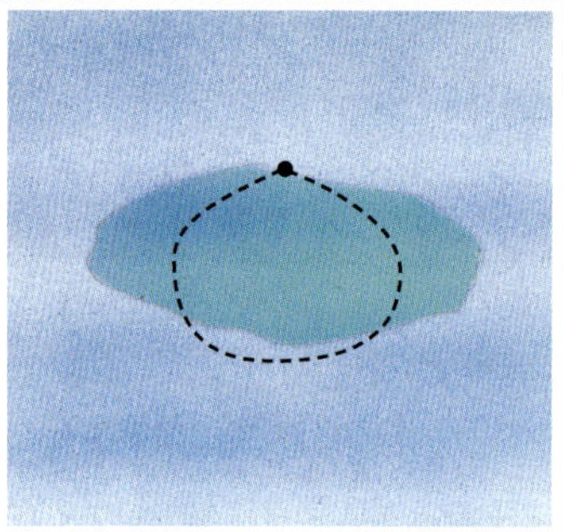

FICHE TECHNIQUE

PROFONDEUR MAXIMALE :
50 mètres

PÉRIODE CONSEILLÉE :
d'avril à novembre

DIFFICULTÉ :
moyenne

POINTS FORTS :
corail rouge

VISIBILITÉ :
jusqu'à 30 mètres

COURANT :
rare

Textes et photographies Vincenzo Paolillo. Illustrations Domitilla Müller

ITALIE - PORTOFINO
IL MONTE

On peut effectuer de nombreuses plongées intéressantes dans les eaux du promontoire de Portofino, que les locaux appellent «il Monte», que ce soit pour le milieu, la couleur ou pour les rencontres exceptionnelles. L'une des plus belles et des plus exhaustives, mais aussi l'une des plus difficiles, est celle du sec de la Isuela.

Vous voici devant Punta Chiappa, la langue de granit qui forme l'angle nord-est du promontoire. À environ

99 Le golfe de Portofino est un des sites les plus célèbres du monde. Les vues aériennes font apparaître notamment la pointe de Portofino, avec les barques à l'ancre dans le golfe.
Photographie Marcello Bertinetti (en haut) et Anne Conway (en bas)/ Archivio White Star.

200 mètres de la pointe, le fond remonte jusqu'à 13 mètres et correspond au chapeau du sec qui s'appuie sur un plateau de boue à 50-60 mètres environ. Après vous être ancrés sur le sec, vous descendrez dans n'importe quelle direction – tous les versants présentent, en effet, des vues intéressantes – et votre choix dépendra uniquement du courant et de vos capacités. Sachez cependant

que, sur le versant interne, vous ne dépasserez pas les 40 mètres de profondeur, alors que le versant ouest, externe (celui qui est tourné vers Gênes), va jusqu'au pied du sec, et vous descendrez jusqu'à 50-55 mètres. Si vous plongez sous le chapeau, en direction du sud, vous progresserez peu à peu vers le fond et l'ouest, pour arriver à une plaine en légère pente traversée par des fentes dans lesquelles vous dénicherez certainement murènes, langoustes, poulpes et rascasses.

En descendant le long de la paroi, vous verrez d'abord les branches jaunes de la gorgone verruqueuse *(Eunicella verrucosa)*, puis, serrés au point de former une vraie forêt, s'ouvrent les superbes éventails rouges et charnus des gorgones géantes

100 en haut Sur l'île, il est fréquent de croiser de grands poissons-lunes (Mola mola).

100 en bas Des bancs compacts de saupes (Sarpa salpa) *errent entre les algues en quête de nourriture.*

100-101 Les étonnants éventails des gorgones rouges (Paramuricea clavata) *caractérisent les fonds du promontoire de Portofino.*

101 en haut Une petite murène méditerranéenne (Muraena helena) *montre le nez hors de sa tanière.*

101 en bas Entre les gorgones évoluent des nuées d'anthias rouges (Anthias anthias).

102 à gauche en haut
Un beau spécimen de nudibranche (Coryphella lineata) *flâne sur les hydrozoaires dont il se nourrit.*

102 à gauche au centre
Sur les rives rocheuses de ce bord de la mer Ligurienne, se nichent les galathées striées (Galathea strigosa).

et les stupéfiants éventails de mer *(Paramuricea clavata)*, entourés par les faisceaux touffus des anthias rouges *(Anthias anthias)*. Au milieu des délicats enchevêtrements de rameaux s'abritent de nombreuses rascasses, quelques spécimens de doris géant *(Hypselodoris webbi)* – un superbe nudibranche jaune – et enfin d'élégantes comatules *(Antedon mediterranea)*. Dans les fissures des roches, on retrouve le corail rouge, derrière lequel se dissimule parfois par mimétisme une rascasse de la même couleur, baptisée ici « chapon » (*Scorpaena scrofa* ou *Scorpaena notata*). Sur les gradins, au milieu des algues, ou sur une terrasse de sable, on voit une foule d'actinies, de galathées (notamment *Galathea strigosa*) et des cigales de mer. C'est souvent là qu'il faut remonter. Dans la mesure où il s'agit d'une immersion profonde, il est conseillé de prévoir un palier de décompression dès à présent, qui permettra également d'observer les alentours : outre les méduses, vous apercevrez de nombreuses sérioles et des bancs de sars et de saupes qui arpentent les alentours du sec ; vous aurez aussi certainement la chance de voir passer quelques spécimens de poissons-lunes *(Mola mola)*. En observant la paroi du sec avec soin, vous remarquerez que les nudibranches abondent – doris dalmatien *(Discodoris atromaculata)*, flabeline rose *(Flabellina affinis)*, godives et autres.

Si vous plongez de nuit, vous aurez certainement l'occasion d'apercevoir de nombreuses seiches et surtout la belle anémone *Alicia mirabilis* aux tentacules urticants. Soyez cependant d'une extrême prudence, notamment en évitant de descendre trop bas la nuit.

102 à droite en haut Une petite rascasse rouge (Scorpaena notata) *a été surprise entre les anémones « marguerites de mer »* (Parazoanthus axinellae).

102 en bas Les comatules (Antedon mediterranea) *sont loin d'être rares dans la région.*

102-103 Dans les rameaux de corail rouge (Corallium rubrum)*, une rascasse (Scorpaena scrofa) cherche à se fondre dans le décor.*

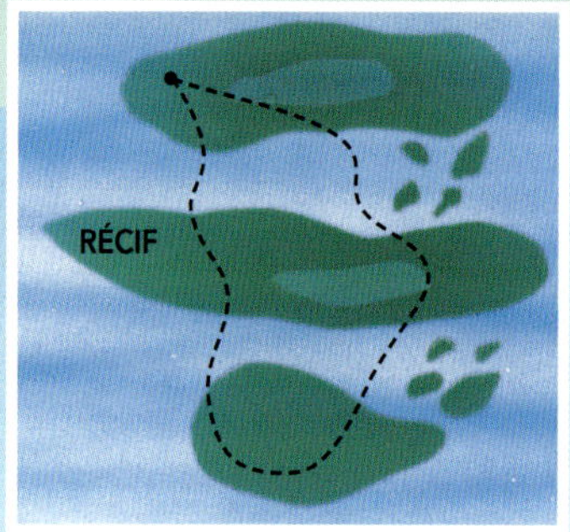

FICHE TECHNIQUE

PROFONDEUR MAXIMALE :
30 mètres

PÉRIODE CONSEILLÉE :
d'avril à novembre

DIFFICULTÉ :
moyenne

POINTS FORTS :
grands mérous

VISIBILITÉ :
en été plus de 30 mètres

COURANT :
parfois fort

Textes et photographies Kurt Amsler. Illustrations Domitilla Müller

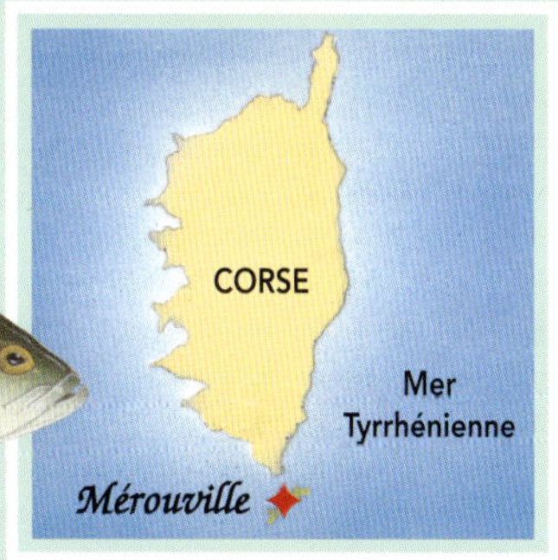

FRANCE - ÎLE DE LAVEZZI
MÉROUVILLE

105 en haut Le phare de la Madonnetta marque l'embouchure du fjord, où émerge le port de Bonifacio, point de départ des excursions pour le sec des Mérous.
Photographie Marcello Bertinetti/Archivio White Star.

105 en bas La falaise de Bonifacio, avec ses maisons en surplomb sur le vide, donne le vertige !
Photographie Marcello Bertinetti/Archivio White Star.

C'est au sommet d'une roche blanche du crétacé, à 60 mètres au-dessus du niveau de la mer, que trône Bonifacio, la ville la plus méridionale de France. Fondée sur une étroite presqu'île bordée par une entaille de 1,5 kilomètre de longueur, la citadelle corse jouait déjà un rôle capital au temps des Romains et, au cours du Moyen Âge, elle résista vaillamment à de nombreuses attaques ennemies.

Le port offre un paysage enchanteur, notamment lorsque, le soir venu, les lampes de la promenade s'allument. En grimpant dans la vieille ville, vous arpenterez un labyrinthe de ruelles étroites et de

106-107 et 107 en bas
Les mérous bruns (Epinephelus marginatus) *de Mérouville ont pris l'habitude de s'approcher des plongeurs qui leur offraient de la nourriture.*

minuscules placettes bordées de maisons médiévales. D'en haut, le panorama embrasse la vue sur les Bouches de Bonifacio. À 12 kilomètres de là, c'est déjà la Sardaigne.
Bonifacio est le point de départ idéal pour les balades sous-marines dans le parc marin des Lavezzi. À l'est de la côte, les roches de Lavezzi, une petite île pittoresque d'à peine 100 mètres de diamètre, jaillissent de la mer bleu azur, juste dans le bras de mer qui sépare la Corse et la Sardaigne. La zone a été classée parc national sous-marin en 1982. Grâce à la profondeur et à la présence constante des courants, l'eau y est toujours claire et riche en substances nutritives, et donc très poissonneuse.
Le spot où vous plongerez, sur le versant oriental de Lavezzi, a été baptisé « Mérouville » en raison de la présence de nombreux mérous. Il s'agit d'un ensemble de trois gigantesques masses de granit et d'autres blocs plus petits qui émergent d'un terrain sablonneux situé à 30 mètres de profondeur maximale. L'ensemble s'étend sur une surface d'environ 50 mètres sur 100 mètres, et le point le plus élevé du massif monte jusqu'à 16 mètres en dessous de la surface de la mer.

Loin d'être usurpé, le nom de «Mérouville» désigne bien le seul endroit de la Méditerranée où les mérous sont si nombreux. Le mérou de Méditerranée ou mérou brun *(Epinephelus marginatus)* était autrefois extrêmement répandu dans les régions côtières, mais il a fait l'objet d'une pêche intensive qui a pratiquement décimé sa population. Il y a encore peu de temps, il fallait ainsi une bonne dose de chance pour parvenir à en apercevoir un spécimen au cours d'une plongée, et encore, uniquement de loin et en profondeur. Depuis quelques années, la pêche au mérou est interdite en France, et la population de cette espèce a enregistré une augmentation très rapide. Le mérou de Méditerranée est un animal splendide, doté d'un corps allongé, plutôt ovale, qui

107 en haut Dans l'eau claire du sec, une paroi est tapissée de marguerites de mer (Parazoanthus axinellae) *qui colonisent des zones faiblement éclairées.*
Les polypes des marguerites ne possèdent pas de squelette.

107 au centre Ces coraux (Coralium rubrum) *possèdent des polypes blancs qui contrastent avec le rouge de leur squelette. Dans les Bouches de Bonifacio, ce corail est très répandu malgré la pêche dont il fait encore l'objet.*

peut atteindre 1,5 mètre; les femelles sont cependant plus petites que les mâles. Sa mâchoire proéminente confère certainement à l'animal – capable d'ingérer des proies de la moitié de sa taille – un aspect à la fois effrayant et sympathique. C'est un poisson territorial, et il ne vit que sur les fonds rocheux où il se dissimule dans les cavités et dans les labyrinthes rocheux. Les plongeurs qui ont tenté de les photographier savent bien avec quelle adresse ces poissons échappent à l'objectif. Cependant, aux Lavezzi, ils ne sont absolument pas timides. En général, on mouille la barque au milieu des trois blocs de roche. Les mérous ne se font pas attendre : ils apparaissent naturellement, et suivent les plongeurs dans leur

108 à gauche en haut
Deux petites rascasses (Scorpaena *sp.) posées sur le rocher se laissent approcher en se fiant à leur mimétisme, efficace à la lumière naturelle, mais révélé par la lumière du flash.*

108 à gauche en bas
Les mérous de Mérouville sont tous de dimensions remarquables, et certains dépassent les 30 kilos. Il s'agit de spécimens mâles puisque le mérou change de sexe lorsqu'il atteint 5 kilos.

108-109 Le poulpe (Octopus vulgaris) *est un prédateur intelligent, qui rencontre cependant des difficultés à Mérouville : les mérous en raffolent, et il n'est pas rare d'apercevoir des poulpes aux tentacules coupés.*

excursion. Le plus beau recoin de ce spot est sans conteste le tombant est, où se trouvent aussi des cavités et des fissures tapissées d'organismes encroûtants.

Les mérous sont très certainement les stars de Lavezzi, mais le site offre également la chance d'admirer une flore et une faune méditerranéennes d'une grande richesse, qui ne doit pas non plus faire oublier la présence des grands serranidés. Les murènes et les mérous vivent en harmonie parfaite et, à certaines occasions, on peut même les observer ensemble. Sur les roches, on aperçoit des rascasses de toutes sortes et, dans l'ombre des niches, brillent les corps gris des grands congres. Les saillies, les promontoires de roches et les pics débordent de marguerites de mer jaunes qui introduisent un superbe contraste de couleur avec l'eau azur des fonds. Et n'oublions pas les gorgones rouges, qui croissent également dans l'ombre des énormes blocs rocheux. Vous serez à tout moment entourés de centaines de castagnoles *(Chromis chromis)* et, à certaines saisons, vous apercevrez également de grandes méduses *(Cotyloriza tuberculata)*. Enfin, dans ce site exposé entre la Corse et la Sardaigne, les aigles de mer et autres poissons pélagiques ne sont pas rares. Le sommet des reliefs fourmille lui aussi de vie. Près des roches recouvertes d'algues rouges nagent les castagnoles en leur manteau multicolore et il y a bien sûr des bancs denses de saupes *(Sarpa salpa)* amateurs d'algues. Ainsi, dans un mouvement parfaitement synchrone, ils s'avancent en même temps vers un endroit précis du fond pour s'en éloigner tout aussi élégamment, dans un bel ensemble.

109 à gauche en bas Le saint-pierre (Zeus faber) *possède une allure unique en son genre avec un corps aplati et de longs rayons sur la nageoire dorsale.*

109 à droite en haut Dans le courant impétueux, favorable s'il en est pour certaines espèces, les gorgones s'épanouissent sur les roches de Mérouville.

109 à droite en bas Les ramifications jaunes d'une grande éponge (Axinella *sp.) font paraître plus petites les gorgones qui l'entourent. Cette forme de croissance offre à l'éponge une grande surface d'absorption pour une occupation réduite du substrat.*

Textes et photographies Egidio Trainito. Illustrations Domitilla Müller

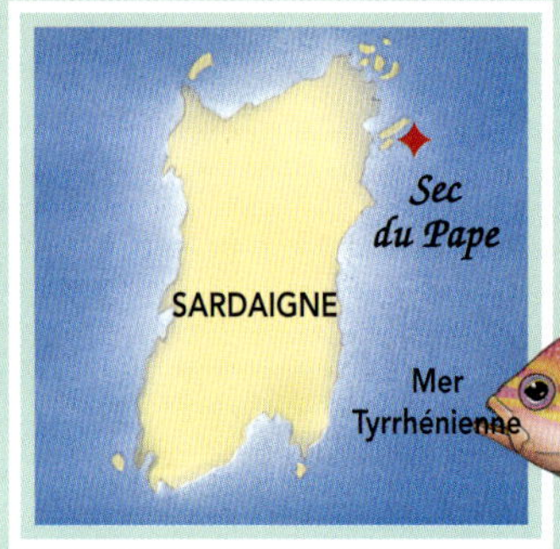

ITALIE - TAVOLARA

SEC DU PAPE

110 à gauche Les versants du sec tournés vers le nord sont couverts de grands éventails de mer rouges et jaunes (Paramuricea clavata), *eux-mêmes entourés d'essaims d'anthias rouges* (Anthias anthias), *de sars et de donzelles* (Ophidion barbatus).

110 à droite L'arc-en-ciel semble naître des hautes roches de l'île de Tavolara, le long de la côte orientale de la Sardaigne. Parmi les nombreuses plongées, la plus belle se situe à l'extrémité est de l'île, sur le sec du Pape.

Dans le paysage de granit plutôt doux de la côte nord-est de la Sardaigne, Tavolara apparaît comme une anomalie : ses roches calcaires s'élèvent, en effet, à 565 mètres au-dessus du niveau de la mer. Située au cœur d'une réserve marine, l'île, de 6 kilomètres de long sur 1 kilomètre de large, arbore du côté sud-est des falaises blanches qui plongent à la verticale dans la mer. À l'extrémité est, on double la pointe du Pape et, plus loin, à quelque 300 mètres vers le large, le sec du même nom s'élève au-dessus d'un fond de plus de 40 mètres de profondeur. Dans

cet ensemble d'aiguilles calcaires qui prolongent sous l'eau le profil de l'île, le point le plus haut – qui frôle les 15 mètres en dessous de la surface – correspond à une grosse tour de calcaire qui domine des éperons rocheux déployés sur un axe ouest-est. On descend dans le bleu pendant 15 mètres, mais la visibilité à la verticale est telle qu'il est souvent possible de distinguer clairement le fond, 30 mètres plus bas. Le sommet du sec est visité par un banc compact de castagnoles

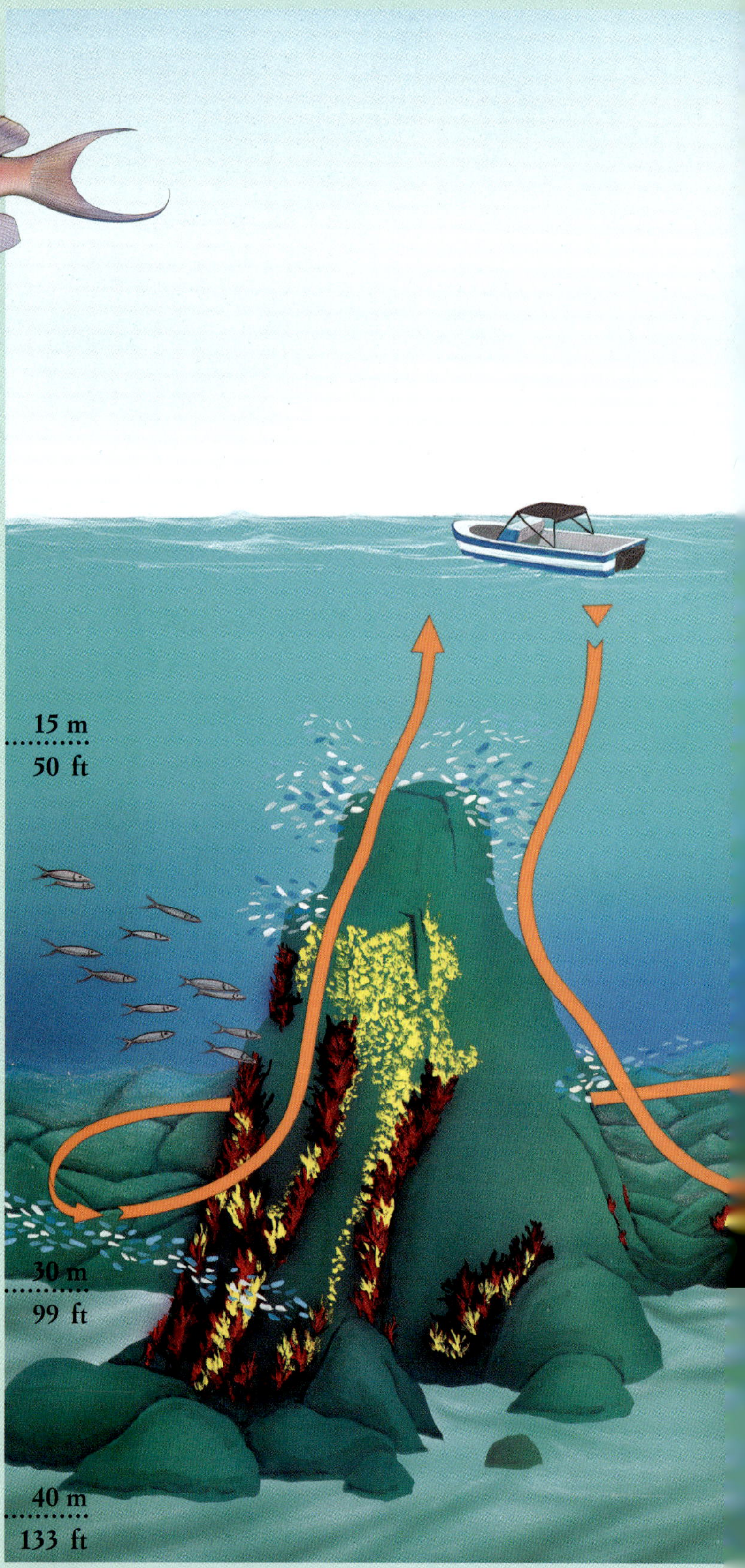

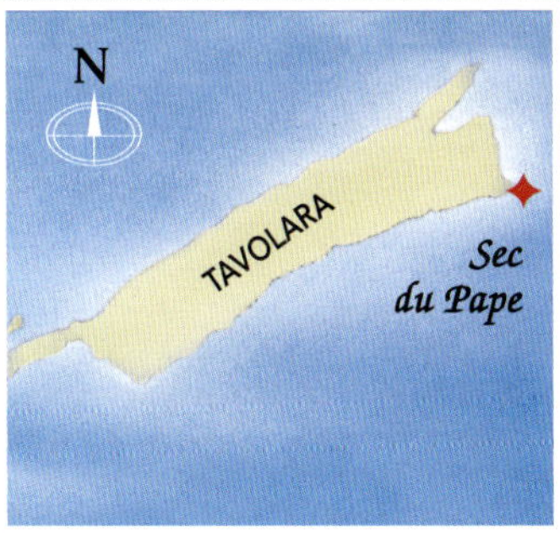

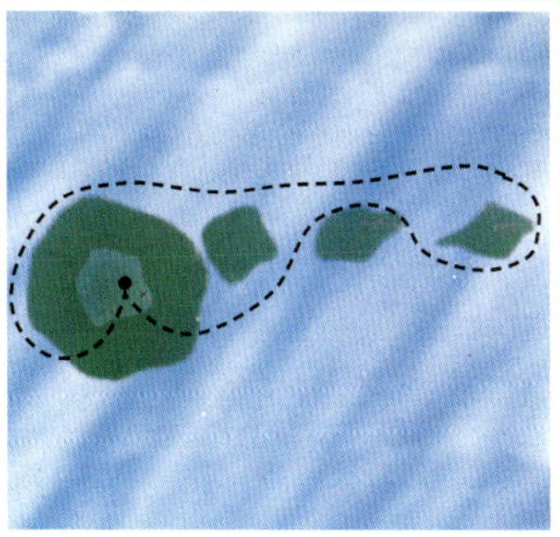

FICHE TECHNIQUE

Profondeur maximale :
40 mètres

Période conseillée :
d'avril à novembre

Difficulté :
moyenne

Points forts :
gorgones rouges et jaunes

Visibilité :
en été jusqu'à 40 mètres

Courant :
rarement fort

112-113 Les extrémités des gorgones du sec du Pape tirent vers le jaune, comme dans quelques rares sites de Méditerranée. Aucune raison scientifique ne vient expliquer la cause de cette variante de couleur.

113 à gauche Dès que la roche se fait verticale, sur le sommet du sec, elle est tapissée de marguerites de mer (Parazoanthus axinellae) *qui, ici, arborent de grandes dimensions.*

(Chromis chromis) qui s'écartent à l'arrivée des plongeurs. Parmi les nombreux circuits possibles, le plus classique vous conduira vers l'ouest en passant, au niveau des 30 mètres, du pinacle principal à un premier relief tapissé de gorgones rouges et fréquenté par des anthias rouges *(Anthias anthias)*. Au même niveau, vous poursuivrez jusqu'à un second éperon rocheux lui aussi recouvert de gorgones. Au passage, il suffit de jeter un œil dans n'importe quelle direction pour apercevoir des bancs de gros sars et des bancs de dentés, souvent de dimensions remarquables. Après avoir dépassé la seconde aiguille, dirigez-vous vers l'endroit où le fond remonte, en vous déplaçant lentement… Depuis une dizaine de mètres, les plus attentifs auront déjà repéré la silhouette sombre de nombreux mérous bruns *(Epinephelus marginatus)* posés sur les roches ou entre deux eaux. La meilleure manière de s'en approcher consiste à s'installer sur le rebord rocheux, plus haut, à environ 36 mètres de profondeur, et de patienter en observant les alentours. L'un après l'autre, six ou sept mérous apparaîtront, timides mais curieux. Ne faites aucun mouvement brusque et vous pourrez les approcher à 2 mètres de distance sans les faire fuir. Souvent, vous apercevrez également des mérous badèches *(Epinephelus costae)*, faciles à reconnaître par les rayures horizontales qui ornent leur livrée et par leur queue à bord droit.

113 à droite en haut Dans la partie la plus profonde du sec, vers 36 mètres, vit une petite population de mérous bruns (Epinephelus marginatus), *désormais accoutumés à la visite des plongeurs.*

Un œil sur la réserve d'air, retournez sur vos pas pour rentrer, en vous laissant porter jusqu'à 28 mètres de manière à disposer d'assez de temps pour remonter le long du pinacle principal. Dirigez-vous vers la paroi nord, qui plonge à la verticale jusqu'à 25 mètres et qui est tapissée de gorgones rouge et jaune, une variante chromatique des *Paramuricea* peu répandue en Méditerranée. Remontez ensuite plus haut pour observer les nombreux organismes qui vivent entre les branches des gorgones : annélidés, bivalves, petits crustacées et faisceaux de castagnoles rouges. Souvent, on distingue sur les rameaux de la colonie des gorgones, qu'il étouffe de sa présence, un superbe alcyonaire *(Parerythropodium corailides)*, aux polypes tachetés de jaune et de blanc opaque. À environ 24 mètres de profondeur, dans les recoins sombres, les gorgones cèdent la place aux tapis d'anémones encroûtantes baptisées «marguerites de mer» *(Parazoanthus axinellae)*; et dans les anfractuosités se cachent de nombreuses murènes, qui partagent parfois leur tanière avec un petit mérou.
Le sommet du sec possède aussi son attrait. Arrêtez-vous un instant pour observer la vie minuscule et vous serez peut-être surpris par une nuée de sérioles qui dansent dans les bulles.

113 à droite en bas Le sec se compose de plusieurs reliefs. Depuis le sommet de chacun d'entre eux, on voit le suivant. Au pied des gorgones, la roche est tapissée d'algues vertes caractéristiques des zones de faible luminosité : la monnaie de Poséidon (Halimeda tuna) *et l'udotée* (Udotea petiolata).

Textes et photographies Roberto Rinaldi

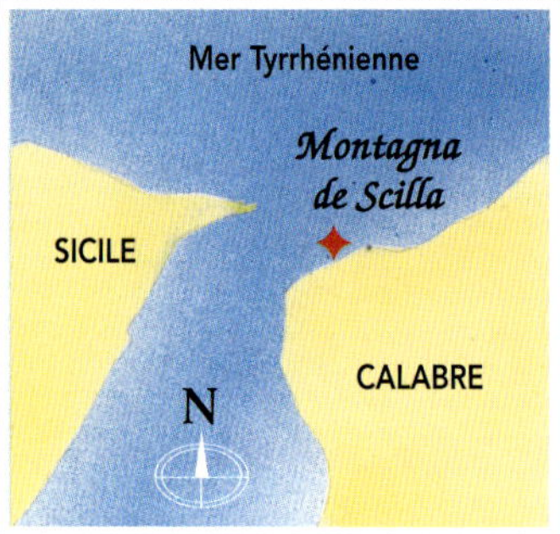

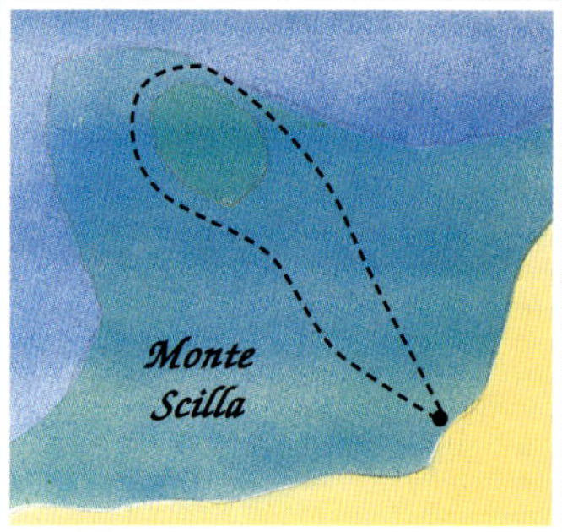

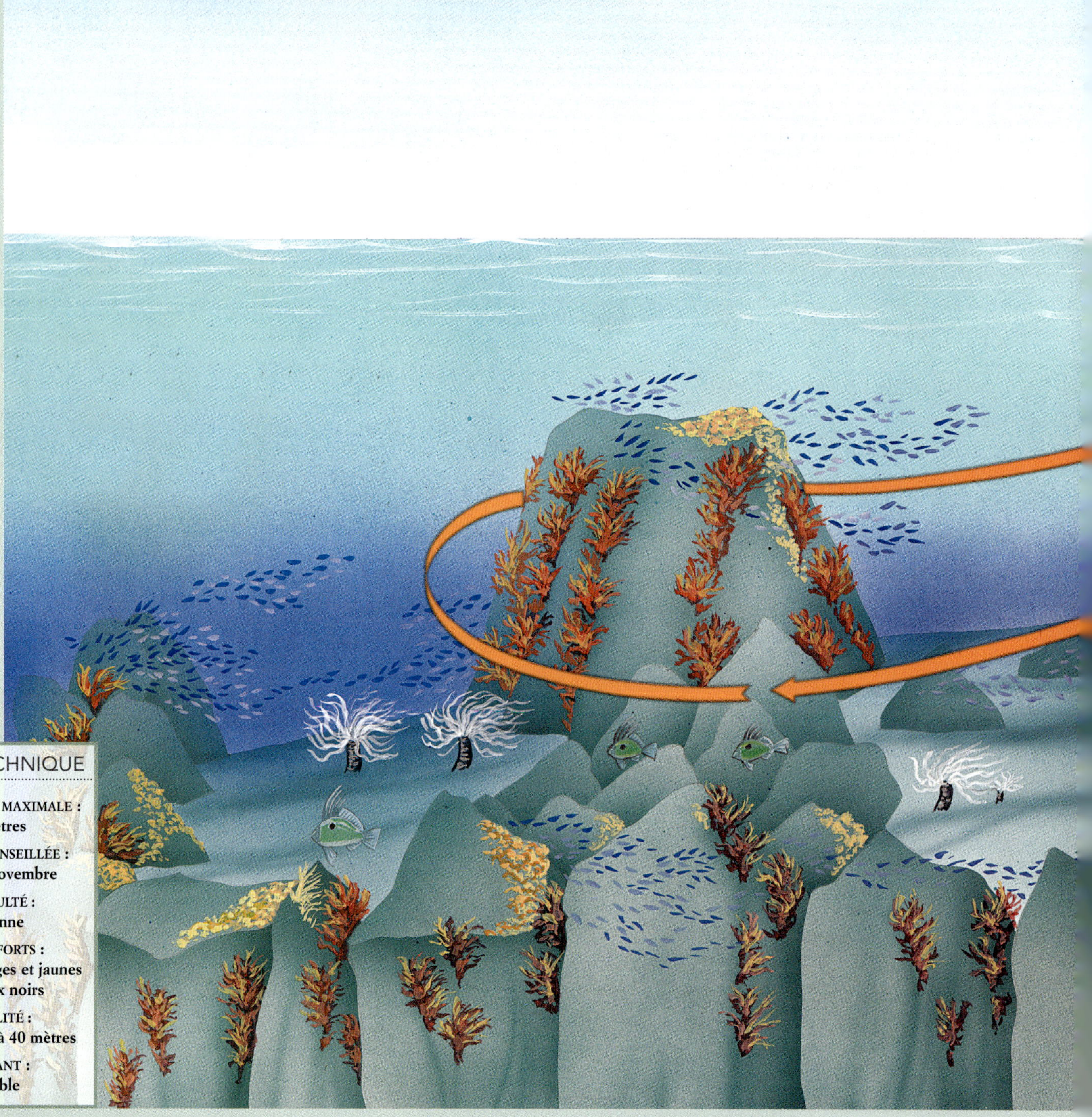

FICHE TECHNIQUE

Profondeur maximale :
45 mètres

Période conseillée :
d'avril à novembre

Difficulté :
moyenne

Points forts :
gorgones rouges et jaunes et coraux noirs

Visibilité :
en été jusqu'à 40 mètres

Courant :
variable

Illustrations Domitilla Müller

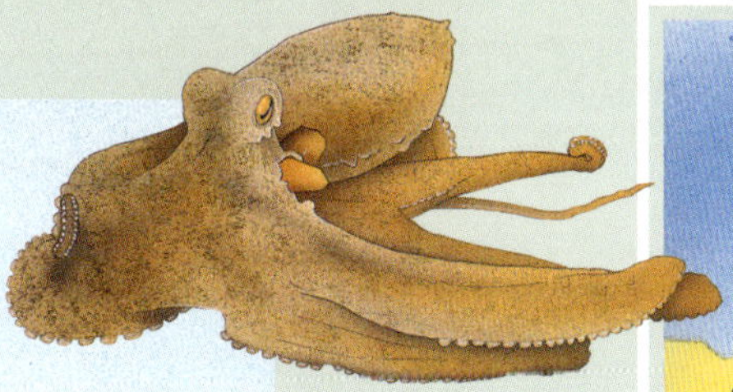

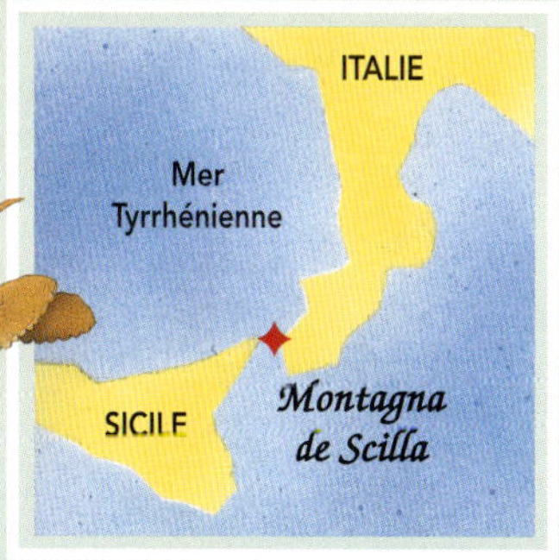

Italie - Détroit de Messine

Montagna de Scilla

La mer Méditerranée est sans nul doute capable d'offrir aux plongeurs de splendides spots qui n'ont rien à envier aux mers tropicales. Plus que tout autre, le détroit de Messine recèle certainement les trésors de beauté de celle que les Romains appelaient «*Mare Nostrum*». En l'espace de quelques milles, du sud vers le nord, les fonds du passage qui sépare l'Italie continentale de la Sicile remontent depuis les 1300 mètres jusqu'à un seuil de seulement 70 mètres. De même, les côtes de Calabre et de Sicile, à seulement quelques kilomètres, se rapprochent de manière spectaculaire, formant comme un entonnoir gigantesque. Les variations de niveau entre les deux bassins, de part et d'autre – Tyrrhénien et Ionien –, engendrent de violents courants dont la puissance est encore accentuée par l'effet Venturi (du fait du rétrécissement de cette partie du bras de mer, l'intensité du courant augmente proportionnellement). Ainsi, le détroit de Messine est parcouru par d'impétueux afflux d'eau qui s'inversent, le long de l'axe nord-sud, toutes les six heures, avec les marées. C'est sans doute pour cette raison que ces eaux sont les plus riches de tout le bassin méditerranéen.

Pour les plongeurs, cela signifie en outre qu'ils doivent toujours vérifier les tables des marées (publiées chaque année par l'Institut hydrographique de la Marine) afin de vérifier la date, l'intensité des courants (laquelle demeure une prévision) et les heures de flux maximal ou d'étale. C'est la seule manière d'explorer sans danger les eaux du détroit.

115 en bas Seules les extrémités de cette gorgone ont commencé à virer au jaune.

116 à gauche Tout comme le corail noir, Parerythropodium coralloides, *un corail charnu dont la couleur varie du blanc au rouge, étouffe les gorgones pour en utiliser le squelette.*

116 à droite Un œuf de roussette fixé aux gorgones sur le fond de la Montagna. La roussette est un petit squale méditerranéen absolument inoffensif.

117 Un saint-pierre (Zeus faber) *immobile sur un fond de gorgones. Même si ce poisson tente d'échapper aux regards en se présentant de face, il n'en reste pas moins facile à repérer.*

Dans ce bras de mer, les possibilités de circuits ne se comptent plus, mais l'un d'entre eux mérite plus particulièrement le voyage. Par-dessus tout, dès les premiers mètres, vous aurez l'impression que la mer vous offre un échantillon de toutes ses beautés. En outre, la mise à l'eau se fait directement depuis la plage.

Commencez donc par vous rendre dans le petit port de Scilla, au nord du détroit, sur le littoral de la péninsule italienne. Descendez vers la mer et longez la plage jusqu'à ce que la route pénètre dans le tunnel sous le célèbre rocher. C'est ici que, après avoir vérifié une dernière fois les tables des

marées, vous vous glisserez dans l'eau. Nagez pendant 200 mètres vers la pointe qui regarde vers le large. Descendez à proximité de quelques rochers semi-affleurants pour aller vers un fond escarpé composé d'un éboulis de gigantesques rochers. Dans ce site spectaculaire, les poissons de roche abondent et les parois sont recouvertes d'astéries, d'éponges et de bryozoaires. La nuit, c'est un authentique paradis.

Une trentaine de mètres plus loin, les éboulis cèdent la place au sable grossier dont la nuance claire réfléchit de manière quasi stroboscopique la lumière du décor presque irréel. L'eau est d'une clarté exceptionnelle et, devant vous, au loin, vous apercevez l'imposante silhouette de la Montagna. Donnez quelques coups de palme pour vous en approcher. Le grand rocher, une tour raide de granit, s'élève depuis 40 mètres de profondeur jusqu'à plus de 20 mètres. Le spectacle est à couper le souffle : les parois sont tapissées de gorgones rouges aux nuances jaunes. Tout autour, une série de blocs émerge du sable, avec leur lot de splendides éventails. Dans l'eau alentours évoluent des bancs de castagnoles noir et rose.

Sur les parties latérales du sec principal, le fond descend progressivement, parcourant une étendue de sable rythmée par de gros rochers, avant de plonger nettement sur une dizaine de mètres et voir la roche envahir le relief. Vers le large, les blocs offrent un autre spectacle stupéfiant, avec des superpositions insolites qui émergent de profondeurs encore plus basses. Vous arrivez à l'intérieur d'un spectaculaire canal, au lit couvert de gorgones jaune et rouge, et aux cimes embrasées par des tapis scintillants d'étoiles orangées. Sur les côtés, les roches plongent à pic sur plusieurs dizaines de mètres. Observez-les tout en poursuivant la promenade vers le haut et le sommet du pinacle externe. De là, vous vous pencherez à un impressionnant balcon pour découvrir les tombants compacts qui s'ornent d'une quantité impressionnante de gorgones.

À l'occasion d'une plongée, j'ai éprouvé le désir d'explorer le gouffre plus en profondeur, et j'ai entamé une longue descente. Je me suis laissé presque tomber dans le vide, descendant à la vitesse d'un parachutiste. En quelques instants, j'avais atteint 80 mètres, et l'abysse se prolongeait encore sous moi. La paroi à pic s'ornait de gorgones dont la nuance jaune tranchait sur le bleu froid des grandes profondeurs.

On pourrait continuer ainsi pendant des pages et des pages pour citer toutes les merveilles de la Montagna de Scilla. Outre les gorgones, citons d'abord les grands cérianthes, proches parents des anémones, qui ornent le fond sableux. Vous en rencontrerez à des niveaux compris entre 30 et 36 mètres, entre les roches de l'éboulement et les pentes de la Montagna à proprement parler, et encore d'autres entre la Montagna et le tombant latéral, dans un amphithéâtre de roches et de gorgones très évocateur. Ici, il est également courant de croiser des spécimens géants de saint-pierre qui remontent des abysses, ou de monstrueuses baudroies. Les saint-pierre se dissimulent sans peine entre les rameaux, offrant toujours à l'agresseur potentiel une vue de face qui leur permet de paraître plus minces et presque invisibles. Quant aux baudroies, elles demeurent immobiles sur les sédiments, et leurs excroissances évoquent les algues qui tapissent le fond. Depuis quelques années, un énorme mérou hante le versant externe de la Montagna, dans une profonde faille qui coupe la grande chute finale.

À partir de 35 mètres, vous verrez aussi de nombreux rameaux de corail noir de Méditerranée *(Gerardia savaglia)*. C'est un parasite qui assaille les gorgones, dont il étouffe les polypes pour finir par se développer à leur place. Peu à peu, le corail noir enveloppe le squelette de la gorgone du sien, plus dur et plus résistant, et de la couleur noire qui lui donne son nom.

Après une journée de plongée à la Montagna, oubliez la fatigue pour retourner nager à la faveur des ténèbres. Parmi les nombreuses et fantastiques créatures nocturnes qui sortent alors de leur cachette, vous découvrirez ainsi le rare *Astrospartus*, un échinoderme qui déploie ses bras dans le courant uniquement la nuit, et qui, au moindre éclat de lumière, se referme en quelques secondes.

Textes et photographies Roberto Rinaldi. Illustrations Domitilla Müller

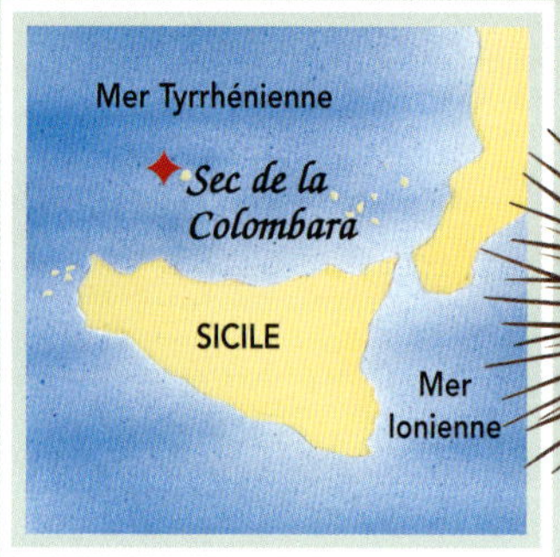

ITALIE - ÎLE D'USTICA
SEC DE LA COLOMBARA

Située au large de la côte nord de la Sicile, l'île d'Ustica fait figure de symbole pour les plongeurs italiens, mais aussi pour les autres. Elle abrite, en effet, le siège de l'Académie des sciences et des techniques de plongée, qui, depuis plus de quarante ans rassemble tout ce qui concerne les activités sous-marines, et récompense les personnages liés à la vie des mers par le

118 en haut Depuis la falaise du nord de l'île, la vue embrasse l'extraordinaire spectacle des fonds révélés par la transparence de l'eau.

118 en bas Après être sorti du port, en direction du sec de la Colombara, on double le cap de la Falconara et son phare.

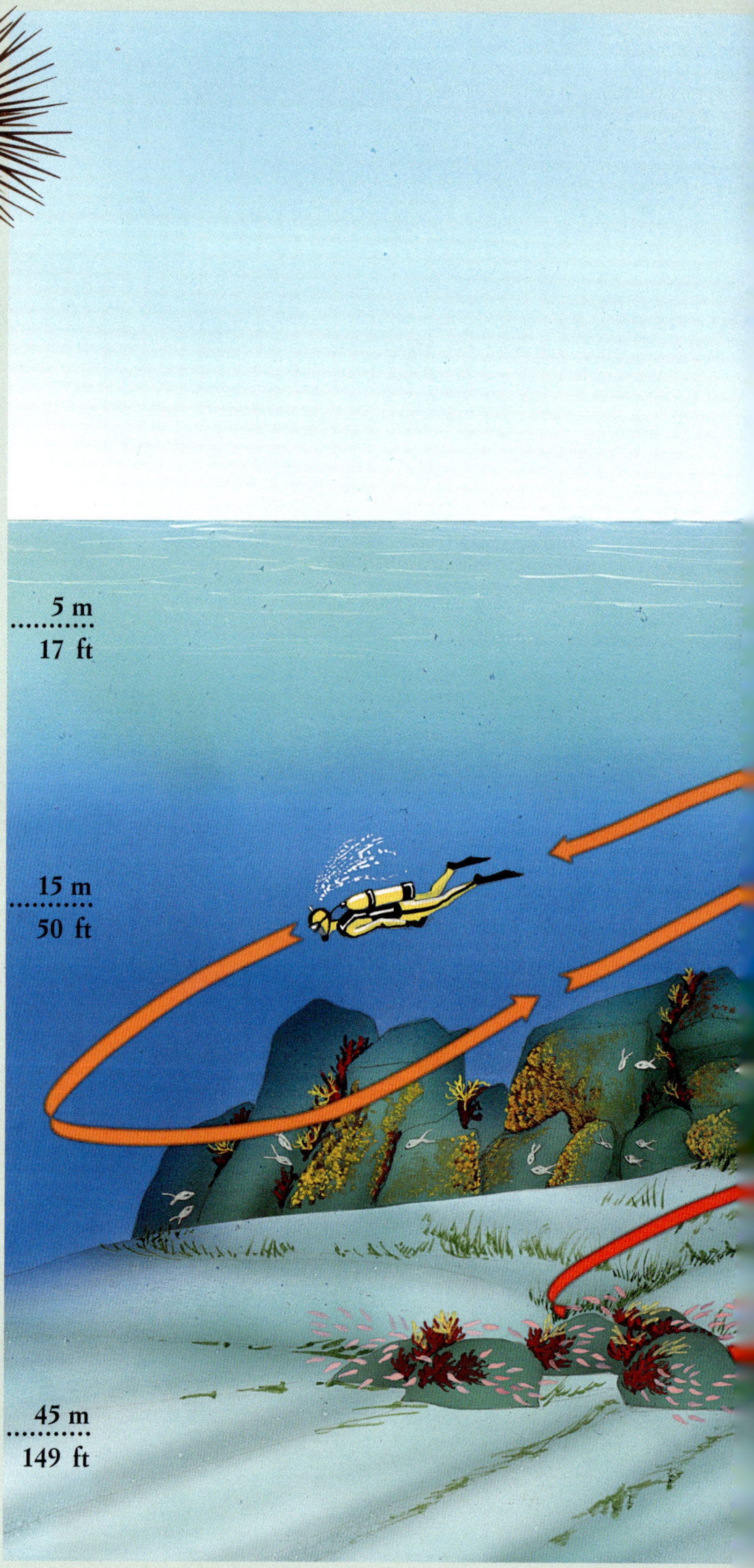

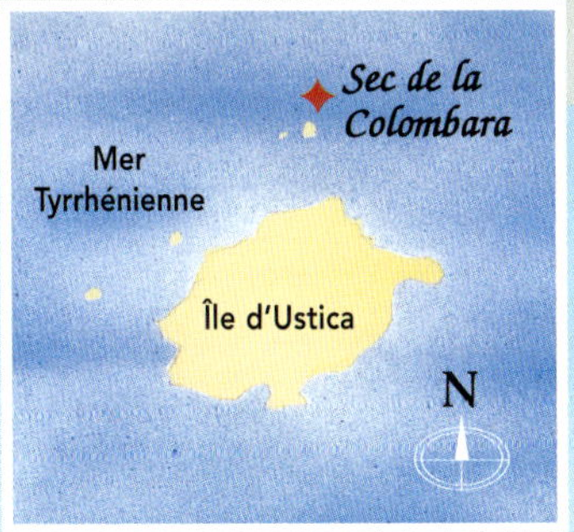

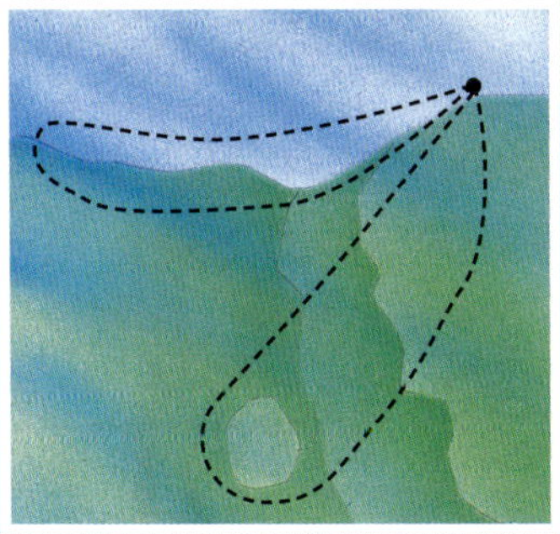

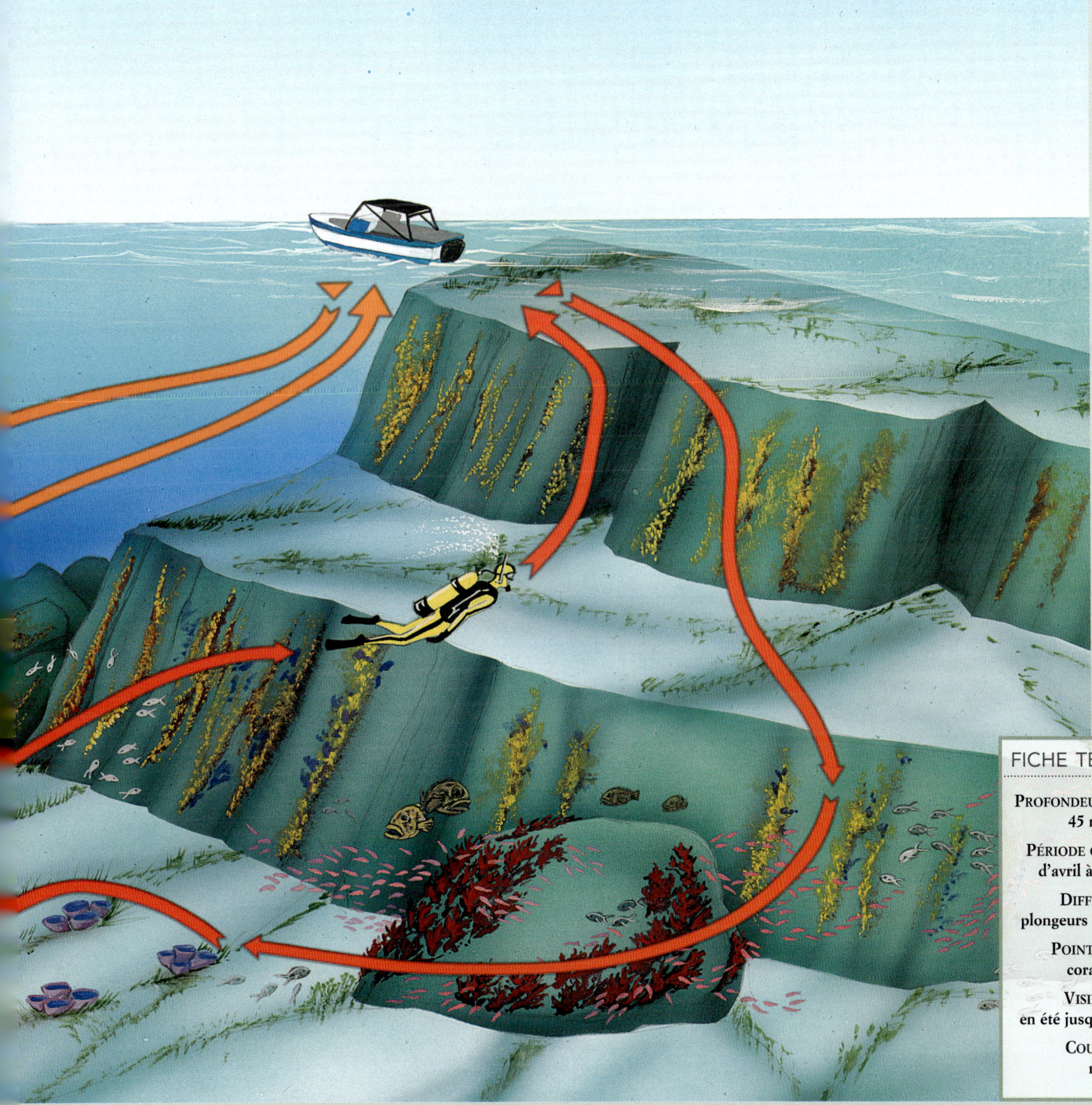

FICHE TECHNIQUE

PROFONDEUR MAXIMALE :
45 mètres

PÉRIODE CONSEILLÉE :
d'avril à novembre

DIFFICULTÉ :
plongeurs expérimentés

POINTS FORTS :
corail noir

VISIBILITÉ :
en été jusqu'à 40 mètres

COURANT :
rare

120 en haut Deux plongeurs nagent sur le sommet du sec. L'eau y est cristalline et, lors des belles journées d'été, la lumière est éblouissante.

120 au centre En remontant, vous arriverez au sommet du sec où les roches blanches et relativement nues sont battues par les vagues et par les courants qui ne laissent survivre que les formes les plus tenaces, comme les oursins et les balanes.

120 en bas La pause de décompression sur le sommet du sec passe vite car les plongeurs peuvent se distraire devant le ballet des nombreuses demoiselles-paons (Thalassoma pavo) *en quête de nourriture.*

120-121 Un grand éventail de zoanthaire arborescent (Gerardia savaglia) *à plus de 40 mètres de profondeur. C'est à cause de la couleur de son squelette qu'il a été baptisé « corail noir de la Méditerranée », mais il n'est pas apparenté au véritable corail noir.*

121 en bas L'itinéraire qui suit le versant du côté de la falaise de Medico est peu fréquenté, car il exige une longue nage d'approche et arpente de grandes profondeurs. Toutefois, le spectacle récompense chaque coup de palme.

« Trident d'Or ». Des personnalités du calibre de Jacques Cousteau, Duilio Mercant, Jacques Piccard et bien d'autres ont été décorées du prestigieux prix d'Ustica. En outre, l'île correspond également au premier parc marin italien, créé pour protéger les fonds d'une incomparable beauté. Il n'est donc pas exagéré d'affirmer que l'on peut croiser à Ustica tout ce que la Méditerranée a de plus beau à offrir, ni de déclarer qu'une eau aussi limpide n'existe que dans quelques rares lieux du globe.

Parmi les nombreux spots possibles, nous avons opté pour un site offrant plusieurs circuits, plusieurs typologies et plusieurs niveaux de difficulté afin de vous laisser choisir en fonction de votre niveau et de votre expérience. Votre destination va vous conduire au centre de la côte nord de l'île, à l'est du Scoglio del Medico, bien en vue du chapeau du sec. Pour dénicher le sec de la Colombara, rien de plus facile : il suffit d'aviser la grande tache verte de loin. Le chapeau est très étendu, un plateau de roches claires qui descend en pente douce vers l'est, à partir des 3 mètres. Pour l'exploration sous-marine, les versant les plus intéressants sont à l'ouest et au sud, ce dernier étant la destination classique des amateurs de plongée. Longez donc le plateau en direction du sud jusqu'à l'arête – vers 5 à 10 mètres. Le tombant plonge jusqu'à une quinzaine de mètres de profondeur, avant de former un nouveau plateau en gradin pour tomber encore, à 45 mètres, sur le fond sableux.

La clarté de l'eau est telle qu'elle permet souvent de distinguer le fond avant d'entamer la descente. Spectaculaire, le sec de la Colombara l'est dans tous les aspects, que ce soit pour la vie qui y prospère – éponges encroûtantes, bryozoaires et des astéries – ou pour sa topographie faite de chutes verticales souvent interrompues par de profonds canaux. Le poisson, abondant, compte un grand nombre de petits mérous qui, poussés par la curiosité, sortent volontiers de leur tanière. Les plongeurs les plus expérimentés descendront jusqu'au fond sableux où ils pourront admirer l'énorme éboulis qui émerge du fond, à peu de distance du corps principal du sec, et son manteau de grandes gorgones rouges aux polypes déployés. Retenez votre souffle pendant quelques secondes, et vous serez aussitôt enveloppé dans une nuée d'anthias roses.

À partir des rochers, continuez à longer le fond vers l'ouest pour découvrir une grande quantité de superbes éponges roses et d'éponges tubulaires, plus communes dans les eaux caraïbes et rares en Méditerranée. Tout aussi rares, des algues laminaires poussent sur le fond sombre de sable volcanique. Vous croiserez encore des rochers

couverts de gorgones, certes plus petites que les précédentes, mais entrelacées de branches jaunes du corail noir qui poussent dans la forêt de rameaux rouges.
Si vous programmez une descente sur le versant ouest, il faudra être prêt à affronter un circuit plus difficile. Vous dépasserez, en effet, l'arête à l'ouest pour passer au-dessus d'un grand éboulement de rochers, entre 20 et 26 mètres. L'endroit est très poissonneux. Au-delà, rejoignez le rebord qui, en l'espace de quelques sauts et quelques gigantesques rochers, vous emmènera à environ moins 50 mètres. Le spectacle mérite le détour : les rochers pullulent d'éponges encroûtantes les plus variées, et les gorgones qui se déploient dans les recoins sont tout aussi superbes. Vous voici en outre à l'emplacement idéal pour apercevoir de grands poissons.

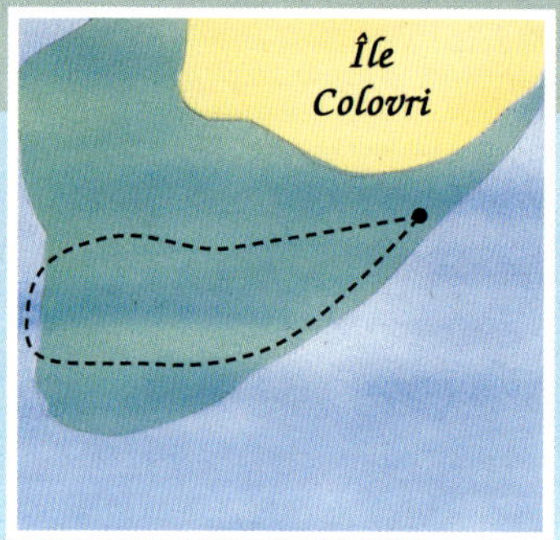

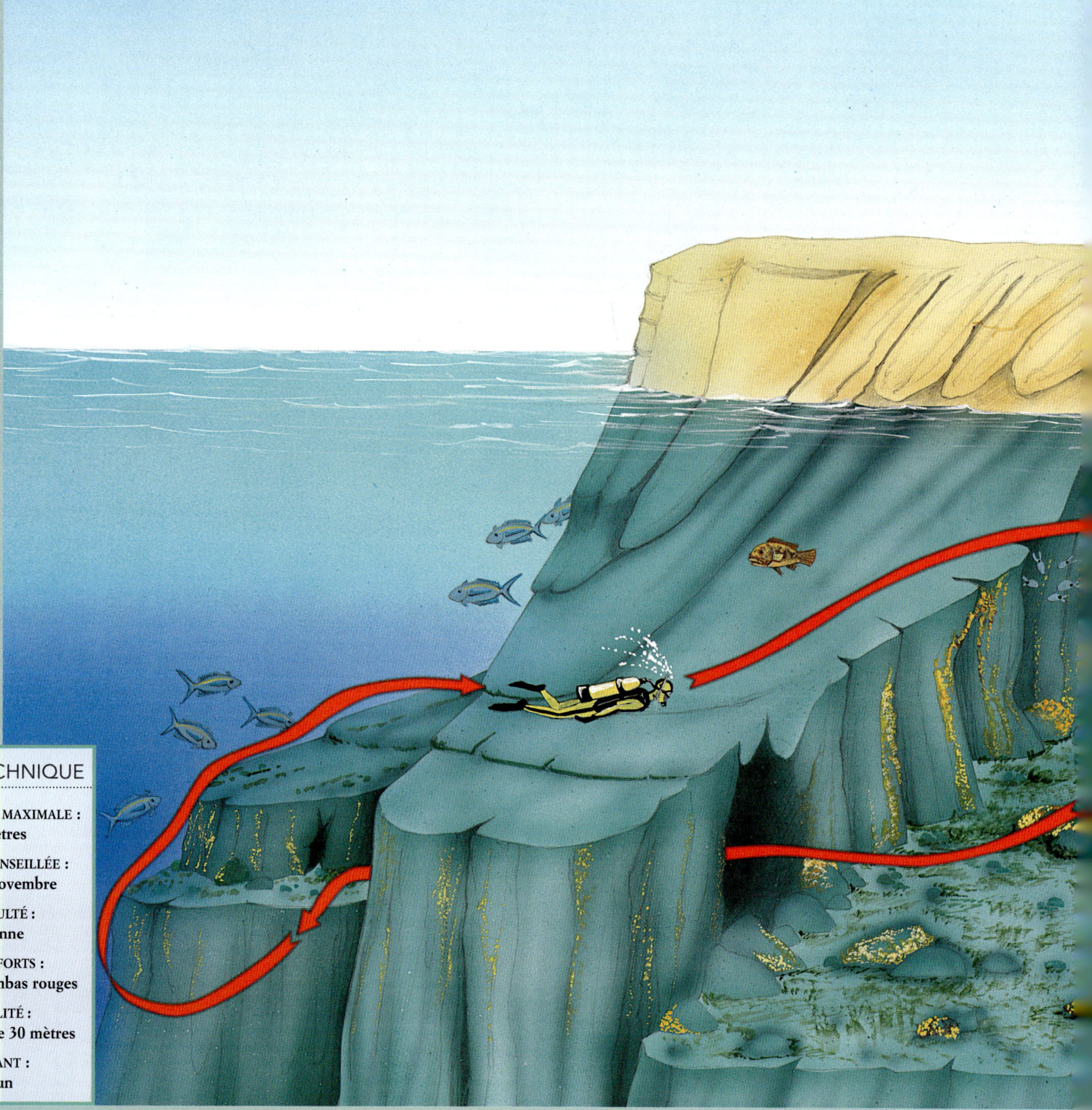

FICHE TECHNIQUE

Profondeur maximale :
25 mètres

Période conseillée :
d'avril à novembre

Difficulté :
moyenne

Points forts :
grottes et gambas rouges

Visibilité :
en été plus de 30 mètres

Courant :
aucun

Textes et photographies Giorgio Mesturini. Illustrations Domitilla Müller

GRÈCE - CORFOU
COLOVRI

Deuxième des îles Ioniennes par la taille, Corfou affiche 217 kilomètres de côtes. Dans *l'Odyssée*, Homère raconte que l'île était la légendaire Schérie des Phéaciens, où régnait autrefois le roi Alcinoos, père de la ravissante Nausicaa. Outre ses nombreux attraits historiques et naturels, Corfou mérite également le détour pour ses fonds marins qui recèlent une Méditerranée encore vivante et fascinante. Le versant le plus intéressant de l'île est situé à l'ouest, avec dans sa partie nord de hautes falaises découpées qui plongent à pic dans la mer. Au sud, le relief est plus doux, avec de vastes étendues de sable et des fonds qui descendent progressivement vers le large.

L'un des plus beaux spots de plongée se trouve dans les environs de l'îlot de Colovri, à 1 kilomètre de Corfou, vers l'ouest. Une légende affirme que le gros rocher n'est autre que le bateau d'Ulysse pétrifié par les forces divines qui voulaient ainsi empêcher le héros de reprendre le voyage de retour vers Ithaque. Colovri est une petite île d'environ 400 mètres de circonférence,

123 en haut Le mâle du gracieux poisson-perroquet (Sparisoma cretense), *qui atteint 30 centimètres, arbore une coloration brun-vert, alors que les femelles sont parées d'une livrée aux vives nuances rougeâtres.*

123 en bas La plage d'Aghios Gordis, sur le versant occidental de l'île de Corfou, offre un point de départ idéal pour aller explorer les fonds de la falaise de Colovri.

dont les parois tournées vers Corfou descendent jusqu'à moins 50 mètres, tandis que les tombants tournés vers la haute mer dépassent 100 mètres. Le monolithe de roche calcaire a été sculpté par la mer, et c'est surtout au cours des premiers mètres que le décor mérite le détour.

Vous pouvez démarrer le circuit sur le versant sud-est où, dès les premiers coups de palme, vous vous retrouverez sur un fond de gros rochers. Ce labyrinthe complexe constitue un habitat idéal pour les coraux *Parazoanthus*, les polichètes, les éponges, les bryozoaires ou encore la fameuse étoile «pentagone» *(Peltaster placenta)*. Continuez vers les profondeurs en longeant le tombant en direction de l'ouest pour arriver à une énorme arche dans la pénombre de laquelle des bancs de sars, d'oblades et de bogues cherchent refuge contre les prédateurs pélagiques. Passez l'arche et descendez jusqu'à 20 mètres pour voir apparaître à votre droite les premières grottes habitées par des milliers de gambas rouges ou crevettes narval *(Plesionika narval)*. Avec la torche, éclairez l'intérieur des fissures pour débusquer des petits crustacés, mais pour découvrir également des spécimens de serrans-chevrettes *(Serranus cabrilla)* qui, immobiles dans l'ombre, guettent le bon moment pour capturer de succulentes crevettes. Dans l'ombre de la grotte, le nombre des captures reste limité, mais, dès que le faisceau de la torche

124-125 Le crabe calappe granuleux (Calappa granulata) *est parfois surnommé «crabe honteux» car, lorsqu'il est effrayé, il rapproche ses pinces tout près de sa carapace.*

125 à gauche en haut Voici l'une des créatures qui peuplent les fonds de la falaise de Colovri : la clathrine jaune (Clathrina clathrus) *est une créature nocturne.*

125 à gauche en bas Le petit serran-écriture (Serranus scriba)*, à la livrée vivement colorée, est un poisson très curieux.*

éclaire les crevettes, les serrans se déchaînent dans des agapes frénétiques !

Continuez jusqu'à moins 25 mètres environ, vers un éperon rocheux qui se prolonge sur quelques dizaines de mètres vers le large pour se précipiter ensuite dans l'abysse de la mer Ionienne. C'est l'endroit idéal pour observer le passage des poissons pélagiques qui se matérialisent soudain

contre le bleu intense : bancs serrés de dentés communs *(Dentex dentex)* et, au printemps, carrousels argentés de grosses sérioles *(Seriola dumerili)*. Il n'est pas rare de repérer quelques gros poissons-lunes *(Mola mola)* qui se laissent porter par les courants. Revenez vers la falaise des Colovri, remontez sur quelques mètres et vous réussirez certainement à apercevoir la silhouette des gros mérous *(Epinephelus marginatus)* qui, immobiles, montent la garde devant leur tanière. Poursuivez le long du versant sud, dépassez le sommet de l'arche, où les murènes curieuses pointent leur nez entre les rochers. De là, traversez les bancs de castagnoles et d'oblades, pour revenir à l'endroit où l'embarcation vous attend.

125 à droite en haut Durant l'exploration des grottes qui s'ouvrent dans les fonds calcaires de Corfou, il est fréquent de voir surgir des fissures les plus profondes de magnifiques spécimens de congres (Conger conger).

125 à droite en bas La baudroie (Lophius piscatorius) *se tient cachée sur le fond dans l'attente d'une proie providentielle qu'elle attirera devant sa bouche grâce au mouvement de ses fines «moustaches» carnées.*

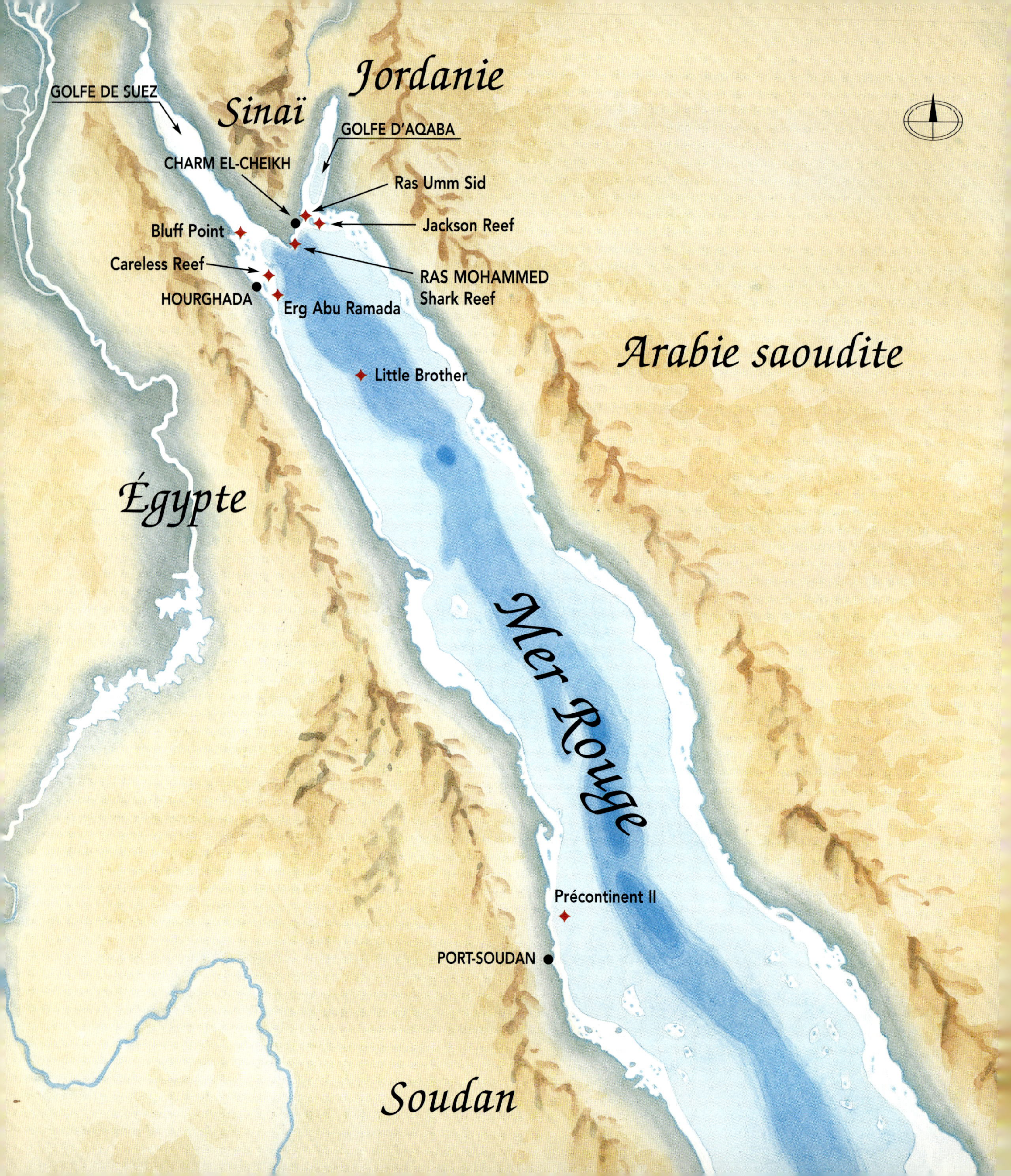
Jordanie
Sinaï
GOLFE DE SUEZ
GOLFE D'AQABA
CHARM EL-CHEIKH
Ras Umm Sid
Jackson Reef
Bluff Point
Careless Reef
RAS MOHAMMED
Shark Reef
HOURGHADA
Erg Abu Ramada
Arabie saoudite
Little Brother
Égypte
Mer Rouge
Précontinent II
PORT-SOUDAN
Soudan

MER ROUGE

INTRODUCTION PAR EGIDIO TRAINITO

La mer Rouge correspond à la partie nord du rift est-africain, gigantesque fossé d'effondrement qui traverse l'Afrique jusqu'à la péninsule arabe. Avec 2350 kilomètres de longueur et 350 de large à son maximum, elle s'étend de la fourche que forment, au nord, le golfe de Suez et le golfe d'Aqaba, jusqu'au détroit de Bab el-Mandeb, bras de mer de seulement 26 kilomètres qui sépare Djibouti du Yémen. À l'instar de la Méditerranée, la mer Rouge est donc une mer fermée, mais avec une spécificité due à la proximité du tropique du Cancer, à son régime de températures et à son taux de salinité.

Le climat chaud et aride de la région, avec des températures ambiantes très élevées, associé à la faiblesse des échanges avec l'océan Indien, engendre des températures moyennes de l'eau également élevées, à savoir 17 °C minimum au nord et 32 °C maximum au sud, ainsi que des pointes dans les zones protégées et dans les bas-fonds qui dépassent les 40 °C et atteignent souvent la même température que l'air. D'autre part, le taux de salinité du bassin frôle des pointes de 42 ‰, c'est-à-dire 20 % de plus que la majeure partie des autres mers du globe. Ces conditions ont favorisé le développement des madrépores et la formation de longues barrières coralliennes qui bordent tout le littoral de la mer Rouge. Les côtes, généralement hautes et rocheuses, correspondent à des formations madréporaires fossiles qui émergent au-dessus du niveau des mers.

La première image qui vient à l'esprit à propos de la mer Rouge – et elle est assez exacte – est celle d'un contraste saisissant entre le désert de roche qui affleure au bord de l'eau et l'extraordinaire diversité de couleurs et de vie qui enveloppe le plongeur la surface à peine franchie.

Le Nord est la région des stations touristiques, récentes mais très fréquentées, qui occupent de vastes portions de littoral, comme Eilat et Aqaba, au fond du golfe d'Aqaba, ou Charm el-Cheikh, Hourghada, Safaga, voire el-Quseir depuis peu. En continuant vers le sud, le long de la façade saoudienne, les bords de la mer Rouge n'offrent pas d'infrastructure touristique et quelques localités ne sont accessibles qu'en bateau. Dans le sud, entre l'Érythrée et le Yémen, s'étend un immense bas-fond coupé au centre par une fosse. Sur les cartes satellites qui indiquent la concentration chlorophyllienne des océans, c'est là qu'apparaît la plus grande concentration d'algues planctoniques de tout le bassin. D'ailleurs, la visibilité y est rarement bonne. À l'ouest, face à l'Érythrée, des centaines d'îles et d'îlots forment l'archipel des Dhalak ; à l'est, au large du Yémen, les Farassan s'égrènent jusqu'à Kamaran et, plus au sud encore, juste avant le détroit de Bab el-Mandeb, ce sont les îles Hanish. Ces régions constituent des milieux favorables pour des espèces désormais rares, comme le dugong, un mammifère marin qui a disparu dans le Nord. D'autres îles coralliennes, autant de destinations inoubliables de croisière, jaillissent de la mer – Zabargad ou les Brothers, par exemple – et la présence humaine se réduit à quelques pêcheurs... et quelques plongeurs.

Pour les passionnés de plongée, le nec plus ultra se trouve cependant sur les côtes soudanaises, avec, selon certains, quelques-uns des plus beaux spots du monde. Hélas, ces côtes ne sont pas toujours accessibles, notamment en raison de la situation politique de la

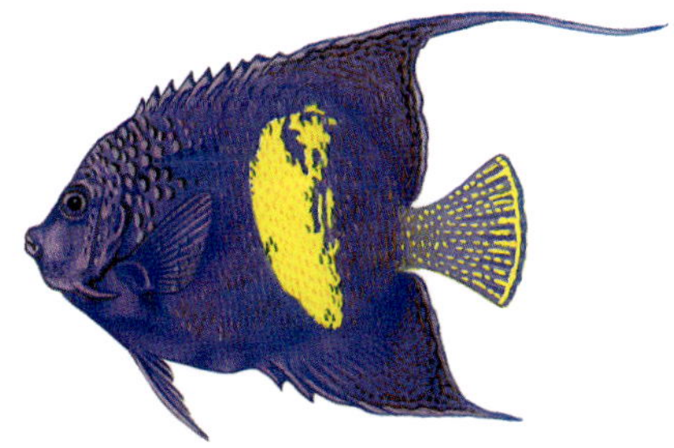

région. À l'heure actuelle, les navires de croisière qui empruntent ces eaux sont plutôt rares, et les fonds de Cha'ab Rumi, de Sanganeb et de Wingate Reef conservent leurs secrets, sauf pour quelques élus qui ont eu la chance d'admirer ces trésors naturels.

Dans la mesure où elle est fermée, la mer Rouge affiche une importante composante endémique, à savoir plus de 10 % du millier d'espèces de poissons qui hantent ses eaux. Le plus facile à observer, lorsqu'il arpente les coraux, toujours par deux, est le poisson-papillon doré *(Chaetodon semilarvatus)*, à la livrée jaune et à la tache bleue sur l'œil. Cependant, dans l'ensemble, la flore et la faune sous-marines de la mer Rouge se composent d'organismes qui sont présents dans le bassin occidental de l'océan Indien.

La mer Rouge est devenue une région très prisée des amateurs de plongée sous-marine et, malgré la présence de zones protégées, comme celle de Ras Mohammed dans le Sinaï, le problème de la protection des barrières se pose avec une acuité croissante. Toutefois, certaines réponses à ce problème ont été apportées, notamment par les opérateurs de tourisme sous-marin, et, à Hourghada, une association, l'Hepca (Hurghada Environmental Protection and Conservation Association), a imposé des bouées de mouillage fixes de manière à éliminer l'impact des ancrages sur les récifs, un premier pas dans la conservation des merveilleux milieux immergés de la mer Rouge.

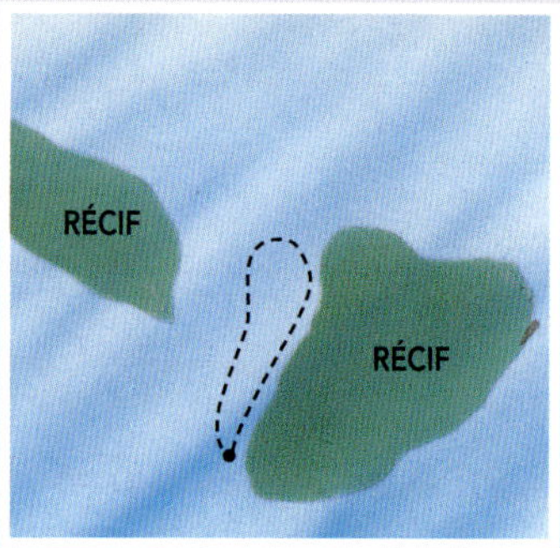

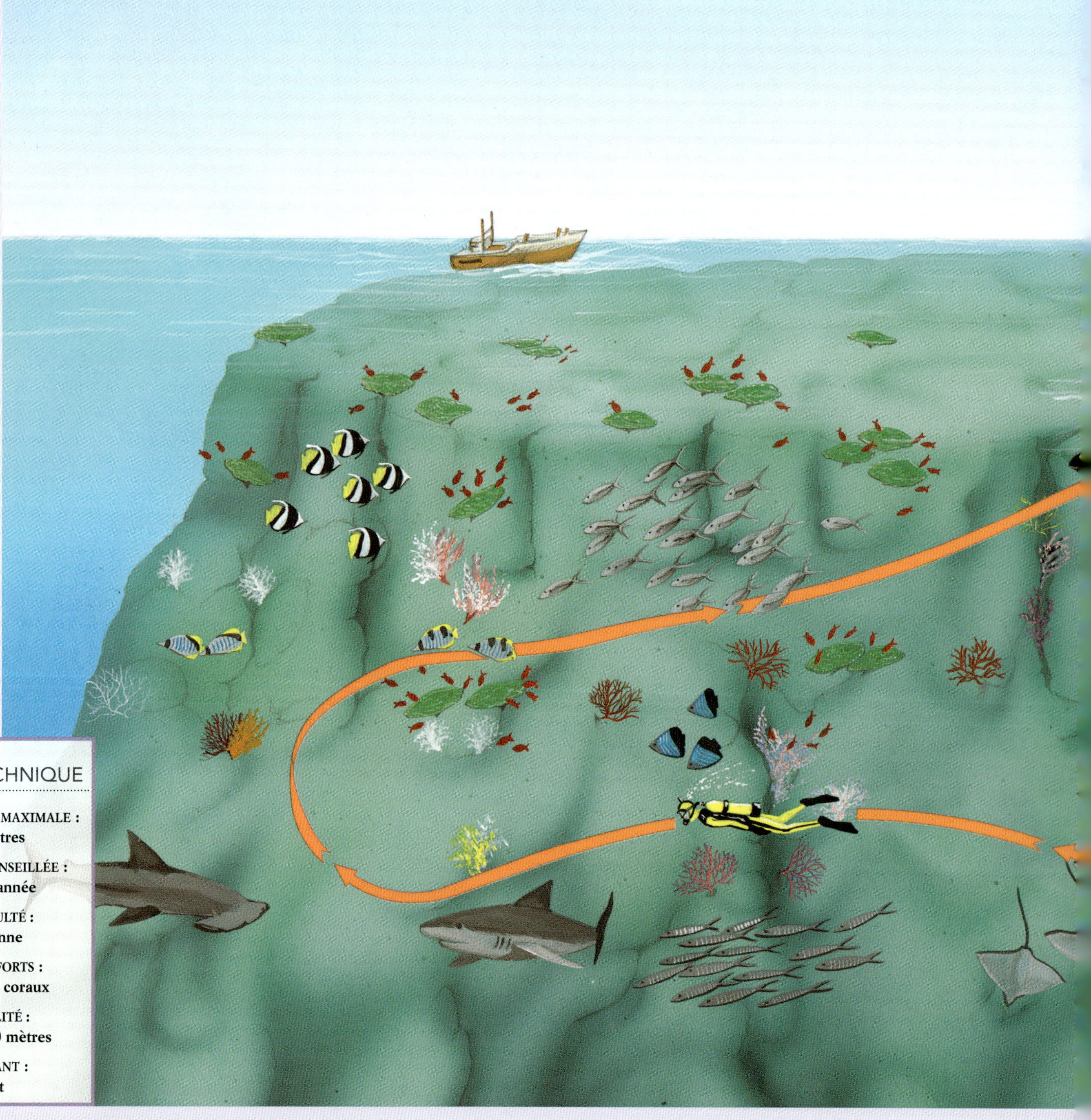

FICHE TECHNIQUE

PROFONDEUR MAXIMALE :
30 mètres

PÉRIODE CONSEILLÉE :
toute l'année

DIFFICULTÉ :
moyenne

POINTS FORTS :
tortues et coraux

VISIBILITÉ :
jusqu'à 40 mètres

COURANT :
fort

Textes et photographies Roberto Rinaldi. Illustrations Domitilla Müller

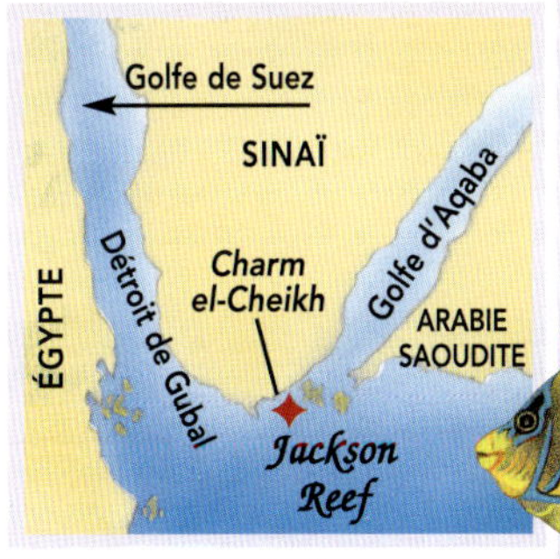

ÉGYPTE - ÎLE DE TIRAN
JACKSON REEF

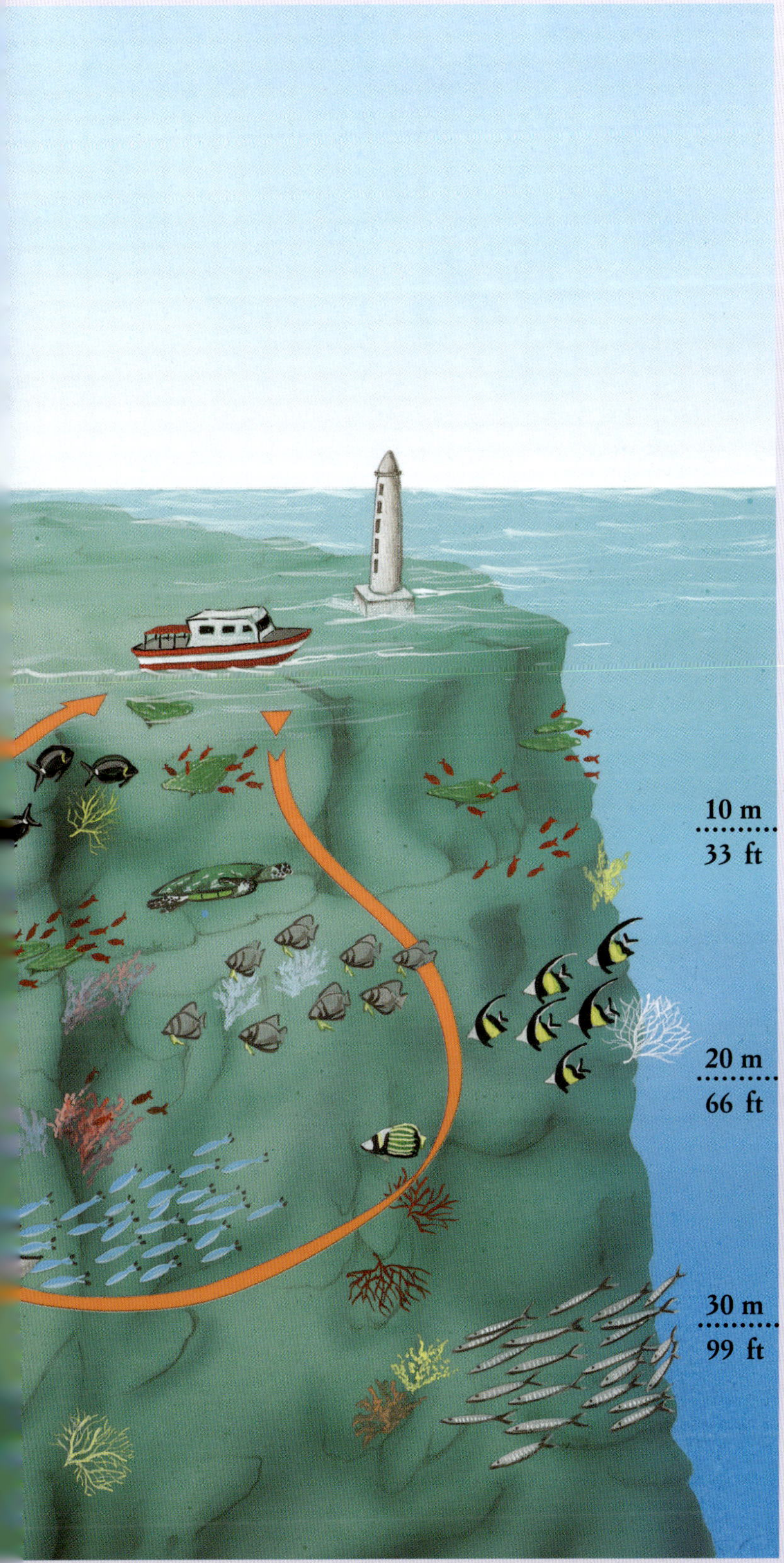

En s'avançant dans la mer Rouge, la péninsule du Sinaï dessine deux étroits bras de mer, le golfe de Suez et le golfe d'Aqaba. Juste à l'entrée de ce dernier, entre la côte orientale du Sinaï et l'île de Tiran, un spot absolument merveilleux – bien qu'extrêmement dangereux pour la navigation – attend les plongeurs. Au-dessus des eaux, on distingue quatre gros récifs coralliens : Gordon, Thomas, Woodhouse et Jackson. Comme pour témoigner des dangers qu'ils représentent pour les navires, le versant nord-ouest du premier et du dernier récifs présentent, par le sud, les vestiges de deux bâtiments échoués. Les quatre formations coralliennes dissimulent, en effet, un fond très profond et se dressent dans des eaux agitées par de puissants courants, une des raisons pour lesquelles les plongées offrent ici les plus beaux spectacles de toute la mer Rouge. Autre spot qui mérite le détour, la lagune qui relie l'extrémité est de Jackson Reef aux côtes de Tiran est délimitée par une longue barrière corallienne.

Le circuit de Jackson Reef offre certaines des caractéristiques des fonds des autres récifs, et

129 en haut Vue aérienne de Jackson Reef : la côte sud est plus belle et plus fréquentée, et les plongeurs peuvent aller de droite à gauche ou inversement selon le sens du courant.
Photographie Itamar Grinberg.

129 en bas La photographie révèle clairement la disposition en enfilade des récifs de Tiran : Jackson, Thomas, Gordon et Woodhouse.
Photographie Itamar Grinberg.

130 à gauche en haut
Le comportement du poisson-faucon (Oxycirrhites typus), *aussi surnommé « bécasse à carreaux » en raison de sa livrée originale, repose sur un mimétisme à toute épreuve. Il tend des pièges mortels à ses proies en se dissimulant dans les polypes des grands alcyonaires rouges.*

130 à gauche en bas
La nuit, une petite castagnole (Chromis *sp.) cherche refuge dans le buisson d'alcyonaires.*

130 à droite en haut
En se dirigeant vers l'ouest, sur les bords externes de la paroi, on traverse une zone qui regorge d'alcyonaires accrochés sous les acropores.

130 à droite en bas Du côté égyptien, anthias et alcyonaires constituent les emblèmes de la mer Rouge.

130-131 Au cours du circuit de Jackson Reef, qui démarre de la bouée vers l'est, vous admirerez cette énorme grappe d'alcyonaires.

notamment de ceux de Gordon. Ainsi, ils s'élèvent tous, de manière plus ou moins abrupte, depuis la même plate-forme située à une soixantaine de mètres de profondeur. Ensuite, cette plate-forme descend en pente légère sur quelques mètres avant de rejoindre un second tombant qui plonge rapidement jusqu'à 100 mètres pour aller se perdre ensuite dans les abysses du canal, à des cotes de l'ordre de 400 à 800 mètres. C'est ce qui explique notamment la présence dans ce bras de mer de poissons migrateurs. Toutefois, les hôtes les plus fréquents de ces eaux sont les tortues, que les plongeurs croisent pratiquement à chaque immersion sur les versants de Jackson Reef ou dans les récifs voisins, par exemple à basse profondeur, lorsqu'elles y nagent en quête de nourriture. Le plus souvent, elles s'éloignent aussitôt en quelques rapides battements de pattes, mais elles se laissent parfois approcher, et les plus chanceux pourront même nager à leurs côtés pendant quelques minutes.

Revenons cependant au départ du circuit de la belle balade de Jackson Reef. En général, la mise à l'eau se fait sur le versant sud-est de la barrière affleurante. Les autres versants sont, en effet, régulièrement battus par des courants auxquels il est impossible de résister. Autrefois, on pouvait se tromper et plonger un peu trop à l'est ou un peu trop à l'ouest, avec le risque de se voir entraîner par un violent courant ou de se retrouver sur des fonds moins beaux que prévus. Depuis quelques années, la présence de bouées fixes est une solution qui permet en outre de protéger les coraux des dommages éventuels que provoqueraient les ancres. À Tiran, l'eau est toujours claire, et vous découvrirez immédiatement l'abrupte chute du récif sous vos yeux.

Au départ, vous serez certainement saisi par le merveilleux jardin de corail de feu qui orne les premiers mètres. À perte de vue, vous observerez ainsi les formes spectaculaires ou délicates des coraux de couleur verte ou jaune qui vous transporteront dans un jardin de plantes pétrifiées au charme étrange. Merveilleuse aussi la fraction de paroi entre 10 à 20 mètres : c'est là que vous admirerez les manteaux d'agglomérats d'alcyonaires superposés, aux couleurs les plus variées et les plus éclatantes. C'est autour de ces agglomérats de coraux mous que se concentrent les bancs compacts d'anthias orangés, ou, dans les anfractuosités les plus sombres, le brillant poisson de verre. Mais partout la vie palpite, avec des spécimens de poissons de barrière parmi les plus insolites et les plus colorés. Prenez le temps de scruter la moindre fissure, et

133 à droite en bas
Sur les fonds des récifs de Tiran, on rencontre souvent des tortues. Ici, l'une d'entre elles est occupée à se nourrir sur le fond corallien.

vous dénicherez sans peine des mérous tachetés rouge et noir, des rascasses de fond en parfait mimétisme avec les alcyonaires, d'élégantes rascasses volantes à la poursuite de poissons de verre. Poursuivez la descente au-delà de 25 mètres pour pénétrer dans le royaume des gorgones. Elles y sont gigantesques, et certaines atteignent sans aucune difficulté les 3 mètres de largeur. En raison de leur taille, vous ne serez pas surpris d'apprendre qu'elles accueillent sur leurs branches un véritable écosystème, avec des alcyonaires, des petits poissons et des crustacés. Autour des trente mètres, la pente se fait plus douce, formant d'amples gradins, très nettement inclinés vers le large, sur lesquels prospèrent des rameaux géants de corail noir de couleur brune. Étant donné la distance qui vous sépare ici de la paroi, vous commencez dans cette partie, et à des profondeurs plus grandes, à ressentir la présence de puissants courants. Gardez par conséquent un œil sur le bleu afin de repérer les ombres des grands prédateurs qui croisent dans ces eaux. En remontant, vous rencontrerez sûrement des bancs serrés d'idoles des Maures, caractéristiques poissons à bandes blanches et noires et à l'épine dorsale extrêmement longue. Au cours du circuit, vous vous serez certainement éloigné du point de mouillage, et vous vous retrouverez sans doute à proximité de l'endroit où la barrière ne vous protège plus des violents courants qui agitent la région. Essayez de continuer sur quelques mètres pour pénétrer dans la partie où la mer est plus agitée, et où vous aurez plus de chances de rencontrer des gros poissons ou des bancs compacts. N'y consacrez cependant que quelques minutes avant de regagner des altitudes plus raisonnables où vous admirerez le dernier – mais extraordinaire – spectacle. Comme nous l'avons dit précédemment, la mer Rouge offre le meilleur d'elle-même dans les premiers mètres d'eau : grands coraux massifs, gigantesques ombrelles d'acropores, nuées denses d'anthias orangés qui tranchent sur les nuances de gris du corail. Et vous garderez une image merveilleuse des reflets du récif sur la surface de l'eau cristalline, aussi lisse et brillante qu'un miroir, et souvent très calme.

*132 Les fonds de Jackson Reef, renommés pour leurs colonies de coraux de feu – attention, ceux-ci sont dangereux pour l'homme. Ici, une rascasse volante (*Pterois sp.*) évolue sur le fond des branches verdâtres du corail.*

133 à gauche Les alcyonaires colorés prolifèrent sur les zones les plus profondes de la paroi de Jackson Reef.

133 à droite en haut Spectacle typique de la mer égyptienne : une petite anémone abritant deux poissons-clowns (Amphiprion bicinctus).

133 à droite au centre Là où le récif rejoint le fond de sable, de superbes gorgones déploient leurs dentelles.

Textes et photographies Roberto Rinaldi

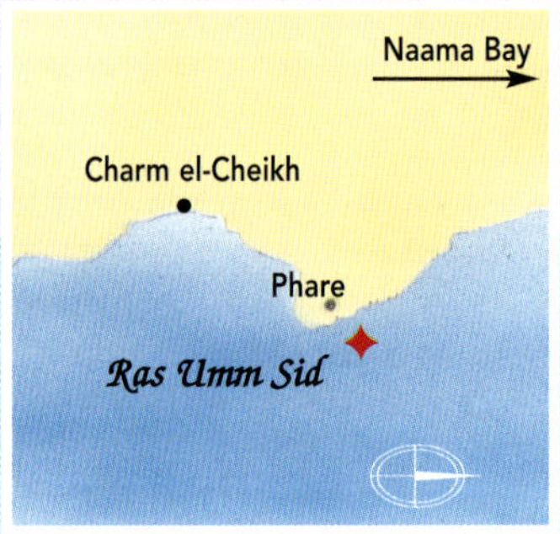

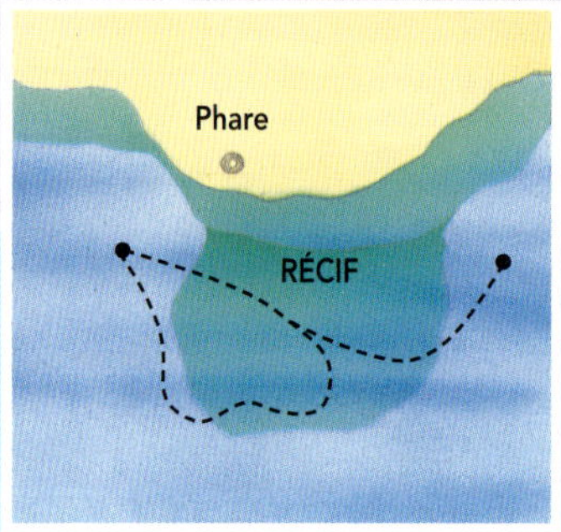

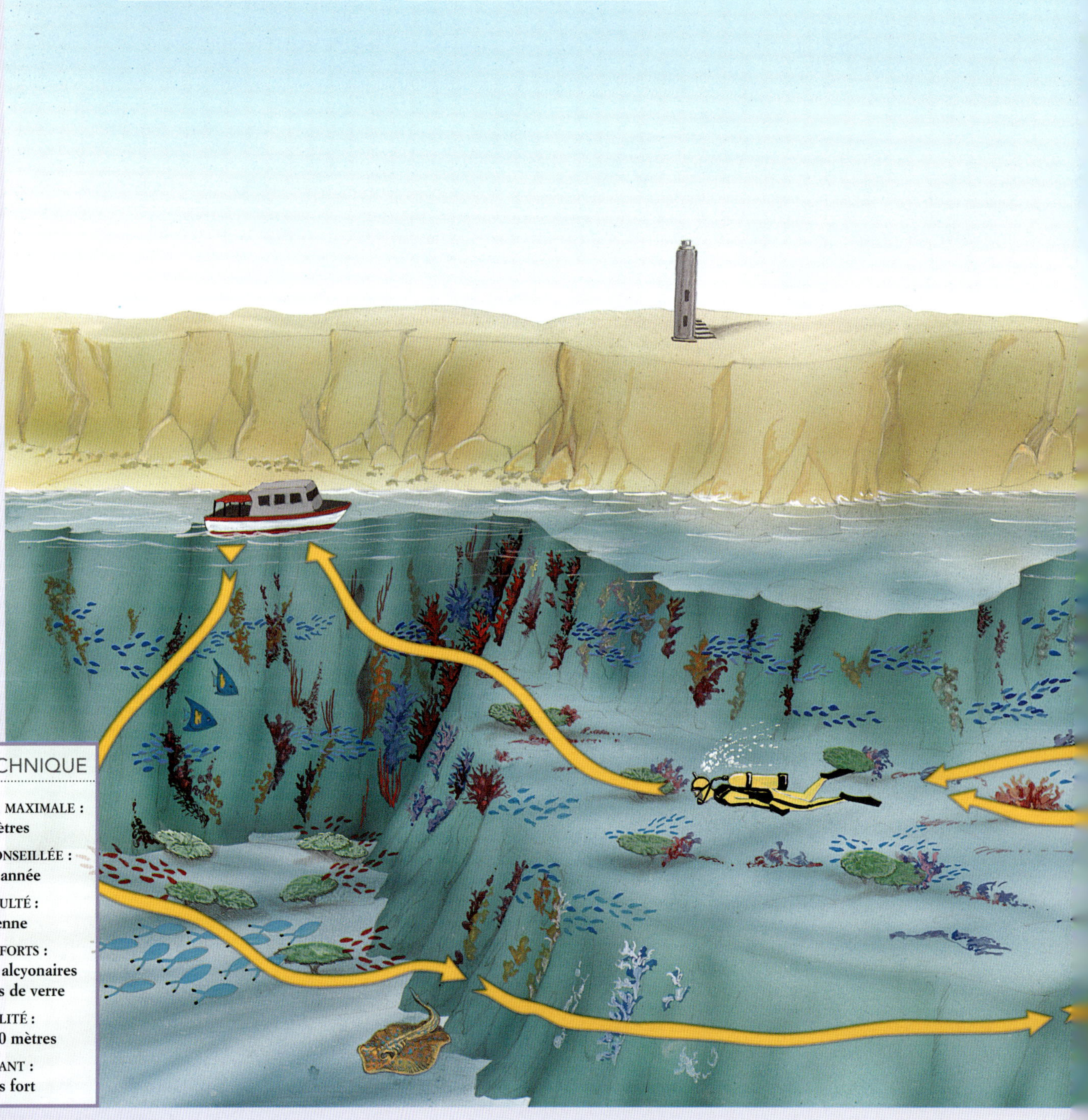

FICHE TECHNIQUE

Profondeur maximale :
35 mètres

Période conseillée :
toute l'année

Difficulté :
moyenne

Points forts :
grottes avec alcyonaires et poissons de verre

Visibilité :
jusqu'à 40 mètres

Courant :
parfois fort

Illustrations Domitilla Müller

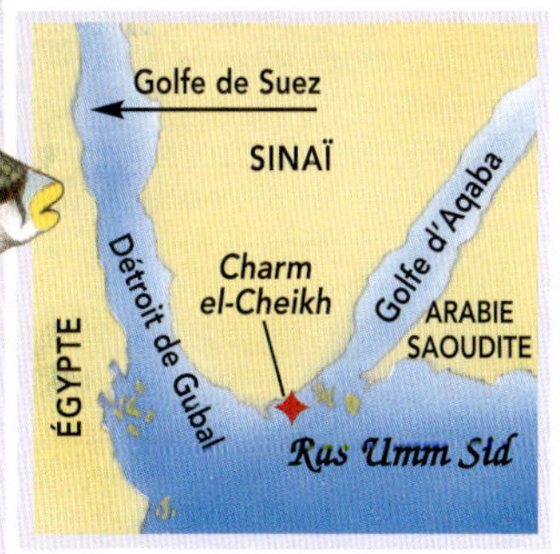

ÉGYPTE - CHARM EL-MOYA

RAS UMM SID

Les plongées les plus belles ne sont pas toujours les plus lointaines et les plus inaccessibles. L'exemple de Ras Umm Sid en est une excellente illustration. Son vertigineux tombant se situe, en effet, à quelques centaines de mètres seulement du port de Charm el-Moya, au sud du centre de Naama Bay, sur la péninsule du Sinaï, face au golfe

135 en haut La photo révèle le contraste entre la terre et les fonds sous-marins de Ras Umm Sid.

135 en bas La vue aérienne montre la baie protégée de Charm el-Moya, l'ampleur de Temple Reef et la pointe de Ras Umm Sid. Le circuit suit l'arête entre le récif, la paroi et le haut plateau sommital.
Photographie Itamar Grinberg.

136-137 À l'endroit où le haut plateau s'achève, tout au bord de la paroi externe, un banc compact de poissons de verre traverse une touffe d'alcyonaires rouges.

d'Aqaba. En outre, l'immersion s'effectue le long d'une paroi verticale qui prend son origine sur la pointe assez massive qui avance vers l'est, une pointe où les grésières désertiques s'élèvent de plusieurs mètres au-dessus du niveau de la mer, assurant une certaine protection contre les vents dominants qui soufflent du Nord. Le circuit que nous vous proposons n'est donc pas simplement magnifique, mais aussi pratique, accessible, protégé de la houle et proche du point de départ.

Vous explorerez la pointe qui ferme au nord le célèbre Temple Reef, où se dressent des tours de corail très appréciées des plongeurs, montant des fonds jusqu'à 10 à 20 mètres de la surface. La bouée de mouillage se trouve juste au sud du phare, à la hauteur de l'angle que la baie dessine avec la pointe proéminente. Ici, la barrière corallienne est plutôt étendue, même si elle se rétrécit légèrement au niveau de l'extrémité de la pointe. Descendez le long de la cime, en évitant absolument de la suivre jusqu'au fond, éloignez-vous en afin de pousser directement vers la paroi que vous rencontrerez à une quinzaine de mètres. En général, les courants dominants viennent du nord, et vous devriez en être protégés lorsque vous quittez la cime pour palmer librement vers le tombant. Le mur de corail à main gauche, commencez à longer celui-ci afin d'aller assister à votre premier spectacle. Vous rejoindrez rapidement l'endroit où la paroi de la baie forme un angle avec celle de la pointe, dans une véritable forêt de gorgones. Admirez la vue, les gorgones, mais aussi les élégantes rascasses volantes qui peuplent les lieux ; elles évoluent avec grâce entre les polypes, se glissant dans leur refuge pour ne plus en sortir, et vous vous approcherez à quelques centimètres afin d'observer à loisir leur silhouette qui se détache sur un fond de dentelles de gorgones dans le contre-jour éblouissant du soleil. De 15 à 35 mètres, les gorgones accompagneront votre parcours jusqu'à ce que vous atteigniez des profondeurs plus basses pour voir évoluer les bancs compacts de poissons de verre qui se réfugient entre leurs rameaux. Cette portion du tombant est également colonisée par de nombreux alcyonaires, aux superbes couleurs, et vous apercevez le sommet des gigantesques éventails de certaines gorgones qui se déploient un peu plus bas.

Aussi époustouflant que soit le spectacle, il ne s'agit pas de traîner car vous avez encore beaucoup à voir. La pointe descend, en effet, rapidement sur une dizaine de mètres pour rejoindre une plaine en pente douce vers le large. Ici, vous croiserez sans nul doute une incroyable quantité de poissons coralliens de toutes espèces, avec des grands poissons Napoléon, ou des petits bancs de thons qui tracent dans le bleu.

137 à gauche Au début du circuit, là où la paroi principale forme un angle avec le prolongement du récif vers le large, à environ 35 mètres, les gorgones foisonnent.

137 à droite en haut À une quinzaine de mètres de profondeur, le haut plateau pullule d'acropores, sous lesquels se déploient des colonies d'alcyonaires.

*137 à droite en bas Penchez-vous au bord du haut plateau corallien pour admirer les bancs de barracudas (*Sphyraena *sp.) qui croisent en eaux libres.*

Les coraux de la plaine sont splendides et tout aussi spectaculaires, formant des tours colorées de madrépores et d'alcyonaires, avec leurs ballets de poissons de verre, de mérous rouges et bleus, de rascasses volantes et de poissons scorpions. Les grandes ombrelles d'acropores sont particulièrement typiques de cette portion, notamment sur la partie inférieure.

Continuez votre exploration : le moindre recoin recèle de trésors à admirer, tous plus fascinants et plus beaux les uns que les autres. Même les parties les plus profondes de la pointe, au-delà de la plaine, sont extrêmement intéressantes. La loi égyptienne interdit désormais de plonger plus bas, mais, au-delà de 30 mètres, vous auriez pu découvrir, par exemple, une grotte ornée d'alcyonaires blancs et peuplée de poissons de verre.

Ainsi parvenu à mi-chemin, remontez légèrement et revenez en arrière par un autre circuit où vous croiserez d'autres structures coralliennes tout aussi riches et colorées que les précédentes. N'oubliez pas de vous arrêter pour observer les nombreux poissons mimétiques, les petites crevettes, les nudibranches et autres créatures qui peuplent les micromilieux. Encore quelques coups de palme et vous dépasserez la zone des gorgones en évoluant à des profondeurs moins importantes. Vous devriez désormais distinguer au-dessus de vous la coque de votre embarcation, mais la plongée n'est pas encore terminée ! Le récif corallien monte ici jusqu'à la surface ou presque, laissant les rayons violents du soleil filtrer à travers ses dentelles et ses fractures. Avant de sortir de l'eau, scrutez les interstices pour repérer les parois recouvertes ici encore d'alcyonaires, et les anfractuosités habitées par des bancs compacts de poissons. À l'extérieur, en revanche, c'est le règne des coraux durs, qui colonisent totalement et de manière assez spectaculaire le milieu. Vous n'êtes qu'à quelques mètres de profondeur, mais pourtant la beauté du spectacle marquera vos yeux de manière indélébile.

138 à gauche en haut *Une nuée de poissons de verre sur fond d'alcyonaires et de coraux de feu : une des nombreuses images inoubliables que rapportera le plongeur.*

138 à gauche en bas
En profondeur, où la paroi corallienne vient mourir sur le sable, une belle éponge rouge s'est développée sur le squelette d'une gorgone.

138 à droite en haut
Au-delà de 30 mètres de profondeur, une grande gorgone rouge se déploie depuis le récif, assaillie par des nuées d'anthias.

138 à droite en bas *Les poissons de verre peuplent les anfractuosités les plus profondes de la paroi externe de Ras Umm Sid.*

138-139 *Une grande rascasse volante (*Pterois *sp.) entre les branches d'une gorgone, vision classique des promenades sous-marines à Ras Umm Sid.*

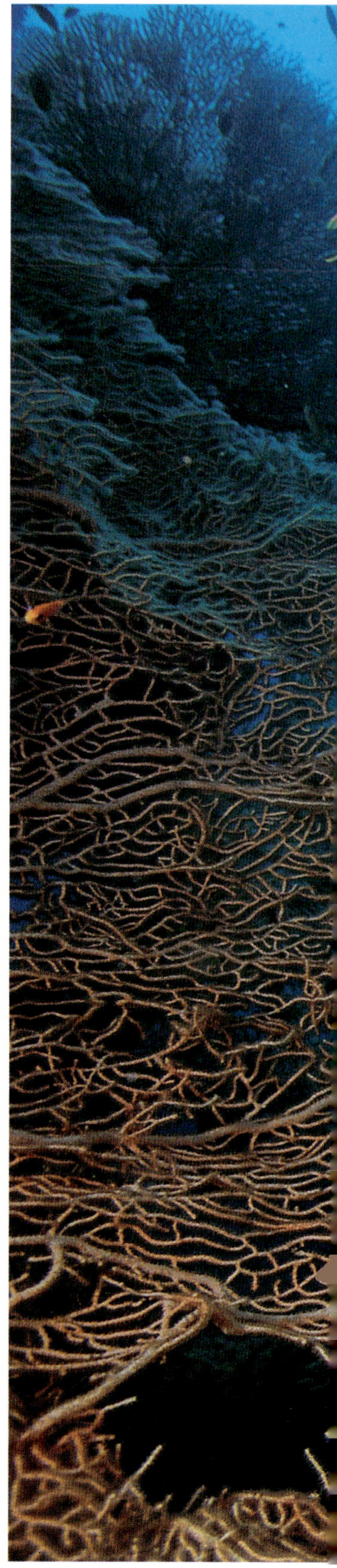

Textes et photographies Vincenzo Paolillo

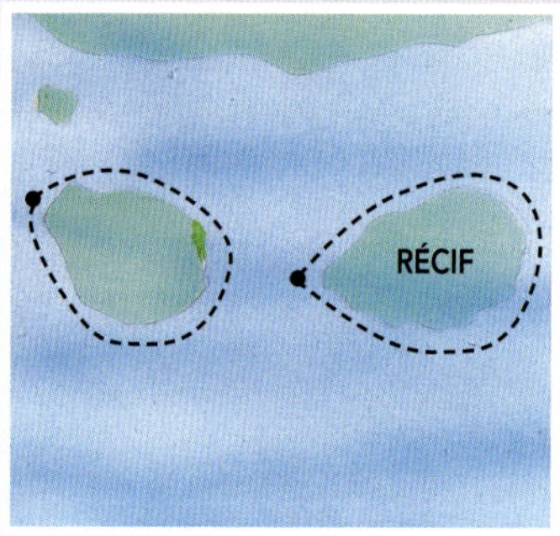

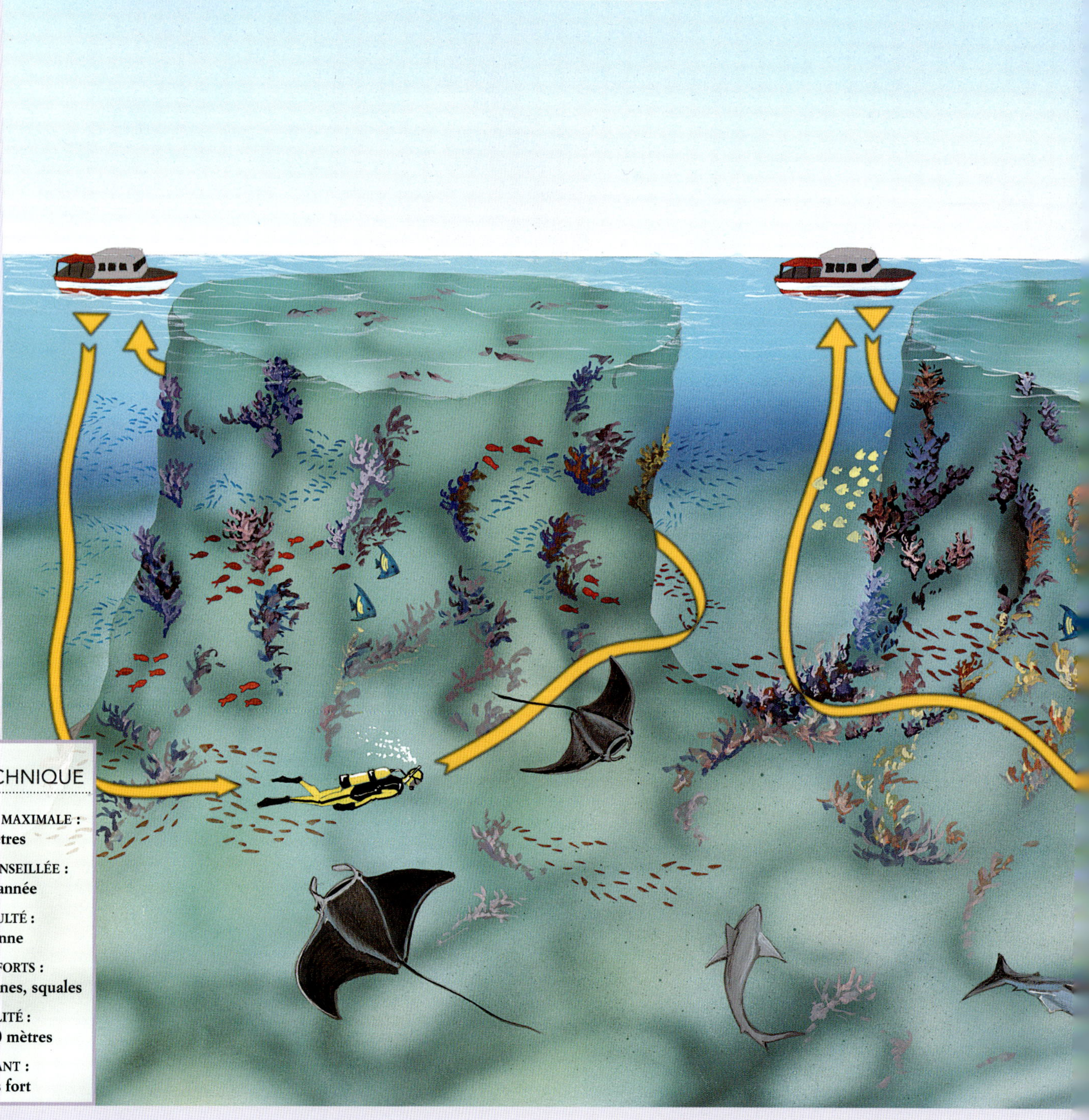

FICHE TECHNIQUE

Profondeur maximale : 30 mètres

Période conseillée : toute l'année

Difficulté : moyenne

Points forts : grandes gorgones, squales

Visibilité : plus de 40 mètres

Courant : parfois fort

Illustrations Domitilla Müller

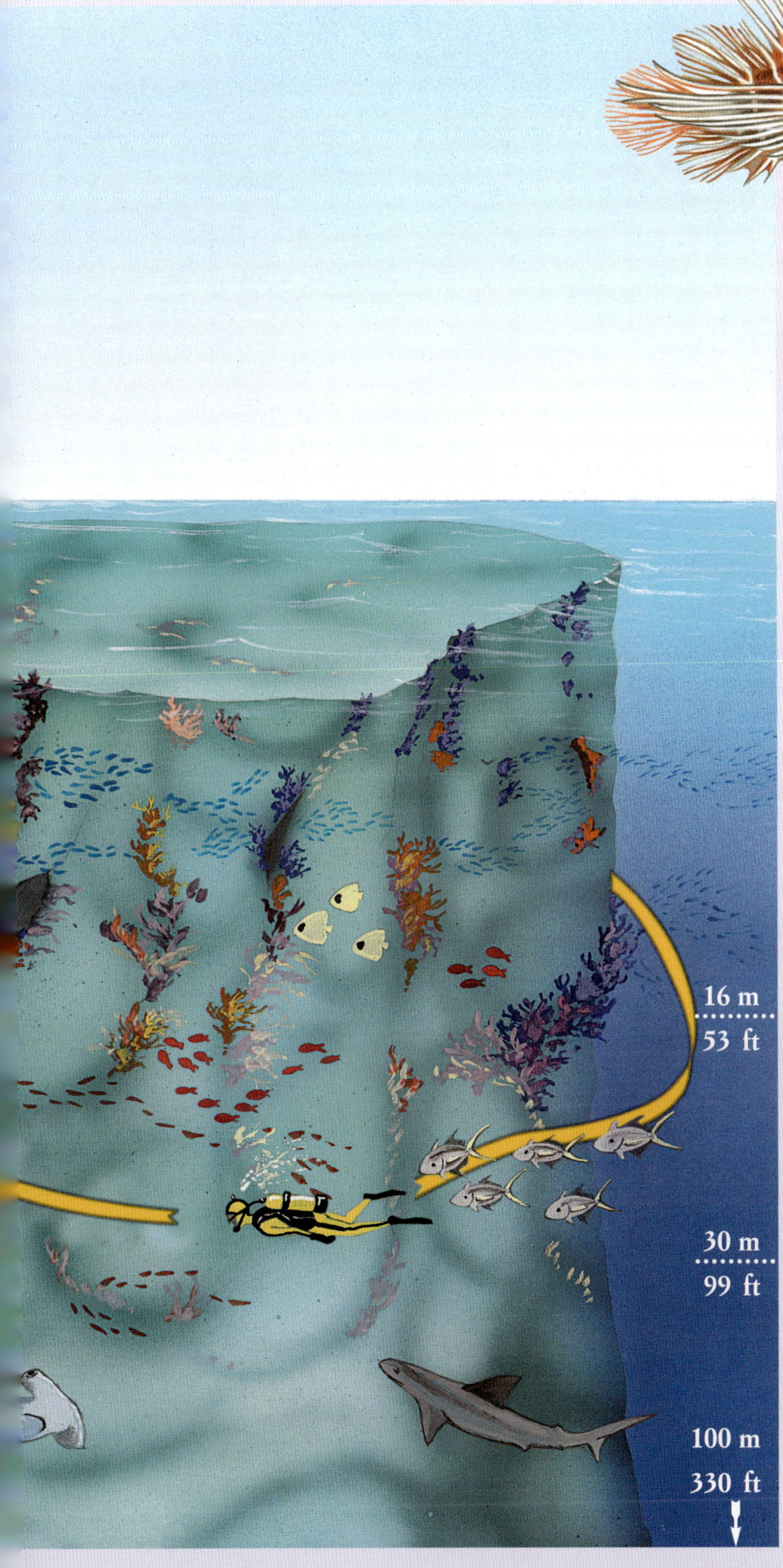

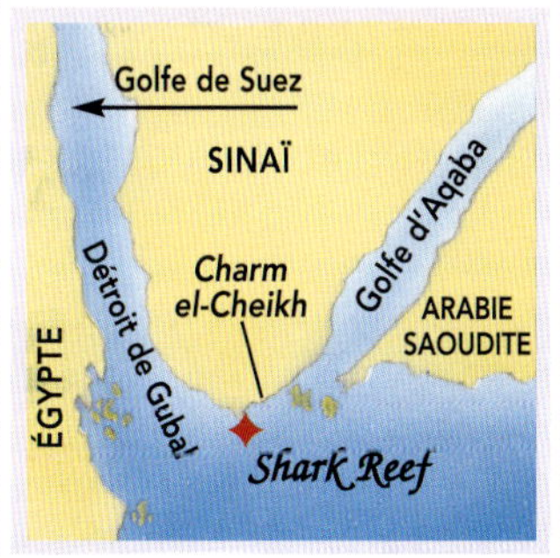

ÉGYPTE - RAS MOHAMMED
SHARK REEF

En arabe, « ras » signifie « cap », et Ras Mohammed est une petite langue de terre qui s'avance dans la mer Rouge à l'extrémité sud de la péninsule du Sinaï. Le cap lui-même se compose de deux gros blocs rocheux, le plus haut, à l'est, Shark Observatory (« observatoire des requins »), et le plus bas et plus large, à l'ouest. Entre les deux, la lagune où prolifèrent les mangroves se prolonge vers le sud par une plaine fermée de chaque côté par deux tours

141 en haut Cette photographie prise d'avion révèle la position de Jolanda Reef et de Shark Reef, à Ras Mohammed, deux destinations de prédilection des plongeurs.
Photographie Itamar Grinberg.

141 en bas Un superbe spécimen de poisson Napoléon (Cheilinus undulatus) *nage tranquillement à proximité d'un plongeur.*

madréporiques séparées par un profond col de 16 mètres, au-delà duquel le fond plonge rapidement à moins 100 mètres avant de faire un nouveau bond jusqu'à moins 800 mètres. Aujourd'hui, toute la région est incluse dans un parc national dont le règlement interdit d'abandonner, de toucher ou d'apporter quoi que ce soit, et surtout de donner de la nourriture aux poissons.
La tourelle de l'est a été baptisée « Jolanda Reef » par allusion à la tempête qui, en 1981, a fait

échouer le *Jolanda*, un cargo qui transportait notamment des baignoires et autres sanitaires. Une autre tempête a entraîné l'épave à plus de 200 mètres de fond et, sur la plaine, à une douzaine de mètres de la surface, il ne reste que les conteneurs, colonisés par des alcyonaires rouges (*Dendronepthya* sp.), ainsi qu'un tas de lavabos.
Au-dessus de la plaine, on a marqué les lieux avec une bouée, point de départ pour l'immersion, mais on peut aussi partir de l'autre tourelle, Shark Reef, pour arriver à la bouée.
Dans tous les cas, c'est le courant qui dicte le sens et la direction de la balade – il est souvent assez violent. En général, il vient du nord-est, mais

142 en haut Au printemps, la mer Rouge pullule de méduses (Aurelia aurita), *ici dans l'eau qui gonfle leur corps gélatineux à la forme caractéristique en ombelle.*

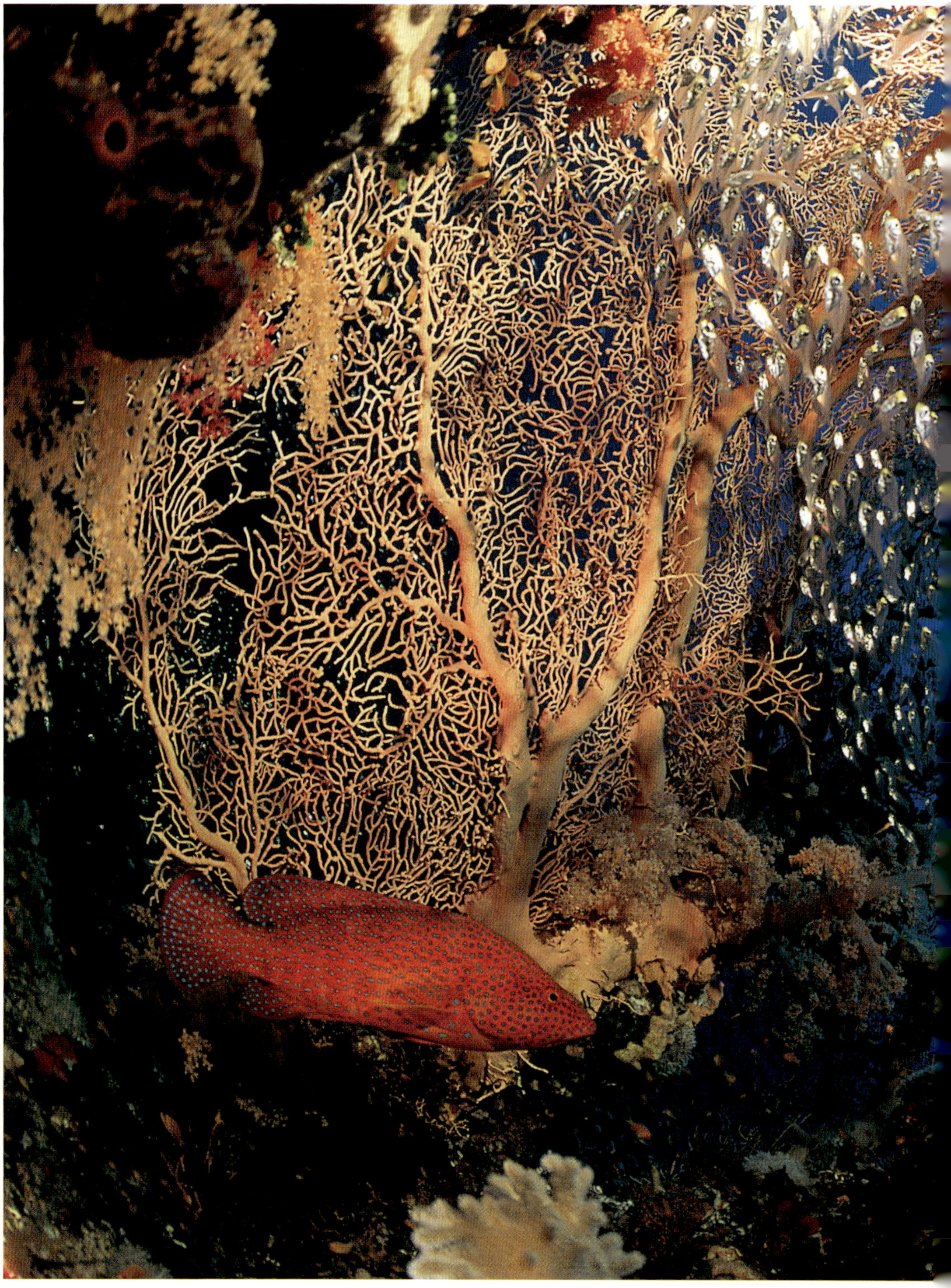

142 en bas Dans les eaux de Shark Point, il arrive que des bandes de dauphins, parfois très téméraires, s'approchent des plongeurs comme pour leur souhaiter la bienvenue.

142-143 Entre les rameaux des gorgones évoluent les mérous des coraux et les poissons de verre ; ceux-ci vivent en bancs et atteignent rarement plus de 10 centimètres de longueur.

143 en haut L'ange de mer empereur (Pomacanthus imperator) *est lui aussi un visiteur fréquent des récifs de la mer Rouge.*

143 en bas Le courant violent favorise la croissance de véritables rideaux de gorgones.

144 à gauche en haut Le petit requin de barrière à pointe blanche (Triaenodon obesus) *hante les eaux de Ras Mohammed.*

144 à gauche en bas Il est désormais rare de croiser de grands requins à Ras Mohammed car les plongeurs y sont trop nombreux.

144 à droite en haut Admirez l'un des nombreux mérous des coraux (Cephalopholis miniata) *qui fréquentent Ras Mohammed.*

144 à droite en bas Le matin et le soir, les carangues bleus (Caranx melampygus) *et les carangues gros-yeux* (Caranx sexfasciatus) *viennent chasser sur le haut plateau.*

veillez à vérifier sa direction avant de plonger car il est très irrégulier.

Si les conditions sont favorables, plongez dans le col pour passer derrière Shark Reef, où le fond se précipite dans le bleu le long d'un tombant vertigineux sur lequel se déploient des gorgones géantes de plusieurs mètres de largeur. La visibilité est pratiquement toujours parfaite et le spectacle impressionnant; le seul risque, réel, étant de ne pas résister à la tentation de descendre trop bas parce que le spectacle est effectivement irrésistible.

Continuez dans le sens des aiguilles d'une montre le long de Shark Reef. À l'extérieur, les gorgones sont plus petites, mais le panorama demeure magnifique : la paroi est, en effet, absolument verticale et le fond invisible. Autrefois, cette portion donnait lieu à de multiples rencontres saisissantes, que ce soit avec des requins à pointe blanche, des requins gris ou des requins-marteaux, des aigles de mer, des raies mantas, des bancs de dentés, des carangues et des thons. De nos jours, la rencontre n'est pas exclue, mais de plus en plus rare et réservée aux premières heures du jour et plutôt en basse saison touristique. Les plus chanceux verront ainsi quelques beaux bancs de carangues, des raies mantas et, pourquoi pas, un dauphin qui traverse le voisinage.

Poissons ou pas, la paroi mérite à elle seule la visite. Sa surface est littéralement recouverte d'une exceptionnelle concentration d'alcyonaires violets, roses et blancs entre lesquels vivent de nombreux poissons, spécimens de barrière certes, mais aussi de beaux mérous, de gros poissons Napoléon et des platax *(Platax platax)* solitaires.

La plongée autour de Jolanda Reef procure moins d'émotions mais elle est tout aussi riche. Il n'y a pas de gorgones, mais le même décor d'alcyonaires et une large variété de poissons coralliens.

145 Les eaux de la mer Rouge sont célèbres pour leur richesse biologique et leur transparence. La palette des couleurs sous-marines doit beaucoup aux branches des alcyonaires (Dendronephthya *sp.).*

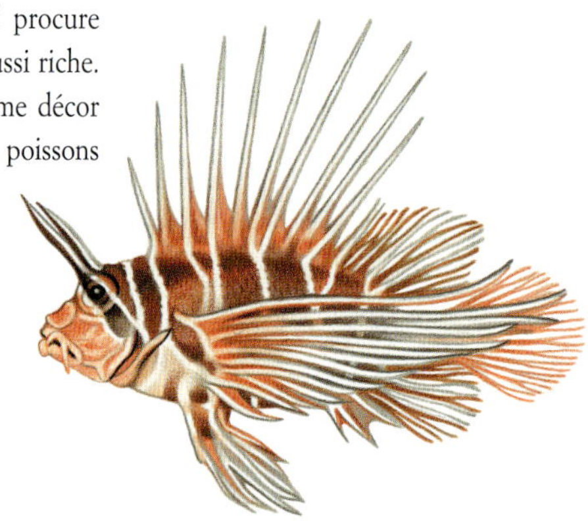

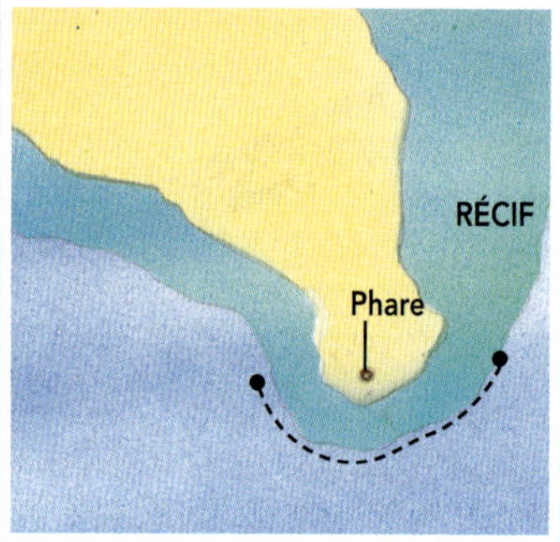

Textes et photographies Egidio Trainito

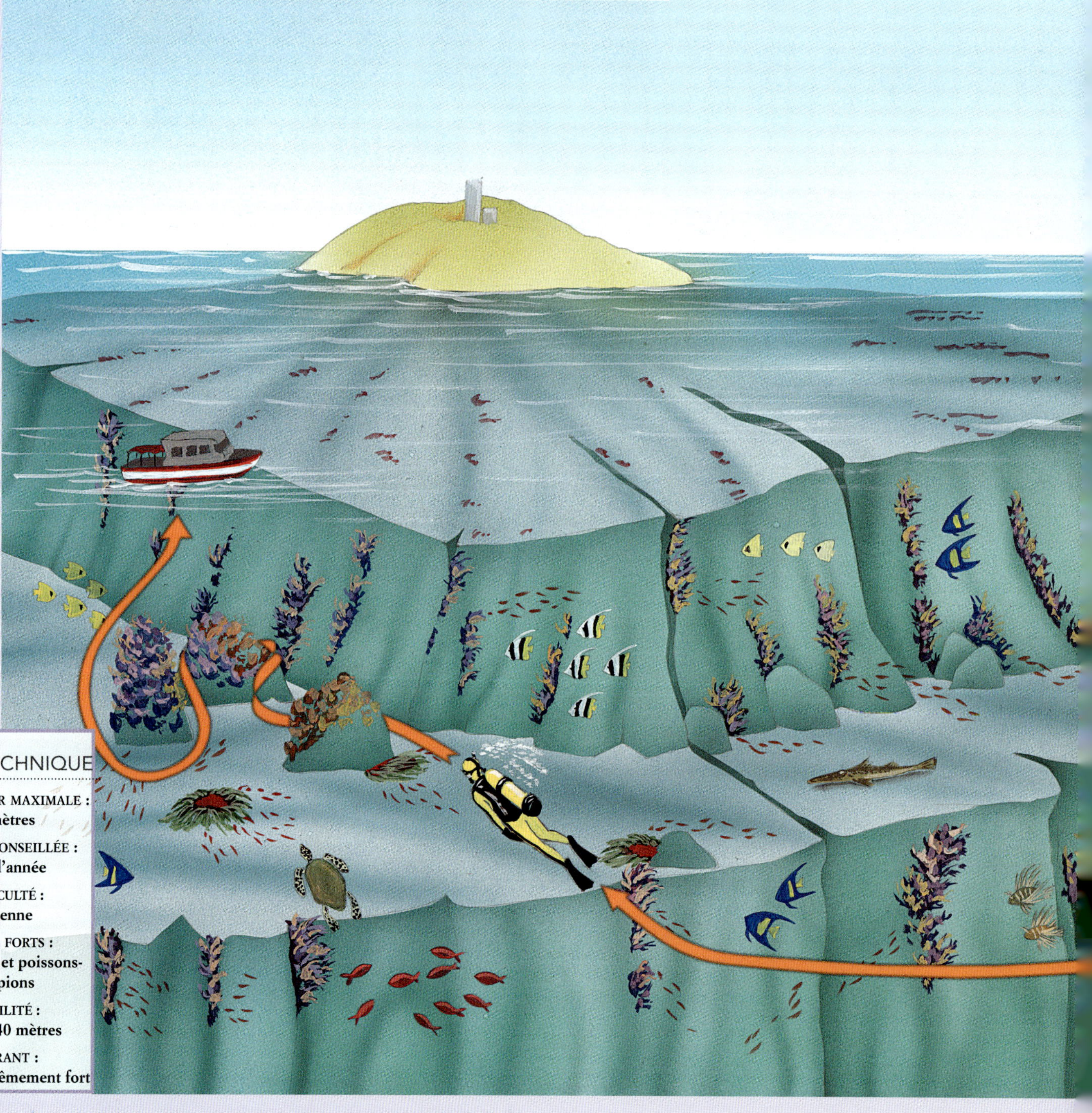

FICHE TECHNIQUE

Profondeur maximale :
25 mètres

Période conseillée :
toute l'année

Difficulté :
moyenne

Points forts :
alcyonaires et poissons-scorpions

Visibilité :
jusqu'à 40 mètres

Courant :
de nul à extrêmement fort

Illustrations Domitilla Müller

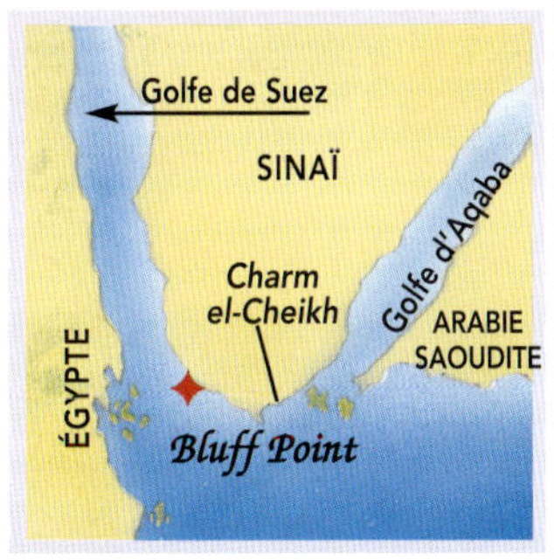

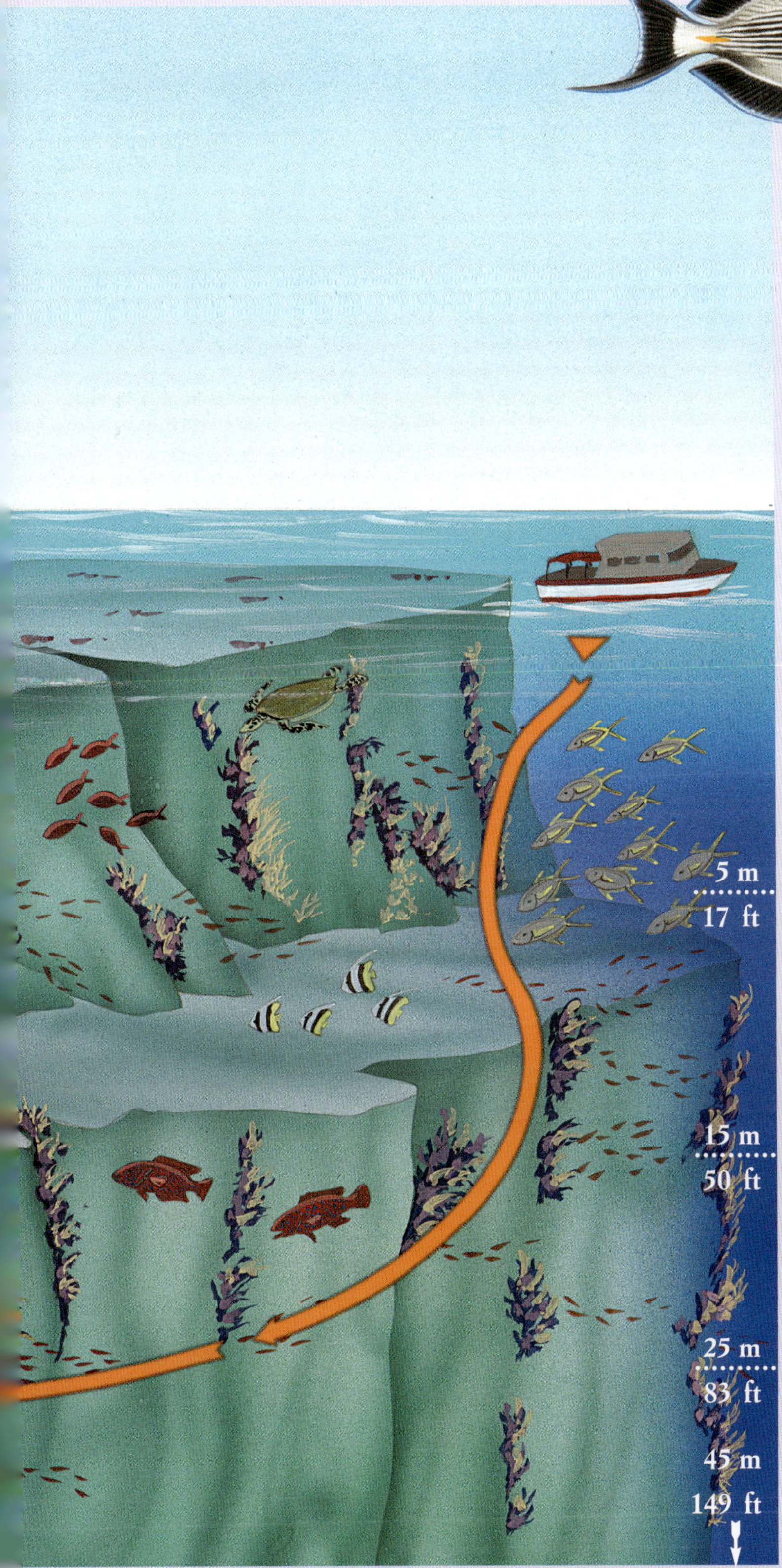

ÉGYPTE - DÉTROIT DE GUBAL

BLUFF POINT

L'île de Gubal Kebir (la grande) est séparée de Gubal Seghir (la petite) par un bas-fond, où l'extrémité nord-est s'orne d'un phare qui signale l'endroit le plus étroit du golfe de Suez. Le nom de Bluff Point évoque de manière expressive le jeu des courants qui sont souvent imprévisibles, au risque de changer brutalement au cours d'une seule et même excursion. C'est parce que le courant dominant, qui provient du détroit et qui agite la barrière corallienne vers le sud, rencontre celui qui provient du passage entre les deux îles, engendrant parfois une inversion, parfois un effet de reflux vers le large. Dans tous les cas, la prudence est indispensable, et il ne faut jamais s'éloigner de la barrière de corail.

Le circuit commence généralement sur le bord externe du récif, dans le sens du courant, et s'achève peu après le phare où se trouve le meilleur point de mouillage. Vous descendrez à près de 20 mètres de profondeur le long de la paroi presque verticale, puis la pente se fera plus douce pour vous conduire à plus de 45 mètres. Dès le départ, vous croiserez peut-être un gros Napoléon et quelques murènes, et il n'est pas nécessaire de descendre beaucoup plus car la

147 en haut Un essaim de petits poissons et quelques castagnoles nagent dans l'entrelacs des branches d'une gorgone. Deux alcyonaires cherchent un espace vital dans un milieu favorable car déployé vers l'extérieur de la barrière.

147 en bas La zone de mouillage pour plonger à Bluff Point est située juste au-dessous du petit phare de Gubal Seghir. L'île est totalement brûlée. Dans la clarté de l'eau, on distingue la partie sommitale du récif.

148-149 Un mérou-loutre (Epinephelus tauvina) *offre un superbe premier plan avec sa livrée tachetée qui l'aide à se fondre dans le décor par mimétisme.*

149 à gauche Le cliché révèle la diversité des formes des madrépores bâtisseurs. Au centre, Turbinaria mesenterina *entouré par les rameaux du corail de feu.*

149 à droite en haut Une colonie de coraux de feu, trois alcyonaires de plusieurs coloris et les longs fouets des gorgones composent une synthèse de la diversité chromatique des récifs de Bluff Point.

meilleure partie du trajet se situe entre 15 et 25 mètres de profondeur. En vous laissant porter par le courant, vous admirerez les grands éventails de gorgones, les vives couleurs des alcyonaires qui ressortent encore grâce à la luminosité du site. Dans les anfractuosités, les poissons de verre abondent, avec des alcyonaires colorés, tandis qu'une ébauche de grotte abrite quelques rascasses – et vous abritera vous aussi si le courant se fait trop fort. Parmi les coraux de la paroi émergent de grandes ramifications de corail noir, et il n'est pas rare de croiser une belle tortue qui nage lentement en quête de nourriture : elles sont nombreuses à déposer leurs œufs sur l'île de Gubal.

De temps à autre, des groupes de carangues sortent du bleu, faisant irruption sur les bancs de petits poissons dans un scintillement de lueurs argentées. Des coraux émergent çà et là des alcyonaires en pinacle, des coraux-cuirs et des gorgones envahies par les nuées d'anthias, de mérous rouges et de poissons-anges. Si vous ne vous heurtez pas au courant en sortant de la dernière partie du circuit qui conduit jusqu'à la barque, vous passerez entre 15 et 5 mètres sur un fond aussi intéressant que le début de l'excursion. Au-dessus des débris et des coraux morts s'élèvent de nombreuses tours de corail recouvertes d'alcyonaires colorés où, s'il n'y a pas de courant, vous pouvez faire une longue pause pour observer les anémones avec leurs crevettes et les poissons-faucons *(Oxycirrhites typus)*. Vous y rencontrerez également des poissons-crocodiles ou des rascasses qui excellent dans l'art du mimétisme. Les plus chanceux apercevront des nudibranches au corps ébouriffé *(Merionopsis cyanobranchiata)*. Plus avant dans la baie, l'épave d'une petite embarcation marque l'endroit où, si vous en avez l'occasion, vous pouvez effectuer une belle immersion nocturne. Il ne reste que le squelette de l'épave, mais celui-ci fourmille de dizaines de fusiliers et de rascasses. Autour de l'épave patrouillent les rougets jaune et bleu. Entre les tôles glisse une murène blanche à taches noires, non loin d'un poisson-crocodile à l'affût. Là, près des vestiges de l'embarcation, à 12 mètres, on voudrait demeurer encore et encore pour admirer toutes ces beautés... mais songez tout de même à remonter !

149 à droite au centre Le poisson-crocodile (Papilloculiceps longipes) *se fie à son mimétisme pour laisser le photographe s'approcher jusqu'à le toucher.*

149 en bas Une petite bande de carangues (Carangoides fulvoguttatus) *fait irruption dans un banc de petits poissons. L'attaque fulgurante provoque un déplacement tout aussi fulgurant du banc.*

Textes et photographies Vincenzo Paolillo

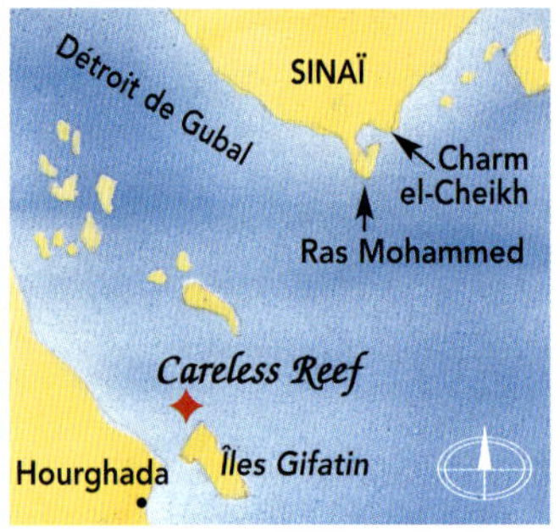

FICHE TECHNIQUE

Profondeur maximale :
15 mètres

Période conseillée :
toute l'année

Difficulté :
moyenne

Points forts :
grandes murènes
et passages de requins

Visibilité :
jusqu'à 40 mètres

Courant :
parfois fort

Illustrations Domitilla Müller

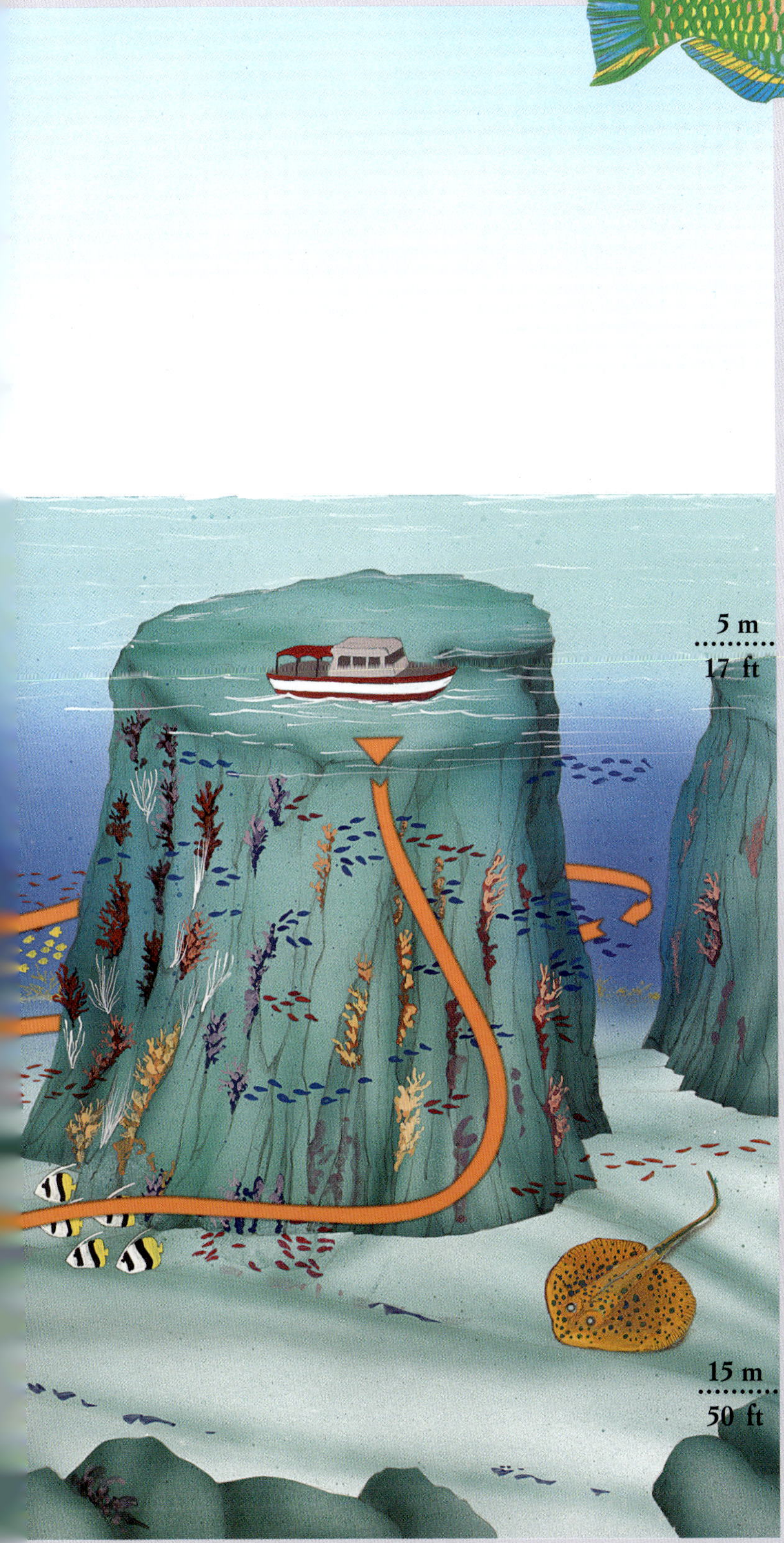

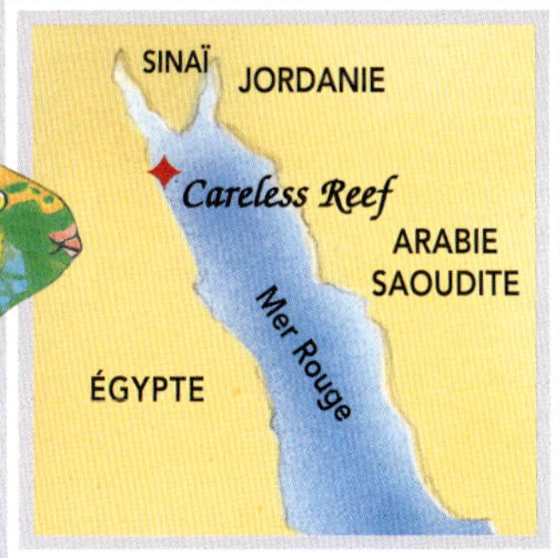

ÉGYPTE - HOURGHADA
CARELESS REEF

Careless Reef est l'un des trois magnifiques spots de plongée situés dans la partie nord de l'archipel d'Hourghada, et probablement le plus célèbre. Il se compose de trois grosses tours de madrépores qui affleurent pratiquement à la surface de l'eau depuis un fond de 10 à 15 mètres, lui-même au bord d'une paroi qui, du côté nord, plonge à plus de 70 mètres de profondeur et le long de laquelle évoluent sans relâche de

151 en haut Deux poissons-clowns bifasciés (Amphiprion bicinctus) *entre les tentacules d'une actinie* Heteractis.

151 en bas Sur les parois des tourelles de Careless Reef approchent des bancs serrés de gaterins (Plectorhinchus gaterinus).

152 à gauche en haut Sur le tombant nord de Careless Reef, on peut admirer les dentelles extraordinaires des gorgones rouges.

152 à gauche en bas Un mérou (Epinephelus *sp.) à taches claires est aux aguets, dans l'espoir de voir surgir une proie.*

152 à droite en haut Dérangé par la torche du photographe, un beau crabe tente de se cacher entre les coraux.

152 à droite en bas Un gros poisson-ballon ou tétrodon étoilé (Arothron stellatus) *palme sous l'arche d'un madrépore.*

153 Les madrépores, énormes arborescences qui colonisent volontiers les parois rocheuses, servent de refuge aux poissons-papillons jaunes (Chaetodon semilarvatus).

grands bancs de poissons pélagiques. Un authentique jardin tropical rendu encore plus fascinant par la visibilité, qui est souvent exceptionnelle.

De nombreux mouillages fixes ont été placés sur le versant méridional du plateau, et vous pouvez ainsi choisir votre itinéraire en fonction du point de départ et de la force du courant qui, lorsqu'il se fait sentir, provient du nord.

Si vous plongez au-dessus de la tour ouest, vous descendrez vers l'ouest jusqu'à la plaine de sable où vous apercevrez les visiteuses les plus fréquentes de cette portion, d'énormes murènes de Java *(Gymnothorax javanicus)* qui émergent des nombreuses cavités qui émaillent les parois. Normalement, elles ne sont pas agressives – sans doute parce que les plongeurs qui se succèdent ici depuis des années leur ont souvent offert de la nourriture. Il faut cependant se montrer prudent, car tout ce qui bouge leur paraît comestible, et s'approcher sans faire de mouvements brusques afin de ne pas leur donner l'impression que vous présentez un quelconque danger, car elles risqueraient de vous infliger de douloureuses morsures. Sur le sable, vous verrez également évoluer lentement des groupes de poissons-papillons masqués *(Chaetodon semilarvatus)* et de poissons-cochers *(Heniochus intermedius)*, paresseux et sédentaires, qui, si vous ne les dérangez pas, demeurent immobiles près de la tour de corail ou des rochers. En continuant vers le nord, vous rencontrerez les premières gorgones, lesquelles hébergent souvent des poissons-trompettes ou des poissons-soldats. Vous aurez peut-être aussi la chance de croiser un beau mérou-loutre *(Epinephelus tauvina)* de petites dimensions, caché entre les éventails, ou un étonnant poisson-grenouille *(Antennarius coccineus)* de couleur rouge, immobile sur une branche. Au niveau du bord de la chute, qui descend en gradins jusqu'à plus de 70 mètres, vous évoluerez à des profondeurs plutôt réservées aux plongeurs sportifs (20-35 mètres) vers l'est, où vous découvrirez des fentes, des arcs de gorgones à éventail, souvent associées à des gorgones rouges à fouet, et des grottes qui pullulent de poissons de verre. Il y a plusieurs années, c'est là que vivait un superbe mérou géant *(Epinephelus tukula)* qui aimait à s'approcher des plongeurs pour nager avec eux, et l'on était sûr d'y apercevoir des requins de barrière. Les requins-marteaux, en revanche, ont déserté ces lieux trop fréquentés à leur goût.

Poursuivez pendant quelques mètres le long de l'arête, en compagnie des poissons Napoléon et perroquets, qui ne cessent de grignoter le corail; enfin, s'il vous reste assez d'oxygène, revenez vers la deuxième ou la troisième tour, toutes deux très riches de vie, avec leurs nuées d'anthias, de rascasses, d'ombrines et de poissons-soldats. Sur le sable, vous croiserez certainement des poissons-crocodiles, des raies pastenague à points bleus *(Taeniura lymma)* et des poissons-lézards *(Synodus variegatus)*.

Textes et photographies Egidio Trainito

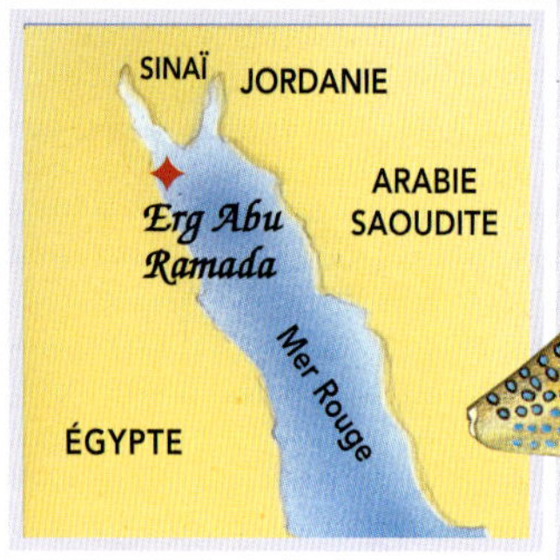

Égypte - Hourghada

Erg Abu Ramada

Hourghada est une des localités les plus connues de la mer Rouge, notamment des plongeurs puisque c'est là que le tourisme sous-marin a pris son essor en Égypte. Les récentes mesures de conservation, telles que la mise en place de bouées pour les mouillages et l'attention croissante portée à la protection des fonds, ont amélioré de manière non négligeable l'état des barrières coralliennes. Parmi les nombreux spots de haut niveau, celui de l'erg d'Abu Ramada est inoubliable. L'île, située à l'est d'Hourghada, plate et déserte, est entourée par un vaste récif et, à 400 mètres au sud-est de sa pointe méridionale, s'élèvent de superbes colonnes de corail, les fameux «erg». Ce spot est souvent agité par un courant fort, qui engendre néanmoins l'extraordinaire feu d'artifice de couleurs qui le caractérise. Vous descendrez sur deux pinacles coralliens imposants qui sont tapissés d'alcyonaires rouges,

154 en haut Un couple de poissons-clowns (Amphitrion bicinctus) *et leur anémone hôte* (Heteractis crispa).

154 en bas Dans l'eau claire, les alcyonaires de toutes les couleurs recouvrent les pinacles autour desquels s'agitent des milliers de castagnoles et autres poissons colorés.

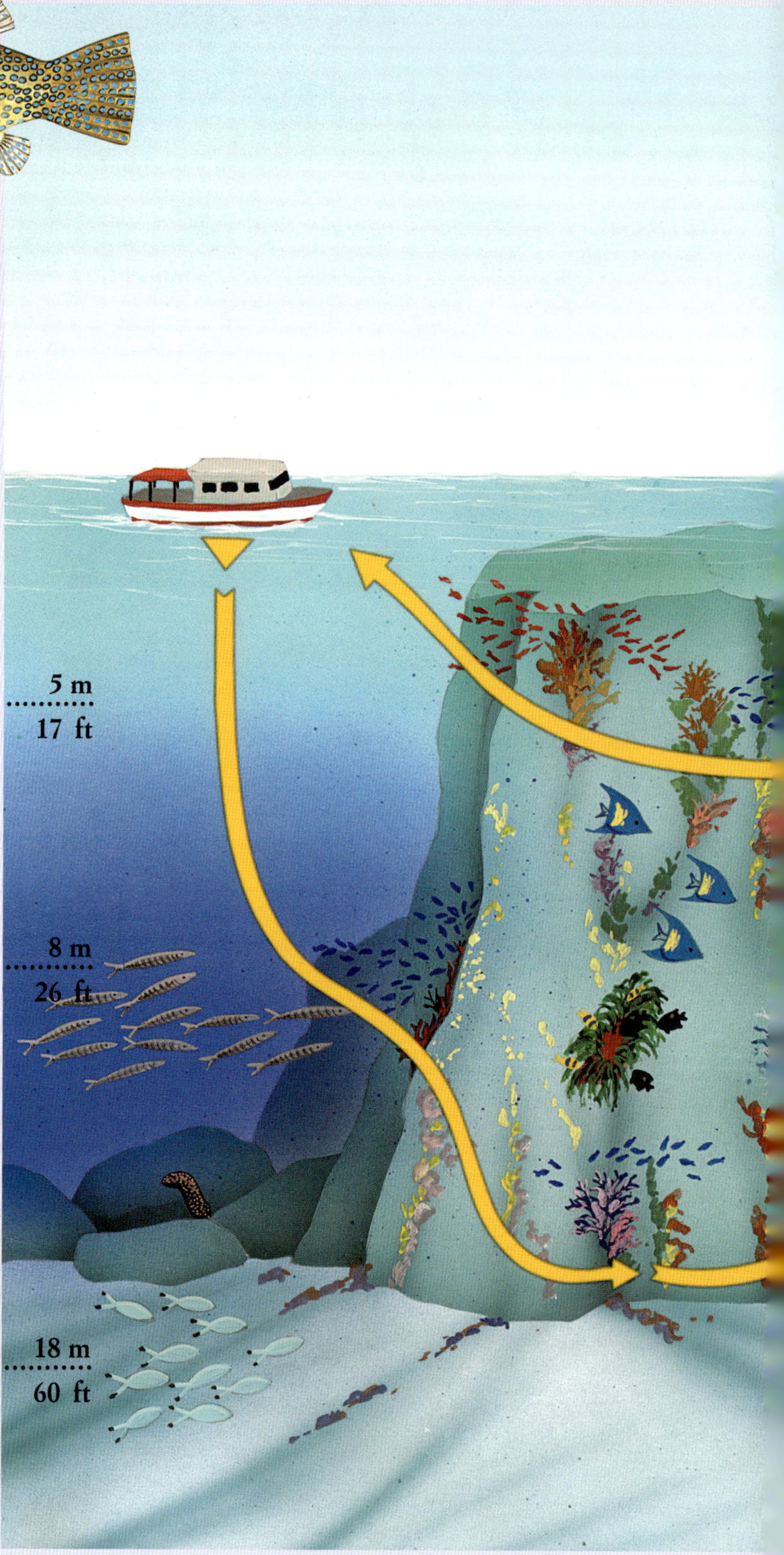

Illustrations Domitilla Müller

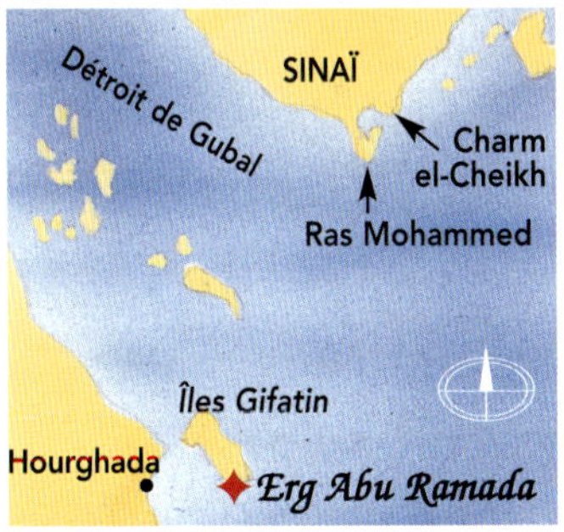

FICHE TECHNIQUE

Profondeur maximale :
18 mètres

Période conseillée :
toute l'année

Difficulté :
plongeurs expérimentés en cas de courant

Points forts :
alcyonaires et anthias

Visibilité :
plus de 40 mètres

Courant :
souvent extrêmement fort

156-157 Un groupe compact de fusiliers de Suez (Caesio suevica) *vogue sur les coraux du récif et, sur le fond, d'autres poissons dansent dans le courant.*

157 à gauche en haut Un poisson-diable (Scorpaenopsis diabolus) *se dissimule dans les concrétions coralliennes en adoptant leurs couleurs.*

157 à gauche au centre Le sommet des pinacles de corail de Erg Abu Ramada affleure près de la surface, et la luminosité excellente rend encore plus merveilleux le ballet des faux-anthias rouges (Pseudanthias squamipinnis) *sur les alcyonaires.*

157 à droite au centre Amphiprion bicinctus *est le seul poisson-clown de la mer Rouge qui peuple également le golfe d'Aden et l'archipel des Chagos. Sa petite bouche est dotée de dents acérées.*

157 à droite en bas Un banc de centaines de rougets à nageoires jaunes (Mulloides vanicolensis) *évolue lentement sur le récif. Son comportement est normal pour la journée ; en revanche, la nuit, le groupe se disperse pour aller fouiller le sable en quête de nourriture.*

orangés et jaunes. Lorsque le courant se fait sentir, laissez-vous plutôt porter en essayant de vous arrêter à l'abri de la paroi, même si la proximité des coraux est beaucoup plus poissonneuse. Sur le sec, les alcyonaires (*Dendronephthya* sp.) adoptent un port plus érigé, et ils se superposent, étouffant pratiquement les coraux durs qui leur servent de support. Tous les organismes semblent rivaliser pour occuper les sites les plus exposés au courant, c'est-à-dire les plus à même de permettre aux polypes qui composent les colonies de recueillir des substances nutritives.

La présence des bancs compacts de faux-anthias rouges *(Pseudanthias squamipinnis)* enrichit d'autant l'effet de couleurs des pinacles de corail ornés d'alcyonaires. Les femelles, plus nombreuses, arborent un beau jaune orangé, tandis que les mâles, moins nombreux mais dont le rôle est dominant, sont parés de couleurs rouges, avec l'épine dorsale et les nageoires pectorales plus allongées. Les tours de corail regorgent d'anfractuosités, de cavités et de galeries où les courants s'infiltrent et où vous observerez des nuées de poissons de verre, de poissons-soldats et de poissons-cardinaux. Dans les zones plus sombres, les coraux durs (*Tubastrea* sp.) déploient leurs tentacules, et sur les éponges ramifiées, rouges ou orangées, glissent des nudibranches. Le plus courant, *Chromodoris quadricolor,* a une livrée blanche à rayures noires ornées de touches orange vif qui lui vaut le surnom de «pyjama». À proximité des tours de corail, vous apercevrez des bancs compacts de fusiliers, des essaims de poissons-anges et des bandes de carangues qui effectuent de rapides incursions sur le sommet des ergs.

Sur le fond, il arrive que transite un requin à pointe blanche, tandis que les poissons-crocodiles, les poissons-diables et les poissons-pierres imitent le corail pour se cacher ; des murènes de dimensions remarquables jaillissent des anfractuosités. Entre les tentacules des grandes anémones se glissent des poissons-clowns – en mer Rouge, une seule espèce est endémique *(Amphiprion bicinctus)* mais elle a le choix dans le bassin entre sept espèces d'anémones. Et même si vous avez plongé dans toutes les mers du monde, vous ne pourrez éviter de vous émerveiller devant les frénétiques allées et venues de ces poissons entre les tentacules de leur hôte, tout comme vous ne resterez pas impassible devant la luminosité des lieux et la fantasmagorie de couleurs.

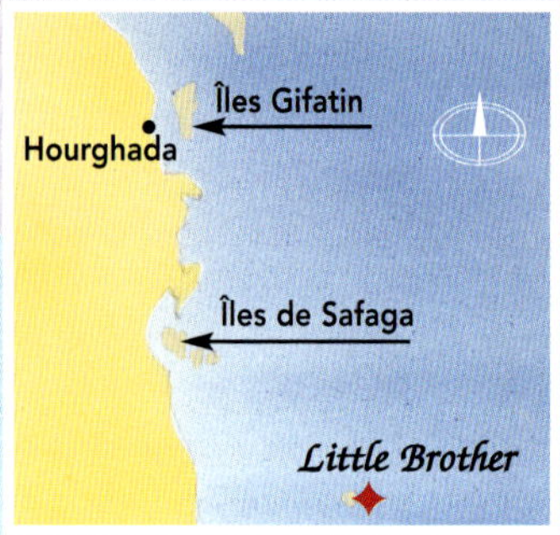

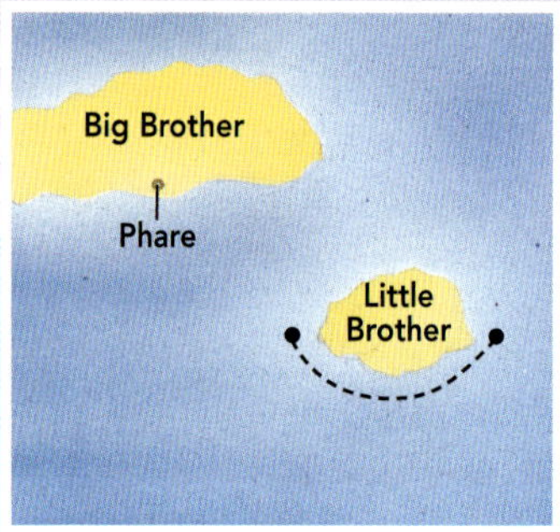

Textes et photographies Giorgio Mesturini

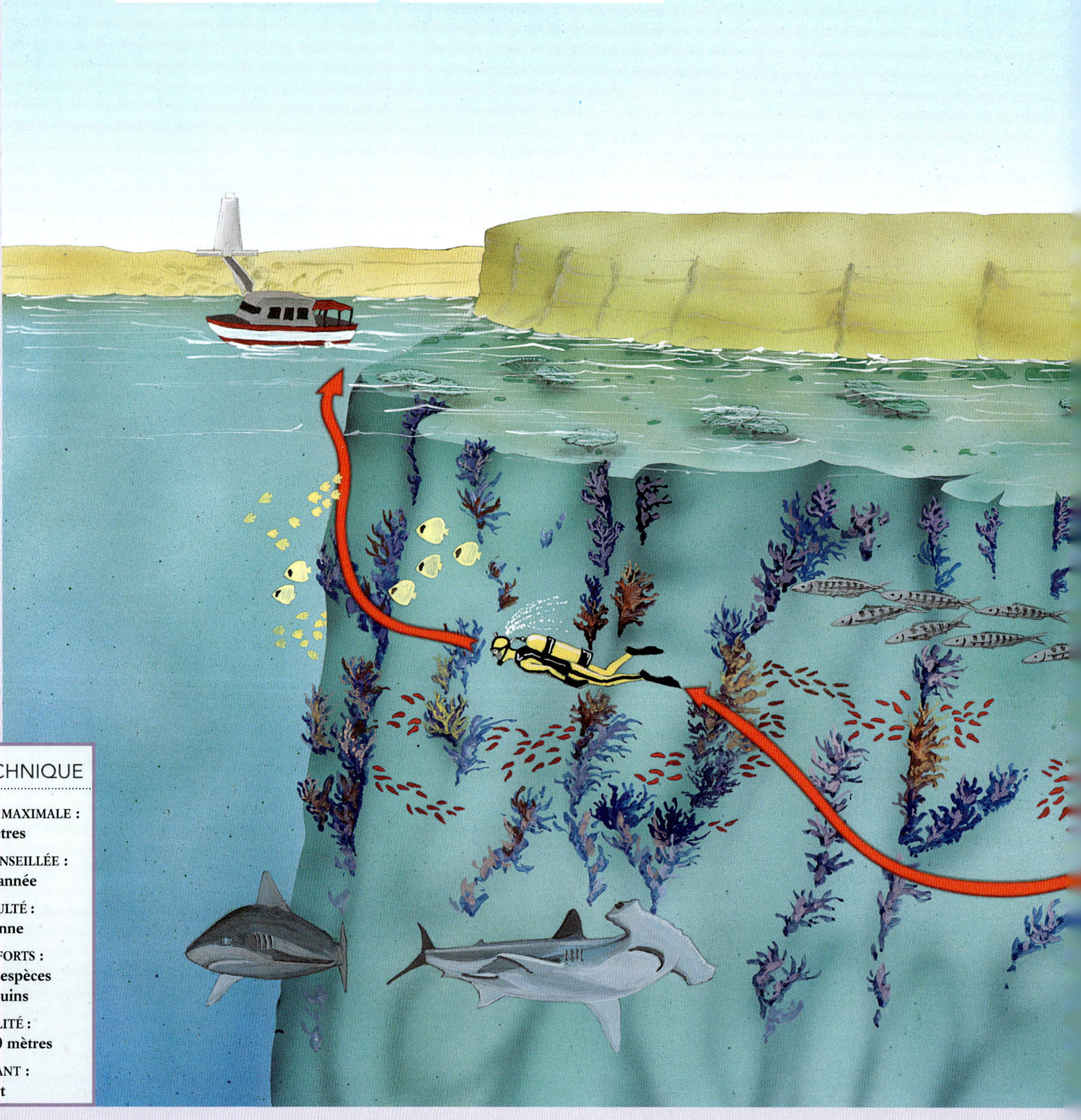

FICHE TECHNIQUE

PROFONDEUR MAXIMALE :
40 mètres

PÉRIODE CONSEILLÉE :
toute l'année

DIFFICULTÉ :
moyenne

POINTS FORTS :
plusieurs espèces de requins

VISIBILITÉ :
jusqu'à 40 mètres

COURANT :
fort

Illustrations Domitilla Müller

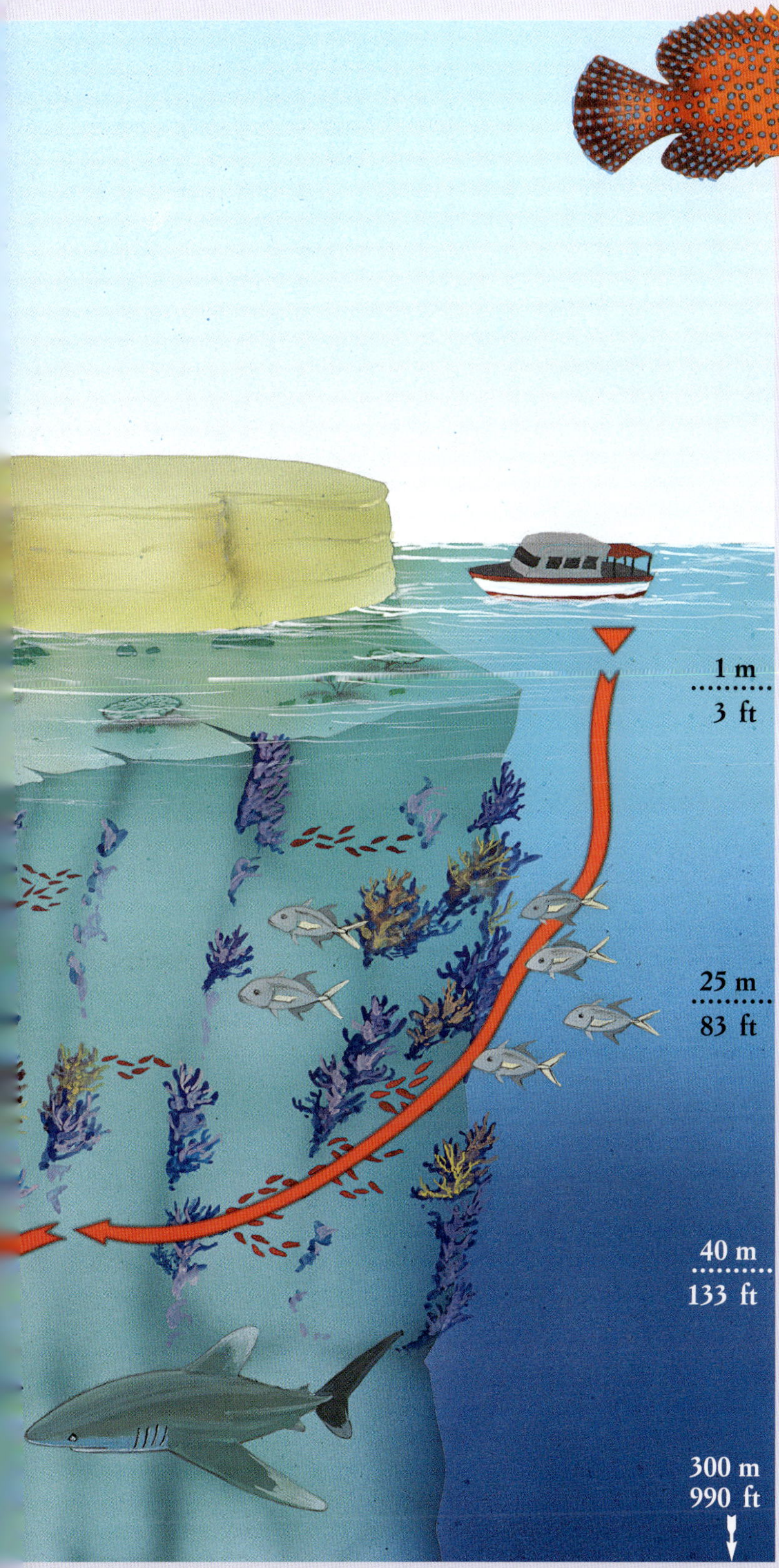

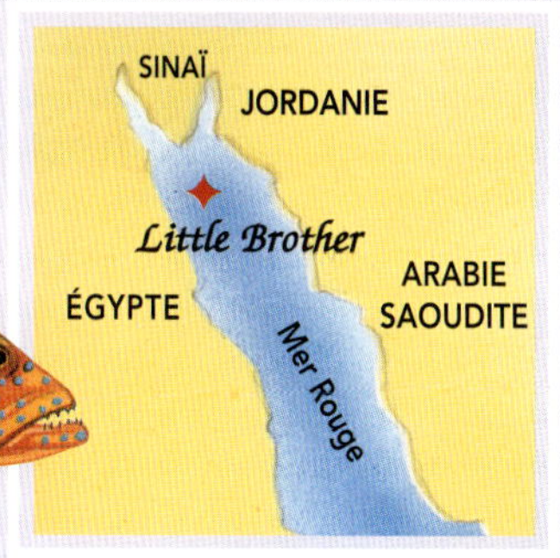

Égypte - Brothers Islands
Little Brother

159 en haut La plus petite des îles Brothers est bordée par un superbe récif qui plonge dans les abysses. Au loin, on aperçoit la grande île, Big Brother, dominée par son phare.
Photographie Massimo Bicciato.

159 en bas Plusieurs espèces d'oiseaux vivent sur les îles Brothers, comme les sternes, qui forment des colonies.

Les deux îles Brothers, «el-Akawein» en langue arabe, sont situées à une cinquantaine de kilomètres au nord-ouest du village d'el-Quseir et s'élèvent comme deux colonnes solitaires depuis des profondeurs abyssales dans le centre de la mer Rouge égyptienne. La plus grande, au profil plat et uniforme, mesure environ 300 mètres de long pour près de 40 mètres de largeur.
En 1880, les Anglais y érigèrent un phare qui, jusqu'en 1994, fonctionna avec son mécanisme d'origine doté d'une lampe à pétrole, dont la lumière était amplifiée par un efficace système de lentilles Fresnel, et le faisceau lumineux était

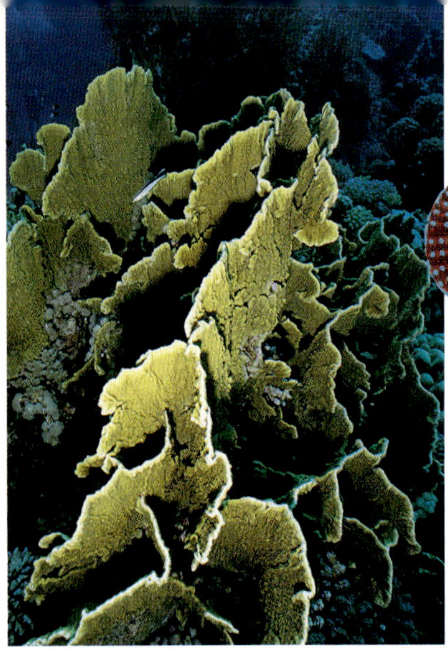

160 à gauche en haut
Le corail de feu (Millepora dichotoma) *se distingue par ses grands drapeaux jaunes. Au contact de la peau, les nématocystes des polypes provoquent de fortes brûlures.*

visible à plus de 20 kilomètres de distance. La rotation du lourd dispositif de lentilles dépendait d'un système perfectionné de poids et contre-poids, qui montaient et descendaient à l'intérieur du phare. La plus petite des Brothers est située à moins de 2 kilomètres de son «frère», et, si elle est tout aussi plate, elle est plus circulaire.

L'exceptionnelle position des Brothers, en pleine mer, en fait une oasis de vie précieuse dans la région, d'autant qu'elles sont les seules d'une étendue de mer extrêmement vaste. Et l'habitat sous-marin est extrêmement peuplé. Les parois immergées plongent à la verticale dans l'abysse, rythmées sans interruption par une succession d'anfractuosités et de coraux, pour se perdre dans le bleu intense d'une eau où croisent les requins, les barracudas et autres gros poissons pélagiques.

Ce riche milieu naturel est désormais sous l'égide d'un parc marin fondé par le gouvernement égyptien en mai 1998, institution qui protège également Daedalus Reef et les îles solitaires de Zabargad et de Rocky.

Les fonds des deux Brothers offrent plusieurs spots splendides, tels que le tombant sud et la pointe nord de Big Brother, ou les deux fantastiques épaves de l'*Aida* et du *Namibia*, dont les infrastructures sont recouvertes d'un manteau d'alcyonaires. L'un des plus beaux circuits conduit le long des fonds de la paroi orientale de la plus petite. Hélas, cette portion est souvent battue par le vent et les vagues, et n'est pas toujours praticable. Il n'est possible de plonger que lorsque les conditions météo sont optimales, et seulement à la dérive, en entamant la descente à proximité du versant nord de l'île pour continuer à la faveur du courant, le récif toujours à main droite, le long du versant est de la barrière, jusqu'aux eaux protégées de la côte sud où les barques vous attendent.

160 à gauche au centre La nuit, on peut observer entre les coraux les poissons-perroquets (Scarus gibbus) *qui, pour se protéger, s'enveloppent d'un manteau de mucus.*

160 à gauche en bas Les longs et fragiles bras en plumeaux des crinoïdes – des échinodermes – leur permettent de retenir le plancton. Sous le disque, les structures préhensiles, les cirres, servent à s'accrocher au fond.

160 à droite Parmi les madrépores, un ver éventail (Sabellastarte sanctijosephi) *et son élégante touffe branchiale.*

160-161 Les grosses murènes de Java (Gymnothorax javanicus)*, les murènes les plus répandues en mer Rouge, peuvent atteindre 2 mètres de longueur.*

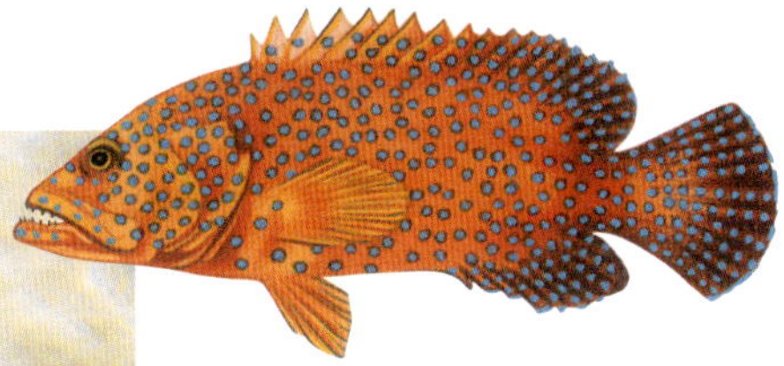

162-163 Dès qu'il a peur, le ravissant baliste à dents rouges (Odonus niger) *se réfugie dans l'anfractuosité la plus proche.*

163 à gauche en haut L'un des spectacles les plus fascinants des plongées aux Brothers est celui des bancs de carangues gros-yeux (Caranx sexfasciatus) *qui exécutent dans l'eau de superbes chorégraphies.*

163 à gauche en bas Le répertoire des sauts et des mouvements des grands dauphins, extrêmement varié, possède un sens précis, véritable forme de communication entre les individus du banc.

163 à droite en haut De par sa nature sociable, le poisson Napoléon (Cheilinus undulatus) *constitue l'une des plus belles rencontres que vous ferez dans les eaux de la mer Rouge.*

Dès les premiers coups de palme, vous aurez l'impression de vous pencher au-dessus d'un gouffre. Ainsi, à quelques dizaines de mètres de la côte, vous plongerez directement dans les abysses, avec l'extraordinaire sensation d'être suspendu dans le vide. Il n'est pas nécessaire cependant de descendre très bas, et vous pourrez observer, dès les trente premiers mètres, de nombreuses espèces de madrépores, de grands rameaux de corail noir, des alcyonaires aux tonalités diverses et surtout d'innombrables gorgones, les géantes de la mer Rouge *(Subergorgia hicksoni)* aux dimensions impressionnantes, qui font de ces fonds certains des plus visités de toute la région. L'exploration de cette paroi vous procurera une expérience rien moins que fantastique, et, en vous laissant porter par le courant, vous aurez l'impression de planer sur une étendue infinie de coraux, tandis que passeront à proximité des carangues gros-yeux *(Caranx sexfasciatus)*, des barracudas *(Sphyraena sphyraena)* et de puissants thons.

La beauté de ces fonds repose également sur la présence constante de requins : il suffit d'une plongée pour observer de nombreux requins gris *(Carcharhinus amblyrhynchos)* et à pointe blanche *(Triaenodon obesus)*, ou, encore plus saisissant, le requin-marteau halicorne *(Sphyrna lewini)* ou un solitaire requin océanique *(Carcharinus longimanus)*.

Lorsque vous aurez dépassé la paroi des gorgones, vous atteindrez le versant sud de l'île, où le courant est généralement très faible et où les pilotes immobilisent généralement leur embarcation. Dans tous les cas, il vaut mieux effectuer la balade aux premières heures de la journée, lorsque la lumière du soleil éclaire la paroi corallienne et fait ressortir les couleurs du récif.

163 à droite en bas La vision des bancs composés de centaines de barracudas constitue l'un des nombreux moments d'émotion que vous vivrez dans les eaux des îles Brothers.

Textes et photographies Giorgio Mesturini

SOUDAN - CHA'AB RUMI
PRÉCONTINENT II

Les fonds soudanais suscitent toujours beaucoup d'enthousiasme : les eaux sont toujours claires, les rencontres avec les grandes espèces pélagiques fréquentes, et les spots ne sont généralement accessibles qu'en bateau. Certes, le Soudan n'est pas toujours bien achalandé en équipements touristiques, mais de nombreux organismes proposent des croisières très diverses, toujours sur des bâtiments de qualité et dotés de tout le confort, qui permettent de rejoindre des récifs inexplorés où la moindre balade prend des allures d'aventure.
Les pionniers de la plongée, qui ont saisi très tôt l'intérêt des fonds du littoral soudanais, portent des noms célèbres comme Hans Hass, Jacques-Yves Cousteau, Bruno Vailati, Gianni Roghi,

164 en haut À une centaine de mètres de la passe de Cha'ab Rumi, vous apercevrez les vestiges de l'expédition Précontinent II, organisée par le commandant Cousteau en 1963. Vous admirerez la volumineuse structure de l'« étoile », dans laquelle il est possible d'accéder par une ouverture située à la base.

164 en bas Les dauphins sont des mammifères extrêmement sociables, qui vivent en bancs composés, dans certains cas, d'une cinquantaine d'individus.

Folco Quilici et bien d'autres. Dans les années 1950, ils ont exploré la région pour réaliser de superbes documentaires qui ont, depuis, fait rêver bien des générations de plongeurs. Si vous ne devez effectuer qu'une seule plongée dans la région – d'une perfection qui vaut à elle seule le voyage jusqu'au Soudan – c'est celle de Cha'ab Rumi. Le récif le plus spectaculaire de toute la

Illustrations Domitilla Müller

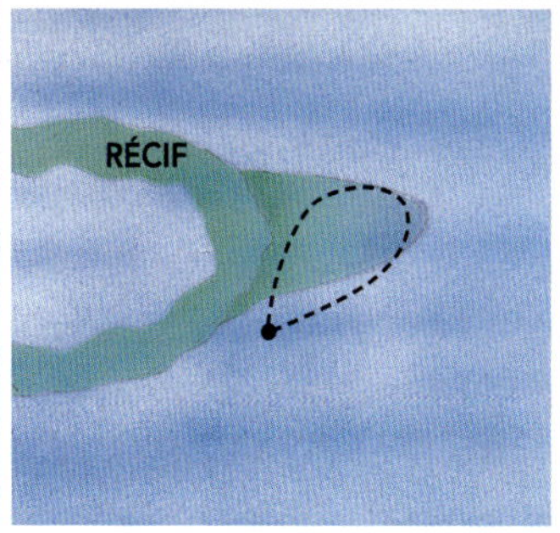

FICHE TECHNIQUE

Profondeur maximale :
40 mètres

Période conseillée :
de novembre à juin

Difficulté :
moyenne

Points forts :
requins et bancs de poissons

Visibilité :
plus de 30 mètres

Courant :
variable

166 à gauche en haut
Le garage de Précontinent II est parfaitement conservé.

mer Rouge est situé à une cinquante de kilomètres de Port-Soudan, et sa superbe lagune est protégée par la barrière et accessible uniquement en barque, par un étroit passage.

La barrière externe de Cha'ab Rumi offre plusieurs points d'immersion, dont un qui la rend unique dans le monde entier. À l'extérieur de la lagune, à une centaine de mètres au sud de la passe d'entrée, et à environ 15 mètres de profondeur, on peut encore admirer des vestiges du village immergé bâti en juin 1963 par Cousteau et son équipe. Le projet de l'expédition Précontinent II était de faire vivre des hommes-grenouilles sous l'eau pendant plusieurs semaines.

La première unité d'habitations fut installée à 10 mètres de profondeur, dans une structure en forme d'étoile de mer qui se composait d'un corps central d'où rayonnaient des bras cylindriques. Le 15 juin 1963, cinq personnes emménagèrent dans leur demeure pour ne réapparaître à la surface que le 23 juillet. À partir de cette aventure, l'équipe tourna un film, *Le Monde sans soleil*, dont la beauté insolite lui valut un Oscar aux États-Unis. À présent, on peut encore apercevoir, à 10 mètres de profondeur, certains des bâtiments du village sous-marin, tels que l'aquarium utilisé pour les expériences biologiques, le garage du petit sous-marin, dans lequel on accède par une petite ouverture basse, et, à 25 mètres de profondeur, l'une des cages antirequins aujourd'hui revêtues de superbes alcyonaires.

Toutefois, le circuit le plus intéressant du récif de Cha'ab Rumi correspond à la pointe sud. C'est là que, en quelques coups de palme, vous rejoindrez un haut plateau – situé à 25 mètres de profondeur – qui avance vers la pleine mer comme un balcon posé sur des chutes qui plongent droit dans les abysses. Ce qui constitue déjà en soi un site assez privilégié l'est encore davantage lorsque vous aurez admiré le ballet continu des carangues, des barracudas, des thons, des platax, mais surtout des requins gris qui sont devenus sédentaires. Au pied de la terrasse naturelle, d'où partent des formations madréporiques en forme de champignon, vous avancerez jusqu'au bord pour regarder les bancs de poissons pélagiques qui se laissent porter par le courant. Vous aurez aussi certainement la chance d'apercevoir la silhouette sombre de nombreux requins-marteaux *(Sphyrna lewini)*; poussés par la curiosité, ils montent vers le bord du plateau avant de disparaître à nouveau dans le bleu.

166 à gauche au centre Les eaux de Cha'ab Rumi abritent plusieurs espèces de squales, dont le requin-marteau halicorne (Sphyrna lewini) *et le requin à pointe blanche (Carcharhinus albimarginatus), mais les plus nombreux à fréquenter les abords du récif sont les requins gris* (Charcharinus wheeleri).

166 à gauche en bas Les fonds de la pointe sud de Cha'ab Rumi sont coutumiers des bancs compacts de carangues et de barracudas.

166 à droite Les parois coralliennes de Cha'ab Rumi sont tapissées de splendides alcyonaires, où trouvent refuge des bancs de faux-anthias rouges (Pseudanthias squamipinnis).

166-167 Le mérou rouge des coraux (Cephalopholis miniata) *est facile à reconnaître en raison de sa livrée rouge à pois bleus.*

Arabie saoudite
MER D'OMAN
Inde
Birmanie
Thaïlande
Viêtnam
Black Rock
Hin Pousar
Hin Daeng
Afrique
Lucky Hell
Maaya Thila
Foththeyo
Sri Lanka
Maldives
Malaisie
Indonésie
Brissare
Seychelles
Nosy Tanikely
Madagascar
Océan Indien
N

Océan Indien

Introduction

par Egidio Trainito

Avec une superficie de l'ordre de 75 millions de kilomètres carrés, l'océan Indien est le plus petit des trois principaux océans de la planète. À l'est, il communique avec le Pacifique par l'Indonésie, les détroits de Malacca et de la Sonde, et par la mer de Timor et, au sud de l'Australie, le détroit de Bass ; au sud, quelques petits groupes d'îles battues par les vents, comme les Kerguelen ou les Heard et Mac Donald, annoncent l'Antarctique. Au sud-ouest, ses eaux se mêlent à celles de l'océan Atlantique au large de l'Afrique du Sud, tandis qu'il baigne à l'ouest l'île de Madagascar – séparée de l'Afrique par le canal de Mozambique –, l'archipel des Comores, les Seychelles, les Mascareignes – la Réunion et l'île Maurice. Au nord-est, s'élèvent depuis les fonds une série de reliefs sous-marins parallèles orientés nord-sud, rythmés par les Laquedives, les Maldives, les Chagos, les Andaman et les Nicobar, qui constituent autant d'archipels coralliens.

Cet immense bassin est parcouru par deux grands réseaux de courants marins. Le réseau nord est influencé par le cycle des moussons, alors que le réseau du sud englobe le courant du Cap et le courant australien. La salinité varie en moyenne entre 33 ‰ et 36 ‰. Sur la côte africaine, les amateurs de plongée devront se contenter des îles de Zanzibar et de Pemba, ou descendre jusqu'à l'Afrique du Sud. À Madagascar, les portions les plus développées en matière de tourisme sont situées au nord, près de l'île de Nosy Be et de quelques autres localités. En revanche, les îles Seychelles ou Maurice, les plus célèbres, sont bien équipées du point de vue touristique. D'autres sites mythiques, comme Aldabra, ne sont accessibles que par bateau. Au nord, entre les îles Laquedives et Chagos, l'archipel des Maldives s'étend sur 2 000 kilomètres de longueur, et vingt-six atolls coralliens qui comprennent plus de onze cents îles, parfois minuscules. Les Maldives, qui comptent parmi les capitales mondiales de la plongée, offrent quant à elles des centaines de spots. Elles sont bien équipées en matière d'infrastructures touristiques, et de nombreux organisateurs proposent des excursions sous-marines. Plus de vingt-cinq zones protégées ont été mises en place dans les lieux les plus fréquentés, et la pêche au requin a été interdite dans de nombreux atolls.

Plus au nord-est, les côtes du Sri Lanka comptent plusieurs récifs de barrière. Celui qui attire le plus de visiteurs, au sud, est situé dans le sanctuaire marin de Hikkaduwa. Au large de la péninsule indienne, les Andaman et les Nicobar bordent la mer d'Andaman, mais, difficiles d'accès, elles sont fréquentées par les bateaux de plongée et de manière sporadique.

Enfin, une autre zone importante pour la plongée est celle que forment les îles au nord et au sud de Phuket, dans la mer d'Andaman, au large des côtes de la Thaïlande, entre la Birmanie et la Malaisie. Pratiquement toutes ces îles ont été déclarées parc marin, et presque tous les spots de plongée sont dotés de bouées de mouillage. L'archipel le plus fréquenté, et qui offre les plus belles opportunités, comprend les neuf îles granitiques des Similan. L'excellente visibilité, la richesse de leur vie sous-marine et leur infrastructure bien organisée engendrent un flux continuel de touristes venus notamment d'Asie et des États-Unis. Les îles Surin, l'archipel des Phee Phee Don et les îles du Sud sont autant de destinations ; et quelques bateaux de croisière vont jusqu'à l'île de Myanmar.

À quelques exceptions près, les côtes qui donnent sur l'océan Indien jouissent d'une température minimale de l'eau de l'ordre de 20° C et toutes sont bordées par des barrières coralliennes qui caractérisent le paysage sous-marin. Les espèces végétales et animales y sont extrêmement variées, et elles possèdent de nombreuses espèces endémiques, dont certaines sont circonscrites à un seul groupe d'îles ou à un atoll donné. L'exemple classique de la diversification dans le bassin est celui du poisson-clown : certaines espèces sont largement présentes dans toute l'étendue du bassin Indo-Pacifique, mais d'autres sont limitées à des zones minuscules à l'échelle de l'océan. Par exemple, on ne rencontre le poisson-clown d'Allard *(Amphiprion allardi)* qu'au large des côtes est de l'Afrique ; celui des Chagos, *Amphiprion chagoensis,* ne prolifère que parmi les anémones de l'archipel du même nom ; et celui de Maurice, *Amphiprion chrysogaster*, est exclusif des Mascareignes. De même, Aldabra et les Seychelles possèdent leur propre espèce, *Amphiprion fusocaudatus*, tout comme Madagascar *(Amphiprion latifasciatus)* et le golfe d'Oman *(Amphiprion omanensis)*, ou encore les Maldives.

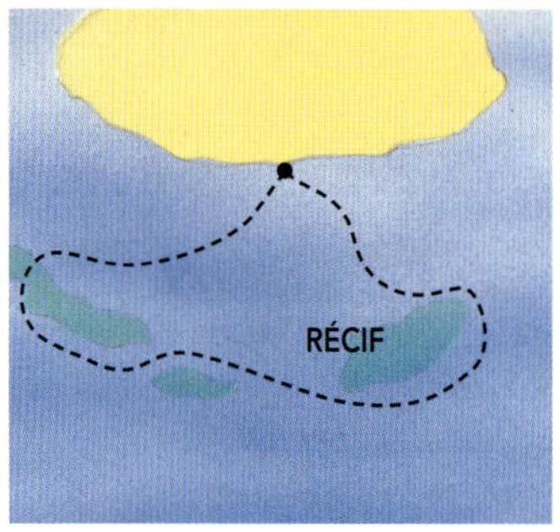

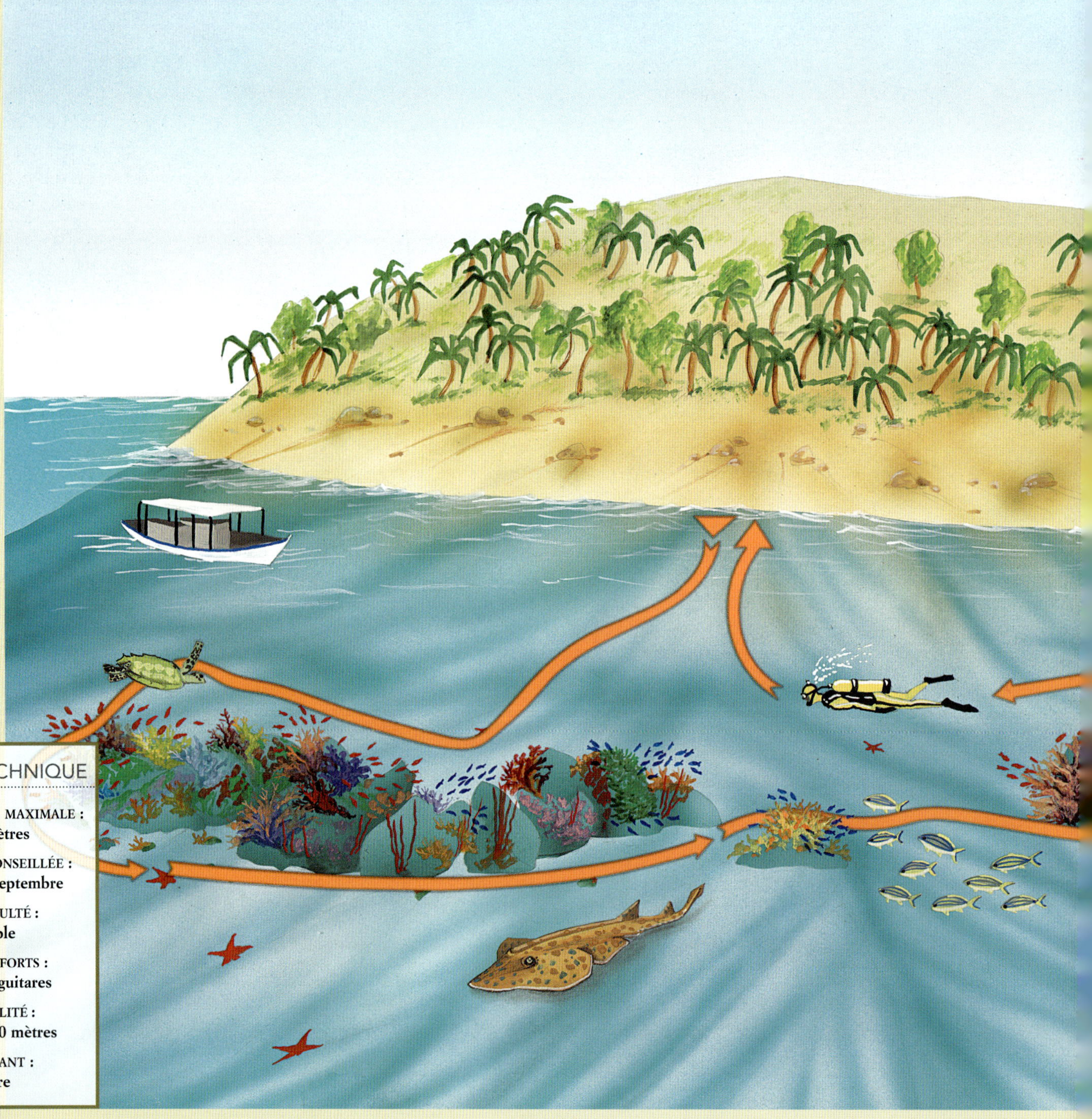

FICHE TECHNIQUE

Profondeur maximale :
20 mètres

Période conseillée :
de mai à septembre

Difficulté :
faible

Points forts :
requins-guitares

Visibilité :
plus de 20 mètres

Courant :
rare

Textes et photographies Egidio Trainito. Illustrations Domitilla Müller

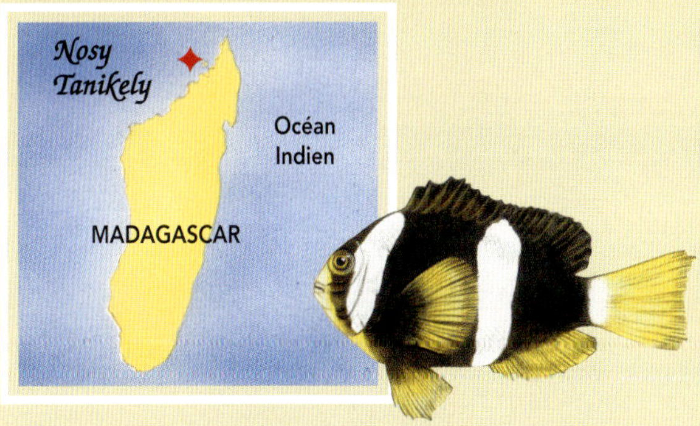

MADAGASCAR - NOSY BE
NOSY TANIKELY

Nosy Be est une localité touristique parmi les plus connues de Madagascar. Située au nord du pays, l'île (Nosy signifie «île») est entourée par de nombreuses autres, petites et grandes, que l'on peut atteindre en une journée, et par quelques archipels qui exigent plusieurs jours de croisière. À quelques minutes de bateau de l'île principale, l'îlot de Nosy Tanikely arbore sa végétation dense et ses plages blanches au cœur d'une petite zone protégée. Devant la plage principale où accostent les embarcations, on peut croiser parmi la végétation quelques caméléons et, dans l'eau, un superbe spot permet des rencontres sous-marines exceptionnelles.

171 en haut Le parc de Nosy Tanikely protège la petite île et la mer qui l'entoure. L'intérieur des terres est couvert d'une végétation touffue ; à l'est, la côte est plutôt rocailleuse tandis qu'à l'ouest, au point de départ des excursions sous-marines, s'étend une belle plage blanche.

171 en bas Les étoiles de mer de Linck (Protoreaster lincki) *affichent le motif typique de l'espèce et des épines rouges marquées. Ces étoiles apprécient les zones de sable et de débris dénudées entre les formations coralliennes, et elles se nourrissent sans doute surtout d'éponges.*

Vous pourrez démarrer directement de la plage pour découvrir, au bout de quelques mètres sur le sable, une vaste étendue de coraux qui ornent le paysage de 4 mètres jusqu'à 20 mètres, où ils cèdent la place à une nouvelle étendue de sable. Contournez la barrière de corail en vous dirigeant d'abord vers la partie la plus profonde pour remonter ensuite sur le bas-fond en quête du premier hôte de ces lieux. Dans les bancs de sable,

172 à gauche en haut
Un banc animé de vivaneaux (probablement Lutjanus lutjanus*) encercle le pied d'un gros buisson de corail noir (*Antipathes *sp.). Les colonies de corail noir adoptent la forme d'un buisson arborescent et atteignent jusqu'à 2 mètres de hauteur.*

172 à gauche en bas
Un groupe de lutjanidés évolue sereinement au-dessus de la silhouette d'un requin-guitare (Rhynchobatus djiddensis)*. Autour de Nosy Tanikely, les requins-guitares se posent sur le fond sableux qui sépare les récifs et se laissent volontiers approcher.*

entre les coraux, vous attendent des requins-guitares *(Rhynchobatus djiddensis)*, souvent en couple – mâle et femelle. Vous surprendrez peut-être leur silhouette tandis qu'ils arpentent le fond en quête d'un lieu de repos. Lorsque le requin-guitare est posé sur le fond, il suffit de l'approcher lentement, sans mouvement brusque, pour aller pratiquement le toucher, et en tous cas observer de très près la forme étrange de son corps et ses organes. Le museau, très pointu, avec deux grands yeux blancs extrêmement mobiles, qui embrassent tout le décor environnant, et, juste derrière les yeux, les énormes ouvertures qui dirigent l'eau vers les branchies. Ses nageoires pectorales correspondent au prolongement du triangle du nez tandis que les deux épines dorsales rappellent effectivement la caractéristique des requins, l'antérieure étant plus grande que la postérieure. La queue évoque une sorte de faux, et la livrée grise est éclairée de taches rondes dispersées çà et là sur le corps, avec le ventre clair.
Cette rencontre avec le requin-guitare rend à elle seule l'immersion exceptionnelle. Mais d'autres trésors de la barrière vous attendent. Vous croiserez certainement des tortues qui, assez timorées, évoluent entre les coraux et, en période de reproduction, déposent leurs œufs sur les plages de l'île. Vous verrez peut-être approcher des bancs de gros vivaneaux *(Lutjanus bohar)*, poissons blancs qui par dizaines se déplacent en mouvements parfaitement coordonnés, avec de brusques changements de direction. Entre les coraux de la barrière, où ondulent les ramifications des coraux noirs, évoluent des bancs compacts d'autres vivaneaux, plus petits, à la caractéristique livrée rayée de jaune. Des gaterins (*Plectorhinchus pictum* ou *flavomaculatus*) se réfugient dans les anfractuosités. Entre les grands éventails de gorgones, on croise aussi des rascasses ou des anémones et leurs poissons-clowns *(Amphiprion akallopisos)*. Avec un peu d'attention, vous remarquerez plusieurs espèces de nudibranches, de crabes et autres crustacés. Et une dernière curiosité à ne pas manquer : dans les zones libres entre les coraux ou sur le sable, vous apercevrez de superbes étoiles de mer de Linck *(Protoreaster lincki)*, parfois groupées, recouvertes de tubercules et de rayures de couleur rouge feu. Il s'agit d'une espèce typique de l'Afrique de l'Est, de Madagascar et de l'Australie occidentale, qui se nourrit probablement d'éponges.

172 à droite en haut
Le diagramme (Diagramma pictum) *se laisse approcher entre les coraux. Son milieu caractéristique est la zone sableuse entre les formations coralliennes, où il se nourrit d'invertébrés.*

172 à droite au centre
Une tortue nage sur la barrière entre les coraux à fouet ; sur son plastron, on aperçoit un rémora qui se laisse transporter. La tortue niche sur le sable des plages des îles de la région de Nosy Be.

172 à droite en bas Surpris, le crabe nageur déploie ses pinces de manière menaçante ; celle de droite, mutilée, témoigne de sa vie aventureuse.

173 Une rascasse déploie les rayons de ses nageoires pectorales et dorsales sur un fond de coraux durs et de grands éventails de gorgones. Cette espèce se nourrit de poissons et de crustacés qu'elle emprisonne dans ses nageoires.

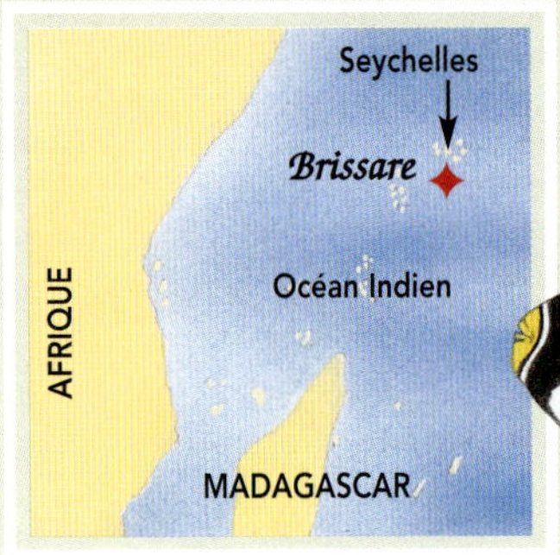

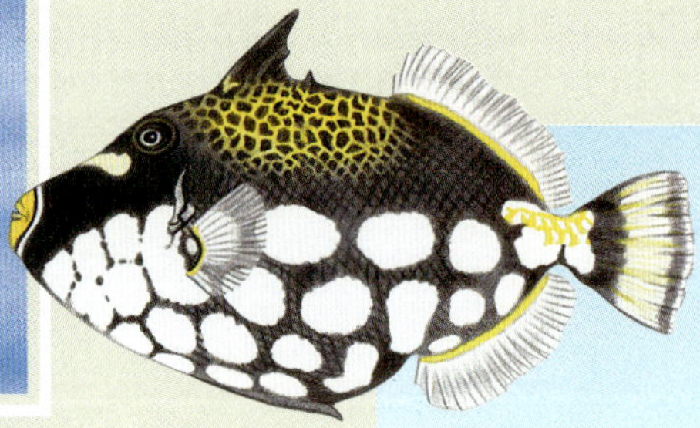

Textes et photographies Vincenzo Paolillo

SEYCHELLES - MAHÉ
BRISSARE

174 en haut Les rochers granitiques encerclés par une superbe végétation sont caractéristiques de cette région des Seychelles.

174 en bas Plages claires et roches granitiques aux formes insolites modelées par les intempéries au cours des millénaires composent le paysage typique des Seychelles.

Les Seychelles s'étendent sur un vaste plateau sous-marin qui monte des profondeurs de l'océan jusqu'à environ 30 à 35 mètres en dessous de la surface de la mer. Par conséquent, les plongées n'y sont jamais très profondes – elles n'excèdent pas 20 mètres –, ce qui les rend accessibles à tous les plongeurs. Pour autant, la vie pélagique y est intense et le paysage sous-marin assez original. La plupart des îles sont d'origine volcanique, formées d'énormes blocs de granit sur lesquels se développent des formations compactes de coraux et où prospèrent de nombreux animaux tropicaux. Ces fonds arborent un étrange mariage d'éléments relativement différents, un peu comme si un morceau de la Méditerranée avait été transporté dans une mer tropicale pour être colonisé par les espèces locales.

Illustrations Domitilla Müller

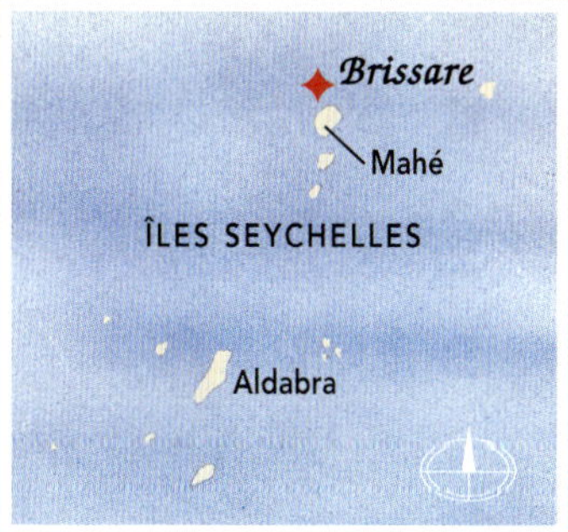

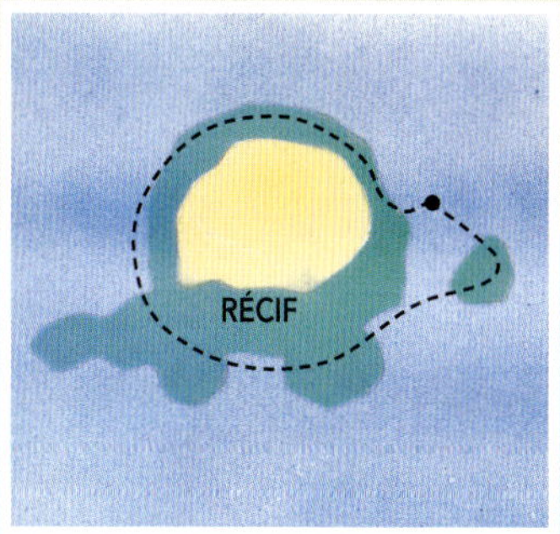

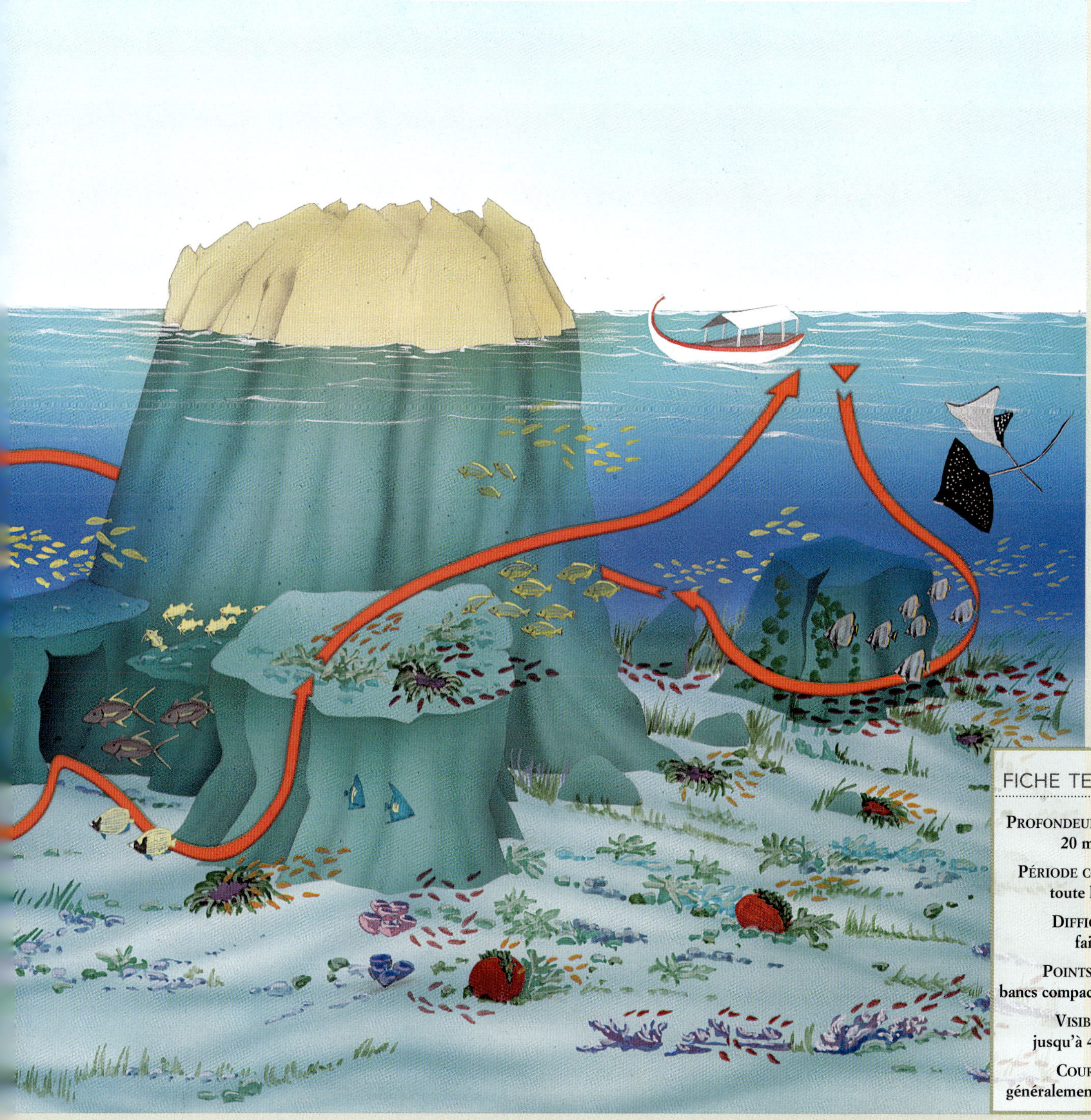

FICHE TECHNIQUE

PROFONDEUR MAXIMALE :
20 mètres

PÉRIODE CONSEILLÉE :
toute l'année

DIFFICULTÉ :
faible

POINTS FORTS :
bancs compacts de poissons

VISIBILITÉ :
jusqu'à 40 mètres

COURANT :
généralement assez faible

176 à gauche en haut À Brissare, les bancs serrés de vivaneaux colorés (Lutjanus *sp.) hantent les fonds rocheux.*

176 à droite en haut Une raie pastenague (Dasyatis *sp.), prête à détaler si le photographe s'approche de trop près.*

176 à gauche en bas Un beau poisson-ange (Pomacanthus semicirculatus) *fouille le récif.*

177 Ce poisson-clown (Amphiprion akallopisos) *présente deux parasites.*

L'un des spots les plus caractéristiques est celui de Brissare. Le rocher, qui doit son nom à une déformation du français «bizarre», s'élève comme une petite tour au milieu de la mer, à une trentaine de minutes de l'extrémité nord de Mahé, l'île principale de l'archipel.

La plongée n'est pas profonde, environ 18 à 20 mètres, et le rocher lui-même est assez petit – on peut donc facilement en faire le tour, d'autant que le courant n'est généralement pas très fort. Vous pénètrerez dans l'eau sur le versant sud, pour arriver directement sur un gros rocher au pied duquel stationne un banc de platax *(Platax tiera)*. Si vous regardez vers la surface, vous pourrez même repérer quelques timides aigles de mer. Continuez sur le flanc ouest, où les fissures du gros rocher abritent des nuées de poissons de verre *(Parapriacanthus guentheri)*, des mérous, des murènes et de superbes porcelaines-tigres *(Cypraea tigris)*. Sous l'un des rochers, un banc de quelque trente poissons-chats rayés *(Plotosus lineatus)* a élu domicile dans une cavité qui n'excède pas 1,5 mètre de longueur. À l'extrémité nord, d'énormes essaims jaunes dominent de gros rochers arrondis : il s'agit de bancs de mulets et de vivaneaux, le spectacle le plus courant de la région. Il n'y a ni gorgones ni coraux mous, mais les ravissantes algues constituent le mets favori des tortues imbriquées ou karets *(Eretmochelis imbricata)*. Les rochers cèdent la place de manière brutale au fond tapissé de coraux qui descend peu à peu vers le large.

À ce stade, il vaut mieux revenir le long du flanc est de Brissare, pour aborder la partie la plus intéressante de l'excursion. Le haut plateau se couvre d'une véritable prairie de corail «corne d'élan» au centre de laquelle il n'est pas inhabituel d'apercevoir des tortues en train de se sustenter et des poissons coralliens de toutes les espèces.

Mais c'est autour des rochers qui grimpent vers la surface que la vie est la plus animée, notamment entre les innombrables anémones de toutes les couleurs, mais appartenant toutes à l'espèce *Heteractis magnifica*, peuplées de poissons-clowns et de crabes-porcelaines *(Neopetrolisthes maculatus)*. Les poissons-clowns portent d'ailleurs parfois des parasites, sortes de tiques, un curieux phénomène qui mérite d'être signalé. Tandis que vous poursuivez votre exploration, vous croiserez d'autres nuées jaunes et bleues de poissons coralliens qui évoluent à la faveur du courant et s'écartent à votre approche : des surmulets sans tache *(Mulloidichthys vanicolensis)*, des vivaneaux soie *(Lutjanus lutjanus)*, des vivaneaux à raie bleue *(Lutjanus kasmira)*, des fusiliers *(Caesio xantonola)*, des gaterins rayés *(Plectorhynchus luneatus)*, des gros-yeux *(Priacanthus hamrur)*, des poissons-soldats rouges *(Myripristis murdjan)*, de petits mérous, des poissons-perroquets, des poissons-lunes, des poissons-scorpions et des espèces variées de poissons-anges, bref un véritable catalogue de poissons tropicaux, et en quantités exceptionnelles.

Avant de revenir à l'embarcation, allez admirer un phénomène insolite : un petit tunnel formé par deux roches parfaitement verticales, au fond de sable corallien et au toit carré. Il ne mesure qu'une dizaine de mètres de longueur, mais, alors que tout autour l'eau est calme, un fort courant parcourt l'intérieur, aspirant littéralement les gros carangidés.

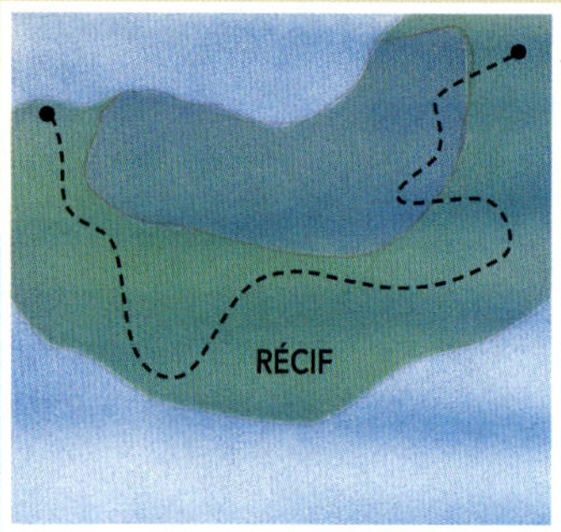

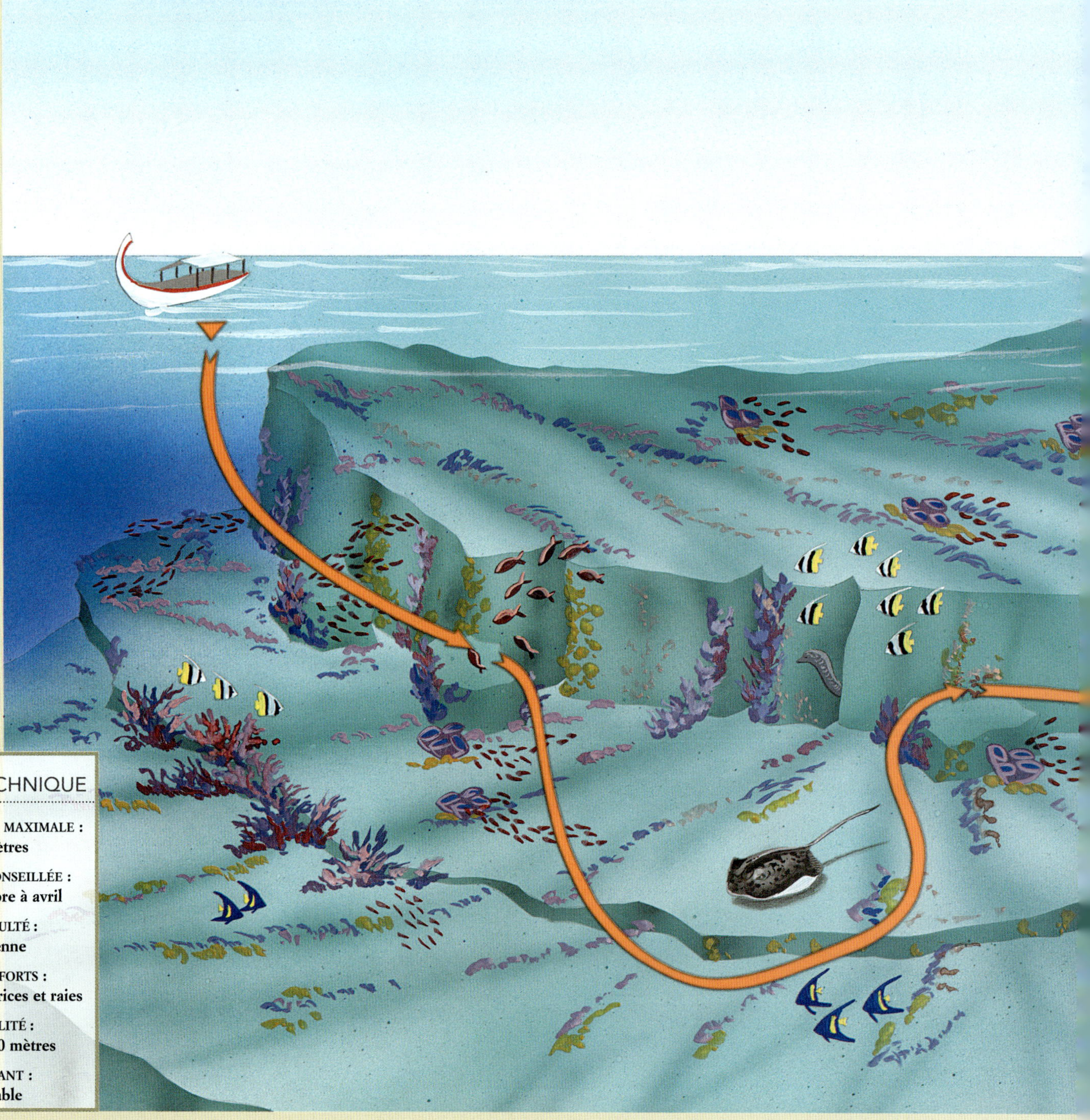

FICHE TECHNIQUE

Profondeur maximale :
35 mètres

Période conseillée :
de décembre à avril

Difficulté :
moyenne

Points forts :
requins-nourrices et raies

Visibilité :
jusqu'à 40 mètres

Courant :
variable

Textes et photographies Kurt Amsler. Illustrations Domitilla Müller

MALDIVES - ATOLL D'ARI
LUCKY HELL

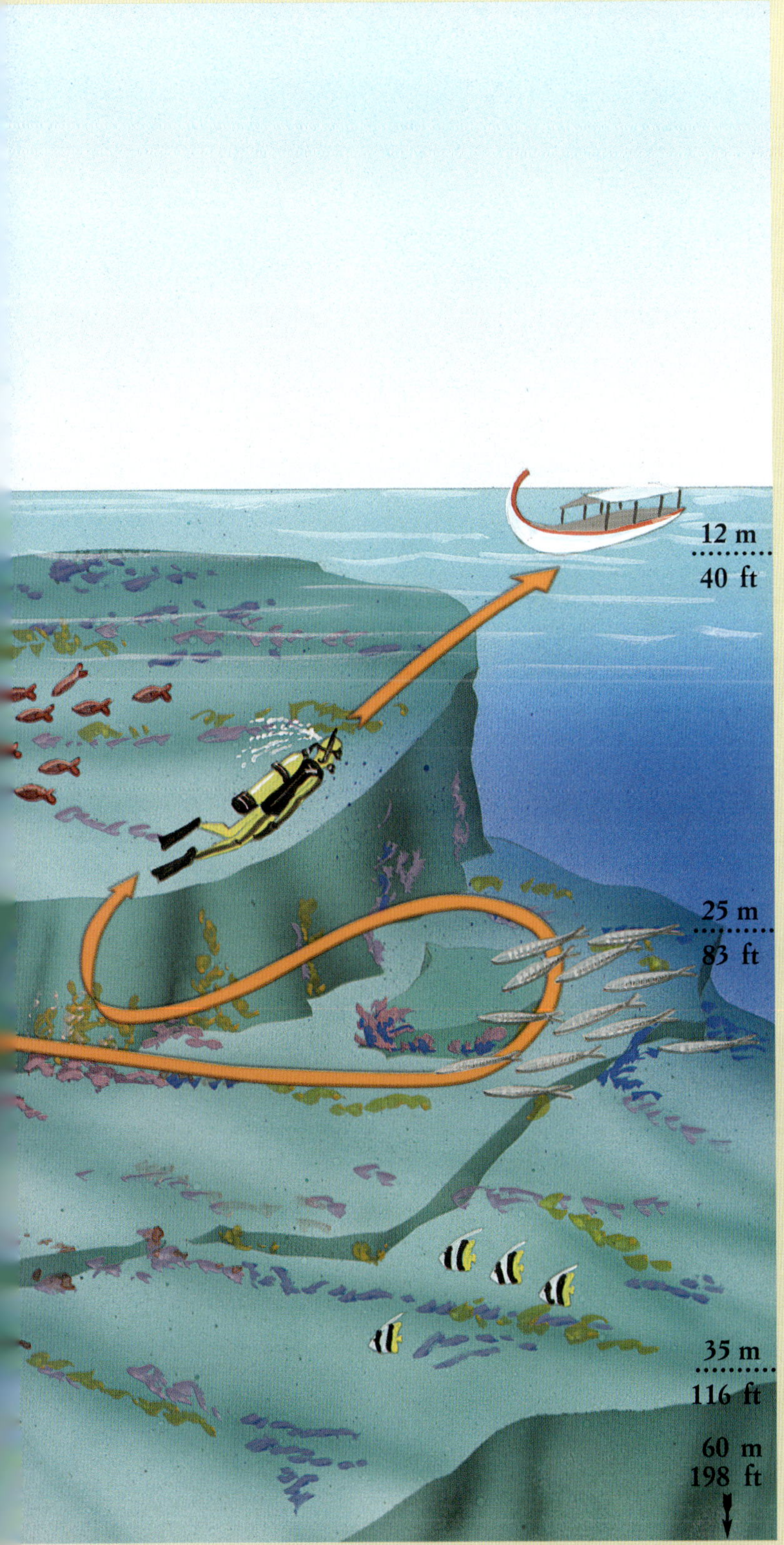

Lucky Hell se trouve dans la partie sud de l'atoll d'Ari, pas très loin des îles touristiques de Vilamendo, Lily Beach, Ranvelli, Machafushi, Vakarufali et Kudarah. De par sa position centrale, elle reçoit la visite de groupes de plongeurs qui séjournent dans les îles voisines, mais aussi de croisières. C'est une région où l'on

179 en haut Sur les saillies du récif, qui plonge à la verticale avant de former un surplomb, prolifèrent les alcyonaires de toutes les couleurs, du jaune au violet. Dans ce cas, les colonies ne sont pas étendues, peut-être en raison de l'absence de courant.

relève une importante concentration de coraux mous, avec peu d'équivalents dans les Maldives. Pour les plongeurs, l'atoll doit notamment son attrait aux «thila», énormes tours coralliennes qui s'élèvent depuis 40 mètres de profondeur jusqu'à la surface. Ainsi, Lucky Hell est un thila exceptionnel, non seulement pour ses tombants et ses saillies, mais aussi parce que les blocs de coraux voisins sont recouverts d'alcyonaires. Quant à Lucky Hell à proprement parler, il arbore la forme d'un «b» minuscule qui monte depuis 60 mètres sur le banc corallien externe jusqu'à 12 mètres de la surface de l'eau.

Le thila offre des spots fascinants, notamment sur le versant ouest où «Lucky Hell n° 2» est sans conteste le plus riche. Les parois abruptes du récif

179 en bas Les zones de barrière, qui fourmillent de vie et de couleurs, alternent avec des étendues de sable corallien où les coraux sont plus rares. Au premier plan, un bouquet d'alcyonaires très colorés.

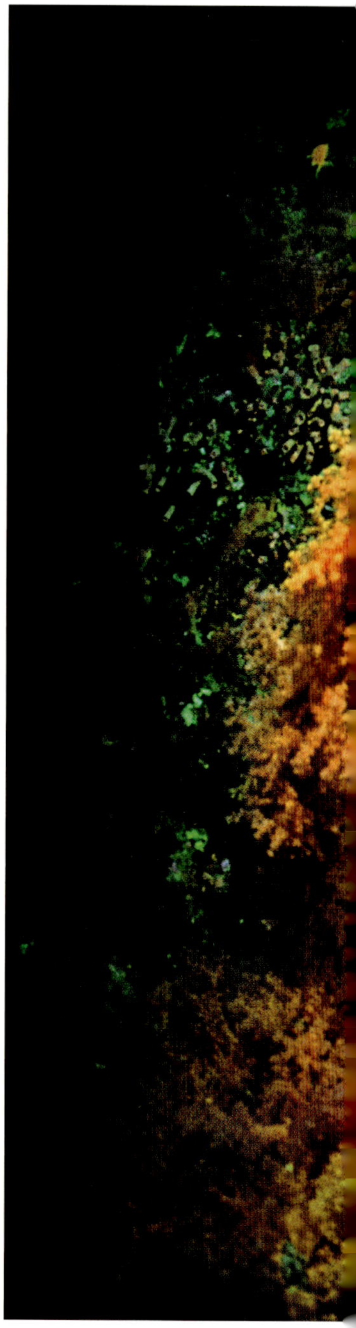

sont émaillées de nombreuses saillies et de petites grottes dont la surface est tapissée de coraux mous aux nuances rose pastel, orange et jaune. À une certaine distance du récif, plusieurs blocs de corail de faibles dimensions, entièrement recouverts d'alcyonaires et rythmés par de profondes fissures, interrompent le paysage, émergeant également de l'eau en trois angles relativement marqués. Sous les saillies vivent ceux qui préfèrent éviter la lumière directe du soleil : murènes, poissons-soldats et groupes de grogneurs. C'est aussi là que vous croiserez de grands poissons pélagiques. Durant la journée, les requins-nourrices se reposent volontiers dans les fissures – contrairement à leurs parents qui vivent au large, et qui doivent toujours être en mouvement afin de pouvoir respirer. Sous une fine couche de sable, souvent difficiles à repérer, se cachent de nombreuses raies. Entre les coraux, vous admirerez en outre tous les organismes marins caractéristiques des eaux des Maldives, en commençant par les poissons coralliens de toutes les formes et de toutes les couleurs, jusqu'aux carangues, aux barracudas et autres prédateurs qui rôdent autour du thila.

Pour rejoindre le spot, il faut patienter jusqu'à ce que le courant soit orienté du nord vers le sud, mais cela n'a pas vraiment d'impact sur le circuit de l'excursion sous-marine car les embarcations ne demeurent jamais immobiles au même emplacement, suivant plutôt les groupes de plongeurs pour les récupérer à l'endroit où ils émergeront. Depuis plusieurs années, les lois en vigueur dans les Maldives exigent que votre équipement comprenne une bouée de signalisation gonflable de manière à ce qui vous puissiez manifester votre présence à l'équipage de la barque lorsque vous vous éloignez trop du mouillage. Dans ces régions, lorsque la marée monte, la visibilité s'améliore d'autant et, selon la période de l'année, les conditions peuvent être excellentes. La topographie des fonds permet plusieurs types d'immersion, et les plongeurs confirmés pourront aller jusqu'à l'extrémité du haut plateau le plus profond – à environ 35 mètres – tandis que les autres se cantonneront à une profondeur de 22 à 25 mètres, le long du premier tombant. À cet endroit, la lumière du soleil est encore très intense et permet d'admirer un spectacle unique en matière de couleurs et de formes de vie. Dans l'ensemble, la partie la plus intéressante de la promenade tourne autour des gros blocs coralliens où vous pourrez déceler, déployées dans l'eau libre en plusieurs endroits, des branches de corail atteignant parfois plusieurs mètres de longueur. Autrefois, il s'agissait de coraux noirs vivants dont il ne subsiste à présent que le squelette entièrement colonisé par les coraux mous. Au terme de l'itinéraire, vous aurez encore le temps de flâner sur le sommet du banc de corail où la majeure partie des coraux proches de la surface sont morts en 1998, conséquence d'une augmentation néfaste de la température associée à une invasion bactérienne. Toutefois, l'endroit pullule de poissons : la prolifération des

180 à gauche en haut Une murène (Gymonothorax javanicus) *se laisse nettoyer par quatre crevettes nettoyeuses* (Urocardidella antonbruunii) *qui s'acquittent soigneusement de leur mission ; en échange, la murène ne les attaque pas.*

180 à gauche en bas Une bande de fusiliers à dos jaune (Caesio xanthonota) *nage au-dessus du récif. La nuit, la coloration de ces poissons peut se modifier radicalement pour virer au rouge.*

180 à droite en haut Un groupe de vivaneaux à raie bleue (Lutjanus kasmira) *se laisse approcher dans une anfractuosité de la barrière.*

180 à droite en bas Une image aux couleurs fortes : un essaim de faux-anthias rouges (Pseudanthias squamipinnis) *évolue devant une gorgone tandis qu'un mâle solitaire est visible au premier plan.*

180-181 La saillie du récif offre une position idéale aux grands alcyonaires dont les couleurs sont extrêmement variées.

algues sur les squelettes calcaires des coraux a, en effet, attiré de nombreux herbivores et le nombre de poissons y a augmenté de manière considérable avec, en conséquence, un accroissement du nombre de prédateurs. Les blocs de corail plus petits du haut plateau sont recouverts d'alcyonaires, mais aussi de grandes éponges de toutes formes et couleurs. Aussi loin que porte le regard, vous découvrirez de superbes crinoïdes – lorsque le courant se fait moins fort, en plein jour, ils déploient leurs tentacules afin de capter la plus grande quantité possible de plancton. Sous les blocs de corail et autour, vous rencontrerez enfin également de nombreuses rascasses et des spécimens de carangidés noirs. Lorsque le courant est trop fort, vous risquez d'être poussé à environ 5 mètres de profondeur, et il faut laisser la bouée de signalisation émerger. En dérivant ainsi dans le bleu, vous aurez certainement la chance de faire des rencontres inattendues et spectaculaires. C'est ainsi que vous pourriez vous trouver brusquement entouré de gigantesques bancs de carangues ou vous heurter aux évolutions des raies mantas et des aigles de mer. Vous apercevrez peut-être aussi de petits requins gris et des requins à pointe blanche, voire, lorsque le plancton est abondant, de grands requins-baleines.

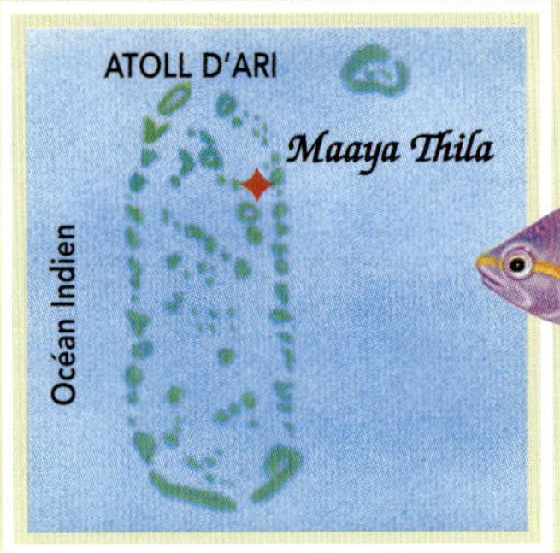

Textes et photographies Vincenzo Paolillo

MALDIVES - ATOLL D'ARI

MAAYA THILA

Dans la langue dhivehi, le mot «thila» désigne, comme nous l'avons vu, un haut fond isolé qui émerge en pleine mer. Maaya Thila, au sein de l'atoll d'Ari, est l'un de ces îlots, formation corallienne qui émerge d'un plateau de 30 à 45 mètres de profondeur pour s'approcher à 6 mètres de la surface. Ici, l'immersion dépend étroitement du courant : lorsque celui-ci est trop fort, il vaut mieux renoncer car vous seriez contraint de vous appuyer sur les formations

182 en haut La vue d'avion permet de mieux goûter le fascinant paysage marin.

182 en bas Voici l'un des nombreux villages touristiques et stations balnéaires qui équipent l'atoll d'Ari.

Illustrations Domitilla Müller

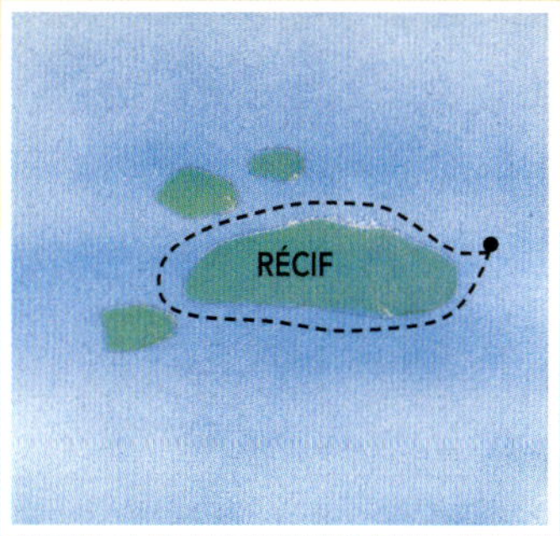

FICHE TECHNIQUE

Profondeur maximale :
30 mètres

Période conseillée :
de décembre à avril

Difficulté :
moyenne

Points forts :
requins et raies mantas

Visibilité :
jusqu'à 40 mètres

Courant :
parfois très fort

184-185 Le point fort de la plongée vient des bancs colorés de poissons tropicaux – ici des vivaneaux à raie bleue (Lutjanus kasmira).

185 à gauche en haut Remarquez, au-dessus de votre tête, de gros poissons pélagiques comme les requins et les aigles de mer-léopards (Aetobatus narinari).

185 à gauche en bas Un groupe compact de gaterins orientaux (Plectorhynchus orientalis) *a trouvé refuge dans une cavité de la formation de madrépores.*

185 à droite en haut Un bel éventail de gorgones se déploie vers le large.

185 à droite en bas Cette rascasse rayonnée (Pterois radiata) *arbore une livrée richement colorée.*

coralliennes, au risque de les endommager. Lorsque le courant est modéré, il convient de démarrer en sens contraire pour terminer l'excursion à la faveur du flux. En général, la mise à l'eau se fait à la pointe orientale pour progresser dans le sens contraire des aiguilles d'une montre. Comme le récif n'est pas très vaste, à moins que l'on ne choisisse de descendre en profondeur ou de s'arrêter longuement en route, comme le font souvent les photographes, il n'y a aucune difficulté à parcourir tout le circuit du début jusqu'à la fin.

La partie la plus intéressante se trouve sur le flanc nord. Vous descendrez rapidement sur le plateau où stationnent de grosses raies pastenagues *(Taeniura melanospilos)*. En levant les yeux, vous apercevrez quelques requins gris *(Carcharhinus amblyrhynchos)*, d'énormes poissons Napoléon *(Cheilinus undulatus)*, des tortues de mer imbriquées *(Eretmochelis imbricata)* et des aigles de mer-léopards *(Aetobatus narinari)*. Sur le plateau émergent de petites falaises, éperons autour desquels évoluent des bancs compacts de vivaneaux à raie bleue *(Lutjanus kasmira)*, de gros-yeux *(Priacanthus hamrur)* et de platax *(Platax teira)*.

En continuant vers l'ouest, vous croiserez un «champignon» de dimensions remarquables qui descend à près de 25 mètres de profondeur, avec un banc de vivaneaux et, à son sommet, quelques splendides actinies peuplées de poissons-clowns (*Amphiprion* sp.). Le versant sud est plus accidenté, avec des rochers et des fissures dans lesquelles vous dénicherez des poissons-soldats *(Myripristis vittata)*. En revenant vers la face est, vous rencontrerez d'autres superbes rameaux de gorgones, à éventail et à fouet, d'énormes balistes *Balestoides viridescens* et à pointes jaunes *(Pseudobalistes flavimarginatus)* occupés à couver leurs œufs, ou, sous une arche de corail, un banc de gaterins orientaux *(Plectorhinchus orientalis)*.

En regardant vers le large, vous repérerez de grandes raies mantas *(Manta birostris)* et, à la saison voulue, des requins-baleines *(Rhincodon typus)*. Car tout l'attrait de ce spot réside dans la diversité des rencontres...

186 en haut à gauche
Il n'est guère aisé de s'approcher des empereurs bossus (Monotaxis grandoculis) *pour les photographier.*

186 en haut à droite Sur les mamelons qui entourent le grand sec se développent des gorgones de petite taille.

186 au centre À l'approche du photographe, une superbe raie pastenague (Taeniura melanospilos) *s'éloigne avec nonchalance, abandonnant sa cachette sous le sable.*

186 en bas On trouve au pied du sec quelques belles grottes qui regorgent de poissons de verre (Parapriacanthus guentheri).

186-187 Une concentration exceptionnelle de poissons-clowns (Amphiprion nigripes) *pour une seule actinie!*

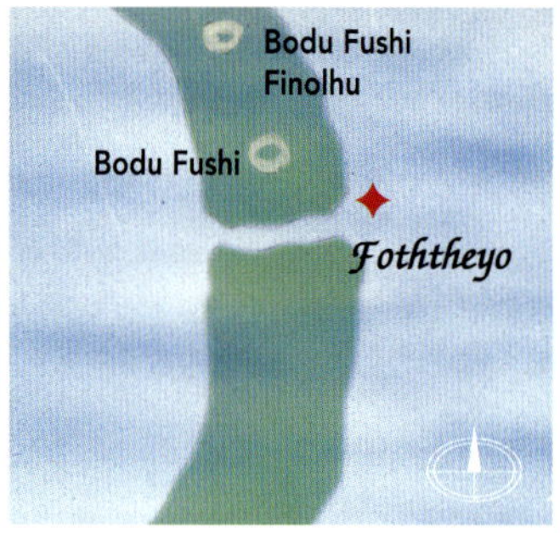

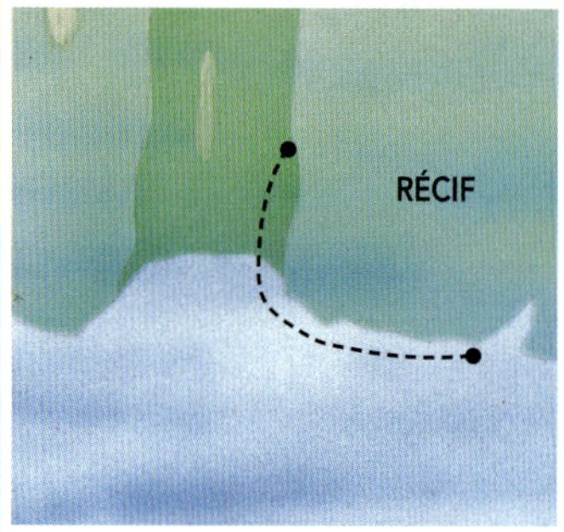

Textes et photographies Kurt Amsler

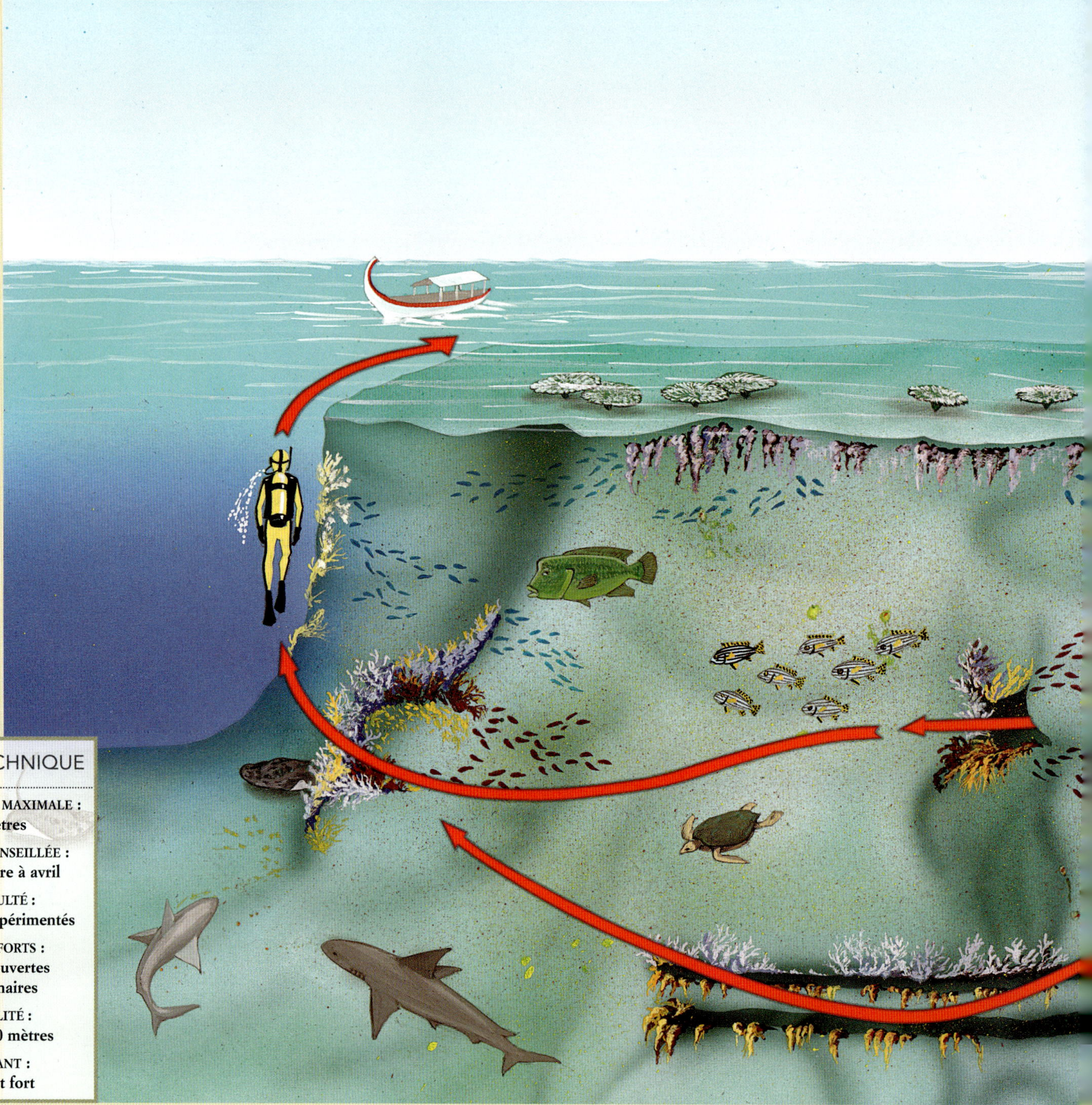

FICHE TECHNIQUE

Profondeur maximale :
35 mètres

Période conseillée :
de décembre à avril

Difficulté :
plongeurs expérimentés

Points forts :
arches couvertes d'alcyonaires

Visibilité :
jusqu'à 40 mètres

Courant :
souvent fort

Illustrations Domitilla Müller

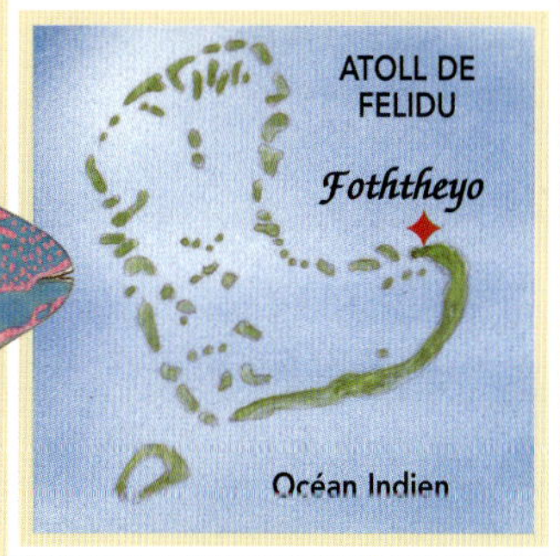

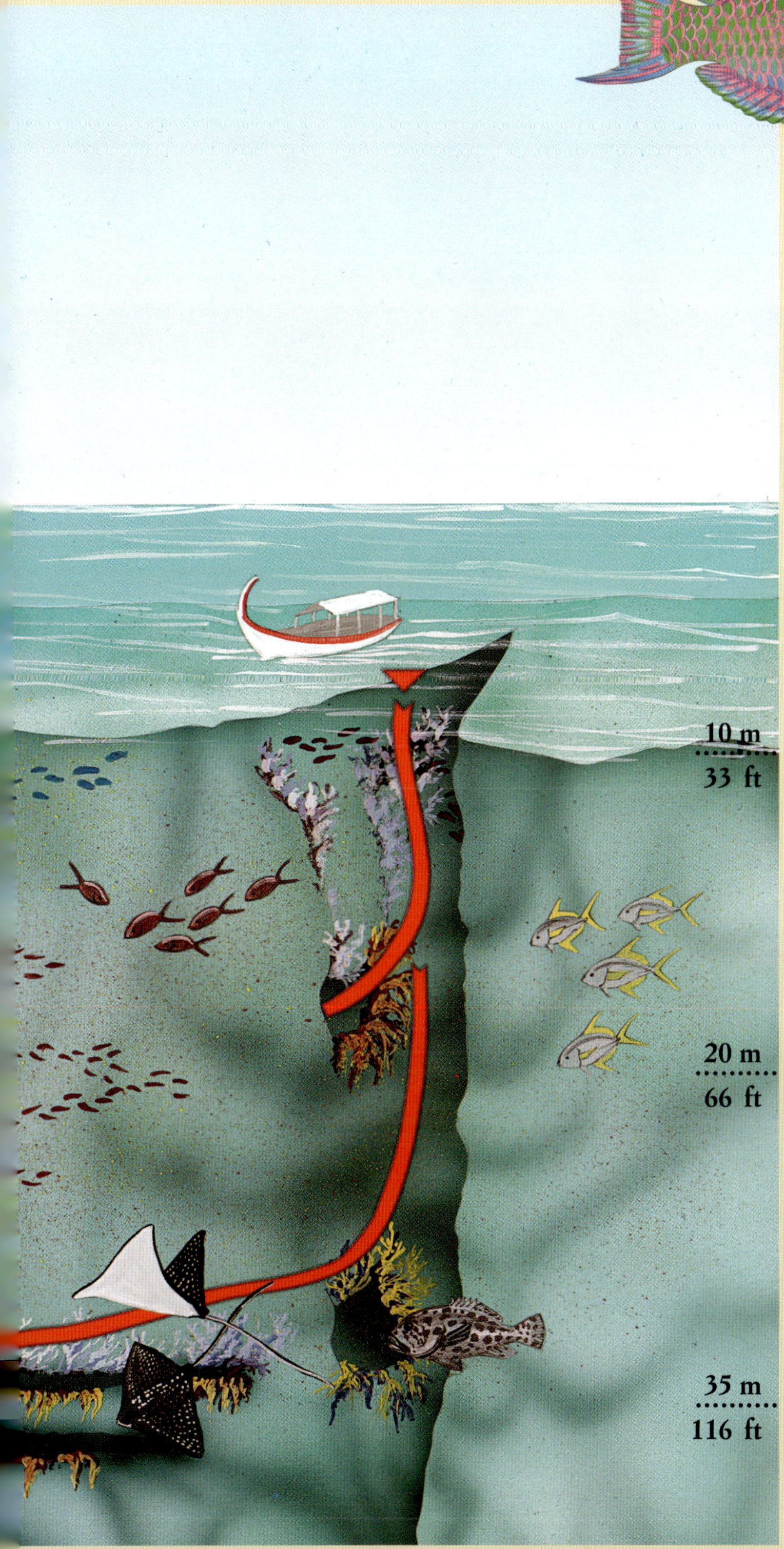

MALDIVES - ATOLL DE FELIDU
FOTHTHEYO

Parois abruptes, grottes et saillies possèdent des attraits irrésistibles pour le plongeur, que ce soit en raison de la grande diversité de la faune et de la flore, ou parce qu'elles abritent des organismes que l'on ne rencontre que très rarement dans les zones mieux éclairées par le soleil. Foththeyo, dans les Maldives, est l'un de ces paradis, plus précisément dans la partie orientale du récif externe de l'atoll de Felidu. C'est là qu'arrivent les principaux bateaux de croisière qui opèrent dans les mers méridionales des Maldives ; et les clubs de plongée situés à l'extrémité sud de l'atoll de Malé organisent des excursions journalières.

L'immense banc de corail qui forme le périmètre de l'atoll est coupé par un canal qui s'ouvre sur une lagune et dont les eaux tranquilles abritent souvent les navires pour la nuit. De là, il suffit de quelques minutes pour atteindre le spot, l'un des

189 Le récif de Foththeyo regorge de cavités à l'intérieur desquelles prolifèrent les alcyonaires de toutes les couleurs. Sur la photo, ils sont plutôt clairs, et les teintes soutenues de la paroi correspondent à celles des éponges et des madrépores.

plus beaux et des plus intéressants des Maldives. Le paysage sous-marin mérite toutes les louanges : au milieu du canal, face au large, se dresse un gigantesque thila qui, 10 mètres en dessous de la surface, plonge brutalement vers les abysses. À 35-40 mètres de profondeur, la paroi de corail rejoint le canal, formant des grottes et des passages regorgeant de coraux, d'alcyonaires et d'innombrables poissons. L'immersion à Foththeyo vous offrira ainsi une expérience inoubliable, avec son monde sous-marin varié et ses paysages plus fascinants les uns que les autres.

Vous devrez vous approcher de la paroi de la passe en suivant les mouvement des marées pour vous laisser porter par les eaux qui proviennent des profondeurs du large – il est donc indispensable de veiller au bon calibrage du lest et de surveiller le niveau. En général, les plongeurs doivent disposer d'une solide expérience et d'une bonne préparation technique afin de plonger en toute sécurité dans ces lieux. Dans tous les cas, la promenade ne commence que lorsque la marée se fait sentir, dans une eau claire et bleue. Au sortir de l'eau, vous vous ferez confortablement remorquer sur le thila jusqu'à l'abri de la lagune et, lorsque la mer se retirera avec la marée, vous n'aurez qu'à traverser les vastes bancs de sable pour vous glisser dans le canal.

Les parois abruptes sont tapissées d'alcyonaires. Dans les Maldives, les sites comparables à cet atoll sont rares, car c'est là que domine une variété spécifique de corail mou dont la couleur blanche compose un superbe contraste avec le bleu turquoise de l'eau. Les poissons, nombreux et des plus variés, comptent par exemple les gros requins gris de roche *(Carcharhinus amblyrhynchos)* et les requins à pointe blanche *(Triaenodon obesus)*, mais aussi les colonies d'élégants aigles de mer-léopards *(Aetobatus narinari)*. Depuis des années, ces eaux sont également hantées par un mérou géant (*Epinephelus* sp.) dont la taille

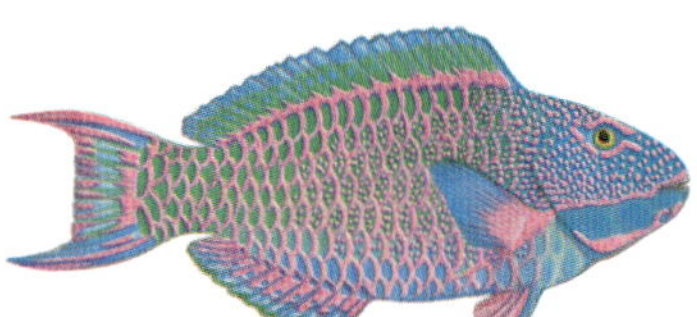

190 en haut Les branches massives de cette gorgone contrastent avec la finesse de ses éventails. Melithaea *sp. est un genre très répandu sur les tombants exposés au courant.*

190 au centre Contrairement aux gorgones, les alcyonaires ne possèdent pas de squelette. Dans ce groupe, les octocoraux sont dotés de polypes avec huit tentacules palmés.

190 en bas Ce poisson-scorpion ou rascasse volante (Pterois volitans) *aux nageoires tendues dans le courant évoque un aigle suspendu dans le bleu.*

190-191 Le paysage du spot est extrêmement varié, avec des anfractuosités, des aiguilles et des terrasses. Grâce à la présence de forts courants, les alcyonaires y atteignent des dimensions remarquables.

192 à gauche en haut Un groupe de carangues gros-yeux (Caranx sexfasciatus) *se trouve à proximité d'un plongeur : les adultes se rassemblent en groupes, pendant que les petits restent prudemment en retrait.*

193 à gauche en bas La raie manta (Manta birostris) *nage en poussant l'eau vers sa bouche avec ses deux appendices frontaux. Les raies mantas, qui se nourrissent de plancton, sont souvent suivies par d'autres poissons et accompagnées de nombreux rémoras.*

193 à droite en haut Un mérou des coraux attend que la petite crevette posée sur sa mandibule termine son travail de nettoyage. La fonction des nettoyeurs est très importante pour les poissons de barrière.

193 à droite en bas Une tortue nage au-dessus du récif. Contrairement aux tortues terrestres, les tortues marines ne sont pas capables de rentrer le cou et les membres dans leur cuirasse formée par la carapace et le plastron.

dépasse celle d'un homme adulte. Il passera en se tenant à une distance de sécurité d'une dizaine de mètres avec son cortège de rémoras, offrant aux plongeurs ébahis un des moments les plus émouvants de leur carrière.

Le même haut plateau corallien est fréquenté par un banc de carangues (*Caranx* sp.), qui, à chaque mouvement, lance dans le bleu des lueurs scintillantes qui attirent l'attention sur une petite merveille naturelle : une arche d'une vingtaine de mètres de hauteur, entièrement recouverte de madrépores et d'alcyonaires, sous laquelle vous passerez à la nage. Toutefois, la prudence reste de mise car les parois et les plafonds sont tapissés de coraux violets extrêmement fragiles – il est donc indispensable de maîtriser vos mouvements et votre assiette.

Le spectacle des fonds de Fotheyo est unique, ne serait-ce qu'en raison de la présence des magnifiques alcyonaires qui dégringolent des parois comme autant de cascades aux délicates nuances blanc à jaune clair, rose à orangé. Sans parler des coraux durs, qui alternent sur les parois du canal et dans les grottes, dans une belle explosion de couleurs et de formes. Dans la journée, le soleil illumine la paroi, mais, dans l'après-midi, il éclaire le banc de corail par le haut ou par l'arrière, introduisant des jeux d'ombres et de lumière qui modifient encore le paysage. Tout autour, la vie se poursuit avec la frénésie caractéristique des fonds tropicaux, dans un continuel scintillement de lueurs qui anime le bleu uniforme de la mer.

192-193 Sur le sommet du récif, où cohabitent toutes sortes d'organismes, certaines gorgones (probablement Siphonogorgia *sp.) s'élèvent au-dessus des autres habitants pour mieux profiter du courant. Ici, un plongeur passe derrière une énorme gorgone qui accueille une dizaine de crinoïdes ; ces animaux apprécient la position surélevée de la gorgone qui leur facilite la récolte de la nourriture.*

Textes et photographies Roberto Rinaldi

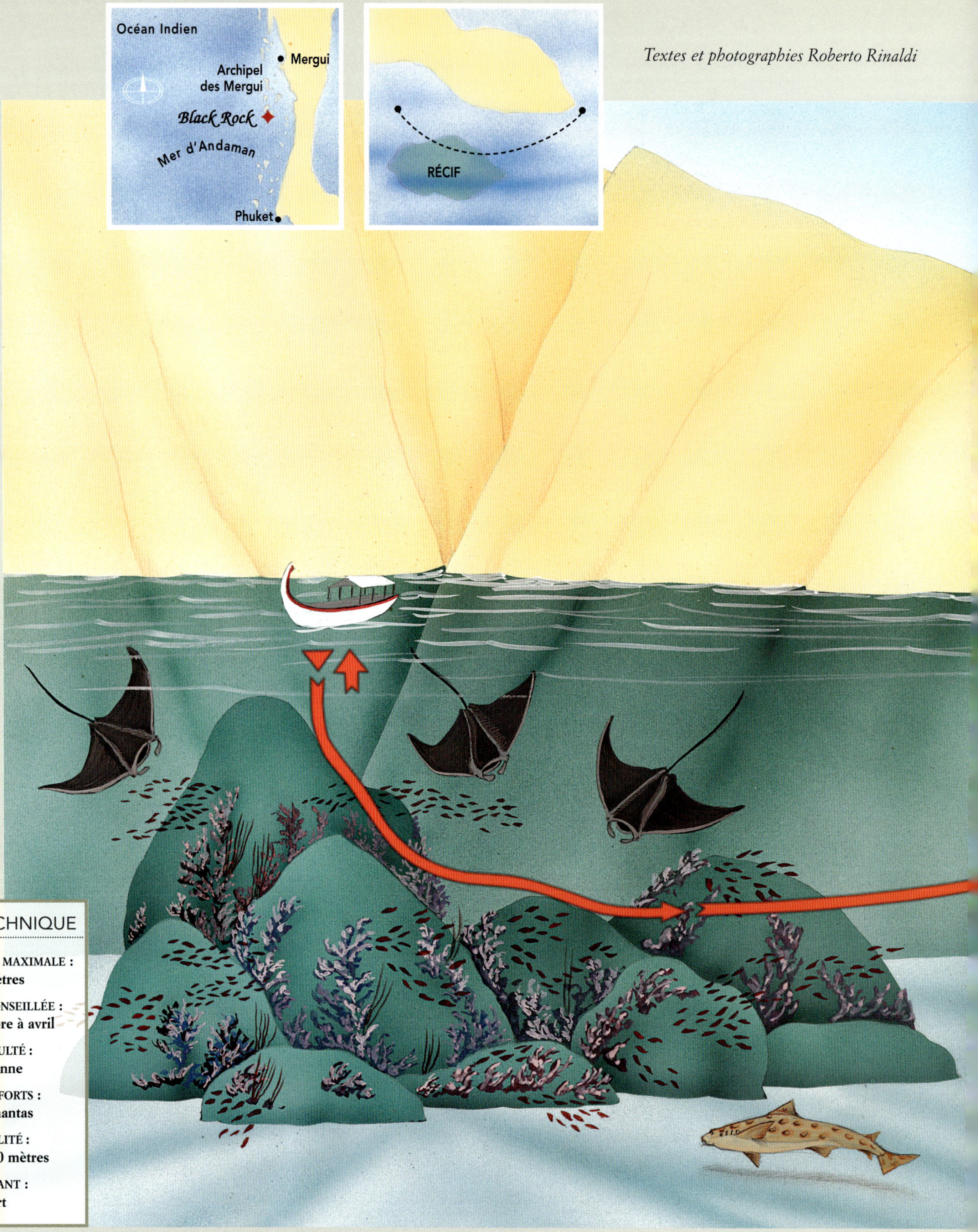

FICHE TECHNIQUE

PROFONDEUR MAXIMALE :
40 mètres

PÉRIODE CONSEILLÉE :
de décembre à avril

DIFFICULTÉ :
moyenne

POINTS FORTS :
raies mantas

VISIBILITÉ :
jusqu'à 20 mètres

COURANT :
fort

Illustrations Domitilla Müller

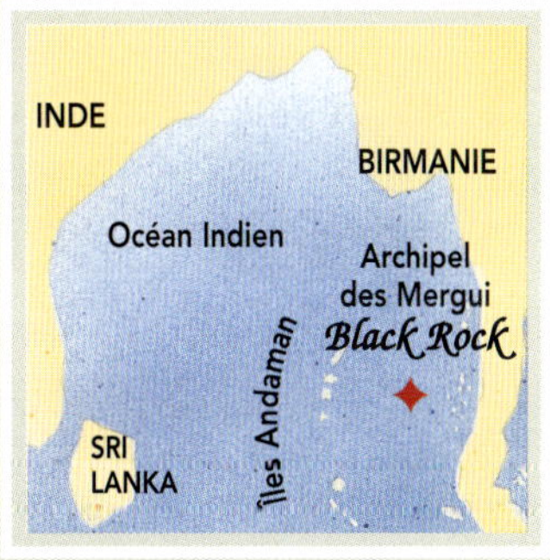

BIRMANIE - ARCHIPEL DES MERGUI
BLACK ROCK

195 en haut Sur les fonds de Black Rock, chaque plongée est un enchantement. Le courant charie d'abondantes substances nutritives qui font ici le bonheur d'une nuée de castagnoles.

195 en bas Toutes les îles de l'archipel des Mergui sont des blocs de roche qui plongent à pic dans la mer, mais certaines, plus douces, sont couvertes de végétation tropicale luxuriante et bordées de sable clair.

Dans l'océan Indien, la mer d'Andaman est bien connue par les passionnés de plongée, et l'île de Phuket constitue le point de départ vers de magnifiques balades autour de plusieurs rochers et îlots situés au large. Certes, les eaux sont plutôt troubles, mais elles regorgent de vie. Plus loin, en pleine mer, les petits dômes de granit à la végétation tropicale luxuriante des îles Similan possèdent des paysages sous-marins spectaculaires, et l'eau y est souvent cristalline. Enfin, au nord, la côte de la mystérieuse Birmanie s'orne d'une myriade d'îles qui prennent leur origine sur un bas-fond qui s'éloigne sur plusieurs kilomètres vers la haute

mer. Ne serait-ce que par le nombre d'îles dont il est formé, l'archipel des Mergui attire irrésistiblement les plongeurs depuis que la Birmanie a de nouveau ouvert ses frontières aux touristes. De même, le fait que le bateau constitue le seul moyen pour aller explorer ces fonds birmans de la mer d'Andaman joue un rôle capital dans cet attrait pour une zone encore assez peu fréquentée. D'ailleurs, «explorer» est bien le mot juste, car on en sait encore peu sur les fonds de ces innombrables îles et îlots de l'archipel.
Récemment, on a repéré plusieurs spots qui méritent le détour, mais les embarcations emportent

encore aujourd'hui des amateurs d'aventure dans des fonds vierges et inexplorés. Le Black Rock, situé sur le versant ouest de l'archipel, est un des spots découverts depuis déjà quelque temps. Le rocher, qui s'avance vers la haute mer, ne mérite pas vraiment le nom d'île : c'est une simple aiguille de roche sombre qui émerge de l'océan sur quelques dizaines de mètres et qui s'appuie sur un fond d'une quarantaine de mètres, plutôt

196 en haut Une grande raie manta (Manta hamiltoni) *tournoie au-dessus de nos têtes tandis que nous admirons une paroi d'alcyonaires et un petit groupe d'anthias roses. Avec les raies mantas, ils composent une image courante dans les eaux de Black Rock.*

196 en bas Après quelques minutes passées à bonne distance, les raies mantas, plus confiantes, commencent à s'approcher de nous. Remarquez sous le ventre de celle-ci un petit groupe de rémoras (Echeneis naucrates) *dont la tête fait office de ventouse.*

196-197 De souples alcyonaires (Dendronephthya *sp.) couvrent les grands rochers qui s'appuient sur le fond sableux au pied de Black Rock. Les corolles jaunes de* Tubastrea *jaillissent dans le festival de couleurs.*

197 en bas *Admirez la délicate coloration d'une étoile de mer et des alcyonaires qui ont trouvé un terrain idéal pour se développer sur cette portion du fond de Black Rock.*

plat et sablonneux. Une seule immersion ne suffira sans doute pas pour accomplir toute la visite, d'autant que les courants y sont assez intenses. Certes, vous pourrez en faire le tour complet en procédant en deux fois, mais vous resterez certainement sur votre faim, et vous n'aurez de cesse d'y retourner pour continuer l'exploration de ses stupéfiants décors.

Dès votre arrivée en barque à proximité du rocher, vous serez accueillis par de spectaculaires sauts de raies mantas *(Manta birostris)* qui sortent entièrement de l'eau pour retomber à grands bruits en soulevant de gros paquets de mer. Une fois le calme revenu, vous pourrez vous apprêter à pénétrer dans l'eau – les raies mantas auront apparemment disparu vers le large – pour vous laisser surprendre par les couleurs et l'animation des parois. Comme ailleurs sur les fonds de l'archipel, vous vous retrouverez devant des rochers entièrement couverts d'alcyonaires de toutes les couleurs, de petite taille, mais qui tapissent le moindre centimètre carré. Vous observerez également des gorgones de grande taille et de couleurs vives qui dégringolent des rochers, et des dizaines et des dizaines de grappes de crinoïdes. Brusquement, vous apercevrez peut-être du coin de l'œil un disque volant qui paraîtra se précipiter sur vous… ce pourrait être une énorme raie qui passe à un mètre de votre tête. Et ce n'est-là que le début d'un spectacle à couper le souffle que vous pourriez admirer pendant plusieurs jours et en plongeant trois ou quatre fois par jour : que l'eau soit bleue et limpide ou verte et lourde, les raies viennent tournoyer, par deux ou par trois, escortées parfois par une quantité stupéfiante de rémoras de gigantesques proportions. Inutile d'essayer de vous en approcher, ce sont elles qui viendront

197 en haut *La paroi de la falaise principale est tapissée de gorgones qui se déploient vers la haute mer en quête de substances nutritives portées par le courant. Parmi les éventails, observez de nombreuses colonies de* Tubastrea *qui s'ouvrent la nuit.*

197 au centre *En s'éloignant des parois de Black Rock, les éboulis de rochers qui émergent du sable sont plus rares et plus petits, et généralement couverts d'innombrables crinoïdes.*

spontanément vers vous, jusqu'à quelques centimètres. Parfois, vous tomberez sur les raies dès que vous aurez mis la tête sous l'eau ; d'autres fois, elles n'apparaîtront qu'en fin de parcours. Et jamais elles n'ont donné l'impression de préférer une partie du circuit plutôt qu'une autre.

À chaque immersion, l'itinéraire qui permet d'explorer les rochers situés légèrement en deçà de la paroi dépend de la présence et de la direction du courant. Dans tous les cas, la promenade autour de Black Rock reste superbe, d'autant plus qu'il s'agit d'un spot encore peu fréquenté où les surprises sont nombreuses et variées.

199 Un grand éventail de gorgone s'élève depuis les roches du fond couvertes d'alcyonaires ; il s'agit de Melithaea squamata, *une des plus belles gorgones des tropiques.*

198 à gauche en haut La lumière de la torche du plongeur ne rend pas tout à fait justice aux brillantes couleurs des alcyonaires qui peuplent les riches fonds de Black Rock.

*198 à gauche au centre Une grande seiche (*Sepia *sp.) se fond dans le décor d'alcyonaires. La lumière de la torche du plongeur la trahit cependant, mais elle reste immobile, peu confiante en son mimétisme.*

198 à gauche en bas Un requin-léopard (Stegostoma fasciatum) *immobile sur le fond sablonneux.*

198 à droite en haut Le courant change très vite, poussant parfois la masse d'eau verte et épaisse aussi rapidement que le vent chasse les nuages, et laisse une eau parfaitement limpide.

198 à droite en bas Pour survivre, ce poisson-scorpion (Scorpaenopsis *sp.) utilise son mimétisme, un talent qui lui permet de passer pratiquement inaperçu dans le paysage.*

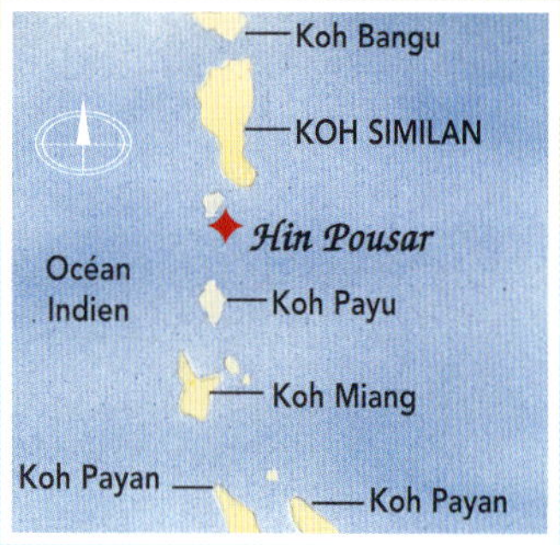

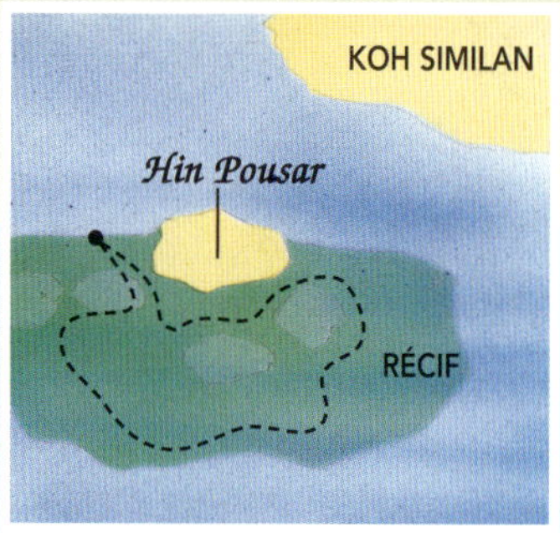

Textes et photographies Egidio Trainito

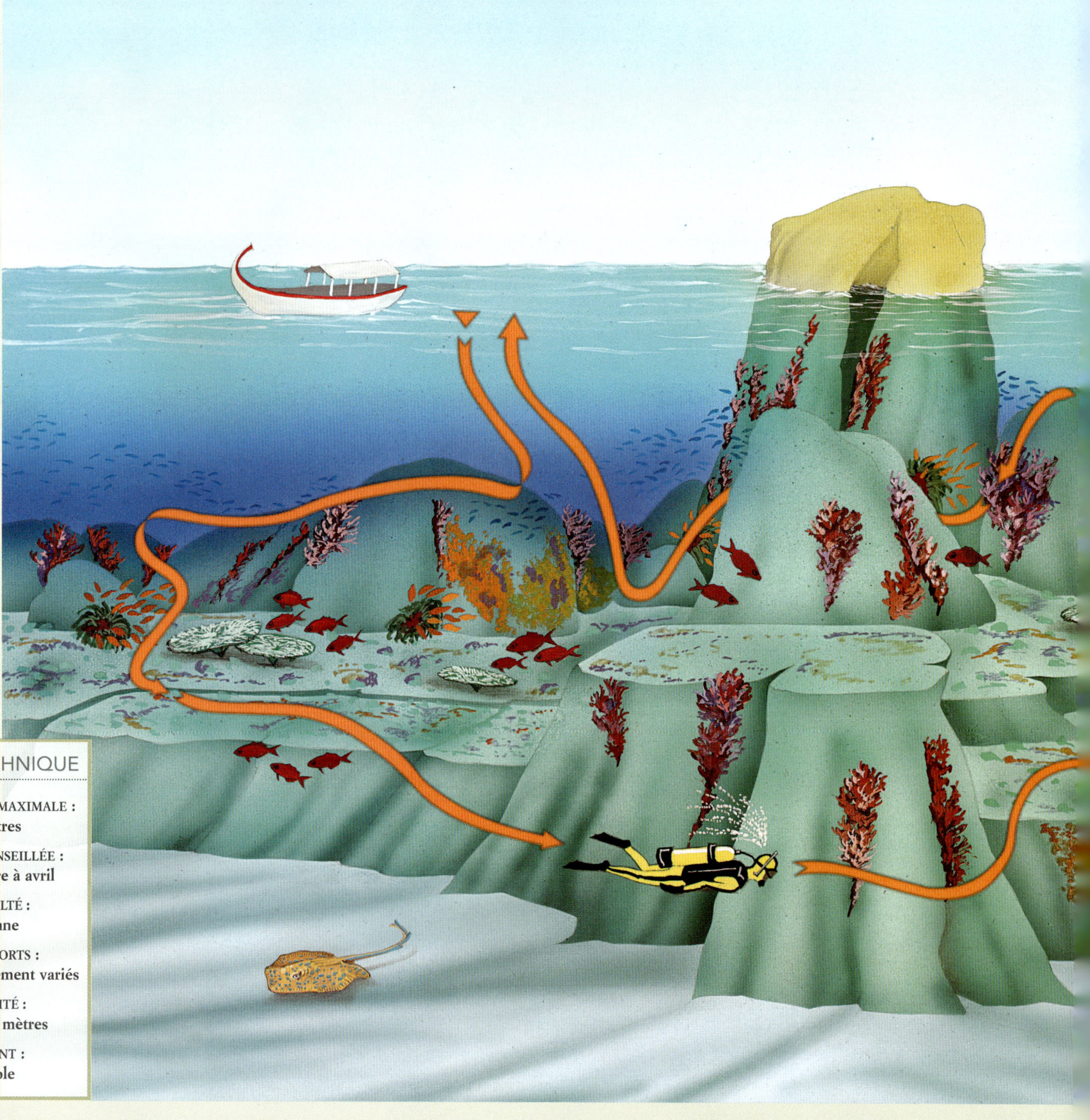

FICHE TECHNIQUE

Profondeur maximale :
25 mètres

Période conseillée :
de décembre à avril

Difficulté :
moyenne

Points forts :
décors extrêmement variés

Visibilité :
plus de 30 mètres

Courant :
variable

Illustrations Domitilla Müller

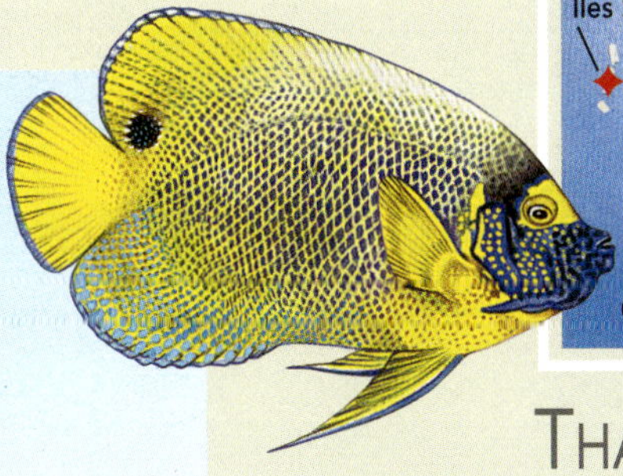

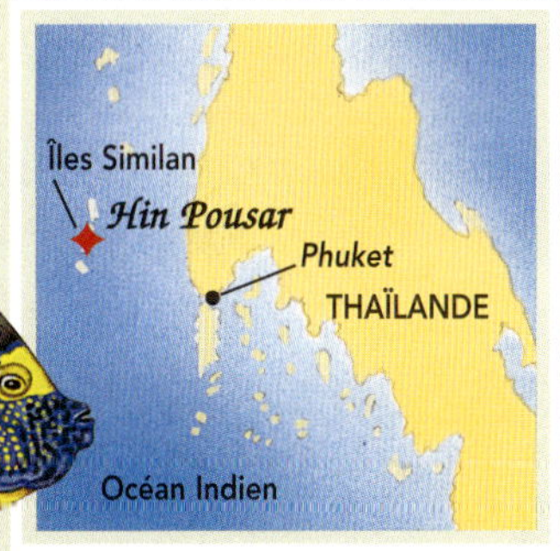

THAÏLANDE - ÎLES SIMILAN

HIN POUSAR

L'archipel des Similan est situé sur la côte nord-ouest de la Thaïlande, à une centaine de kilomètres au nord de l'île de Phuket. Il s'agit d'une destination passionnante, tant pour le parc marin que pour le nombre important de spots de qualité disséminés entre les neuf îles de l'archipel, et où la visibilité est la meilleure de toute la Thaïlande. L'un des plus beaux spots – destination désormais classique de nombreux voyages organisés pour la plongée – est celui de Hin Pousar, à l'endroit surnommé «Elephant's Head» en raison de la forme des roches qui marquent le point de départ de l'immersion.

Les grands blocs granitiques d'un beau ton sombre, aux faces arrondies et polies, descendent à la verticale dans l'eau et dominent un paysage varié de plaines, de brusques pentes, de passages et d'arches tapissés de coraux et d'alcyonaires. L'idéal est de se mettre à l'eau sur le versant ouest du plus petit rocher et de suivre la paroi jusqu'à

201 en haut Une petite demoiselle dorée (Amblyglyphidodon aureus) *nage au-dessus de l'éventail d'une énorme gorgone. Nombre de gorgones tropicales possèdent des ramifications soudées qui vont dans toutes les directions, formant une dentelle à mailles serrées.*

201 en bas La falaise de Hin Pousar est surnommée « Elephant's Head » en raison de sa forme. Comme tous les autres spots de plongée des Similan, le mouillage y est sévèrement réglementé et limité aux bouées placées par les autorités du parc.

202 Deux éventails de gorgones composent un milieu où ont cherché refuge un couple de poissons-papillon à collier ou papillon du Pakistan (Chaetodon collare) *et un autre de poissons-papillons pyramides noirs* (Hemitaurichthys zoster).

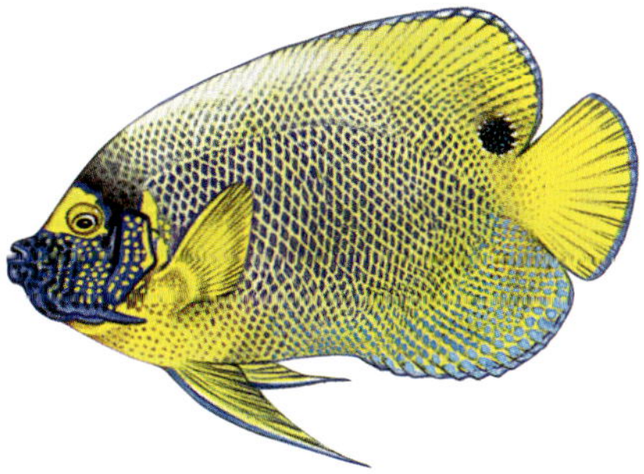

12 mètres environ de profondeur. Poursuivez ensuite vers l'ouest, entre d'autres blocs de granit qui descendent jusqu'à 25 mètres et qui alternent avec des bancs de sable fréquentés par les raies. La bonne visibilité, qui dépasse souvent 25 mètres, permet d'admirer le paysage : tout autour, de grands acropores déploient leurs ombelles sur la roche, abritant des bandes de gaterins orientaux; au-dessus des coraux, vous apercevrez des groupes de gros-yeux *(Priacanthus hamrur)* aux couleurs changeantes – certains rouge vif, d'autres à la livrée argent aux nuances roses. Regagnez à présent les rochers moins profonds pour entamer une série de passages. Les parois sont couvertes de coraux et d'alcyonaires qui prolifèrent à la faveur des courants d'insertion. Dans les parties plus exposées, tant au courant qu'à la lumière du soleil, les crinoïdes de toutes les couleurs vous attendent, les bras tendus en quête de substances nutritives. Arrêtez-vous un instant pour observer les petites galathées qui vivent entre les bras des comatules et constater que leur coloration varie aussi par mimétisme avec la coloration de l'hôte, bien qu'il s'agisse d'organismes de la même espèce. Dans la zone moins profonde, vous aurez le temps d'observer également les micro-organismes qui occupent la moindre anfractuosité entre les coraux : petites langoustes, nudibranches, vers spirographes, voire quelque cobra de mer *(Laticauda colubrina)*. Ces derniers sont faciles à reconnaître avec leur robe à rayures transversales noir et blanc bleuté, qui rampent sur le fond et entre les coraux en glissant leur petite tête dans la moindre fissure pour dénicher des crustacés et autres mets de choix. C'est une espèce extrêmement venimeuse, mais les petites dimensions de sa bouche réduisent d'autant la probabilité de vous voir infliger des morsures dangereuses. Vous pouvez les approcher sans les déranger, et il suffit de se souvenir que, comme ils sont dotés de poumons, ils doivent de temps en temps ouvrir le gosier pour respirer. Mais il est vrai que certains spécimens atteignent 1,8 mètre de longueur, et l'on a le droit d'être impressionné !

La dernière partie du parcours se poursuit dans le sens des aiguilles d'une montre autour du rocher principal pour passer dans d'étroits couloirs. Vous tomberez sans doute sur les grandes anémones et leurs poissons-clowns : l'espèce la plus commune des lieux *(Amphiprion akallopisos)* possède une coloration jaune orangé avec une bande blanche au centre de la tête et du dos, et elle n'existe que sur la côte orientale de l'Afrique et dans la mer d'Andaman jusqu'à Sumatra et Java. Remontez enfin vers le point de départ où, juste en dessous de la surface de l'eau, vous croiserez sûrement des bandes de sérioles en train de brouter sur les algues qui recouvrent le granit.

203 en haut Une petite bande de poissons-clowns de Clark (Amphiprion clarkii) *nage au-dessus d'une anémone adhésive* (Cryptodendrum adhaesivum) *sous les éventails d'une grande gorgone.*

203 en bas Trois poissons-clowns (Amphiprion ocellaris) *entre les tentacules de leur actinie* (Heteractis magnifica). *Sur la côte nord de l'Australie, la même espèce arbore une livrée plus sombre.*

Textes et photographies Egidio Trainito

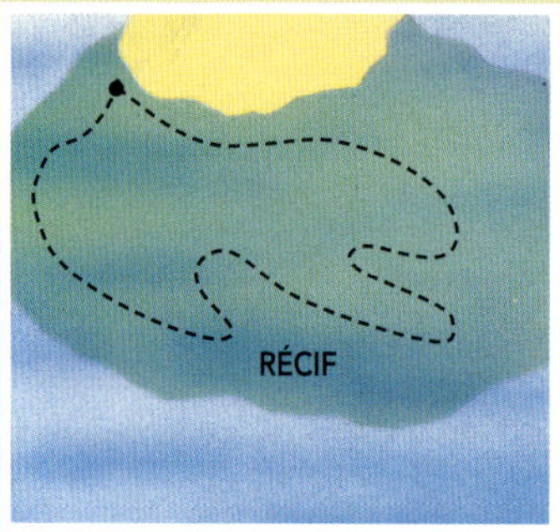

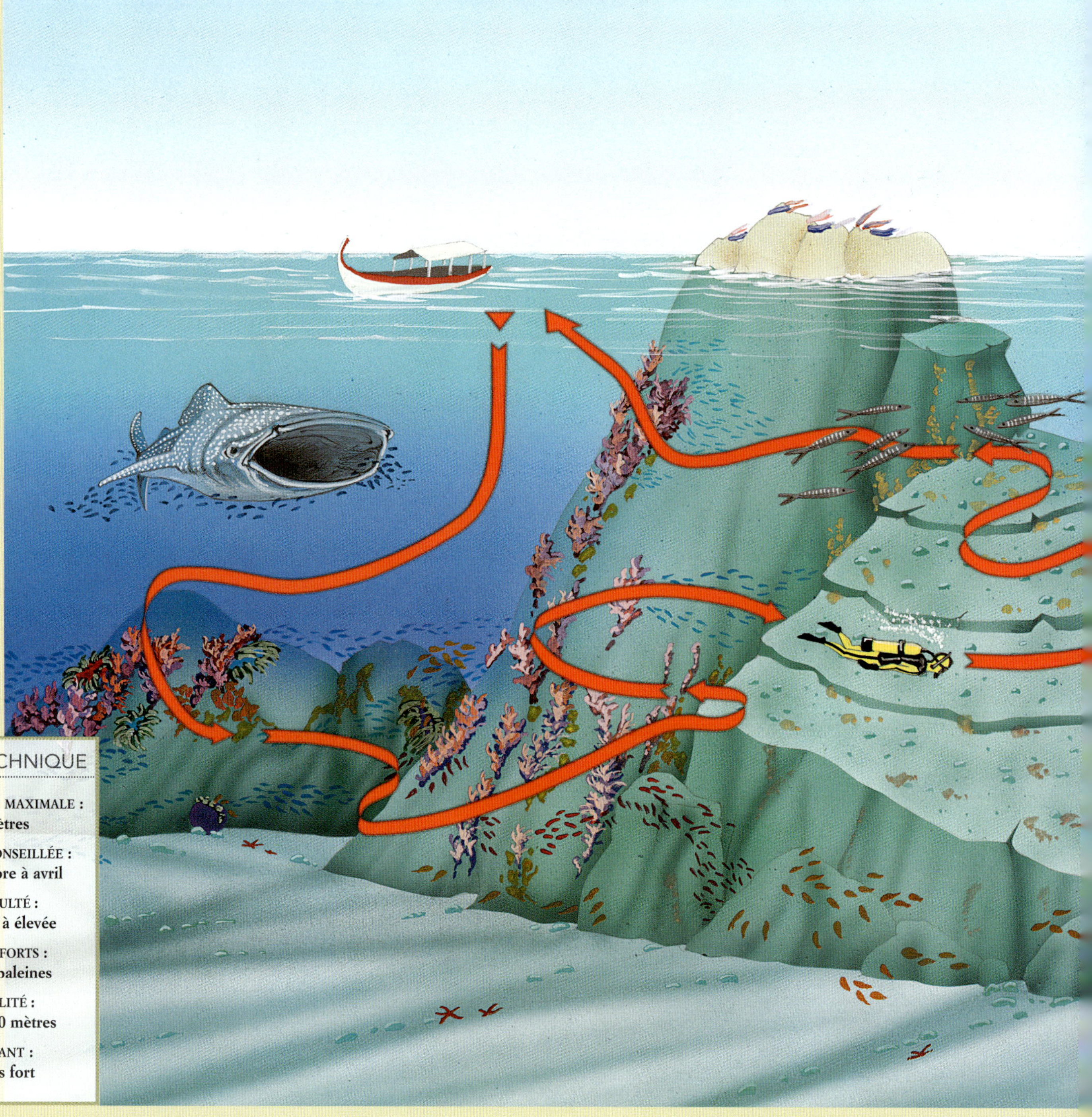

FICHE TECHNIQUE

Profondeur maximale :
30 mètres

Période conseillée :
de décembre à avril

Difficulté :
moyenne à élevée

Points forts :
requins-baleines

Visibilité :
plus de 20 mètres

Courant :
parfois fort

Illustrations Domitilla Müller

THAÏLANDE - ÎLES KOH ROK

HIN DAENG

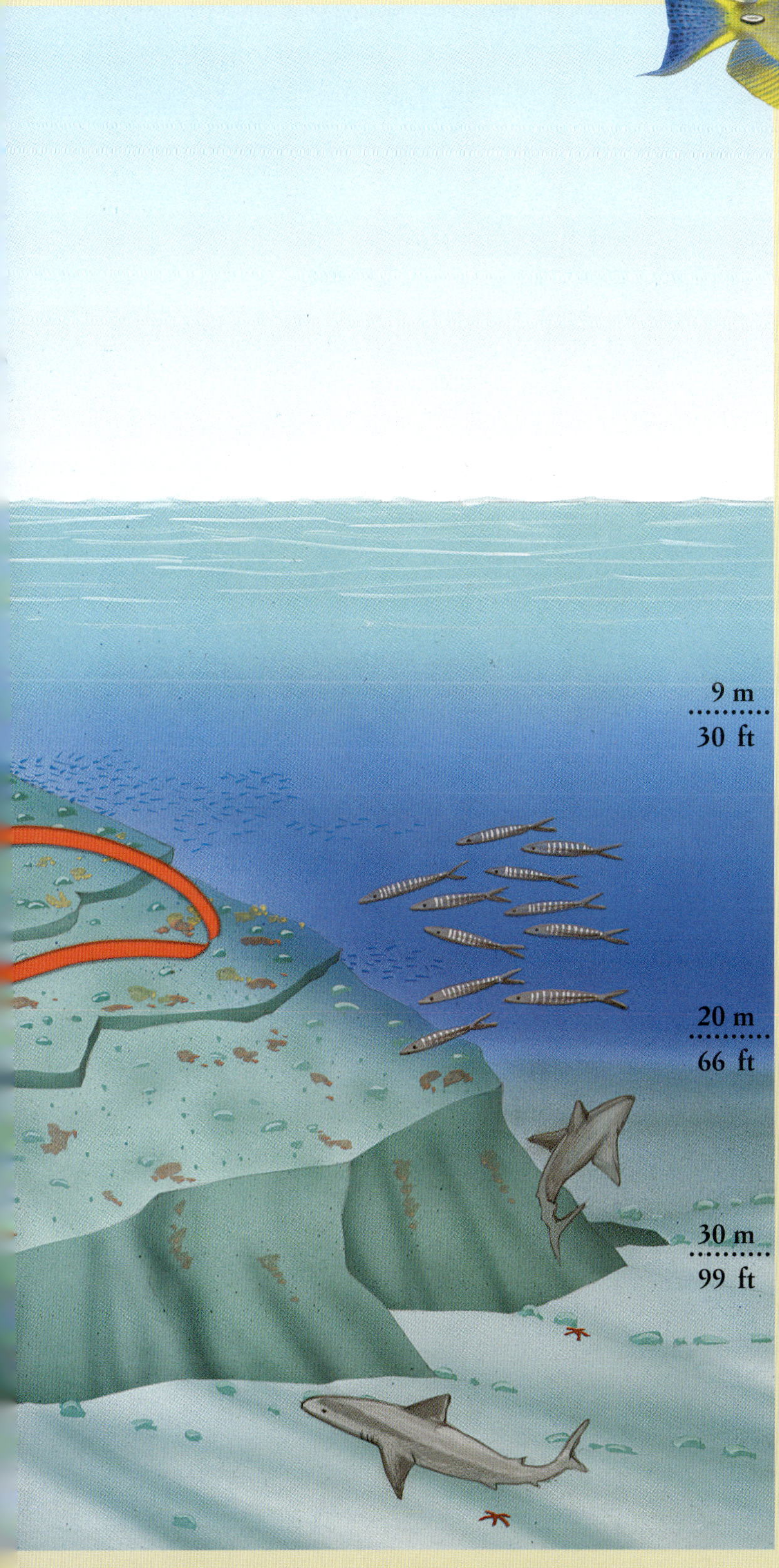

205 en haut Un couple de poissons-cochers (Heniochus acuminatus) *nage entre les alcyonaires qui couvrent un versant de Hin Daeng. Les adultes de l'espèce nagent souvent en couple et se nourrissent surtout de zooplancton.*

Cent kilomètres au sud-est de Phuket et à une soixantaine de la côte de la région de Trang, on trouve deux petites îles, Koh Rok Nok et Koh Rok Nai, qui n'en paraissent former qu'une tant le bras de mer sablonneux qui les réunit est étroit. Classées «zones protégées», elles permettent de faire une pause pour aller ensuite vers Hin Daeng, la roche Rouge, une quinzaine de kilomètres plus à l'ouest. Hin Daeng est un minuscule éperon calcaire qui émerge de l'eau sur quelques mètres, dans une mer où la

205 en bas Un groupe de faux-anthias rouges (Pseudanthias squamipinnis), *à la livrée orange soutenu, évolue au-dessus d'un acropore, corail qui, en cas de danger, offre une cachette sûre à ces poissons timides.*

houle ne permet pas souvent de s'arrêter, et la seule animation vient des petits carrés de couleur qui s'agitent dans le vent tels des offrandes que les pêcheurs viennent déposer pour s'assurer une pêche prospère. Quelques centaines de mètres au nord de Hin Daeng, une autre éminence rocheuse forme un sec de vastes proportions, qui affleure à 9 mètres de la surface, du nom de Hin Muang. En matière de paysages immergés, toutes deux rivalisent de beauté. Hin Daeng offre plusieurs circuits, mais elle doit son principal attrait à la présence du plus gros poisson du monde : le requin-baleine *(Rhincodon typus).* Il arrive que l'on en croise plusieurs, ce qui indique peut-être la proximité d'une « nursery ». Parfois, l'embarcation à peine immobilisée, alors que vous en êtes encore à enfiler votre équipement, le grand poisson, sans doute poussé par la curiosité, se met à nager autour de vous, vous offrant tout loisir d'en apprécier les dimensions. Mais la meilleure manière d'observer le célèbre squale de près consiste à plonger près des rochers pour descendre jusqu'à l'une des nombreuses terrasses qui émaillent le fond du versant nord. Parfaitement immobile, vous attendrez alors que le requin s'approche, ce qu'il fait souvent, sans doute attiré par le chapelet de bulles. En quelques coups de palme, vous observerez de près sa robe grise à taches blanches, sa tête et ses yeux minuscules par rapport à son corps majestueux. Vous pouvez essayer de le suivre, car le requin-baleine se déplace assez lentement, consommant peu d'énergie, et un seul petit mouvement de la queue lui permet d'adopter une vitesse confortable. Il nage bouche ouverte afin de se nourrir de plancton et de petits poissons, et il est absolument inoffensif. En attendant l'arrivée du requin, vous patienterez en observant les orphies qui passent sans relâche à proximité de la surface, les grands barracudas en chasse à mi-hauteur et, sur le fond, une vingtaine de mètres plus bas, les gros requins gris dans leur ronde.

Au contraire, le versant sud-ouest du rocher tombe pratiquement à la verticale, formant une paroi parmi les plus spectaculaires qui soient. C'est là un feu d'artifice d'alcyonaires de toutes les couleurs, encerclés par des nuées de poissons de verre et autres espèces de petites dimensions. Au mieux, la visibilité dépasse 30 mètres et, à mi-journée, la lumière pénètre profondément. Or, certains des bancs de poissons sont si compacts qu'ils en arrêtent les rayons du soleil, créant un jeu mouvant de clairs et d'obscurs. Depuis les profondeurs, vous pouvez remonter dans le sens contraire des aiguilles d'une montre vers le versant du sec exposé à l'est, où quelques pinacles sont recouverts de grandes anémones *Heteractis magnifica* aux tons de violet, orange, bleu ; certaines sont épanouies, avec les poissons-clowns *(Amphiprion ocellaris)* qui évoluent entre leur tentacules ; d'autres, fermées, sont gonflées comme de gros ballons colorés. Remontez jusqu'au bas-fond qui entoure le pied du rocher sommital et délectez-vous des madrépores, nudibranches, grandes étoiles et, juste au-dessus de vous, admirez l'éclat vif des orphies.

206 à gauche en haut Parmi les tentacules d'une grande actinie (Heteractis magnifica) *se cache un petit crabe-porcelaine* (Neopetrolisthes ohshimai). *C'est un anomoure, c'est-à-dire qu'il fait partie du même groupe que les pagures.*

206 à gauche en bas À environ 30 mètres de profondeur, une série de coraux tabulaires (Porites *sp.) abrite des alcyonaires à la discrète couleur lilas. La couleur de la livrée du poisson-scorpion* (Scorpaenopsis venosa) *qui trône au centre possède une nuance qui se fond parfaitement dans les couleurs des alentours.*

206 à droite en haut Dans l'une des nombreuses anfractuosités où s'engage le courant, deux grands alcyonaires à la couleur presque phosphorescente se sont installés. La petite cavité pullule de poissons de verre jaunes (Parapriacanthus ransonneti).

206 à droite en bas Autour de Hin Daeng, vous êtes sûr de rencontrer des requins-baleines (Rhincodon typus) *qui, alertés par l'agitation, s'approchent des plongeurs. Cet inoffensif mangeur de plancton est le poisson le plus gros du monde et sa taille peut atteindre 18 mètres de longueur.*

206-207 La partie sommitale de la falaise de Hin Daeng, battue par les vagues et les courants, abrite des vivaneaux dents-de-chien et des oursins qui y grignotent les algues; une étoile couronne-d'épines (Acanthaster planci) *convoite des coraux dont elle se nourrit.*

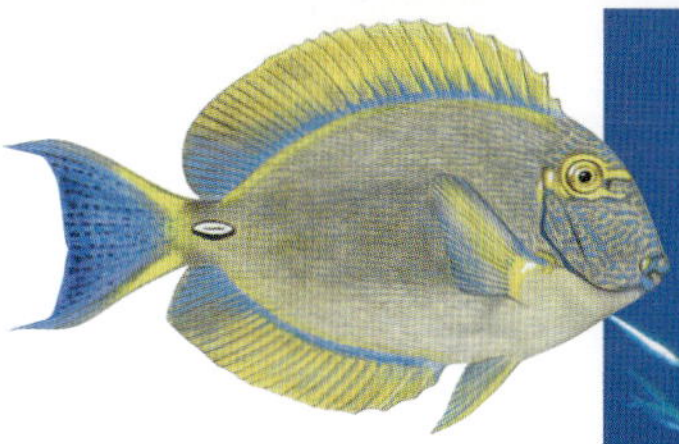

207 en bas Autour de la falaise de Hin Daeng et sur les autres émergences de roche qui l'entourent, on croise de nombreux prédateurs. Les orphies nagent à proximité de la surface, tandis qu'entre deux eaux chassent de grands barracudas solitaires.

Asie
Philippines
Jessie Beazley Reef
Pescador Island
Malaisie
South Point
Blue Corner
Likuan
Gorgonian Forest
Îles Hawaii
South Ema
Indonésie
Papouasie-Nouvelle-Guinée
Polynésie
Tulamben
Mari Mabuk
Cod Hole
Cod Wall
Tupitipiti
Passe de Tiputa
Îles Fidji
Australie
The Pinnacle
Nouvelle-Zélande
Tasmanie
Golden Bommie
Océan Paci

Océan Pacifique Introduction

par Egidio Trainito

Ourlé par les volcans de la « ceinture de feu », le Pacifique s'étend entre l'Asie, l'Australie, l'Amérique et les pôles, et occupe une superficie de 180 millions de kilomètres carrés. Au nord, il communique avec la glaciale mer Arctique par le détroit de Béring, à l'ouest avec l'océan Indien par les mers de l'Indonésie et, au sud-est, au large du cap Horn, avec l'océan Atlantique. Cette immense étendue compte par ailleurs de nombreuses mers intérieures, notamment le long de ses côtes occidentales, plus irrégulières : la mer de Béring, d'Okhotsk, du Japon, la mer Jaune, les mers de Chine orientale et de Chine méridionale, des Philippines, de Sulu et la mer de Corail, et enfin les mers d'Indonésie, comme la mer de Célèbes. C'est dans le Pacifique aussi que l'on enregistre les niveaux les plus bas du globe, avec notamment 11 020 mètres dans la fosse des Mariannes.

En matière de salinité, les eaux du Pacifique affichent une teneur moyenne de 36 ‰, qui décroît avec l'augmentation de la latitude ou à proximité des côtes où débouchent de grands fleuves. Quant à la température des eaux de surface, elle varie de 25 à 28 °C dans la région équatoriale pour baisser régulièrement en direction des pôles. La bande correspondant aux zones où la température n'est jamais inférieure à 20 °C, qui abrite les formations coralliennes du Pacifique, est de plus en plus étroite à mesure que l'on se rapproche des côtes de l'Ouest américain, où le corail n'est présent que dans les îles Galápagos et quelques autres localités.

Parler du Pacifique, c'est évoquer ses îles qui constituent autant de perles réunies en archipels. Dans le nord-ouest, les milliers d'îles qui composent les Philippines, l'Indonésie, Bornéo, la Papouasie-Nouvelle-Guinée ou la Malaisie offrent une diversité de paysages sous-marins qui surpasse toutes les autres mers de la planète, avec une concentration de coraux qui atteint là son apogée. Dans cette véritable charnière entre les deux océans Pacifique et Indien, on a identifié plus de cinq cents espèces de corail et plus de trois mille espèces de poissons, avec une composante endémique extrêmement forte.

C'est là aussi, au-nord-est des côtes australiennes, que s'étend l'une des merveilles du monde, un extraordinaire monument naturel, la Grande Barrière de corail, soit plus de deux mille cinq cents récifs répartis sur un front de 2 000 kilomètres.

Au cœur du Pacifique, il est pratiquement impossible de décrire l'infinité des petites terres émergées qui composent la Mélanésie, la Micronésie et la Polynésie, dont les îles Hawaii constituent l'avant-poste septentrional.

En imaginant que vous puissiez effectuer une longue plongée d'ouest en est, vous constateriez une diminution progressive de la présence de corail jusqu'au continent américain, avec l'apparition de nouvelles espèces, comme aux Galápagos, où vous croiseriez des otaries et des iguanes, ou en Californie, où vous nageriez dans des forêts de kelp denses et sombres.

Si cette longue promenade relève du rêve, le Pacifique offre des possibilités de plongées bien réelles, et ses milliers d'îles possèdent un nombre infini de spots, pas toujours faciles d'accès, notamment lorsqu'ils sont situés dans des pays où rien n'est encore vraiment organisé pour le tourisme sous-marin. Au contraire, d'autres sont entièrement dédiés à la plongée sous-marine, et les milliers de plongeurs qui se rendent chaque année sur la Grande Barrière de corail australienne ou en Polynésie par exemple bénéficient de toutes les facilités d'accueil ou d'embarcations. Mais partout, le spectacle qui vous attend récompense largement les efforts déployés.

Textes et photographies Vincenzo Paolillo

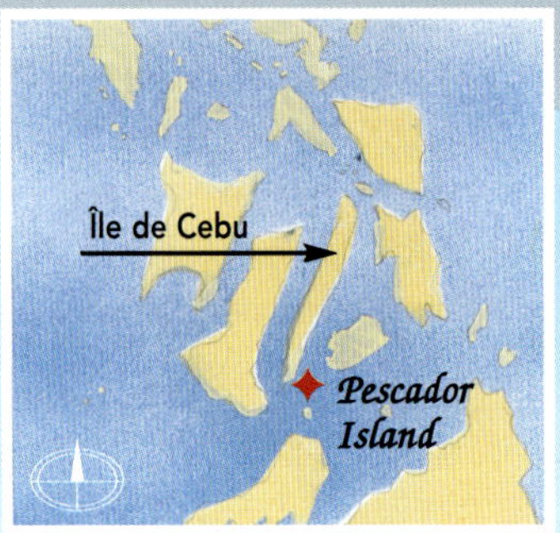

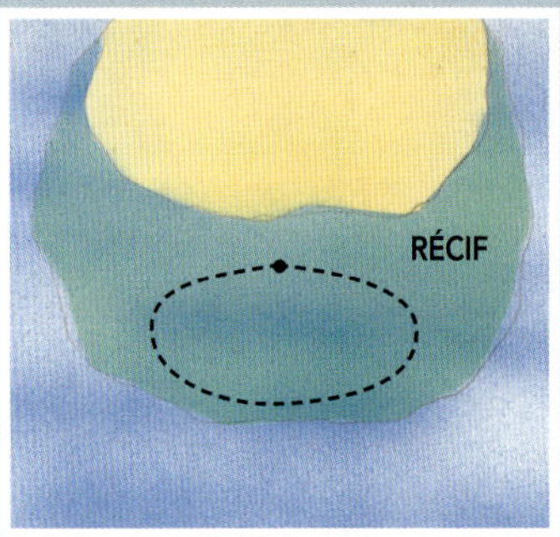

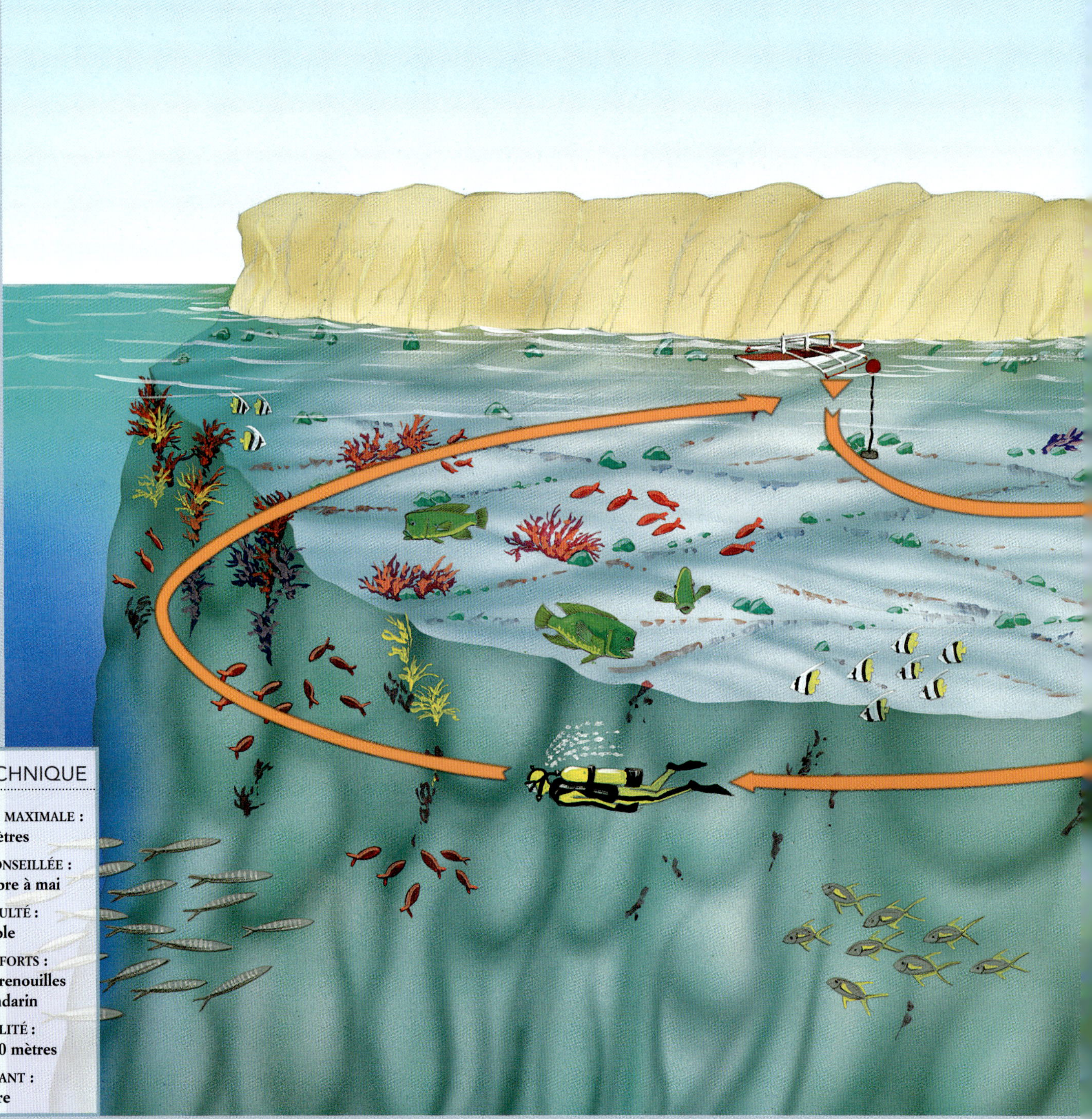

FICHE TECHNIQUE

PROFONDEUR MAXIMALE :
30 mètres

PÉRIODE CONSEILLÉE :
de décembre à mai

DIFFICULTÉ :
faible

POINTS FORTS :
poissons-grenouilles et mandarin

VISIBILITÉ :
jusqu'à 20 mètres

COURANT :
rare

PHILIPPINES - CEBU

PESCADOR ISLAND

211 en haut Le petit poisson-clown de Clark (Amphiprion clarkii) *se promène entre les tentacules évanescents de l'anémone avec laquelle il vit en symbiose.*

Les fonds situés du côté sud de l'île de Cebu, face au détroit de Tanon, constituent un authentique paradis de la plongée. Plus particulièrement, la région de Moalboal regorge de spots fascinants, à White Beach, Copton Point, Ludo Point, Sunken Island, autant de noms qu'il est impossible d'oublier lorsqu'on a la chance d'y avoir trempé ses palmes !

211 en bas Une minuscule pirogue, embarcation typique des pêcheurs locaux, s'approche de Pescador Island, un des sites de plongée les plus célèbres de l'île de Cebu.

212 Sous la pirogue immobilisée près de l'île, le plongeur entame le circuit par une descente entre de splendides gorgones.

213 à gauche en haut Le ptérois ocellé (Dendrochirus biocellatus) *est un poisson rare et d'une grande beauté.*

Le plus célèbre est cependant celui de Pescador Island, îlot situé à quelques kilomètres du rivage de Tongo Point, en direction est-sud-est. Sa forme, un pinacle qui émerge de la surface de l'eau sur une dizaine de mètres de hauteur, permet d'en parcourir tout le tour en une seule excursion, et avec la certitude de ne pas être déçu par le spectacle. La partie la plus intéressante de l'itinéraire est sans doute celle qui procède du sud vers l'est.

213 à gauche en bas Le poisson-fantôme orné (Solenostomus paradoxus), *difficile à dénicher, se laisse facilement photographier une fois repéré.*

213 à droite en haut Ce crabe bombé (Carpilius convexus) *superbe reste immobile à l'approche du photographe.*

Vous partirez d'une bouée placée au-dessus d'un haut plateau de sable corallien, situé à peine à 5 ou 6 mètres de profondeur, qui s'orne de splendides acropores et coraux «corne d'élan». Vers le soir, on y croise aussi un mandarin *(Synchiropus picturatus)* ou deux, l'étonnante blennie qui désespère tant de photographes et des coraux-cuirs sur lesquels stationne souvent un mollusque.

Sur le sable, vous observerez, fixée sur de petites formations coralliennes, une exceptionnelle quantité d'anémones de toutes les espèces et de toutes les couleurs avec leurs nombreux poissons-clowns, ainsi que des nudibranches très colorés qui, dans une apparente indifférence, flânent dans le voisinage.

Continuez sur la pente douce du versant sud pour admirer les coraux, les éponges de toutes sortes et les coraux mous. C'est là que vous assisterez à un véritable festival de rascasses et de scorpaénidés de diverses espèces et de toutes les couleurs (roses, jaunes, rouges, avec des marbrures bleues...), tous posés sur le fond ou bizarrement déployés sur de grosses éponges, dans une apparente immobilité. Longez l'arête du plateau pour jeter un coup d'œil aux autres merveilles de ce

213 à droite en bas La torche du plongeur illumine l'extraordinaire végétation qui prolifère sur les parois rocheuses de Pescador Island.

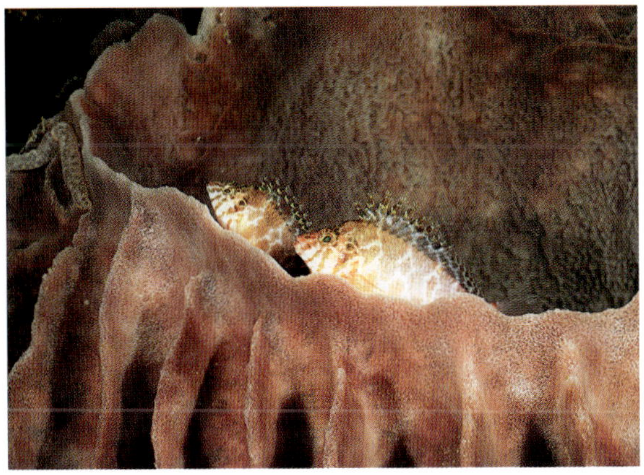

214-215 *Ce poisson-grenouille géant* (Antennarius commersoni) *cherche vainement à se dissimuler à la vue du photographe sur une éponge-candélabre.*

215 *à gauche en haut* *Deux petites murènes, poussées par la curiosité, pointent leur nez hors de leur repaire creusé dans une anfractuosité du récif.*

215 *à gauche au centre* *Deux petits poissons-faucons à taches* (Cirrhitichthys aprinus) *ont trouvé refuge à l'intérieur d'une grosse éponge-baril.*

215 *à droite en haut* *Un poisson-scorpion-feuille* (Taenianotus triacanthus), *maître en mimétisme, reste immobile entre les formations coralliennes.*

215 *en bas* *Un spécimen de poisson-grenouille* (Antennarius commersonii), *espèce assez courante dans les eaux de Pescador Island, est aux aguets entre deux éponges.*

spot. À 10 mètres à peine de profondeur, vous rencontrerez des poissons-grenouilles *(Antennarius commersoni)* – j'en ai croisé deux, en couple, spécimens géants dont l'un brun et l'autre noir, qui se sont laissés photographier sous toutes les coutures. Au large tournoient des bancs de carangues et de barracudas. Poursuivez vers l'est, où la paroi devient plus raide et où apparaissent les gorgones, les énormes arbres de corail noir, ainsi que des éponges-barils et des éponges tubulaires, de stupéfiants alcyonaires prolifiques, des crinoïdes, tous peuplés de petits poissons et crustacés.

Il suffit d'un peu d'attention pour dénicher des nudibranches, d'autres poissons-grenouilles (j'en ai aperçu un de 8 centimètres, d'un coloris rouge flamme avec des liserés blancs sur la « crête »), des poissons-fantômes à nageoires bleues *(Solenostomus cyanopterus)*, des murènes et un nombre infini d'autres créatures marines.

Le kaléidoscope de couleurs risque de vous enchanter au point de vous faire perdre toute notion du temps, et, malgré la faible profondeur (pas plus de 30 mètres), vous risquez d'épuiser vos réserves sans vous en rendre compte. Ne laissez pas la richesse faunique de ces eaux vous distraire des règles de sécurité, et arrachez-vous au spectacle pour remonter le plateau vers la bouée où le bateau vous attend.

Textes et photographies Roberto Rinaldi

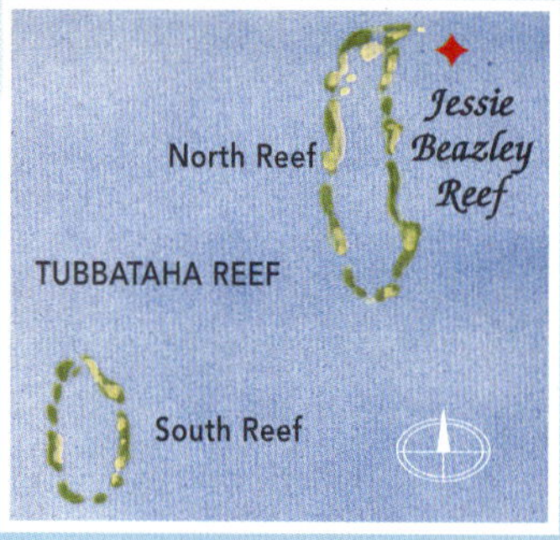

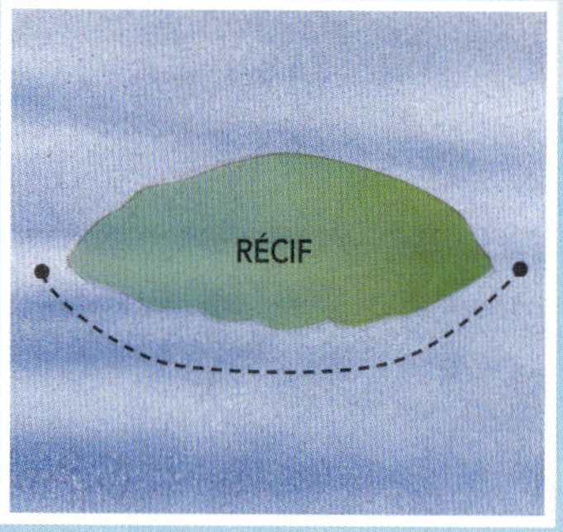

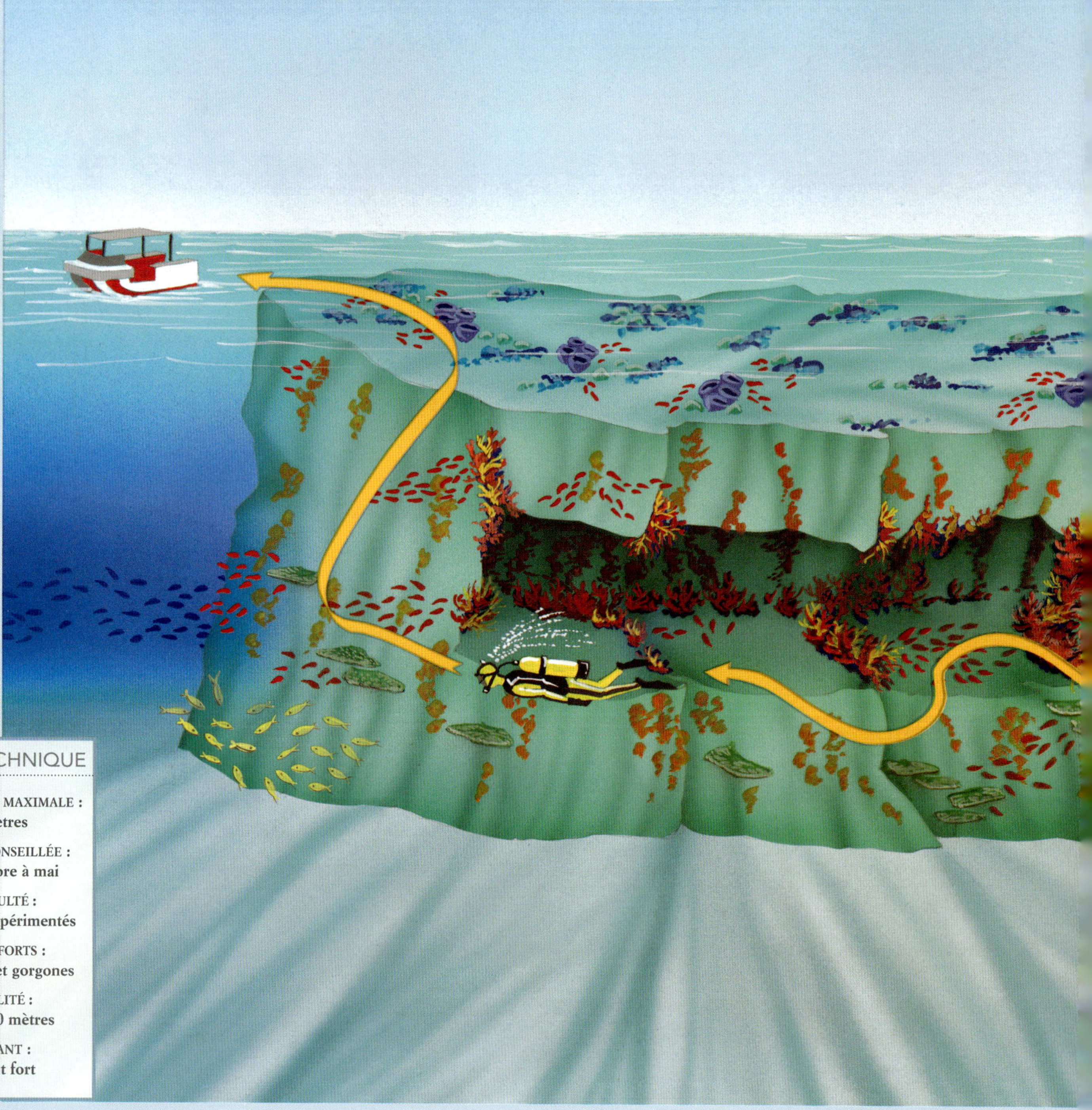

FICHE TECHNIQUE

Profondeur maximale :
40 mètres

Période conseillée :
de décembre à mai

Difficulté :
plongeurs expérimentés

Points forts :
alcyonaires et gorgones

Visibilité :
jusqu'à 40 mètres

Courant :
souvent fort

Illustrations Domitilla Müller

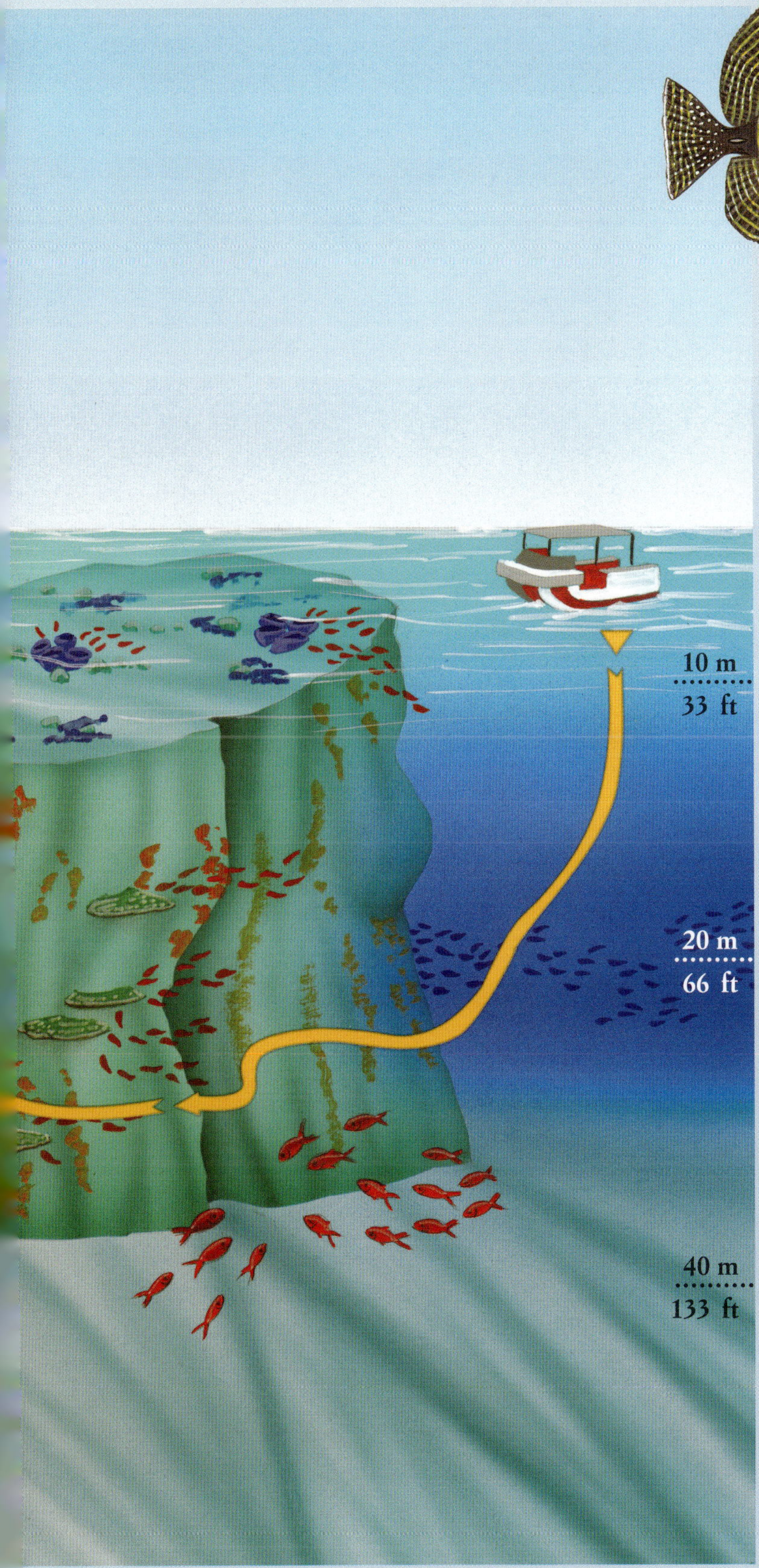

Philippines - Tubbataha Reef

Jessie Beazley Reef

Le vaste archipel des Philippines pullule de spots fascinants, et certains fonds sous-marins, dans un bras de mer parmi les plus riches du monde, n'ont pas même été encore explorés. Ces paysages ornent les fonds d'un archipel d'origine volcanique né dans l'océan Pacifique, au bord de la fosse des Mariannes. Tous méritent la première place dans le classement des meilleurs spots de la planète, mais l'un se distingue par sa difficulté d'accès, ce qui lui confère un attrait unique en

217 à gauche Avec leurs pirogues élancées, les Philippins affrontent de dangereuses navigations en plein océan, et il n'est pas rare de les rencontrer, occupés à pêcher, à plusieurs milles de la côte.

217 à droite Parois regorgeant de gorgones et d'alcyonaires colorés – vous êtes à Jessie Beazley.

218 en haut Ce poisson-ballon étoilé (Arothron stellatus) *survole un véritable jardin de madrépores et de coraux mous (*Sinularia *sp.).*

*218 en bas L'oscule d'une grande éponge-baril (*Xestospongia *sp.), par lequel l'éponge expulse l'eau qu'elle a absorbée par les pores qui émaillent son tégument.*

218-219 Au couchant, des nuées d'anthias roses entourent des colonies de madrépores.

son genre. Tubbataha Reef, un système corallien qui trône au cœur de la mer de Sulu, est, en effet, peu exploité par le tourisme ou par la pêche, et il bénéficie d'un programme de conservation naturelle en tant que «parc national».

Pour y parvenir, il faut partir de Puerto Princesa, une ville de l'île de Palawan, et parcourir plus de 100 milles vers le sud-est avant d'arriver aux atolls. Ceux-ci sont d'autant plus isolés que les conditions ne sont favorables pour la navigation qu'entre les mois de mars et de juin. Les récifs de Tubbataha se décomposent en trois blocs : South Reef, atoll elliptique qui encercle une lagune, avec un seul petit éperon affleurant; Black Rock, au nord; North Reef, qui s'élève au-delà d'un canal 6 kilomètres environ vers le nord-est. North Reef est le plus étendu, le plus long, et offre aux plongeurs une paroi orientée sud-ouest/nord-est. Au centre s'ouvre une lagune, longue et étroite, et un îlot sableux émerge des coraux à l'extrémité nord. C'est là que se dresse la base des rangers préposés à la surveillance du parc naturel.

Face à une barrière corallienne aussi longue et continue que celle qui dessine les deux atolls, les spots de plongée ne manquent pas. Il est donc difficile d'en privilégier certains plutôt que d'autres, d'autant que le spectacle est pratiquement ininterrompu : à chaque instant riche et varié, avec des coraux durs au cours des premiers mètres de la descente, puis des gorgones et des alcyonaires en abondance. Toutefois, dans cet ensemble, il en est un qui se détache des autres, un petit récif isolé qui surgit de la mer à l'ouest de la petite île de l'atoll nord. C'est une colonne de corail qui grimpe jusqu'à lécher la surface depuis des fonds très éloignés. De l'extérieur, on ne voit qu'une tache verte circulaire de plusieurs dizaines de mètres de diamètre, et deux plongées suffisent à en effectuer le tour complet dans l'eau claire parcourue par de forts courants.

Depuis le sommet du récif, les coraux descendent lentement jusqu'à une dizaine de mètres, dans un paysage d'une extrême richesse – acropores, coraux tabulaires, corail vert, corail-laitue, coraux mous – peuplé par d'innombrables poissons de barrière, tels que les poissons-soldats, les empereurs, les ombrines tropicales, etc. Si vous tournez les yeux vers le large, vous apercevrez également des bancs de dentés et de carangues. Toutefois, réservez plutôt cette partie de l'exploration à la fin de l'excursion, lorsque vous quitterez l'époustouflant tombant qui, d'un seul bond, vous conduirait jusqu'à des fonds très escarpés, vers les 40 mètres. La paroi est, en effet, absolument verticale, et arbore quelques surplombs tout aussi spectaculaires sur de longues portions.

Vous comprendrez alors pourquoi les fonds de Jessie Beazley sont les plus beaux du récif de Tubbataha, spectaculaires par leur richesse en alcyonaires et en gorgones, qui offrent aux photographes des couleurs toujours plus vives.

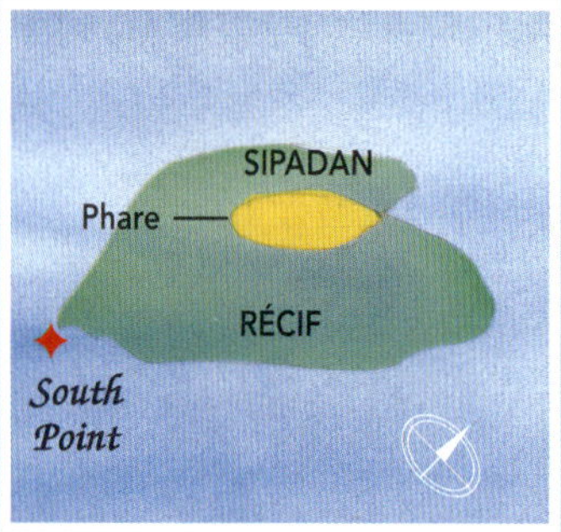

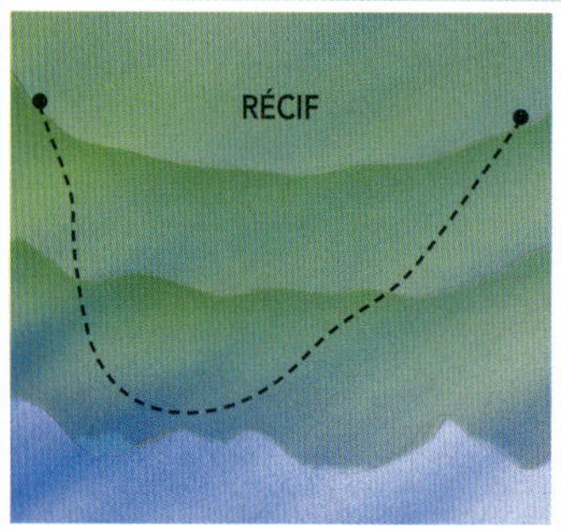

FICHE TECHNIQUE

Profondeur maximale :
20 mètres

Période conseillée :
de février à avril

Difficulté :
moyenne

Points forts :
bancs de barracudas
et de carangues

Visibilité :
jusqu'à 40 mètres

Courant :
souvent fort

Textes et photographies Vincenzo Paolillo. Illustrations Domitilla Müller

MALAISIE - SIPADAN

SOUTH POINT

La forme insolite du récif qui encercle l'îlot de Sipadan évoque un grand poisson-ange, dont le nez correspondrait à South Point, site qui offre ce qui est probablement le plus beau spot de la région. Ici, le courant règne en maître, et à toute heure et tous les jours, pour faire sentir sa force dans les deux directions. Il est d'ailleurs fréquent de croiser deux énormes bancs, un de barracudas et un de

221 en haut À Sipadan vivent et se reproduisent un nombre extraordinaire de tortues vertes (Chelonia mydas) *et les tortues imbriquées* (Eretmochelys imbricata).

221 en bas Dans la mer de Célèbes, au large de la côte est du Bornéo malais, émerge la falaise de Pulau Sipadan.

222 en haut Plusieurs bandes de platax (Platax teira) *fréquentent le haut plateau. Les platax changent de couleur en fonction du décor : gris-bleu sur le sable, ils adoptent des tonalités brunes lorsqu'ils s'approchent des rochers.*

carangues, attirés par la force des eaux. Pour les admirer, il n'est pas nécessaire de suivre un itinéraire précis : il suffit de scruter la mer depuis la barque et de pénétrer dans l'eau dès qu'apparaît une grande tache sombre… Barracudas *(Sphyraena sphyraena)* ou carangues gros-yeux *(Caranx sexfasciatus)*, qu'importe puisque les deux espèces voyagent de concert, se croisent et n'hésitent pas à se mêler pour se séparer à nouveau par la suite. Les spécimens des deux espèces arborent des dimensions énormes, exceptionnelles, et se regroupent par plusieurs milliers d'individus qui donnent aux bancs une puissance visuelle stupéfiante. Parfois, ils s'organisent en spirales, au point de former de véritables tourbillons, mais ils peuvent aussi entamer une véritable ronde autour des plongeurs. Une expérience extraordinaire ! Les bancs évoluent toujours à contre-courant, à une profondeur modérée comprise entre 5 et 25 mètres, s'éloignant au large pour revenir brusquement vers le récif. Dans tous les cas, prêtez une attention toute particulière à la vitesse du courant ; celui-ci peut être si violent que le parcours devient difficile, voire épuisant et dangereux.

222 en bas Un requin-léopard (Stegostoma fasciatus), *dérangé par le flash du photographe, s'enfuit vers le large en quête d'un peu d'intimité.*

222-223 Un banc de carangues gros-yeux (Caranx sexfasciatus) *stationne sur l'arête de South Point. La région compte des milliers de spécimens de cette espèce.*

Autrefois, les fonds étaient recouverts d'une superbe tapisserie de coraux « corne d'élan », mais le jardin de couleurs a perdu un peu de sa richesse. Selon les guides locaux, le phénomène serait dû à l'influence des vagues, mais on peut également accuser le comportement indigne de certains plongeurs qui, lorsqu'ils atteignent le fond, s'accrochent aux coraux afin de résister à la force du courant. Chaque fois que vous plongez, veillez à ne pas provoquer de dégâts. Si vous ne parvenez pas à suivre les barracudas ou les carangues, ne vous appuyez pas sur le fond;

223 en haut Les poissons-ballons sont extrêmement nombreux à South Point. Celui-ci est un poisson-ballon étoilé (Arothron stellatus) *ou tétrodon étoilé.*

223 en bas Les grands barracudas (Sphyraena sphyraena) *qui vivent dans ces eaux se déplacent en bancs compacts qui, si nécessaire, adoptent des formes inouïes telle cette puissante spirale.*

224-225 Au cours de la plongée, vers 20 mètres, vous croiserez des gorgones aux dimensions impressionnantes.

225 à gauche en haut Un poisson-grenouille (Antennarius maculatus), *l'une des espèces les plus étranges.*

arrêtez-vous plutôt entre deux eaux de manière à préserver le corail et attendez tranquillement que les deux bancs que vous avez vus s'éloigner reviennent vers vous.

South Point n'est cependant pas seulement le royaume des barracudas et des carangues. Sur les balcons plus profonds, ornés de superbes gorgones et de rameaux de corail rouge, il n'est pas impossible de dénicher un requin-léopard *(Stegostoma fasciatum)*, des jeunes requins à pointe blanche ou de repérer au large des raies mantas *(Manta birostris)* et des aigles de mer.

En remontant sur les terrasses qui vous ramènent peu à peu vers l'île, vous rencontrerez également des tortues vertes en quête de nourriture ou d'espaces pour se reposer et, vers 3 ou 4 mètres, des bancs de platax *(Platax teira)* – ils fouillent les fonds, leur couleur virant en fonction du milieu : livrée bleu-gris dans le sable, brune contre les rochers.

Avec un peu de patience, vous dénicherez entre les éponges qui peuplent les faibles profondeurs quelques spécimens de poissons-scorpions-feuilles *(Taenianotus triacanthus)* ou de murènes rubans *(Rhinomuraena quaesita)* qui sortent le museau de leur tanière, ainsi que quelques timides nudibranches, des rascasses, des crabes colorés, des poissons-ballons, des poissons-anges et bien d'autres poissons coralliens.

225 à gauche en bas Les éponges-barils colorent le tombant de leurs nuances.

225 à droite en haut Les grands éventails des gorgones ornent les parois jusqu'à 40 mètres de profondeur.

225 à droite en bas Un beau spécimen de poisson-scorpion-feuille (Taenianotus triacanthus) *se dissimule entre les éponges grâce à son mimétisme.*

Textes et photographies Vincenzo Paolillo

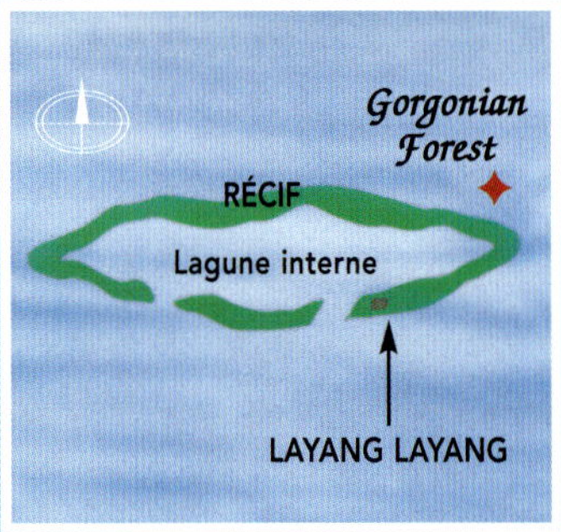

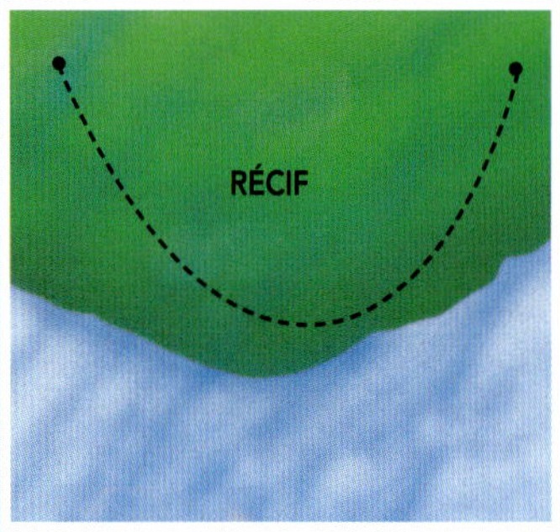

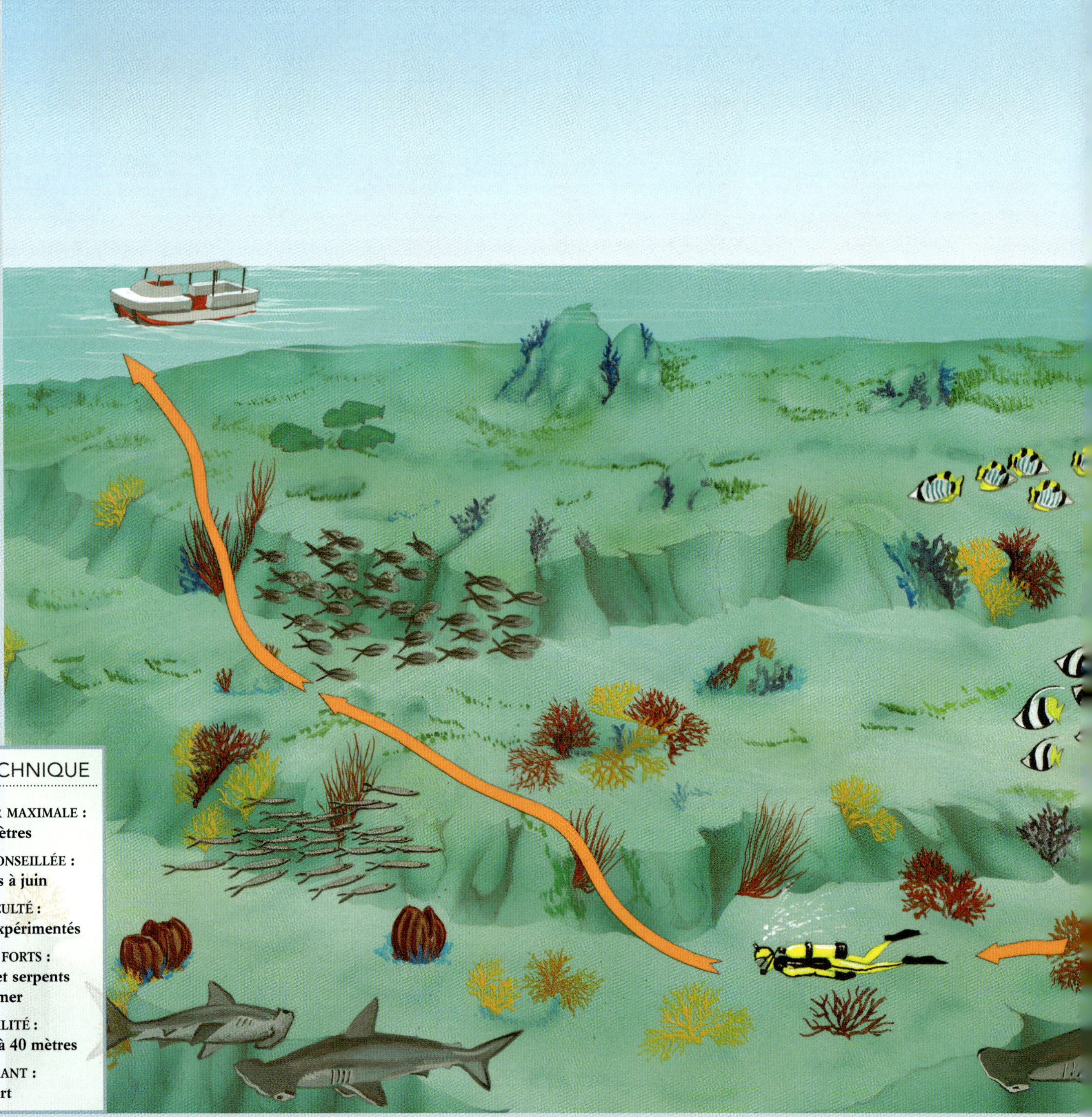

FICHE TECHNIQUE

PROFONDEUR MAXIMALE :
40 mètres

PÉRIODE CONSEILLÉE :
de mars à juin

DIFFICULTÉ :
plongeurs expérimentés

POINTS FORTS :
gorgones et serpents de mer

VISIBILITÉ :
supérieure à 40 mètres

COURANT :
fort

Illustrations Domitilla Müller

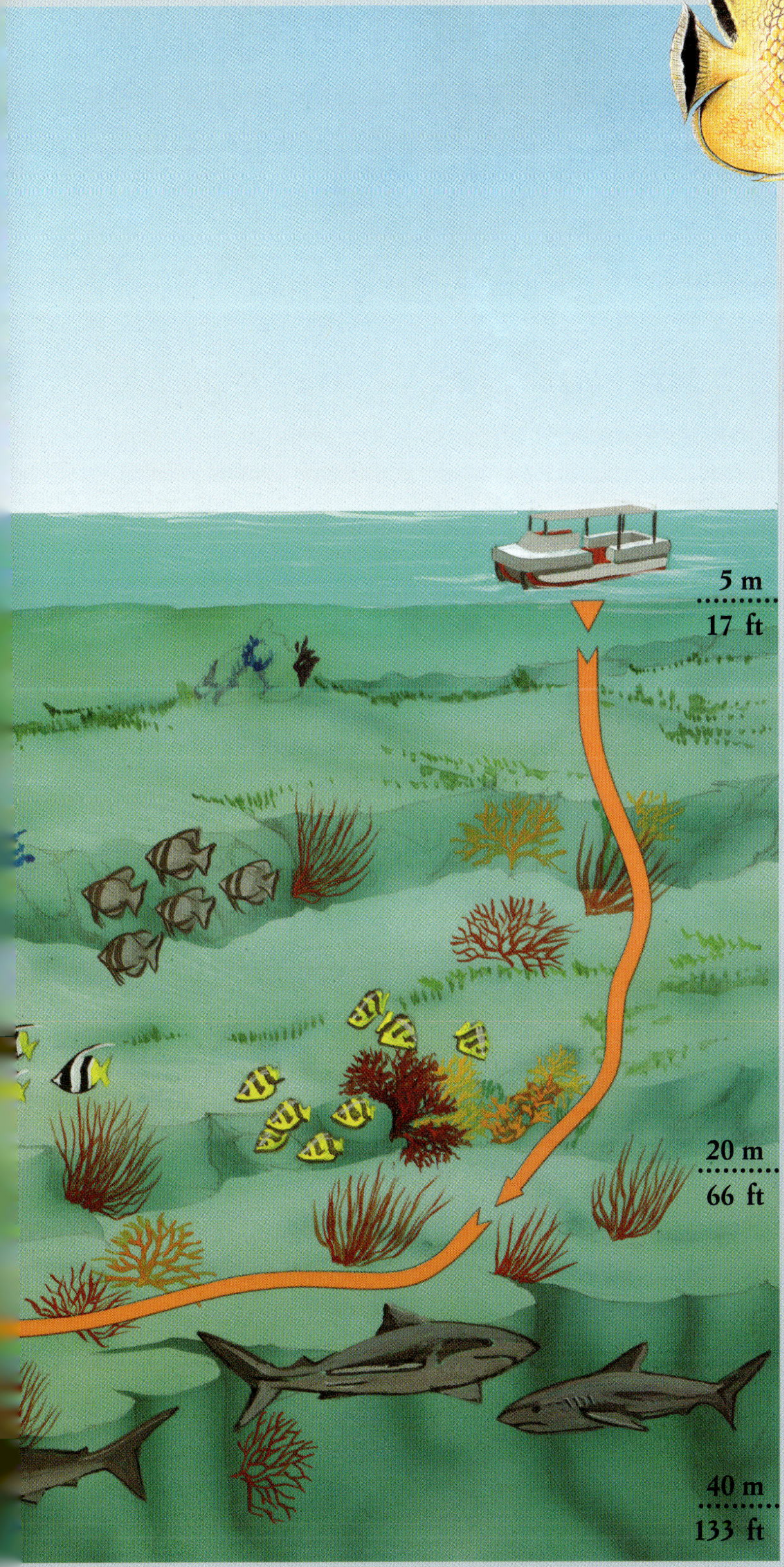

Malaisie - Layang Layang
Gorgonian Forest

Au premier abord, personne n'aurait envie de faire une pause à Layang Layang : il n'y a qu'une piste d'atterrissage, un champ pratiquement dénué de végétation sur lequel nichent quelques oiseaux marins et un hôtel. En revanche, sous l'eau, la splendeur des formations coralliennes, d'une richesse et d'une pureté que l'on ne rencontre guère ailleurs sur la planète, l'abondance de la faune, pélagique et sédentaire, font rapidement oublier le manque d'intérêt, voire la tristesse, du paysage terrestre. Gorgonian Forest mérite ainsi probablement tous les qualificatifs, notamment au printemps. En effet, ici plus qu'ailleurs dans la région, les différences de saison se font nettement sentir. C'est

ainsi qu'entre mars et juin, vous êtes sûr de rencontrer des bandes de requins gris et de requins-marteaux, et des foules de barracudas, même s'ils ne s'approchent pas et qu'ils ne se laissent évidemment pas photographier. En été, avec l'augmentation de la température de l'eau, le nombre des grands prédateurs, et de tous les poissons, diminue de manière non négligeable. Toutefois, le décor demeure tout aussi luxuriant.

227 à gauche Un banc de carangues gros-yeux (Caranx sexfasciatus) *évolue à proximité de la paroi de Gorgonian Forest.*

227 à droite De véritables haies de gorgones ornent la partie la plus profonde du circuit.

228 à gauche en haut
La photographie éclaire le sens du nom donné au récif de Layang Layang car les gorgones qui s'y sont développées y sont innombrables.

228 à gauche au centre
La paroi de la forêt de gorgones est émaillée de grottes.
À l'intérieur se développent de grands rameaux de gorgones.

228 à gauche en bas Sur l'un des gradins, vers une trentaine de mètres de profondeur, il est possible de rencontrer un requin-léopard (Stegostoma fasciatum) *assoupi.*

Sur le versant oriental du récif de Layang Layang, le courant est un compagnon de tous les instants et la visibilité est toujours exceptionnelle. Au départ, la pente forme des gradins sur lesquels s'élèvent des tourelles de madrépores qui fourmillent de vie, pour ensuite plonger vers le fond en canyons, en balcons et en anfractuosités. C'est à ces profondeurs que pousse la fameuse forêt de gorgones. Les énormes *Anthotelidae*, *Acanthogorgidae* et *Melithaeidae* s'y succèdent sans interruption, entrelaçant leur ramifications souvent enrichies de luxuriantes touffes d'alcyonaires ou de festons de crinoïdes, avec des crevettes commensales à observer de près.

Laissez-vous séduire par la beauté des formes et des couleurs de la forêt gorgonienne, mais ne négligez pas pour autant les poissons, qui ne manquent pas : bancs de carangues gros-yeux *(Caranx sexfasciatus)* et spécimens isolés plus gros qui tournent entre les éventails, poissons-perroquets à bosse *(Bolbometopom muricatum)* qui, poussés par la curiosité, montent rapidement du fond, dans un mouvement trop vif pour les photographier, d'autant qu'ils s'éloignent tout aussi vite ; sur les gradins plus profonds, à partir de moins 40 mètres, il n'est pas impossible de découvrir un requin-nourrice ou un requin-léopard *(Stegostoma fasciatum)*, d'énormes ombrines et des gaterins-arlequins *(Plectorhinchus lineatus)* ou tachetés *(Plectorhinchus pictus)* qui s'éloignent paresseusement.

Lorsque vous remontez vers les 20 mètres, vous constatez que les gorgones cèdent la placc à d'énormes éponges *(Xestospongia testudinaria)* et *Aplysine*, éponges tubulaires au milieu desquelles il est assez fréquent de rencontrer des mérous de dimensions remarquables.

Encore plus haut, vers la surface, vous serez émerveillés par les anémones et leurs hôtes habituels, poissons-clowns et crabes-porcelaines *(Neopetrolisthes ohshimai)*, et quantité de tridacnes de toutes les dimensions, des poissons-ballons, des rascasses et autres poissons coralliens. Il est également assez fréquent de croiser un cobra de mer *(Laticauda colubrina)*, qui glisse, indifférent, entre les rochers, sur le sable, d'une anfractuosité à l'autre, probablement en quête de petites proies.

228 à droite en haut
La photographie met en évidence la structure de l'une des nombreuses et énormes éponges-barils qui ornent la Gorgonian Forest.

228 à droite en bas Les petits barracudas au corps allongé, dits « bécunes de Forster » (Sphyraena forsteri), *bondissent pratiquement jusqu'à la surface pour jouer avec les embruns.*

229 De nombreuses comatules se fixent aux éventails des gorgones pour mieux filtrer le plancton transporté par le courant.

Textes et photographies Vincenzo Paolillo

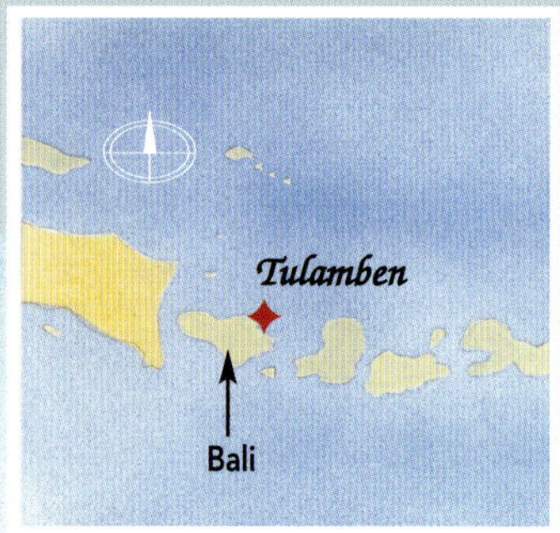

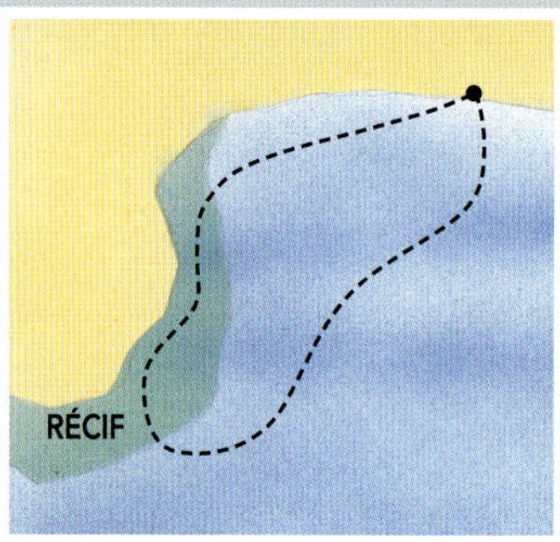

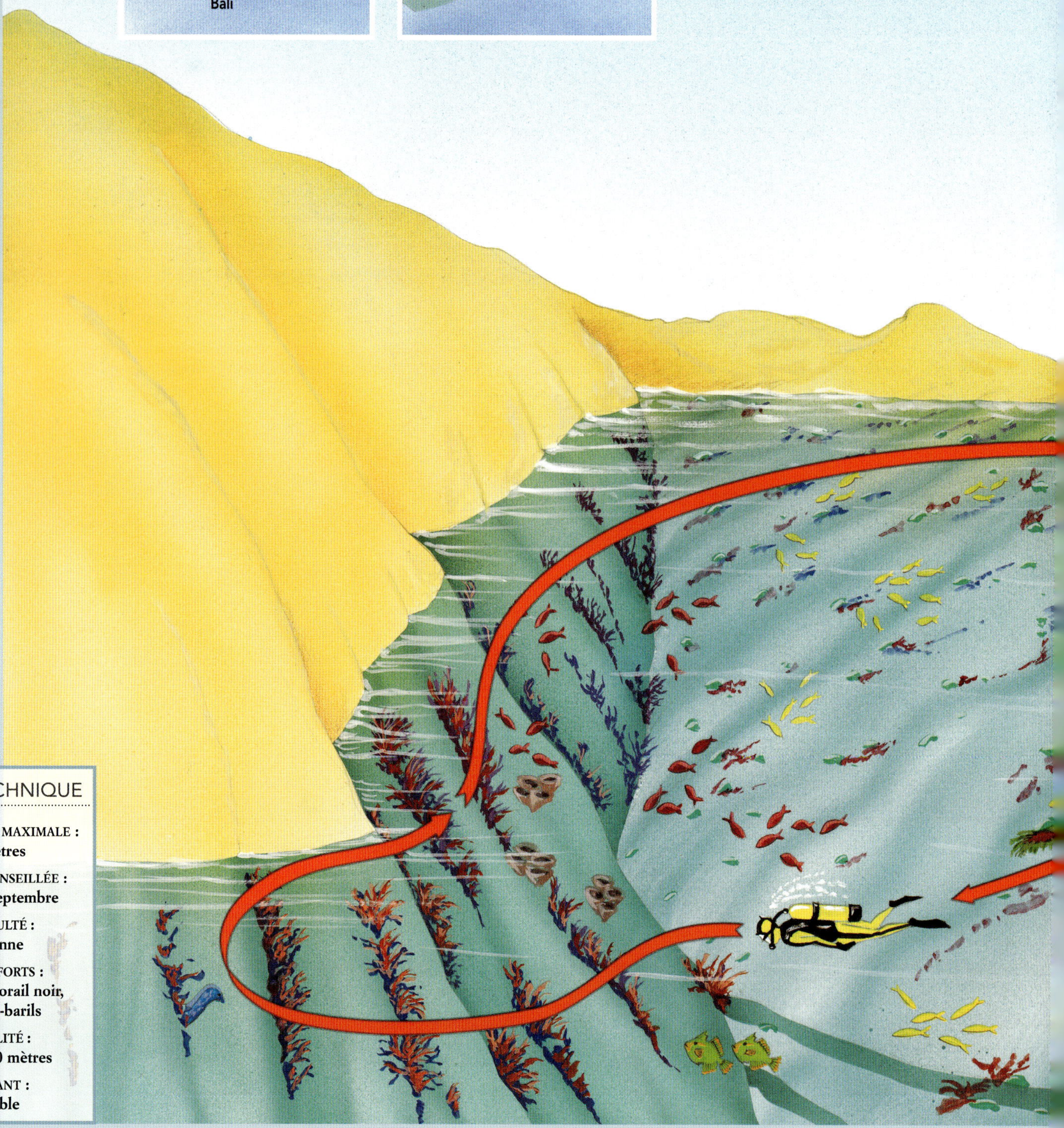

FICHE TECHNIQUE

PROFONDEUR MAXIMALE :
20 mètres

PÉRIODE CONSEILLÉE :
de mai à septembre

DIFFICULTÉ :
moyenne

POINTS FORTS :
gorgones, corail noir, éponges-barils

VISIBILITÉ :
jusqu'à 40 mètres

COURANT :
variable

Illustrations Domitilla Müller

Indonésie - Bali
Tulamben

Située sur la côte nord-est de Bali, Tulamben est une magnifique baie cernée par une végétation luxuriante au pied de la montagne la plus haute de l'île, le volcan Gunung Agung.

Juste sur la plage se dresse une auberge dotée d'un club de plongée bien équipé, d'où l'on peut partir directement avec les bouteilles – ou les faire porter, avec le reste de l'équipement, jusqu'à la plage par l'un des porteurs engagés à cet effet.

Vous choisirez alors de vous diriger à gauche, et vers une épave, ou vers le large, en suivant le fond pour ensuite tourner à droite vers la pointe de la baie. Le second circuit est plus beau, et plus complet car il offre une extraordinaire variété de sujets de petite taille, authentique paradis pour la macrophotographie, et une paroi merveilleuse.

231 en haut Une énorme gorgone rouge décore la partie interne de la paroi à Tulamben.

231 en bas La plage de galets, sur laquelle les habitants ont tiré les pirogues (au fond), s'étend devant le promontoire qui domine le tombant de Tulamben.

232 Le circuit passe à côté d'énormes éponges-barils (Xestospongia testudinaria) *à côté desquelles prolifèrent de nombreuses gorgones.*

233 à gauche en haut Les eaux de ce coin de l'océan Pacifique sont peuplées de poissons-scorpions-feuilles (Taenianotus triacanthus) *qui, par mimétisme, se fondent dans les coraux.*

233 à gauche au centre Un superbe spécimen de poisson-fantôme orné (Solenostomus paradoxus) *semble poser pour l'objectif du photographe.*

233 à gauche en bas Sur le promontoire, vers la surface, nagent les gaterins-arlequins (Plectorhinchus lineatus), *en groupe ou solitaires.*

233 à droite en haut Sous la lumière du flash, l'un des nombreux éventails qui se déploient sur la paroi qui ferme, à l'est, le golfe de Tulamben, éclaire de ses superbes reflets le bleu profond des eaux cristallines.

233 à droite en bas Des castagnoles de divers coloris trouvent refuge entre les branches de cette superbe gorgone épanouie.

Après avoir parcouru les quelques mètres de plage devant l'auberge – un œil sur les galets qui font souffrir les porteurs de bouteilles, de lest et autres appareillages photographiques – vous vous glisserez entre de gros amas rocheux qui s'appuient sur un fond de sable de lave du plus beau noir. Prenez la peine de vous attarder sur le sable pour observer de ravissants nudibranches colorés.

Le plateau descend ensuite rapidement vers le large, rythmé par de larges ondulations perpendiculaires à la pente. Dans les creux, vous apercevrez des nudibranches, des soles, des gobies en symbiose avec des crevettes affairées à nettoyer leur tanière, des poissons-lézards *(Synodus variegatus)* et des hippocampes noirs ou de minuscules poissons-coffres jaunes à points noirs. Sur les bosses poussent de petites gorgones, des coraux-cuir, des crinoïdes sur lesquels et autour desquels se pressent des crevettes (*Periclimenes* sp.), des galathées ou de splendides poissons-fantômes ornés *(Solenostomus paradoxus)*. Sur une branche de corail se pose un poisson-scorpion-feuille *(Taenianotus triacanthus)*, et sur une actinie un étonnant crabe-porcelaine *(Neopetrolistes maculatus)*. Le bras de mer est également visité par les gobies de feu *(Nemateleotris magnifica)* et autres habitants des sables.

Vers 20 mètres de profondeur, un remue-ménage sur certains rochers révèle une station de nettoyage, où travaillent une foule de crevettes, par exemple pour nettoyer un mérou rouge tandis qu'à quelques coups de nageoire de là, un gros baliste attend son tour.

Vers la droite, en direction du sud, et en quelques coups de palme, vous parviendrez à l'abri d'une paroi couverte de gorgones, dont l'une, de dimensions gigantesques, arbore une étonnante nuance rouge violacé. Mais ce n'est pas tout ! D'autres gorgones, des grandes branches de corail noir, de grandes éponges-barils vous attendent. N'oubliez pas de jeter un regard entre les plis externes de ces organismes car il n'est pas rare d'y déceler un merveilleux petit crabe poilu de couleur rose (*Lauriea* sp.). Vers la pointe, la pente de la paroi se fait plus douce, en gradins sur lesquels s'attardent encore d'innombrables poissons comme les rougets, les ombrines tropicales, les mérous et les balistes. Dans les anfractuosités, vous dénicherez facilement des murènes et, partout, des mollusques, des crevettes, des crabes, des nudibranches, voire quelques poissons-grenouilles. Et si vous jetez un œil vers la grande Bleue, il n'est pas impossible que vous aperceviez des requins et des poissons-lunes.

Textes et photographies Vincenzo Paolillo. Illustrations Domitilla Müller

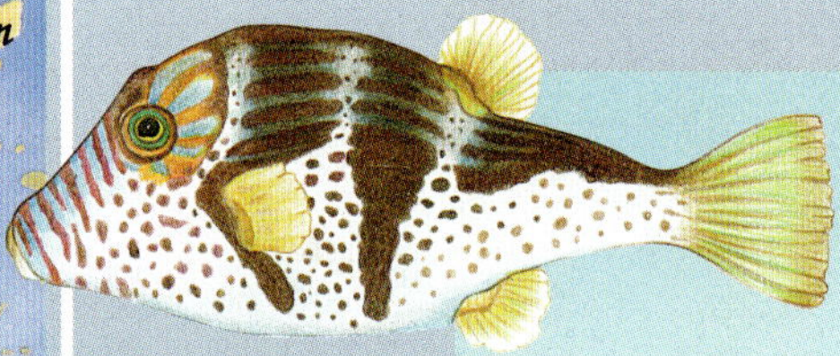

Indonésie - Manado

Likuan 2

Manado est l'un des plus célèbres paradis de la plongée de toute l'Indonésie. Deux sites sont particulièrement renommés, celui du canal de Lembeh, où sur un bas-fond le photographe amateur de macro pourra s'adonner à sa passion, et celui de l'île de Bunaken, dont les eaux regorgent de merveilles en matière de biodiversité et de gros poissons. Les alentours de l'île offrent de nombreux itinéraires,

234 en haut L'une des plages de l'île de Bunaken, où se dresse un petit village.

234 en bas Les délicats éventails de gorgones ornent tout le circuit du spot Likuan 2.

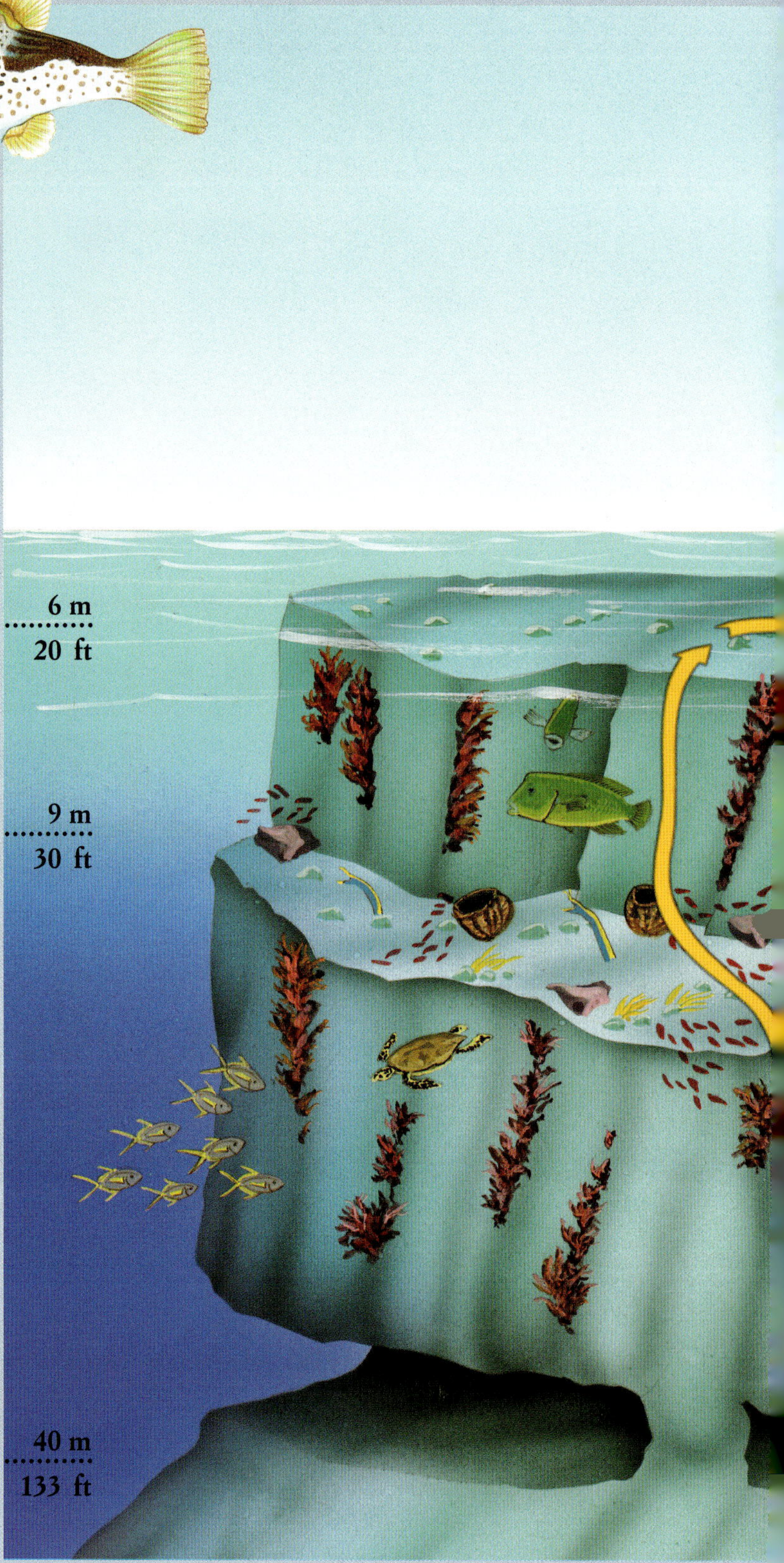

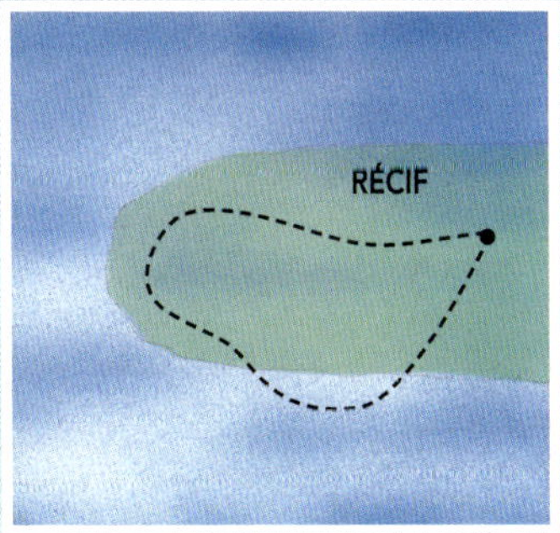

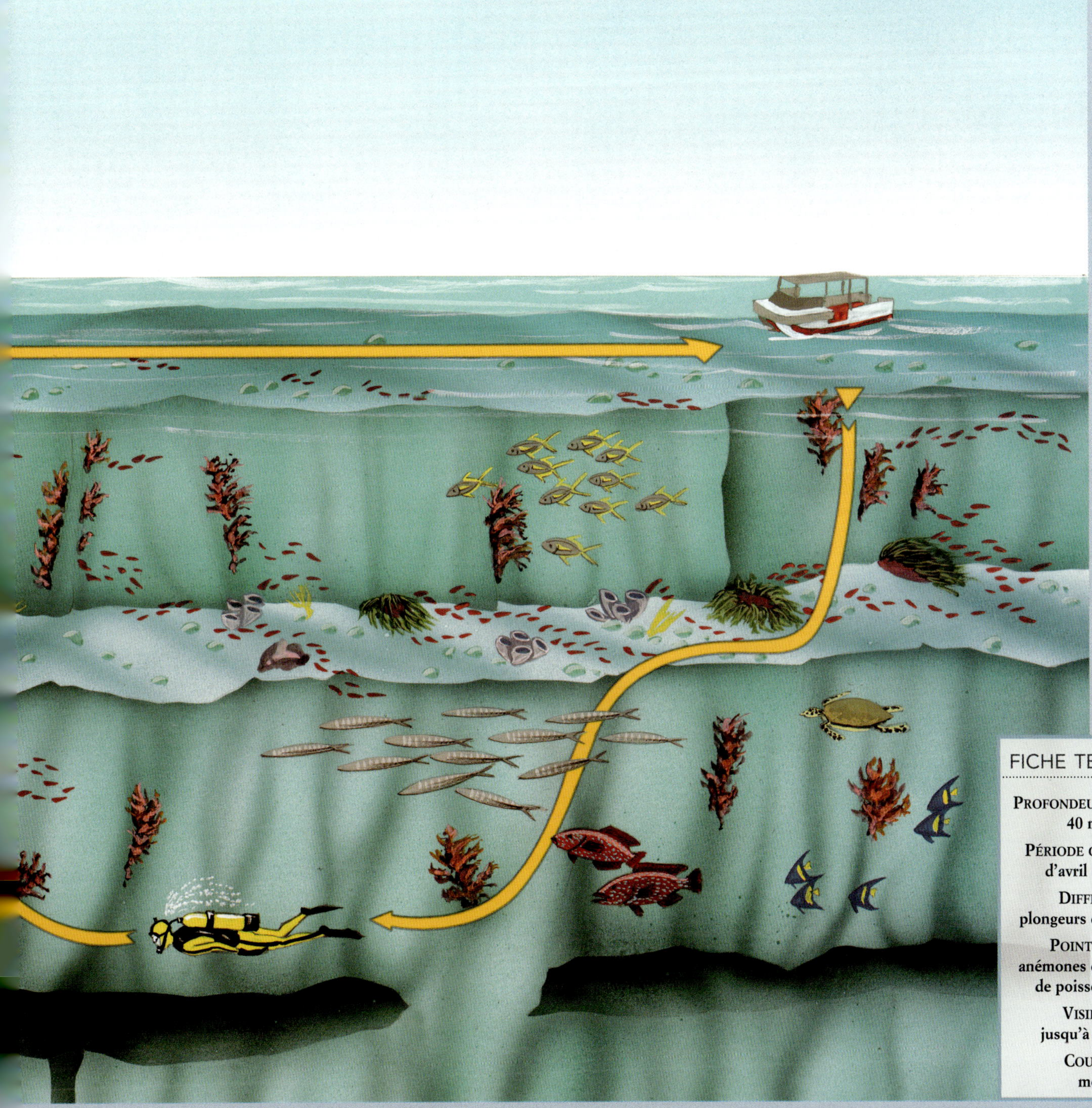

FICHE TECHNIQUE

PROFONDEUR MAXIMALE :
40 mètres

PÉRIODE CONSEILLÉE :
d'avril à octobre

DIFFICULTÉ :
plongeurs expérimentés

POINTS FORTS :
anémones et six espèces de poissons-clowns

VISIBILITÉ :
jusqu'à 40 mètres

COURANT :
moyen

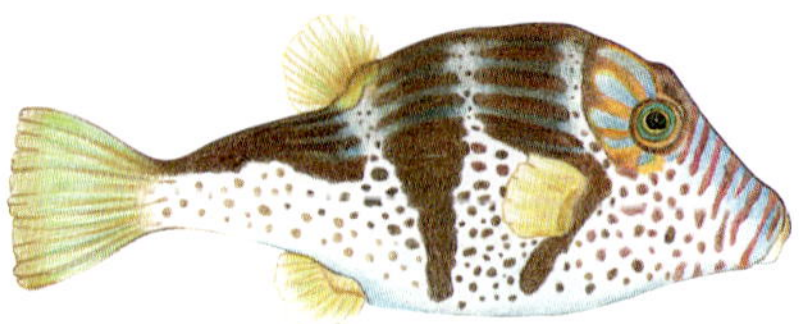

236 en haut Dans la cavité d'une éponge repose un poisson-grenouille géant (Antennarius commersoni)*, plutôt commun dans ce recoin du Pacifique.*

236 en bas Une tortue verte (Chelonia mydas) *a été surprise alors qu'elle stationnait contre le rocher au milieu du corail noir.*

236-237 Les fonds indonésiens regorgent d'occasions de prendre de tels clichés. Ici, une grosse éponge autour de laquelle évoluent des myriades de poissons coralliens.

mais les plus beaux longent la paroi de Likuan, une muraille rocheuse verticale qui occupe un kilomètre et demi sur le versant sud, avec de fréquents changements de direction. Ici, les spots ont été simplement baptisés «Likuan 1», «Likuan 2» et «Likuan 3», et ils possèdent les mêmes caractéristiques, bien que Likuan 1, le plus externe, soit pratiquement toujours agité par le courant. C'est la raison pour laquelle nous avons opté pour Likuan 2, où les gorgones sont peut-être moins spectaculaires et les poissons moins passants, mais où vous aurez la possibilité d'observer les formes de vie les plus insolites du récif. Vous descendrez sur le plateau corallien entre les rochers et les alcyonaires, où il y a de nombreux nudibranches et mollusques, dont un superbe *Cypraea* à l'étonnant manteau noir, mais aussi de nombreuses murènes-rubans *(Rhinomuraena quaesita)* bleu et jaune, dont les juvéniles à la robe entièrement noire qui met à dure épreuve le talent du photographe.

Vous ne pourrez manquer les organismes qui colonisent cette portion du circuit, des anémones aux nuances superbes, du blanc au jaune, et au moins six espèces de poissons-clowns, ainsi que certains poissons-pierres de couleurs ou de formes inhabituelles. Sans parler des nombreuses autres espèces de chétodontes, scaridés, labridés ou pomacentridés.

Au bord du plateau, vous entamerez la descente de la paroi en passant sur les gradins, les aplats, les tombants ou les langues de sable pour voir subitement apparaître des gorgones et surtout des éponges géantes de diverses variétés, en baril, en coupe, tubulaires. Tout autour évolueront des poissons-anges, des idoles des Maures ou poissons-porte-enseigne *(Zanclus cornutus)*, d'énormes poissons-hérissons, poissons-trompettes aux couleurs étranges, et vous aurez peut-être la chance d'apercevoir des poissons-grenouilles polychromes, dissimulés entre les anfractuosités ou arborant fièrement leurs couleurs dans le creux d'une éponge. Il n'est pas difficile de rencontrer des tortues – au repos entre les branches de corail noir –, les mérous, les carangues et les barracudas. Les bancs les plus gros se tiennent cependant plutôt au large, tout comme les squales, si ce n'est les quelques spécimens qui dorment dans une longue fissure horizontale.

Descendez encore jusqu'à 40 mètres, là où le fond s'éloigne en pente douce vers le large. Il est alors temps de remonter, porté par le courant qui, même s'il vous entraîne un peu plus loin, vous conduira vers les paysages et des rencontres toujours aussi belles. Réservez vos dernières bulles d'air pour observer quelques curiosités, telles que des gobies sur les fouets des gorgones ou des crabes aux formes extravagantes. Enfin, toujours sur les gorgones, vous repérerez peut-être le minuscule hippocampe-pygmée qui arbore la même nuance rouge que son support.

Textes et photographies Egidio Trainito

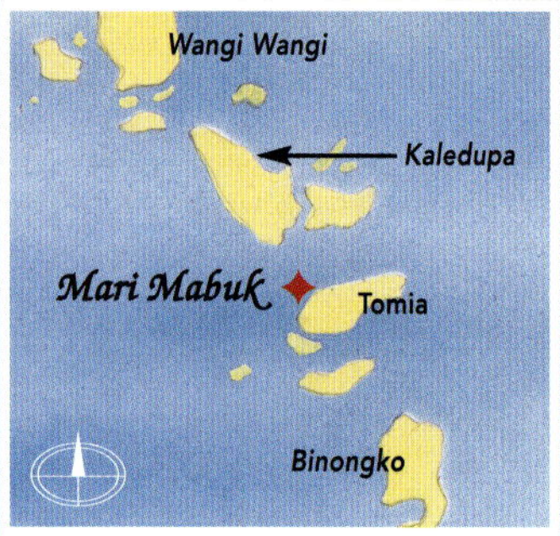

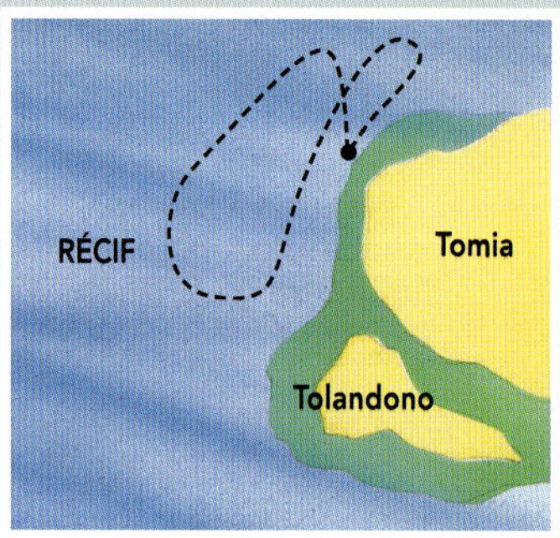

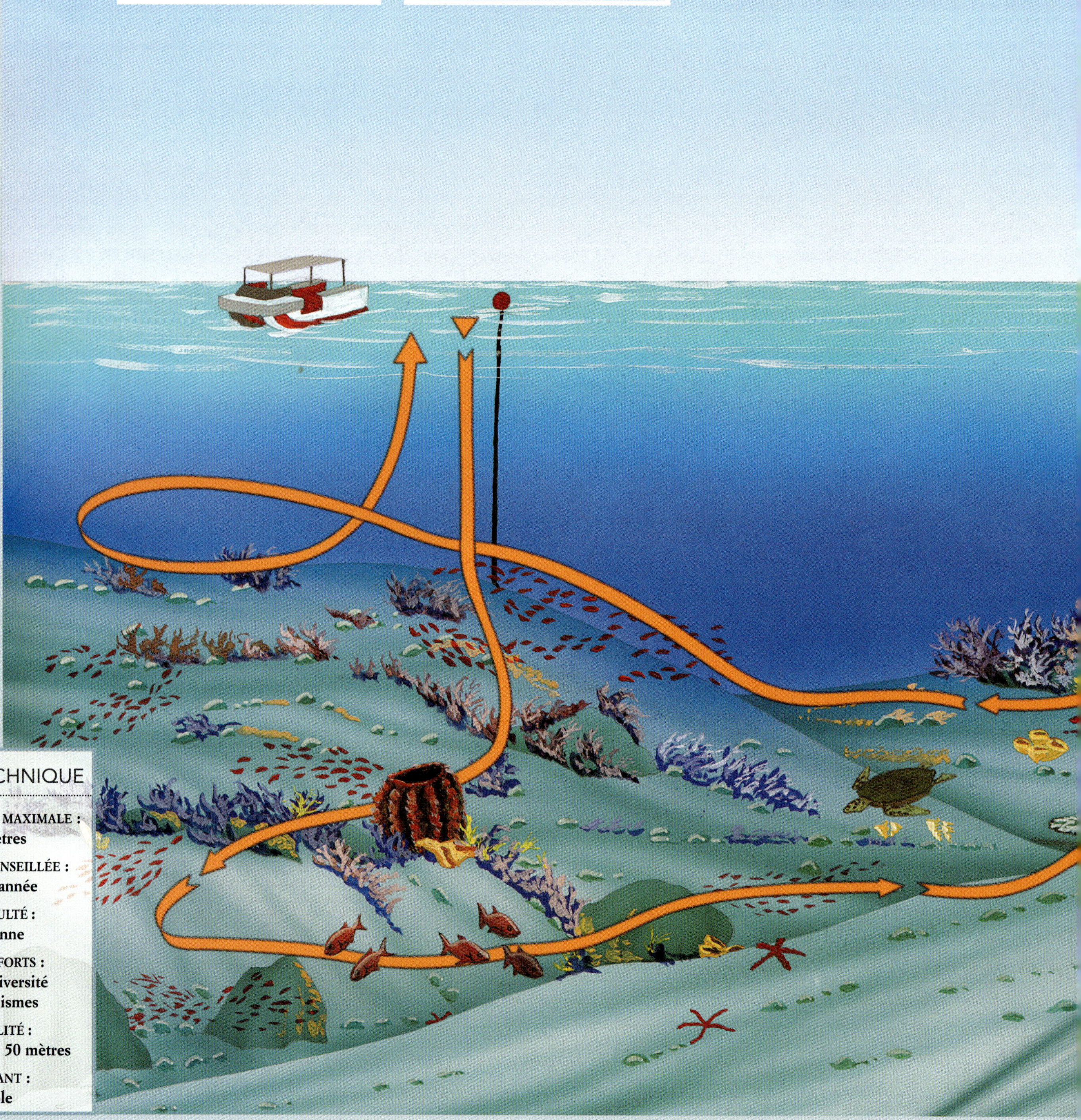

FICHE TECHNIQUE

Profondeur maximale :
26 mètres

Période conseillée :
toute l'année

Difficulté :
moyenne

Points forts :
grande diversité d'organismes

Visibilité :
supérieure à 50 mètres

Courant :
faible

Illustrations Domitilla Müller

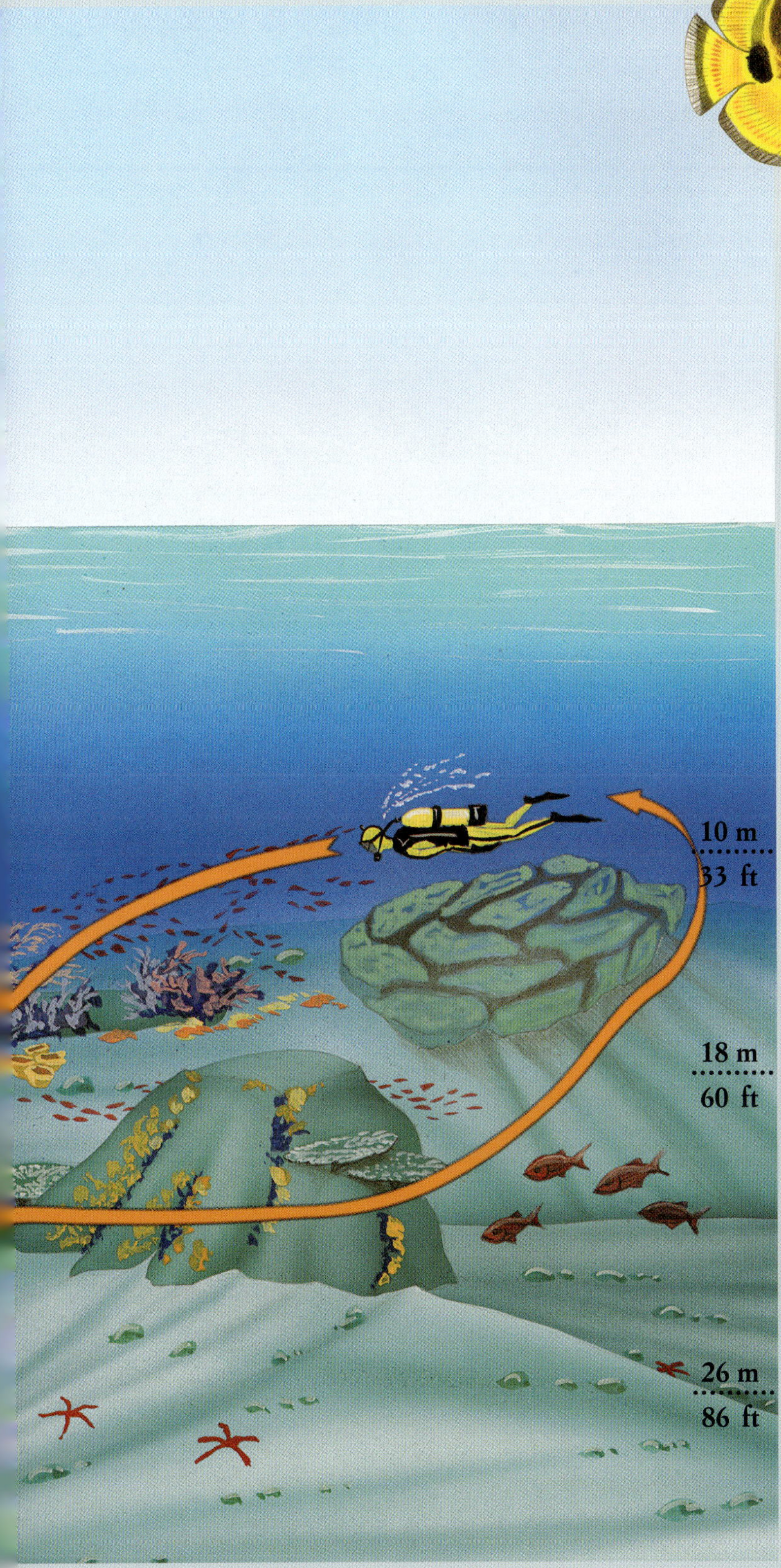

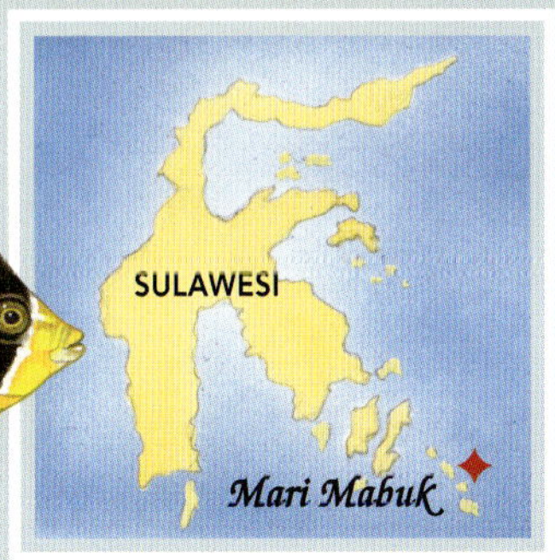

INDONÉSIE - WAKATOBI

MARI MABUK

Au sud-est de Sulawesi (Célèbes), l'une des innombrables îles de l'Indonésie, émerge une suite d'îlots qui s'égrènent en direction du sud. La région porte le nom de «Tukang Besi» mais elle est plus connue localement sous celui de «Wakatobi», c'est-à-dire l'union de la première syllabe des quatre îles principales : Wangi Wangi, Kaledupa, Tomia et Binongko, uniquement accessibles par bateau. Au large des deux dernières, vers l'ouest, une vaste barrière corallienne affiche plus de 150 kilomètres de longueur; pratiquement intacte, elle n'est fréquentée que par quelques pêcheurs qui n'utilisent heureusement pas les explosifs qui infligent tant de dégâts dans d'autres régions du Pacifique occidental. Chaque portion de la barrière comporte des spots de haut niveau. Le moindre centimètre carré présente un intérêt,

239 à gauche La plage de Tolandono arbore des couleurs presque surnaturelles lorsque les dernières moussons effleurent les îles de l'archipel des Wakatobi.

239 à droite Coraux, éponges-barils, crinoïdes et essaims de poissons dans l'une des nombreuses architectures des fonds indonésiens. Les crinoïdes recherchent des positions élevées pour capturer le plancton de leurs bras plumeux.

240 à gauche en haut Le fond en pente est fréquenté par des animaux de tous les genres ; outre les coraux et les éponges, les fonds indonésiens sont envahis par les tuniciers, organismes coloniaux comme cette synascidie-urne (Didemnum molle).

240 à droite en haut La livrée de l'adulte du poisson-ange à bande bleue (Pomacanthus novarchus) *est différente de celle des jeunes, qui est noire à bandes bleu ciel.*

240 à gauche en bas Une grande éponge-baril domine le paysage du récif : la rugosité de sa surface augmente de manière considérable sa capacité d'absorption de l'eau, ce qui lui permet de recueillir d'autant plus de matière organique pour se nourrir.

au point que l'on ne sait pas toujours où donner des yeux, et, partout, l'eau atteint des niveaux de visibilité exceptionnels, dépassant souvent les 50 mètres.

Le spot de Mari Mabuk, devant l'île de Tomia, réunit toutes les caractéristiques de la barrière. Il s'agit d'une longue dorsale corallienne, dont les deux versants descendent en pente douce, offrant de nombreux parcours différents. En général, on mouille à une bouée fixe avant de descendre sur une vingtaine de mètre le long du versant occidental du sec, où les profondeurs sont plus accessibles, à environ 10 mètres. Dès les premières brasses, vous tomberez sur une énorme éponge-baril *(Xestospongia testudinaria)* dans laquelle un plongeur adulte peut pénétrer. Vous vous dirigerez ensuite vers le sud pour parvenir à une succession désordonnée de coraux mous, d'alcyonaires, de gorgones et autres organismes qui forment une sorte de micro-environnement peuplé d'éponges, d'ascidies et d'invertébrés de toutes sortes. Partout apparaissent de ravissants petits spécimens de poissons vivement colorés, tandis qu'une tortue de passage, indolente et peu craintive, se laissera tranquillement approcher par les plongeurs.

Si vous continuez dans cette direction sud, vous rejoindrez l'un des plus beaux points de la dorsale. Dans l'eau claire, vous observez une immense zone recouverte de coraux durs en forme d'éventail ou de coupe, évoquant une énorme rose aux pétales ouverts. Ils sont intacts, sans aucun signe de blessure. Faites ensuite demi-tour pour revenir vers la bouée en longeant la partie opposée à la dorsale, où vous évoluerez au-dessus des champs de corail, d'éponges colorées et d'ascidies de diverses espèces et couleurs. Vous atteindrez enfin une zone colonisée par les grands éventails de gorgones, où plusieurs espèces s'entrelacent, couvertes de crinoïdes colorés, d'éponges ramifiées ou tubulaires, tandis que, entre les branches, évoluent les rascasses et les étoiles-coussins granuleuses *(Choriaster granulatus)*.

240 à droite en bas Une bande de fusiliers Caesio teres *glisse au-dessus de la barrière, avec ses alcyonaires, gorgones et coraux durs. Cette espèce de fusiliers, répandue dans tout l'Indo-Pacifique jusqu'à l'Australie, a été décrite pour la première fois en 1906.*

240-241 Un gros-yeux (Priacanthus hamrur) *solitaire tournoie au-dessus de la «rose» de* Mari Mabuk, *ce gigantesque ensemble de madrépores (peut-être du genre* Turbinaria*) qui évoquent les pétales d'une fleur.*

241 en bas Dans l'eau limpide, le plongeur évolue au-dessus de la même rose, ce qui donne une idée des proportions colossales de la formation corallienne qui recouvre entièrement le relief du fond.

Vous pourriez continuer ainsi à parcourir la barrière toujours plus loin. Il est encore temps de dénicher les nudibranches – de nombreuses espèces habitent ces lieux – et les poissons endémiques. Sur le fond de corail mort, vous apercevrez peut-être certaines des vedettes locales, telles que les murènes-rubans *(Rhinomuraena quaesita)*, qui jaillissent souvent par deux de leur tanière, les couples de gobies de feu *(Nemateleotris magnifica)* ou de gobies à raie bleue *(Valenciennea strigata)*. Et dans l'entrelacs des coraux morts se glisse souvent un serpent de mer. À Mari Mabuk, les heures passent sans qu'on s'en aperçoive, et l'on en oublierait presque qu'il faut remonter à la surface.

242 à gauche en haut
Le plan rapproché du poisson-scorpion-feuille (Taenianotus triacanthus) *révèle à quel point le mimétisme de cet individu est parfait. Il arrive qu'il soit effectivement impossible de le distinguer du décor du récif.*

242 à gauche au centre Une étoile de mer granuleuse (Choriaster granulatus) *est posée sur les concrétions coralliennes du récif.*

242-243 Le paysage sous-marin est d'une telle complexité que le regard peine à se fixer sur un seul sujet. Cette image de chaos n'est qu'apparence, car les lois sous-marines sont très strictes et attribuent à chaque organisme son espace vital. Ici, des crinoïdes se posent sur un entrelacs d'éponges et de gorgones.

243 en haut Les grandes dimensions de cette anémone magnifique (Heteractis magnifica) *font, par contraste, paraître plus petits les poissons-clowns* (Amphiprion ocellaris) *qui se perdent dans l'entrelacs des tentacules.*

243 en bas Une éponge rouge semble avoir engendré une superbe gorgone, tout aussi rouge, mais ornée de petits polypes blancs. Tout autour, des éponges ramifiées, des crinoïdes et des coraux durs.

242 à gauche en bas Deux grands acropores (probablement Acropora hyacinthus*) sur un versant du récif. Les dimensions de ces coraux sont favorisées par la forte luminosité et la clarté de l'eau – la visibilité, en effet, dépasse souvent 60 mètres.*

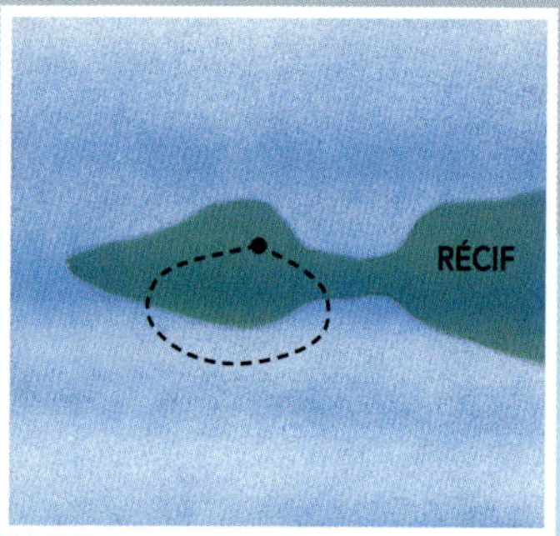

Textes et photographies Vincenzo Paolillo

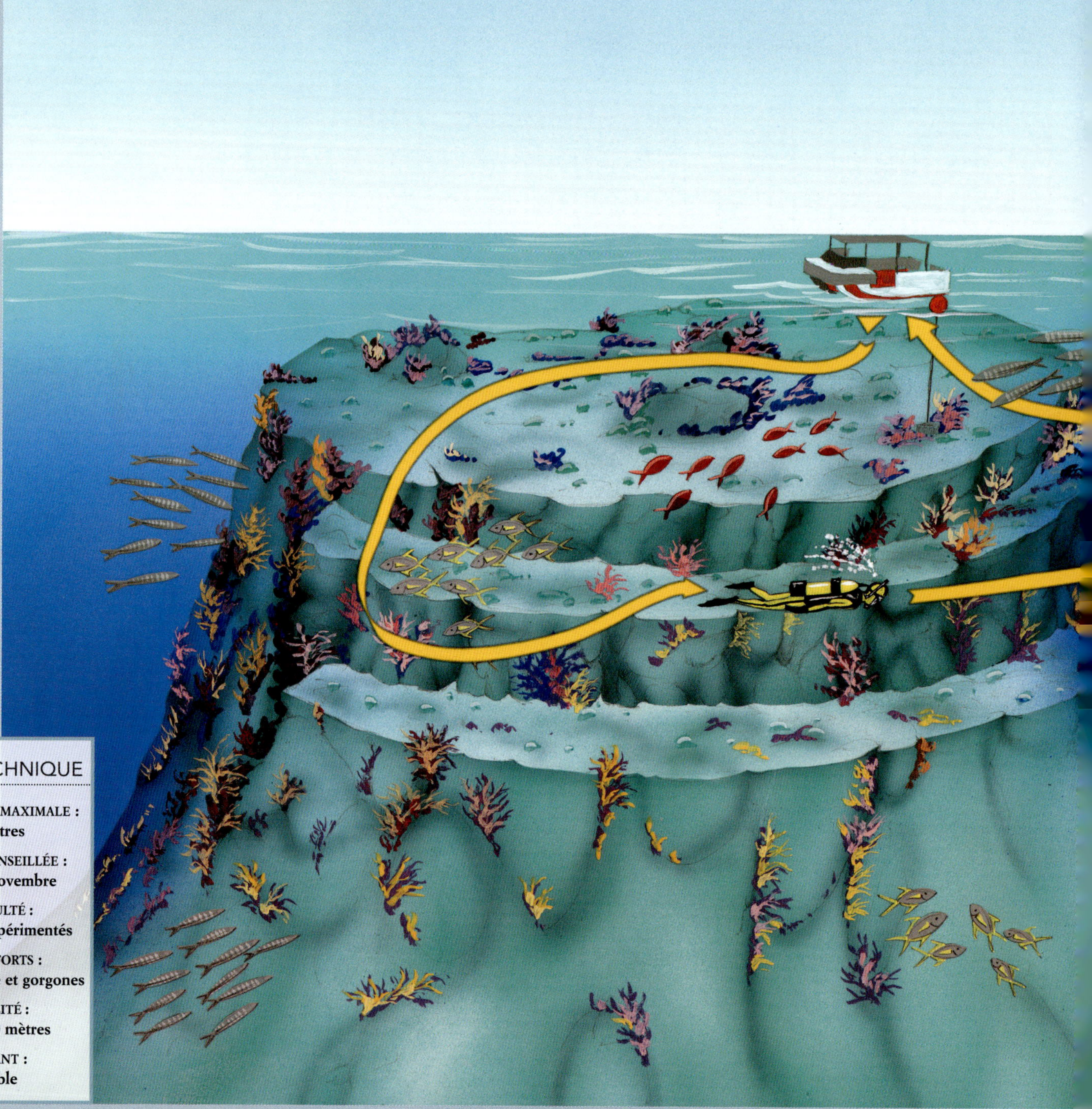

FICHE TECHNIQUE

Profondeur maximale :
35 mètres

Période conseillée :
de mai à novembre

Difficulté :
plongeurs expérimentés

Points forts :
grotte passante et gorgones

Visibilité :
jusqu'à 40 mètres

Courant :
variable

Illustrations Domitilla Müller

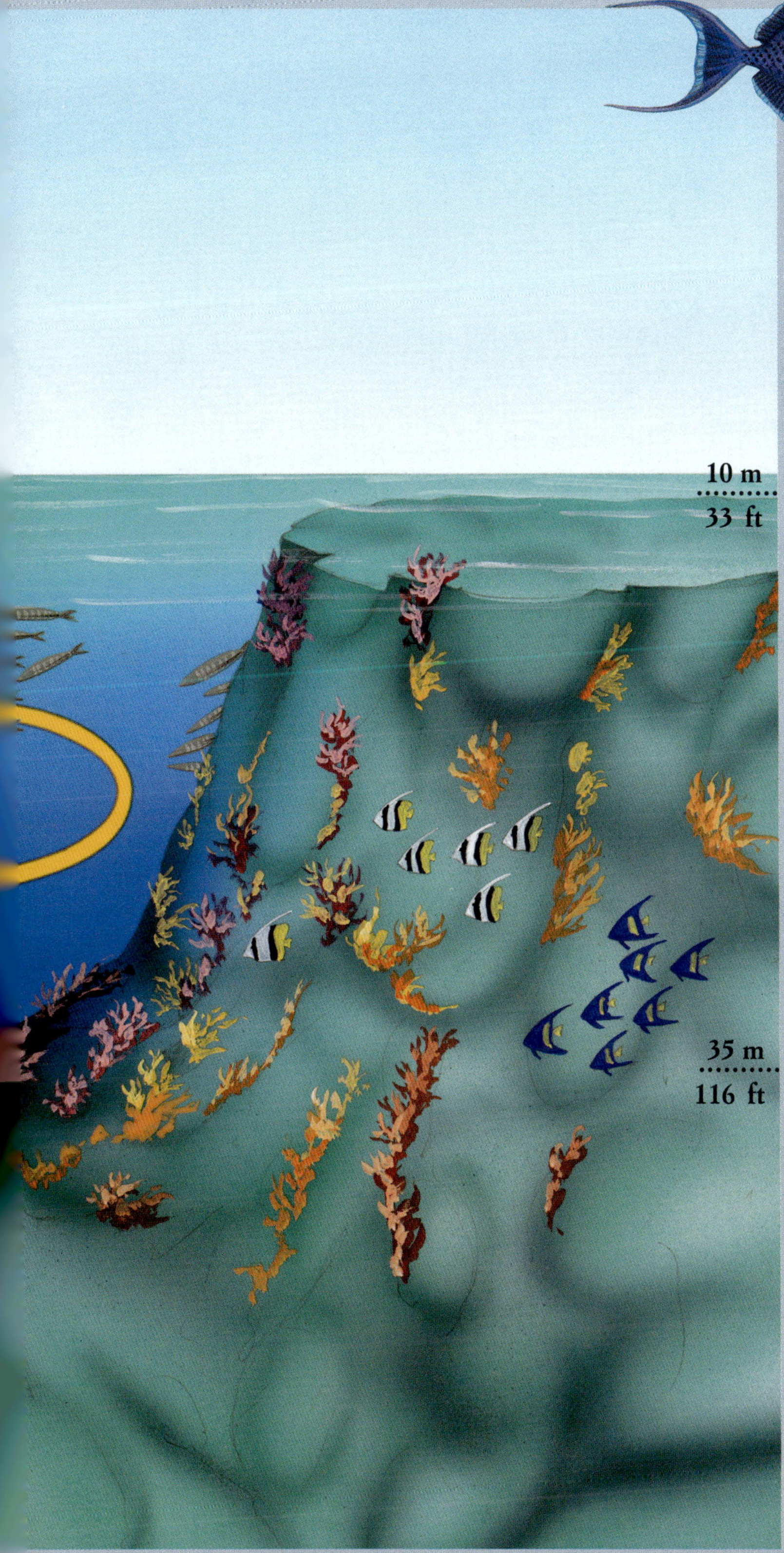

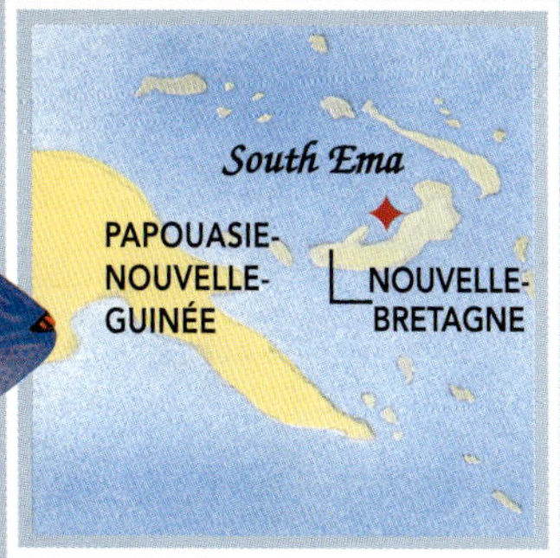

PAPOUASIE-NOUVELLE-GUINÉE
GOLFE DE KIMBE
SOUTH EMA

Pour le plongeur, il y a beaucoup de spots intéressants dans le golfe de Kimbe, où se trouve Walindi, mais le plus beau, et certainement le plus complet, est probablement celui de South Ema. Il se distingue par un grand récif qui monte d'un fond de plus de 100 mètres

245 en haut Le circuit de South Ema vous fait passer devant une succession d'énormes gorgones très colorées.

245 en bas Ce petit poisson-cardinal passe la nuit dissimulé entre les branches d'un alcyonaire.

246 *Une stupéfiante forêt de coraux à fouets. Les polypes déployés dans le courant recueillent le plancton, une substance nutritive particulièrement appréciée par ces superbes spécimens de la flore marine.*

247 *à gauche en haut L'éponge oreille-d'éléphant constitue un sujet idéal pour le photographe sous-marin. Typique des eaux de Papouasie-Nouvelle-Guinée, elle peut être énorme, comme le modèle de la photo qui paraît façonné par les courants.*

247 *à droite en haut Gorgones et comatules de mer vivent souvent en parfaite symbiose : c'est l'un des exemples les plus célèbres – avec le tandem anémone/poisson-clown – d'une association efficace de la nature.*

pour affleurer pratiquement en surface, à moins de 3 mètres. Le récif se prolonge par une sorte d'appendice qui adopte la forme insolite d'une amphore au col plutôt étroit, et dont l'embouchure est reliée au sec. Le col est situé à 30-35 mètres de profondeur ; la « panse » renflée arrive jusqu'à 10-12 mètres.

La bouée fixe se trouve sur la face sud de la formation. Laissez-vous descendre le long de la chaîne et optez pour l'un des deux circuits possibles. Si vous donnez un coup de palme vers la pointe en suivant les gradins qui descendent en profondeur, vous observerez de splendides gorgones et des éponges oreilles-d'éléphant, avec peut-être l'espoir d'apercevoir au large des requins gris de récif *(Carcharhinus amblyrhynchos)*, des requins à pointe blanche *(Carcharhinus albimarginatus)* ou des bancs de barracudas. Attardez-vous sur le haut plateau, entre les énormes éponges-barils et les éponges rouges pour jouir du feu d'artifice des anémones, accompagnées de leurs poissons-clowns épineux *(Premnas biaculeatus)* d'un beau rouge vif. Vous rencontrerez peut-être aussi de belles crevettes-mantes ou, sur le sable, des gobies qui vivent en symbiose avec les actives crevettes nettoyeuses, ou encore d'énormes étoiles de mer accompagnées de crevettes translucides du genre *Periclimenes*.

Si vous optez pour l'autre circuit, vous descendrez vers le col de l'amphore pour atteindre, vers 35 à 40 mètres de profondeur, une superbe grotte passante ornée de festons de gorgones. À la sortie, vous vous heurterez à une explosion de gorgones rouges à fouet. Le col est entièrement couvert de splendides gorgones à éventail, enrichies d'une quantité surprenante de crinoïdes de plusieurs couleurs et par des éponges de tout genre.

Suivez ensuite le col pour retourner sur le sec principal où vous découvrirez des prairies d'anémones peuplées d'autres espèces de poissons-clowns. Il s'agit du poisson-clown orange *(Amphiprion sandaricinos)*, dont la rayure blanche parcourt le dos du nez à la queue, et du beau poisson-clown à trois bandes *(Amphiprion ocellaris)*, au coloris jaune orangé, plus vif que le précédent, avec, comme son nom l'indique, trois larges bandes blanches et des liserés noirs. Partout, les poissons vont et viennent, dont beaucoup vivent en symbiose : les gorgones sont, par exemple, visitée par les poissons-faucons ou de gros poissons-trompettes, tandis que les crinoïdes accueillent des crevettes et que les poissons coralliens cherchent refuge entre les alcyonaires.

Une immersion aussi riche d'opportunités est, pour les photographes, l'occasion de multiplier les passages avec des optiques différentes.

247 *à droite en bas Les alcyonaires que l'on trouve à South Ema sont plutôt luxuriants car les conditions leur sont extrêmement favorables.*

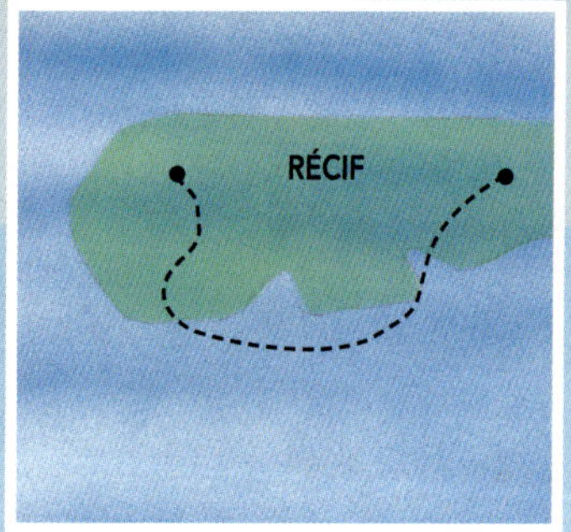

Textes et photographies Roberto Rinaldi

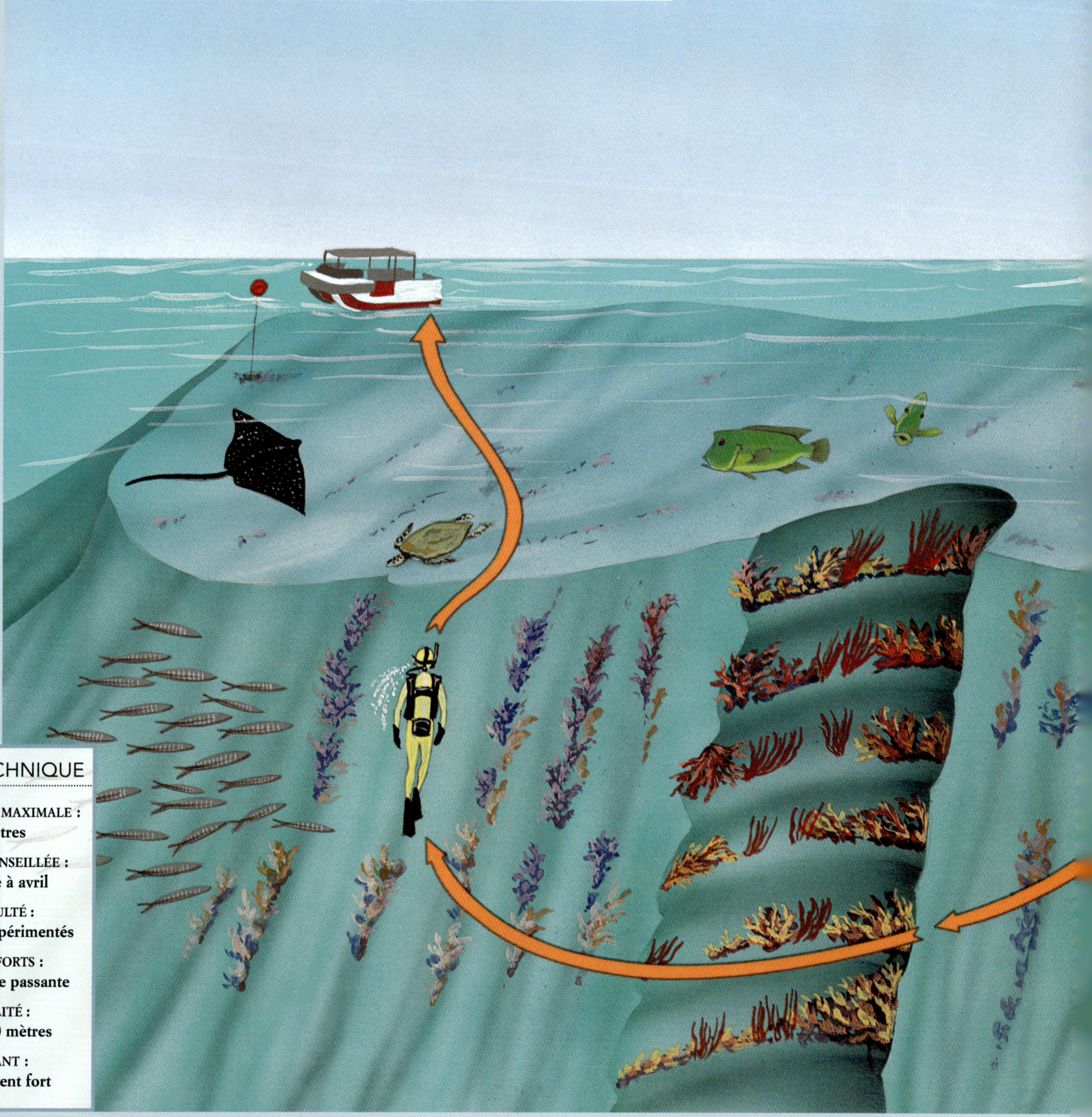

FICHE TECHNIQUE

Profondeur maximale :
30 mètres

Période conseillée :
d'octobre à avril

Difficulté :
plongeurs expérimentés

Points forts :
grande grotte passante

Visibilité :
jusqu'à 40 mètres

Courant :
extrêmement fort

Illustrations Domitilla Müller

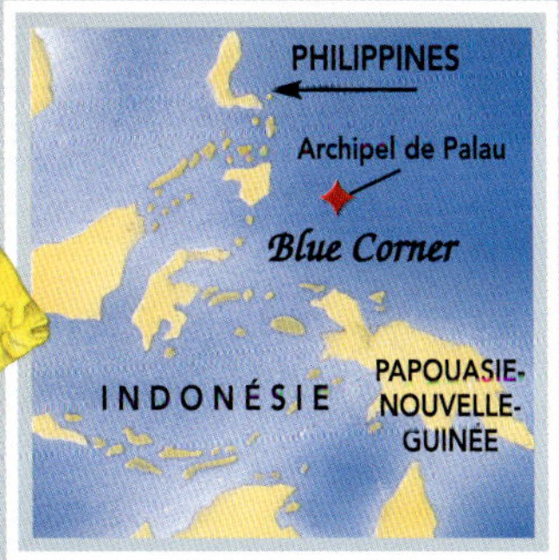

MICRONÉSIE - PALAU
BLUE CORNER

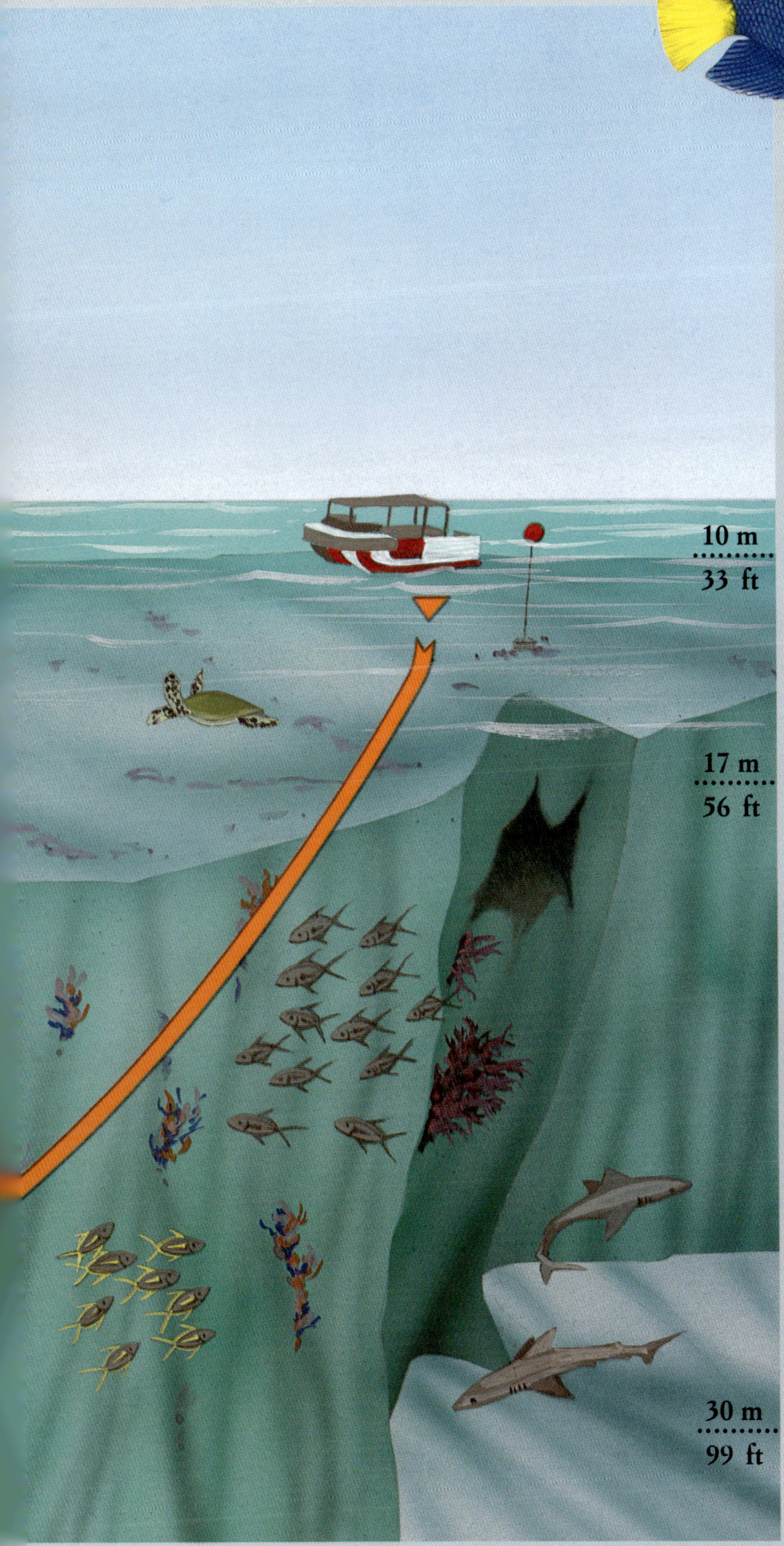

Les îles de la Micronésie s'étendent sur des centaines de milles à travers l'océan Pacifique, le long d'un faisceau compris entre 6° de latitude nord et l'équateur. En naviguant des Philippines vers l'est, les premières îles que l'on croise sont celles du fameux archipel de Palau. À l'intérieur d'une ceinture de corail de forme elliptique allongée vers le nord, se trouve, en effet, une multitude de petites îles. Certaines sont de simples îlots de corail ourlés de plages de sable blanc et couverts d'une jungle dense; d'autres sont des îles calcaires, largement lessivées par la violence des eaux de pluie, mais également couvertes d'une végétation impénétrable. L'érosion karstique des eaux de pluie sur les calcaires associée aux effets des produits acides qui dérivent de la décomposition des plantes et de la matière organique engendre des formes originales qui donnent à leur tour une morphologie caractérisée par d'innombrables canaux ouverts entre des falaises, des grottes, des baies étroites et isolées, des lacs marins au profil arrondi plus ou moins en contact avec la haute mer.

249 à gauche L'archipel des Seventy Islands est formé d'îlots calcaires uniques qui émergent de la grande lagune de Palau. Au-delà de la barrière externe, le promontoire immergé de Blue Corner se prolonge vers le large.

249 à droite Il suffit de plonger et de pénétrer dans la grotte, à environ 30 mètres de profondeur, pour admirer de superbes spécimens sous-marins.

250 en haut La bouée externe du versant méridional est le lieu où l'on rencontre le plus souvent des bancs très compacts de dentés tropicaux, de dimensions bien supérieures aux carangidés avec lesquels ils cohabitent.

250-251 Des plongeurs descendent dans l'antre de Blue Corner tandis que nous les observons d'en bas, depuis l'intérieur d'une grotte, véritable cathédrale. La lumière du soleil traverse les eaux claires et atteint le fond de sable blanc, illuminant le décor d'une lueur pâle et fantastique.

250 au centre C'est ici que vous rencontrerez les extraordinaires créatures marines que sont les tortues imbriquées (Eretmochelis imbricata).

250 en bas La quantité de requins à pointe blanche (Carcharhinus amblirhynchos) *que l'on peut observer à Blue Corner est époustouflante. Ils nagent paresseusement, sans se soucier des courants violents qui entraînent les plongeurs, au point que l'élégance plus que l'agressivité paraît être leur caractéristique principale.*

Pour les plongeurs, la zone la plus intéressante se trouve à l'extérieur du récif, dans son extrémité sud-ouest. Vous sortirez de la lagune par le German Channel, un canal artificiel creusé dans les coraux, pour naviguer avec le récif à main droite jusqu'à une portion de la barrière qui offre les fonds les plus beaux du coin. C'est peut-être dû à la morphologie spécifique du récif qui, à cet endroit, se tourne vers la haute mer, s'éloignant nettement de la forme principale comme une plate-forme de corail qui avance dans la mer. C'est sans doute ce qui explique le choix du nom Blue Corner (« coin bleu »).

Le long des deux versants, quatre bouées fixes permettent le mouillage, mais il est préférable que la mise à l'eau se fasse au niveau de l'une des deux bouées les plus à l'extérieur, en tenant soigneusement compte de la direction du courant qui peut, ici, atteindre une puissance et une violence inouïes. Imaginons que vous partez du côté méridional. La bouée fixe domine une sorte de plateau à 10 mètres de profondeur. Poussez jusqu'à l'arrête et entamez la descente sur le tombant. Vous vous trouverez immédiatement entourés par une nuée de poissons, un banc extrêmement serré de petites carangues et un autre tout aussi serré d'imposant dentés tropicaux gris. Dans l'alignement de la zone de mouillage s'ouvre une esquisse de grotte, sommet d'un canal qui coupe verticalement la paroi. C'est une première curiosité, à laquelle vous consacrerez quelques minutes, car c'est là

251 en bas La lueur irréelle gomme les couleurs au profit des innombrables nuances de bleu sur lesquelles se détachent les parois noires et le sable blanc.

251 en haut Les bancs serrés de carangues sédentaires gros-yeux (Caranx sexfasciatus) *constituent peut-être le plus beau spectacle des eaux de Blue Corner.*

Il s'agit généralement de bancs de spécimens minces et rapides, qui se trouvent soit à la surface, soit sur le fond, et, quand ils nagent, éclairent le décor de leurs éclats argentés.

252 Alors que les ténèbres descendent sur Blue Corner, une petite castagnole cherche refuge pour la nuit dans une touffe de coraux à fouet.

253 à gauche en haut Caractéristiques de presque toutes les plongées exécutées le long des récifs externes de Palau, ces coraux rouges à fouet appartiennent à la famille des Ellisellidae.

253 à gauche en bas Une étoile granuleuse (Choriaster granulosis), *facile à identifier avec ses bras charnus, stationne sur le récif multicolore de Blue Corner.*

253 à droite en haut Sur le versant nord du promontoire sous-marin, où la paroi descend en pente plus douce, prospèrent les coraux mous comme cet exemplaire de Lobophyton.

que croissent en abondance les grandes brassées de gorgones de toutes les couleurs. Veillez soigneusement à ne jamais descendre au-delà de 25-30 mètres : vous n'y trouveriez rien de plus et vous gâcheriez votre immersion. Il faut, en effet, tenir compte du fait que, dans la plupart des cas, le courant ne vous permettra pas de revenir directement au niveau du mouillage, et que le bord du plateau varie entre 10 et 17 mètres de profondeur. Impossible donc de prévoir des paliers de décompression, sauf en se laissant entraîner par le courant... une idée absolument déconseillée.

Après le canal, poursuivez le long de la paroi en accélérant les coups de palme. Vous pouvez admirer de belles gorgones isolées et des alcyonaires colorés, mais ils ne sont qu'un avant-goût de ce qui vous attend plus loin. Pendant tout le parcours, vous serez littéralement encerclés par une quantité incroyable de poissons. Sans cesser de palmer, jetez un œil vers le bord du plateau, au-dessus de vous : sa silhouette rectiligne est interrompue par une échancrure prononcée qui correspond au second canal qui coupe le tombant. Vous voici parvenus à l'endroit le plus beau de tout le circuit, avec de gigantesques et superbes gorgones colonisées par les alcyonaires et les éponges. Au-dessus de vous croisent des dizaines et des dizaines de squales et, vers le large, vous apercevez un banc de grands barracudas. Attardez-vous là un instant, avant de remonter vers le second bord du canal, c'est-à-dire au sommet du Blue Corner, le point le plus extrême. Le bord est à 17 mètres exactement. En général, étant donné la puissance du courant, il faut utiliser le « reef hook », crochet de fixation en acier relié au gilet par une cordelette de 2 mètres environ. Fixez le crochet sur un éperon du récif – jamais directement sur le corail vivant – et laissez-vous aller dans le courant. Ainsi, en flottant entre deux eaux, vous pourrez vous délecter du spectacle des requins qui viennent nager à quelques centimètres de vous, des barracudas immobiles dans le courant, des carangues rendues folles par les attaques des squales. Une pure merveille !

Au bout de quelques minutes, donnez quelques coups de palmes pour atteindre le grand plateau où vous croiserez à coup sûr un grand aigle de mer, plusieurs tortues et un poisson Napoléon gigantesque et plutôt méfiant. L'autre versant de Blue Corner est moins raide, mais tout aussi riche de vie, et il comporte une autre curiosité locale, les Blue Holes, quatre énormes trous dans la partie plane du récif, qui donnent sur une vaste caverne à fond sablonneux, à des profondeurs de 30 à 40 mètres. Pénétrez dans la grotte par les ouvertures du haut pour sortir par l'ouverture qui vous conduit à l'extérieur de la paroi corallienne. De là, si le courant est favorable, vous pouvez rejoindre Blue Corner et combiner les deux circuits en un.

253 à droite en bas La présence du plongeur fait ressortir les dimensions remarquables de ce grand éventail de mer (Melithaea squamata) *qui se déploie vers le large, dans les eaux cristallines de Blue Corner.*

Textes et photographies Kurt Amsler. Illustrations Domitilla Müller

AUSTRALIE - LIZARD ISLAND
COD HOLE

La Grande Barrière de corail australienne s'étend parallèlement à la côte Pacifique du continent, de Bundaberg au sud jusqu'au cap York au nord. Avec une longueur totale de 2300 kilomètres et une superficie supérieure à celle de l'Angleterre, c'est la barrière corallienne la plus vaste de la planète. La «huitième merveille» du monde est composée de quelque

254 en haut La Grande Barrière s'étend sur une longueur de 2300 kilomètres et une largeur qui varie de 60 à 270 kilomètres. Lizard Island se trouve dans la zone de Cairns, une région septentrionale, en partie entourée de récifs coralliens.

254 en bas Les roches de granit de Lizard Island constituent une exception dans les 2600 récifs et plus qui forment la Grande Barrière de corail. Recouverte d'une végétation tropicale touffue, l'île est entourée de plages coralliennes blanches.

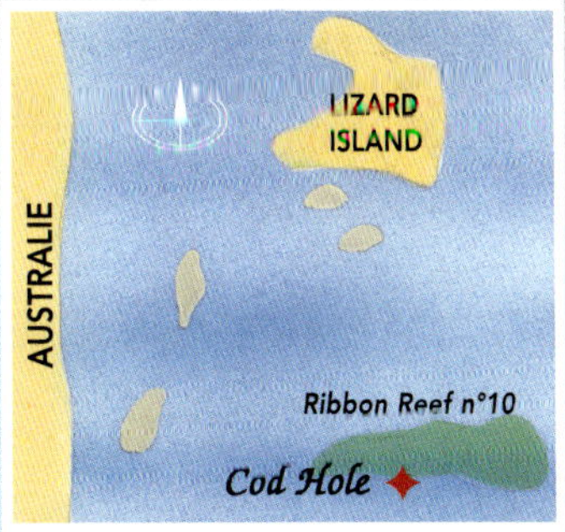

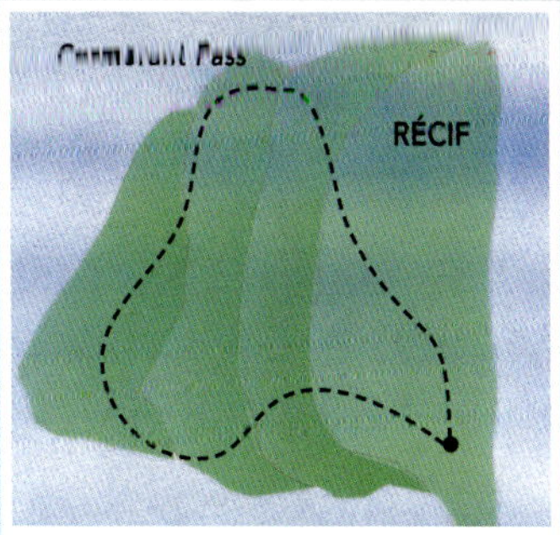

FICHE TECHNIQUE

PROFONDEUR MAXIMALE :
30 mètres

PÉRIODE CONSEILLÉE :
toute l'année

DIFFICULTÉ :
moyenne

POINTS FORTS :
mérous géants

VISIBILITÉ :
jusqu'à 40 mètres

COURANT :
souvent fort

256 à gauche en haut *Les mérous rivalisent parfois pour leur territoire, adoptant des comportements impressionnants d'agilité et d'élégance dans leurs déplacements et leurs combats.*

256 à gauche en bas *Une grande raie* (Taeniura melanospilos) *glisse sur le fond sableux.*

256 à droite en haut
Les «potato cod» (morue patate), qui sont au nombre d'une douzaine, atteignent des dimensions colossales – jusqu'à 200 kilos pour 2 mètres de long.

256 à droite en bas
Quand le carrousel des mérous commence, certains nagent aussi entre deux eaux pour aller à la rencontre des plongeurs. Dans l'eau claire, la coque de la barque semble frôler les grands serranidés.

2600 récifs et 69 îles. Vue du ciel, elle apparaît comme un superbe ruban vert turquoise que les îles émaillent comme autant d'émeraudes, avec des bancs de sable dont la forme en croissant évoque le boomerang emblématique du pays.

La barrière abrite de nombreuses formes de vie différentes et, parce que les températures y sont tropicales, des centaines d'espèces coralliennes. Nulle part au monde vous ne trouverez autant de mollusques, de vers, d'éponges, de crabes ou d'échinodermes, dont certains extrêmement rares. Grâce aux rigoureuses dispositions prises en matière de protection et de conservation de l'environnement, la barrière constitue également le refuge de nombreuses espèces animales ailleurs menacées d'extinction. Par exemple, certains migrateurs parcourent des distances considérables depuis l'Arctique afin de venir se reproduire ici sans être dérangés. De même, la majeure partie des tortues marines viennent déposer leurs œufs sur ces atolls inhabités. Au nord, on trouve encore les légendaires dugongs et les rares crocodiles marins. Ces derniers préfèrent les lagunes peu profondes ou les mangroves.

Pour les chercheurs, la barrière corallienne constitue une source inépuisable de données et un défi permanent. De nombreuses stations permettent d'en étudier la géologie, les courants, la flore et la faune; l'une d'entre elles occupe notamment Lizard Island. L'île est située dans les abords immédiats d'un merveilleux spot de plongée et on la reconnaît par son emblème, le Cook's Look, de 390 mètres d'altitude. C'est depuis cette éminence que le capitaine Cook aperçut, en 1790, un passage vers la haute mer quand, après avoir découvert le continent australien, il peinait à franchir la barrière corallienne. Quant au célèbre Cod Hole, il se trouve à Ribbon Reef.

Les eaux sont fréquentées par d'énormes mérous qui, parce qu'ils possèdent des taches sombres sur le corps, ont été surnommés «potato cod» (morue patate). Le plateau où ils vivent depuis plusieurs générations a été, il y a longtemps, placé sous protection environnementale, ce qui explique que les poissons atteignent des dimensions considérables, 150 kilogrammes pour une taille de près de 2 mètres. Les mérous ne sont pas craintifs, et ils paraissent même être assez curieux pour suivre les plongeurs à chaque coup de palme. Évitez cependant de les toucher pour ne pas endommager leur peau délicate. En les frôlant, vous risqueriez de corrompre le mucus protecteur et de les rendre vulnérables aux parasites. Si vous avez la chance de plonger pendant plusieurs jours à Cod Hole, n'hésitez pas à vous lancer dès les premiers rayons de soleil, voire par les nuits de nouvelle lune ou vous pourrez admirer les mérous en phase d'accouplement. Quand les jeux de l'amour débutent, leur coloration

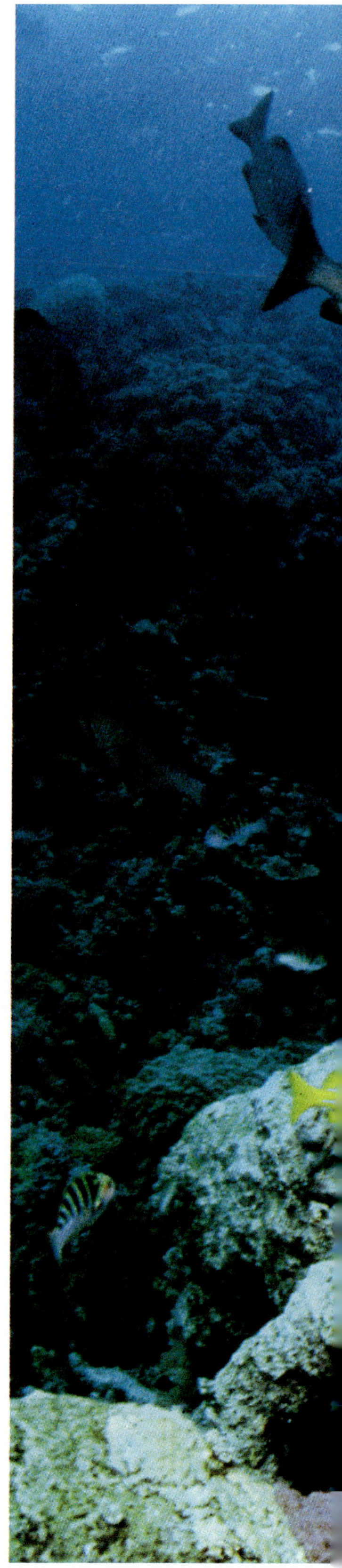

256-257 Les mérous de Cod Hole (Epinephelus tukula), *surnommés «potato cod», viennent à la rencontre des plongeurs dès que ceux-ci touchent le fond. Ils sont habitués à recevoir de la nourriture de leur part et à les voir défiler en grand nombre.*

blanc/noir vire au blanc. Même la taille des murènes qui fréquentent les eaux de Cod Hole est supérieure à la moyenne, et vous en croiserez certaines qui atteignent 2 mètres de longueur. Ce ne sont pas des compagnes de jeu aussi sociables que les mérous, mais elles se laissent approcher et photographier avec une certaine facilité – si vous restez discret ! Dans les canaux qui partent de la barrière externe vers l'intérieur de Ribbon Reef, les conditions du courant sont idéales pour aller à la rencontre des grands prédateurs marins. Beaucoup de requins gris chassent dans ces eaux, mais les requins à pointe blanche ou les requins à pointes noires sont aussi fréquents. Les requins-tigres *(Galeocerdo cuvier)*, plus rares, ne sont pas agressifs et, généralement, ils ignorent les plongeurs. Dans les étendues sableuses de la partie intérieure de la barrière vivent les tranquilles requins-tapis.

Pour arriver à Cod Hole, il faut passer par Lizard Island, sa voisine, ou emprunter l'un des bateaux qui proposent des croisières dans la mer de Corail. Vous pouvez aussi entreprendre l'excursion à partir du continent, en prévoyant une journée de mer. Dans tous les cas, c'est un site qui regorge de possibilités pour les plongeurs. Vous pouvez, par exemple, arpenter la Dynamite Pass en *drift diving*, où le courant, d'abord puissant, baisse d'intensité pour vous entraîner dans un canal en compagnie de nuées de poissons, dont des espèces pélagiques, jusqu'à la lagune. Au cours de cette promenade, vous admirerez tous les poissons caractéristiques de la région et, au point de départ, à l'endroit où le courant est le plus fort, il y a fort à parier que vous croiserez de grands squales et autres poissons impressionnants de grande taille.

258 Malgré l'intérêt des mérous et de leurs allers-retours, le récif n'est pas exempt d'autres beautés, comme cette gorgone à fouet (Ellisella *sp.) qui s'épanouit dans une anfractuosité.*

259 à gauche La lumière de la torche du plongeur dévoile la délicate structure des rameaux des gorgones à éventail qui prolifèrent dans les eaux de Cod Hole.

259 à droite en haut Une série de coraux laminaires sert de base aux branches d'un corail de feu, lui-même entouré d'une nuée de petits poissons argentés. Le corail de feu n'est pas un madrépore : il appartient au groupe des hydrozoaires, mais il possède un squelette calcaire.

259 à droite au centre Un requin gris nage au-dessus de la barrière et se laisse approcher. Normalement, son comportement est inoffensif, mais il peut devenir agressif, adoptant des postures spécifiques avant d'attaquer.

259 à droite en bas Un groupe compact de grogneurs rayés tourne autour d'un pinacle corallien. Paresseux durant le jour, les grogneurs rayés se nourrissent la nuit, essentiellement de crustacés.

Textes et photographies
Roberto Rinaldi

AUSTRALIE - FLINDERS REEF
COD WALL

Le nom même de la Grande Barrière de corail australienne est, pour les plongeurs, évocateur de spots paradisiaques. Toutefois, il suffit de se rendre sur place pour comprendre que, dans ces eaux, les plongées les plus belles sont relativement éloignées de l'extraordinaire muraille vivante. Après avoir délimité une gigantesque lagune au bord du continent, la Barrière se jette dans les profondeurs de l'océan Pacifique. Une fois quittés les derniers coraux affleurants, en parcourant quelques milles nau-

260 en haut Après le premier saut, la paroi conduit vers un plan de sable incliné où les éponges et les grandes gorgones se développent avec des coraux.

260 en bas Dans l'eau, les bancs de carangues, de grande et de petite taille, évoluent le profil toujours tourné vers le courant. L'eau est cristalline, et il est très amusant de photographier ces poissons.

Illustrations Domitilla Müller

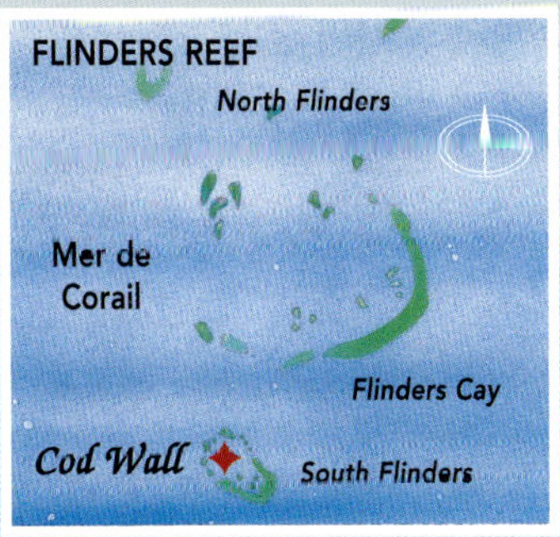

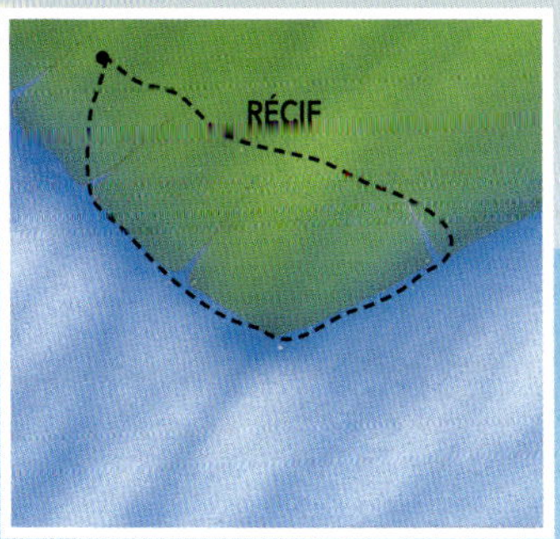

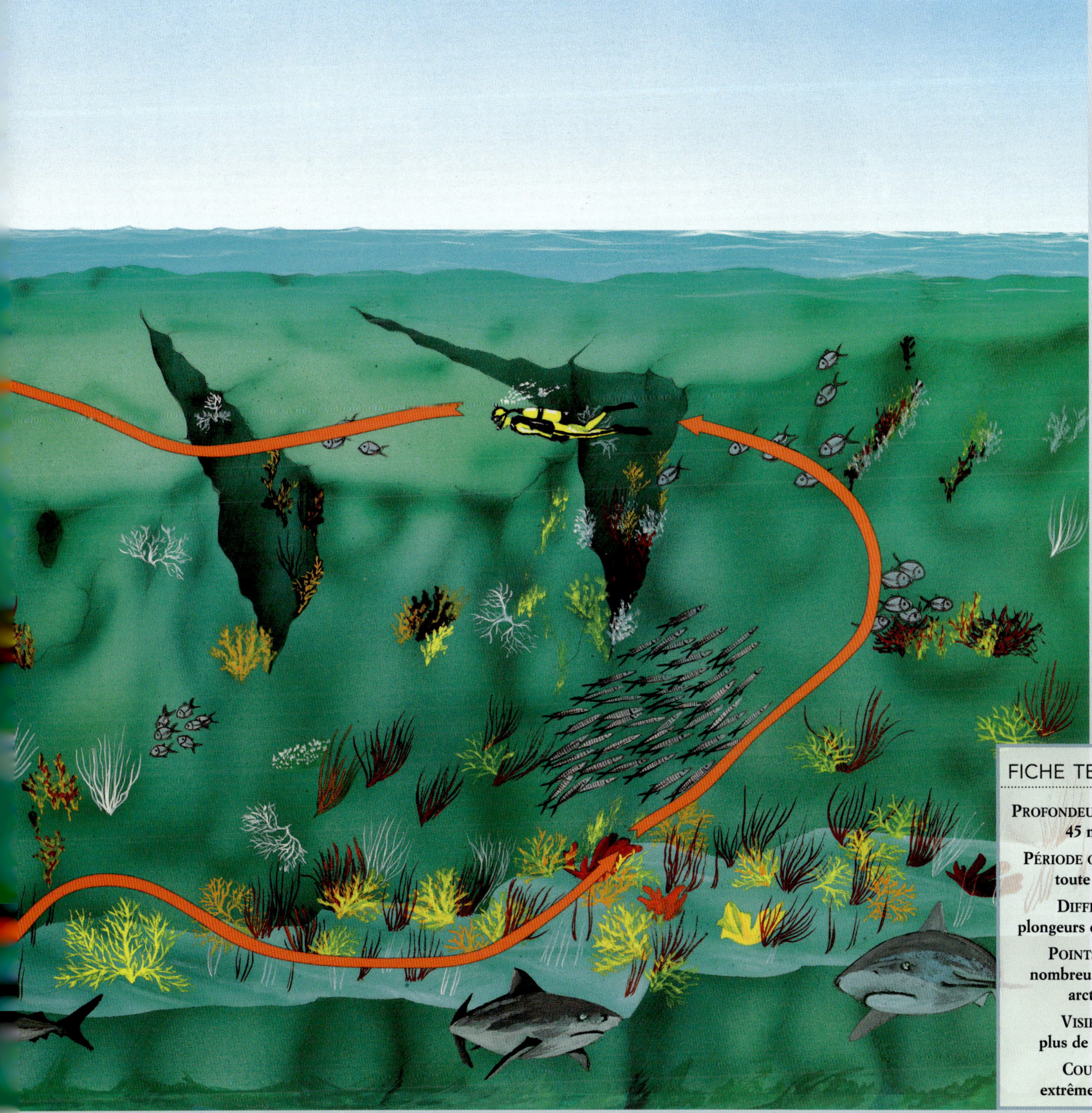

FICHE TECHNIQUE

Profondeur maximale :
45 mètres

Période conseillée :
toute l'année

Difficulté :
plongeurs expérimentés

Points forts :
nombreuses espèces
arctiques

Visibilité :
plus de 40 mètres

Courant :
extrêmement fort

tiques vers l'est, on arrive au-dessus de fonds de plus de 1000 mètres. C'est le cœur de la mer de Corail, à l'endroit où les madrépores prennent enfin leur revanche sur les fonds boueux qui caractérisent les abysses océaniques. À quelques dizaines de milles de la Barrière, d'imposantes tours de corail s'élancent ainsi à la verticale pratiquement jusqu'à la surface. Les aiguilles, puissantes et raides, aux parois vertigineuses de plus de 1000 mètres, massives colonnes de plus de 15 kilomètres de diamètre, encerclent une lagune calme et peu profonde, où alternent les bancs de sable blanc immaculé et les spectaculaires

262 en haut Sur la paroi qui descend au-delà du gradin du récif, on rencontre des forêts de classiques gorgones à éventail et des touffes de gorgones à fouet, de couleur rouge flamme.

*262 en bas Les gorgones (*Subergorgia *sp.) de grandes dimensions sont l'une des caractéristiques des parois de Flinders Reef. Celle-ci mesure plus de 3 mètres.*

263 à gauche en bas L'immersion dans la forêt de gorgones de Cod Wall donne l'impression d'être perdu dans une forêt d'arbres géants.

constructions coralliennes. Un lieu mythique pour la plongée, même s'il est encore plus spectaculaire de sauter dans l'abysse depuis la partie externe de l'atoll.

Vous voici donc à Flinders Reef, où nous vous proposons une immersion parmi les nombreuses possibilités qui s'offrent le long de la paroi externe de la tour de corail. En fait, vous descendrez dans l'eau sur les fonds d'un prolongement méridional de Flinders Reef, une petite tour légèrement décalée vers le sud par rapport au récif principal, et qui porte le nom de South Flinders ou South Boomerang. Le circuit conduit sur une immense paroi qui fourmille d'espèces sous-marines et de poissons. Le courant est un facteur récurrent de ce circuit, mais la position de la bouée de mouillage permet d'éviter tout problème. Dès l'entrée dans l'eau, vous vous apercevrez, en effet, que le mouillage correspond à l'endroit où la barrière externe forme un angle, à une dizaine de mètres de profondeur. L'eau est d'une telle clarté que le fond, quelque 40 mètres plus bas, est visible depuis la surface. Pour ne pas être entraîné par le courant, descendez rapidement jusqu'à l'abri de la paroi, où l'eau est plus calme. Vous êtes dans une forêt de gorgones, avec d'énormes touffes de gorgones à fouet rouge qui alternent avec des éventails gigantesques de couleur jaune d'or. Tout autour foisonnent les bancs de barracudas et de carangues qui nagent en cercle dans l'eau limpide.

Dirigez-vous ensuite vers la base de l'angle de la paroi où une surprise vous attend : sur le sable, à une quarantaine de mètres, prospère une gorgone

263 à droite en haut Sur le haut plateau, les éponges peuvent également atteindre des dimensions impressionnantes. Ces créatures délicates, peu adaptées aux grandes pressions, se développent mieux dans les zones abritées des courants.

*263 à droite en bas Dans le monde des géants, il peut paraître incongru de rechercher des créatures microscopiques. Ici, une petite castagnole (*Chromis *sp.) se dissimule entre les branches souples d'un alcyonaire.*

*262-263 Sur le riche haut plateau sableux, un grand alcyonaire de couleur orangée (*Dendronephthya *sp.) émerge entre les gorgones et les coraux à fouet.*

264-265 Voici la plus grande gorgone géante que j'aie vue de ma carrière. Selon l'équipage de l'embarcation qui nous a conduits à Cod Wall, elle mesure plus de 5 mètres, et c'est l'une des attractions de cette plongée.

*265 à gauche en haut Les crinoïdes abondent sur les fonds de Flinders Reef. Ici, un spécimen d'*Oxycomanthus bennetti *de couleur jaune, bien accroché à un corail.*

qui compte sans doute parmi les plus grandes du monde – soit 5 mètres de largeur. Mais ce n'est pas là la seule créature extraordinaire qui peuple cette terrasse escarpée. Vous y verrez d'autres gorgones, de gigantesques éponges oreilles-d'éléphant, encore des touffes de corail à fouet au rouge brillant et aux polypes blancs. Au-delà de la terrasse, la paroi plonge à la verticale dans l'abysse, et c'est l'endroit idéal pour scruter le bleu et tenter de repérer la silhouette inquiétante des requins gris et requins-marteaux.

Au bout de quelques minutes, commencez à remonter tranquillement le long de la paroi recouverte d'une forêt serrée de gorgones. Vous vous retrouverez encerclés par les barracudas et par les carangues; continuez vers l'arête que vous apercevez au-dessus de votre tête. Il s'agit de vous diriger vers l'un des canaux qui s'ouvrent dans la paroi. À une profondeur approximative de 20 mètres, admirez les éponges et les gorgones tout en cherchant les grottes et les passages, ainsi que de belles arches naturelles. En veillant à ne pas vous laissez entraîner par le courant, dirigez-vous ensuite vers le point de largage pour remonter à la surface en longeant le haut plateau.

*265 à gauche en bas En remontant vers le sommet du récif, nous nous heurtons à un banc de carangues (*Caranx *sp.). À Cod Wall, il est plus facile de les rencontrer près de la surface qu'en profondeur.*

265 à droite en haut Sur les fonds de Cod Wall, même l'observation de la vie minuscule est l'occasion de formidables prises de vue. Ce corail a été photographié avec un objectif spécial.

*265 à droite en bas Les requins-marteaux (*Sphyrna *sp.) croisent loin dans le bleu sous nos palmes, à peine visibles dans l'eau cristalline qui se perd dans les profondeurs.*

265 à droite au centre Les barracudas sont les habitants les plus communs des eaux de Cod Wall. C'est un banc sédentaire : vous êtes donc certain de les rencontrer, entre la surface de l'eau et une profondeur d'environ 30 mètres.

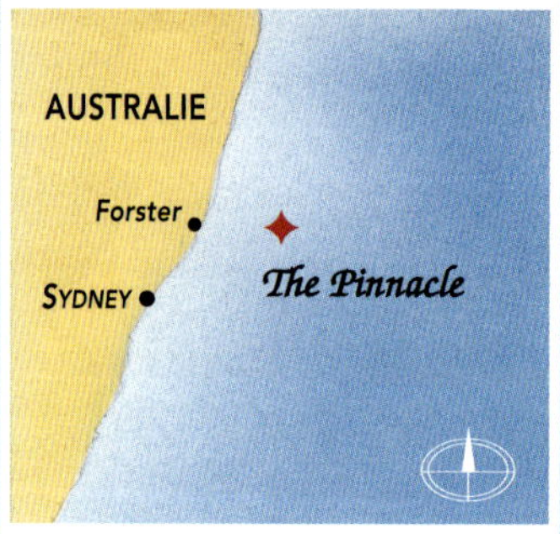

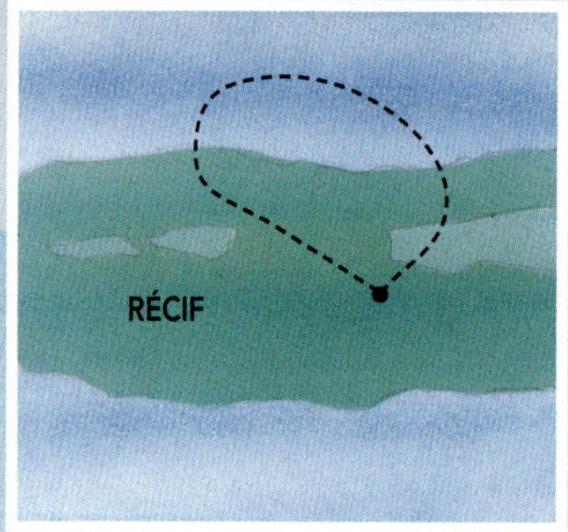

Textes et photographies Roberto Rinaldi

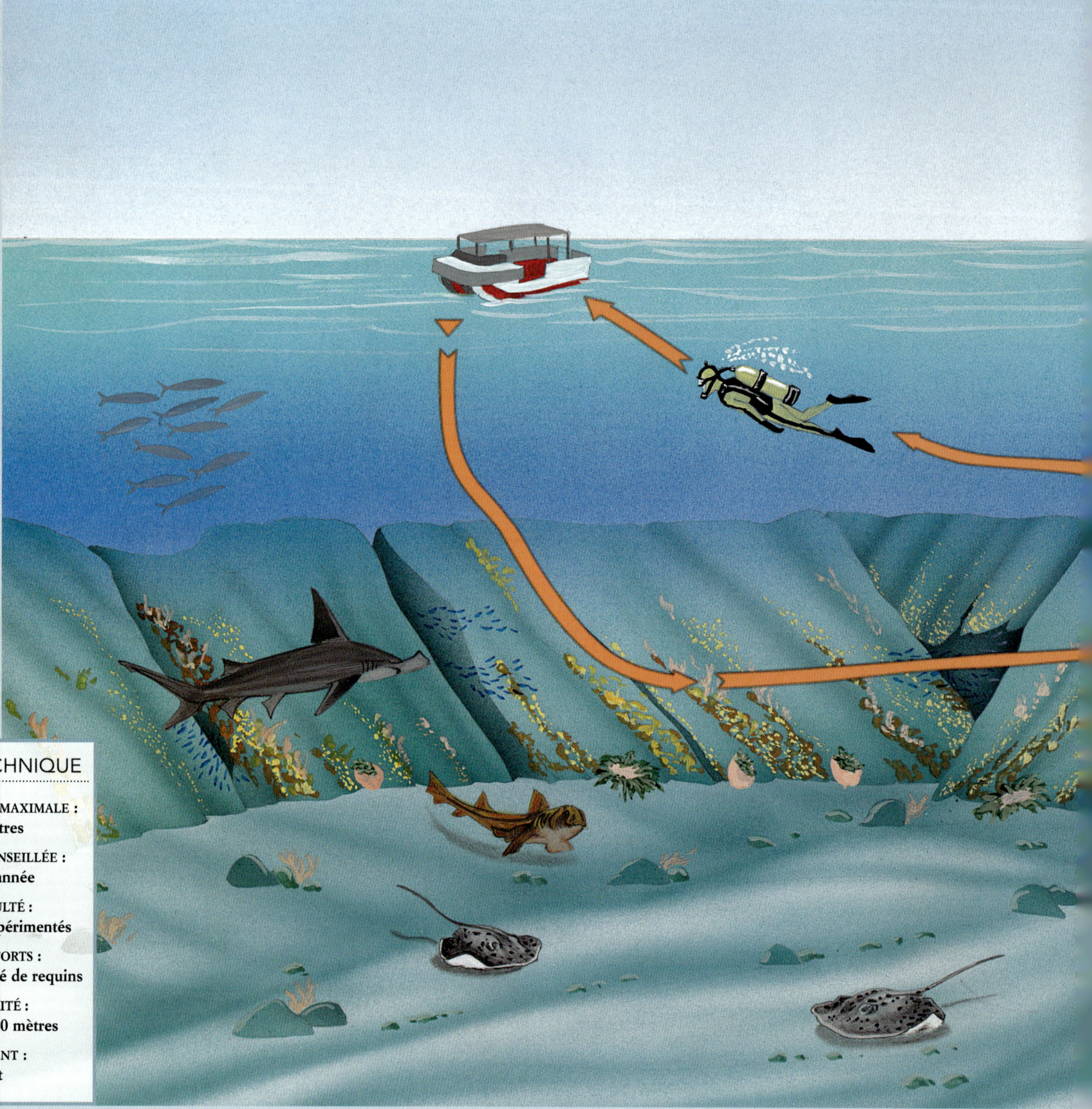

FICHE TECHNIQUE

PROFONDEUR MAXIMALE :
40 mètres

PÉRIODE CONSEILLÉE :
toute l'année

DIFFICULTÉ :
plongeurs expérimentés

POINTS FORTS :
grande diversité de requins

VISIBILITÉ :
autour de 40 mètres

COURANT :
fort

Illustrations Domitilla Müller

AUSTRALIE - MID NORTH COAST
THE PINNACLE

267 en haut Sur le fond du sec, une dorsale s'élève de quelques mètres au-dessus du sol. Deux requins entament une ronde autour d'un banc de thazards (Scomberemorus cavalla), *mais la danse culminera en une série d'attaques aussi précises que mortelles.*

267 en bas Un requin wobbegong s'immobilise au fond d'une grande fissure, imitant parfaitement le décor. Il partage son repaire avec un petit banc de poissons.

Tandis que le catamaran d'aluminium file sur une mer qui ne paraît jamais avoir de fin, et entre des lames insidieuses qui s'abattent bruyamment sur les canots, projetant des vagues d'écumes, sous un ciel noir de plomb, je n'imagine guère que je m'apprête à

effectuer l'une des plus belles plongées de toute ma carrière. Nous sommes au large de Forster, un village de pêcheurs à trois heures de route au nord de Sydney. Avec mes compagnons, les vagues qui agitent la coque et les hurlements du moteur nous rendent un peu perplexes tandis que nous glissons à vive allure entre les creux et les crêtes. Le pilote, Ronnie, dirige son embarcation d'une main de maître, amusé peut-être par notre expression effrayée et notre silence. Loin de toute côte, nous voici tantôt dans une profonde vallée bordée par les flancs

gris de l'eau, dominée par les crêtes marbrées de blanc d'écume, tantôt sur la cime des crêtes, à admirer le panorama des creux voisins. Devant nous, le manteau de plomb semble donner naissance à un impénétrable orage de pluie, violent, giflant les crêtes d'écumes.

En peu de temps, nous rejoignons notre destination. Quelques embarcations sont déjà sur place, et elles montent et descendent, disparaissent dans les creux pour apparaître quelques secondes plus tard sur les crêtes. «Des pêcheurs de requins», annonce Ronnie d'un air distrait alors qu'il est occupé à conserver son équilibre pour sortir l'ancre de la proue. En un instant, l'orage semble vider la chape de plomb pour ouvrir dans les nuages une fenêtre de lumière.

Nous descendons le long de la chaîne de l'ancre en palmant à toute allure pour nous approcher d'une immense masse noire. Juste en dessous de nous plane un banc compact de thazards *(Scomberemorus cavalla)*, des poissons blancs, puissants, de plus d'un mètre de longueur chacun. Nous n'en poursuivons pas moins notre descente car il nous faut parvenir le plus rapidement possible au fond, avant que le courant ne nous entraîne au

loin et vers l'inconnu. Nous avons atteint The Pinnacle, un bas fond rocheux qui s'élève des profondeurs. En réalité, plutôt qu'un pinacle, il s'agit d'une longue crête rocheuse accidentée, très découpée et émaillée d'une série de canaux et de pics assez élevés. Autour de la crête, les profondeurs varient entre 35 et 40 mètres, et les cimes remontent à 24 mètres de la surface. Les roches du fond sont planes, creusées ou lissées par la

268 en haut Un groupe de requins Port Jackson immobiles dans la partie la plus profonde et la plus calme de Pinnacle.

268 en bas La rencontre avec les grandes raies noires, en mouvement perpétuel sur le fond, est pratiquement garantie, et très spectaculaire.

268-269 L'énorme wobbegong mesure plus de 3 mètres de longueur. Il faut l'approcher avec prudence, mais il est possible de se retrouver nez à nez avec lui. Celui-ci tente de se dissimuler sur un rocher qui émerge légèrement du fond.

269 en haut Les couleurs et la vie benthonique ne sont pas très abondantes, et les formes les plus remarquables sont celles des éponges orangées du genre Axinella. *Ici, un calmar a choisi l'éponge pour y déposer ses œufs.*

269 en bas Les anémones-tigres colonisent les squelettes de gorgones à fouet ou autres du même genre. Grandes comme une pièce de monnaie, elles pullulent dans la zone.

furie des courants impétueux qui agitent ces eaux, et qui expliquent probablement l'extraordinaire richesse en poissons. D'ailleurs, nous en avons eu la preuve dès les premiers mètres avec le puissant scintillement provoqué par le spectacle simultané de milliers de queues de poissons qui, dans le même mouvement, nous avaient imposé un changement involontaire de direction.

Toutefois, le principal attrait de Pinnacle vient de l'abondance de toutes les espèces de squales. Vous y apercevrez ainsi de timides Port Jackson à la tête ronde et à la bouche inoffensive, d'agressifs maos, merveilleux nageurs, des mimétiques wobbegongs, à la tête ornée d'excroissances et capables d'un puissant coup de queue, les impressionnants requins-taureaux des sables, qui arborent une effrayante mâchoire, et aussi les requins-marteaux ainsi que des spécimens du grand requin blanc qui fréquente régulièrement ces eaux. Entre les anfractuosités rocheuses, vous découvrirez aussi de grandes éponges orange, ornées de grappes blanches d'œufs de calmars, tandis que les roches alentours sont couvertes de dentelles de coelentérés comme *Parazoanthus* à la couleur jaune vif ou des anémones-fraises rouge flamme, avec les pointes dotées de petites sphères diaphanes.

Parvenus à l'ancre, nous descendons sur la plaine du fond. L'imposante dorsale nous protège du courant et nous pouvons palmer sans effort. Le mouvement rythmé d'une grosse masse sombre attire notre attention. En nous approchant, nous découvrons qu'il s'agit d'un banc de petits poissons blancs, grands comme la paume de la main, devant l'entrée d'une petite grotte. Les flancs des poissons brillent dans la lueur des torches, tandis que des centaines d'individus se déplacent d'un seul mouvement, en ordre et sans hésitation aucune, comme autant de danseuses qui maîtrisent parfaitement leur chorégraphie. Au fond de la grotte, seule la lumière des torches nous permet de découvrir un grand wobbegong, allongé au sol, parfaitement immobile et d'un mimétisme stupéfiant. Je m'approche à quelques centimètres de son nez et je lui envoie un violent coup de flash. L'animal ne bouge pas jusqu'à ce qu'il estime que le jeu a assez duré, et il s'ébroue, arque le dos, ondule la tête vers la droite et la gauche et, lourdement, soulève tout le reste de son corps pour passer devant moi en me repoussant contre la paroi de la grotte et filer. Il mesure assurément plus de 3 mètres, et le déplacement d'eau de son dernier coup de queue me donne l'impression d'une gigantesque gifle.

Nous sortons alors de la grotte pour découvrir un groupe de deux ou trois requins de Port Jackson paresseusement appuyés sur le fond. Rien chez eux ne rappelle leurs terribles cousins. Ils ne bougent pas, leur grande tête ronde, disproportionnée, appuyée sur les rochers, et seule leur respiration palpitante révèle leur frayeur lorsque nous les approchons de trop près. Le même fond est fréquenté par d'énormes raies noires, dont le diamètre frôle les 2 mètres. Nous levons instinctivement le regard pour apercevoir la silhouette incomparable d'un groupe de requins-taureaux, juste au-dessus de la crête rocheuse. Instinctivement, nous donnons quelques coups de palmes pour nous en approcher, mais nous sortons ainsi de notre abri et nous voici à lutter contre le courant pour réduire la distance. Les squales ne se soucient pas plus du courant que de nous, et ils continuent à nager paresseusement, avec une lenteur exaspérante, restant cependant à une certaine distance les uns des autres. Ils sont six ou sept, de toutes les dimensions entre 2 et 3 mètres ; grands, imposants, majestueux lorsque leur peau envoie des reflets de bronze dans la lueur des torches. Leur bouche semi-ouverte, les grandes dents longues et recourbées, affûtées comme des lames, nous rendent circonspects. Nous savons bien que, malgré leur apparence inoffensive, il s'agit de créatures capables de bonds frénétiques, imprévisibles, d'une précision mortelle. Je me rends soudain compte que six ou sept squales commencent à s'éloigner très lentement du fond, en maintenant toujours une certaine distance entre eux. Je tente de les suivre en nageant comme un forcené pour résister au courant, encombré par mon appareillage photographique. Sans répit, malgré le courant, j'essaie de réduire la distance, mais sans succès. Quelques mètres plus haut, la masse de thazards tournoie. Les requins se mettent à tourner autour du banc, avec une lenteur exaspérante, comme ostentatoire. Les poissons du banc se rapprochent les uns des autres, flanc contre flanc, dos contre ventre, pour se protéger, et adoptent brusquement la forme d'une boule compacte, comme s'ils sentaient venir l'attaque imminente des requins. Ceux-ci adoptent alors un mouvement concentrique plus rapide et enserrent les thazards de plus près, dans un ballet saisissant qui s'appuie sur le courant. Plus près, encore plus près... Un requin semble s'être isolé de la boule vivante. Un coup sonore, repris par l'écho de deux mille queues qui battent en même temps, un bruit sec : avec l'aide de ses congénères, le requin solitaire vient de capturer un thazard, lequel est dévoré en quelques coups de dents voraces. Le dernier acte du spectacle ne dure que quelques secondes, et la meute de requins se reforme immédiatement. Déjà, un deuxième requin prend position, immobile dans l'eau tandis que les autres reprennent leur nage concentrique.

La scène se répétera plusieurs fois sous mes yeux, faisant participer tous les requins jusqu'à ce que chacun d'entre eux capture sa proie. Je suis si près que je prends une photo. L'atmosphère est chargée de sang, et je suis épuisé d'avoir tant lutté contre le courant. Dans un ultime effort, je rejoins la cime pour entamer la remontée de ce qui sera sans nul doute la plus belle plongée de toute ma carrière.

270 à gauche Les poissons de verre sont très nombreux à Pinnacle, et on en déniche dans la moindre anfractuosité, sous n'importe quelle saillie propre à leur fournir une protection.

270 à droite en haut Au point culminant de la chasse, talonné par les requins, le banc de thazards (Scomberemorus cavalla) *serre les rangs en formant une sphère.*

270 à droite en bas Sur la crête de Pinnacle, les requins évoluent lentement en cherchant à éviter les plongeurs.

270-271 Le plan rapproché de ce requin-taureau met en évidence les dents acérées et son nez blessé.

Textes et photographies Roberto Rinaldi

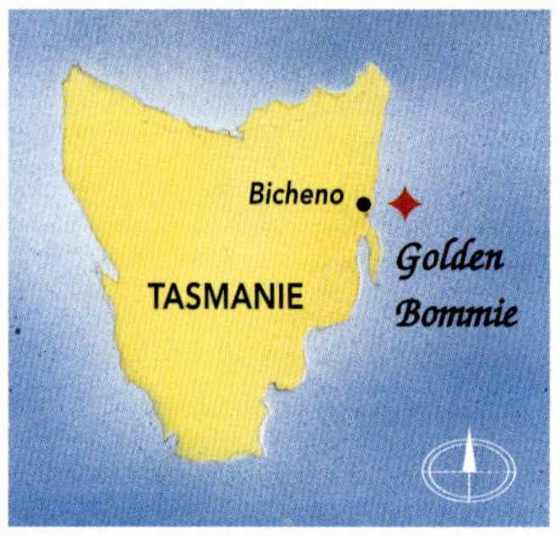

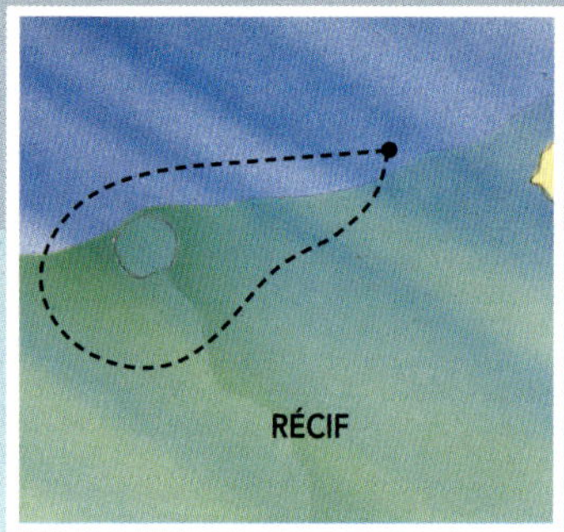

FICHE TECHNIQUE

PROFONDEUR MAXIMALE :
40 mètres

PÉRIODE CONSEILLÉE :
de novembre à février

DIFFICULTÉ :
plongeurs expérimentés

POINTS FORTS :
éponges colorées
et anémones-fraises

VISIBILITÉ :
jusqu'à 20 mètres

COURANT :
ressac marqué

Illustrations Domitilla Müller

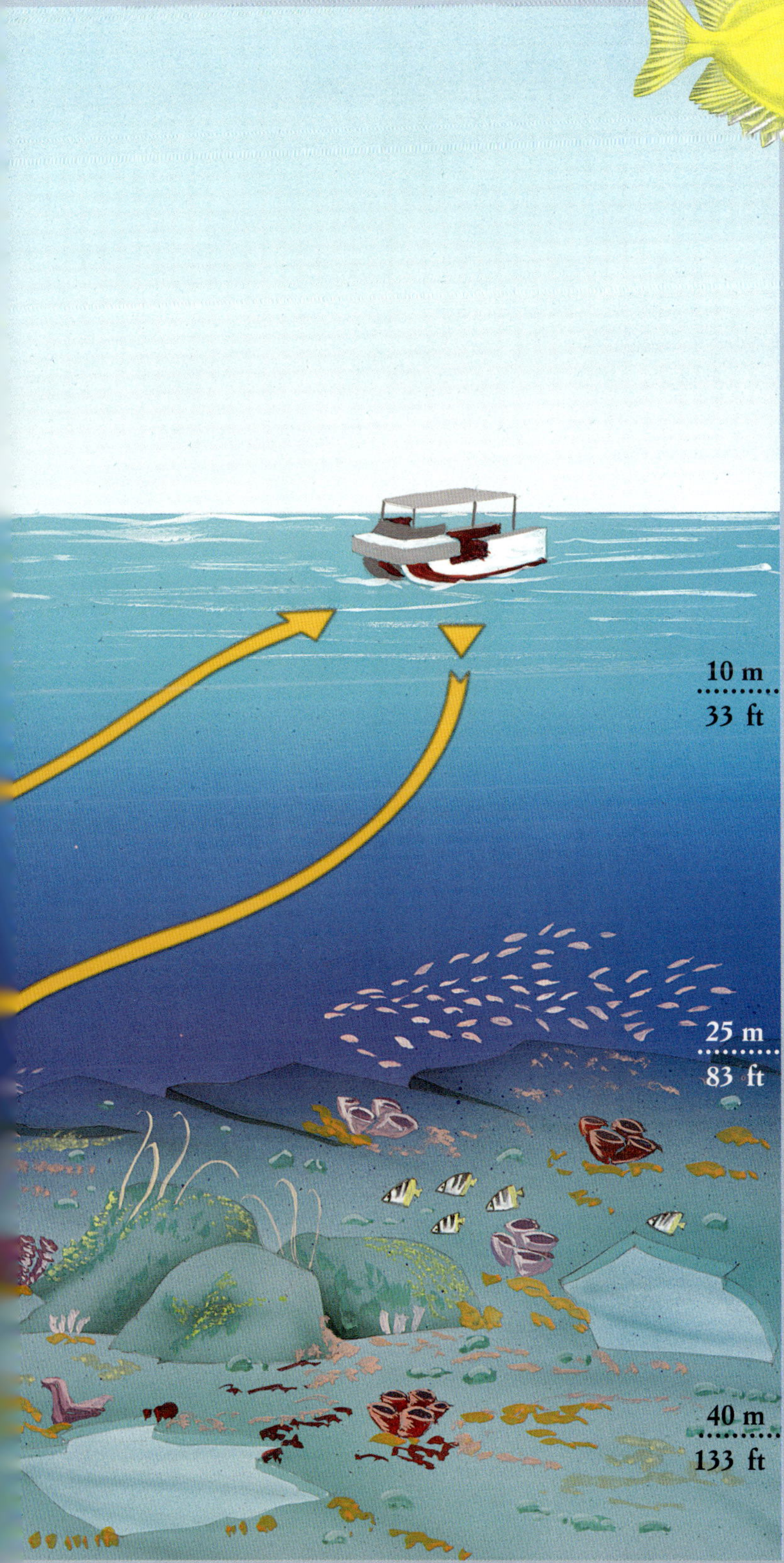

AUSTRALIE - TASMANIE
GOLDEN BOMMIE

Pas très loin de l'Australie, les fonds de Tasmanie vous réservent également quelques spots saisissants. Certes, les passionnés se dirigent généralement tout droit vers la Grande Barrière de corail, mais l'île la plus méridionale de la région, située face à l'Antarctique dans la mer des célèbres vingtièmes rugissants, compte sans nul doute parmi les destinations les plus insolites de la planète pour les plongeurs. Cette île granitique de 68000 kilomètres carrés est séparée de l'île-continent australienne par le détroit de Bass, dont les eaux périlleuses sont encombrées d'épaves. L'île elle-même, véritable paradis de verdure, est recouverte de forêts épaisses, tandis que les mousses tapissent le sol et les troncs, et que les montagnes rocheuses s'élancent à l'assaut du ciel ou que les torrents d'eaux glacées et cristallines dégringolent dans les prés du vert le plus doux. Vous pourriez visiter la Tasmanie dix

273 en haut Éponges et coraux à fouet prospèrent sur le fond en plaine autour de la principale structure rocheuse. Ce fond regorge de vie et de couleurs.

273 en bas Vue de Governor Island et du spot de plongée. La portion rocheuse démarre au-delà de la falaise affleurante, vers le large, et Golden Bommie est le dernier pic prononcé avant que le sable ne recouvre le fond.

fois et en revenir avec dix images différentes. On dit même qu'un seul jour en Tasmanie voit passer les quatre saisons, et que le soleil brille au plus fort de l'hiver alors que les pluies les plus violentes se font parfois sentir en été.

Pour la mer, c'est un peu la même chose. Les eaux affichent parfois une visibilité de plus de 40 mètres, parfois de 1 ou 2 mètres à peine. Vous pouvez plonger sur une épave, comme je l'ai fait, à l'extrémité sud, et ne rien distinguer au-delà d'un mètre, et, le jour suivant, recommencer au même endroit pour découvrir que vous apercevez la silhouette du navire qui repose par 40 mètres de fond ! En revanche, il est une constante qui ne vous décevra pas : les eaux sont d'une richesse incroyable, et la diversité des milieux n'a rien à envier au foisonnement de la faune et de la flore.

L'un des plus beaux spots de plongée se trouve sans doute sur les fonds des environs de la ville de Bicheno, sur la côte orientale. Le littoral y est rythmé par l'alternance de baies de sable blanc et de roches granitiques basses et arrondies. De même, les fonds s'inclinent doucement vers le large, sans parois abruptes ni autres formations marquées et spectaculaires.

Depuis les éperons de Governor Island, la profondeur atteint assez rapidement des niveaux compris entre 25 et 40 mètres. C'est un fond rocheux plutôt étendu, plat et très animé. Le ressac, parfois très violent, empêche d'approcher des rochers proches de la surface. Toutefois, si les conditions le permettent, il mérite une descente pour visiter un milieu assez particulier : c'est là que croissent plusieurs espèces de laminaires, dont l'une se distingue par des feuilles épaisses, capables de résister à la violence des mouvements de la mer, et qu'il est difficile d'observer ailleurs. Les algues qui ondulent dans les vagues constituent un spectacle très évocateur.

En ce qui concerne le circuit à proprement parler, il conduit vers un îlot en aiguille cntouré par de gros rochers qui se dresse au-dessus d'un haut plateau, lui-même entaillé par des canaux de 2 mètres de profondeur. Le plateau repose à son tour sur un fond d'une quarantaine de mètres. Vous arpenterez la zone où la roche rejoint le sable, jusqu'au bord du plateau rocheux. Là, au lieu d'un jardin de corail, vous visiterez un jardin d'éponges. Le fond en est entièrement recouvert : jaunes, rouges, noires, violettes. Avec un peu d'attention, vous distinguerez les espèces encroûtantes, en forme de coupe, ramifiées ou tubulaires, dans un décor où dominent les couleurs vives des porifères et le jaune lumineux des « marguerites de mer » *Parazoanthus* qui recouvrent les rochers immergés d'un rutilant tapis fleuri. Plus spectaculaires et plus caractéristiques, les anémones-fraises, qui évoquent également des petites fleurs ornant les rochers d'une broderie de couleurs – du rose vif au jaune et au blanc. Sur les parois de l'éperon principal, à l'endroit où celui-ci voisine avec les masses arrondies du pied, vous admirerez une forêt touffue de gorgones à fouet de couleurs claires qui dansent dans le courant. Vous découvrirez également un grand nombre de poissons aux formes insolites, que l'on rencontre généralement dans les mers tropicales, mais également adaptés aux basses températures des eaux de la Tasmanie.

Et tout au long de l'excursion, vous nagerez en compagnie d'un banc compact et spectaculaire de grands anthias roses.

274 en haut et en bas
Le poisson-vache pourrait symboliser la mer de Tasman. Chez cette espèce, les mâles sont de couleur brune tandis que les femelles arborent une robe bleu azur.

274-275 À Golden Bommie, des dizaines d'espèces se partagent le site : Parazoanthus *s'accroche aux éponges tandis qu'une colonie d'anémones-fraises* (Corinactis *sp.) paraît engloutir une gorgone à fouet.*

275 en bas Entre les rochers qui s'appuient au pied de la falaise principale, éponges, coraux et crustacés font bon ménage. Sur cette photo, des éponges du genre Axinella *sp., aux ramifications veloutées.*

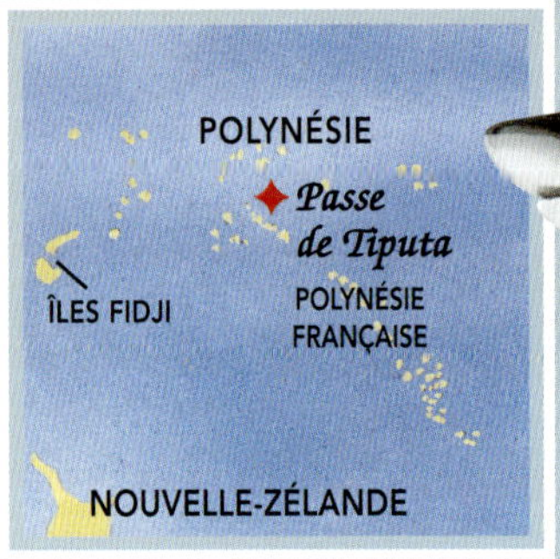

POLYNÉSIE - ATOLL DE RANGIROA
PASSE DE TIPUTA

La Polynésie française compte les îles de la Société, l'archipel des Tuamotu, les îles Gambier et les Marquises. Toutefois, sans aucun doute possible, c'est dans les Tuamotu que se trouvent les meilleurs sites de plongée. Au contraire des îles de la Société, cernées par des lagunes et des récifs coralliens qui trahissent leur origine volcanique, l'archipel des Tuamotu est exclusivement formé d'atolls coralliens. Ainsi, sur une surface qui couvre plus de 600 kilomètres de largeur et 1200 kilomètres de longueur, les Tuamotu constituent le plus grand groupe d'atolls coralliens de la planète. Le spot que nous vous proposons est situé dans l'un de ces atolls, à Rangiroa, à 200 kilomètres de l'aéroport international de Papeete. Vous y parviendrez en une trentaine de minutes dans de petits monomoteurs ou bimoteurs pour découvrir une lumineuse lagune

276 en haut Deux requins gris (Carcharhinus amblyrhynchos) *s'approchent de la saillie du récif où se cache le photographe : l'œil des requins paraît si froid qu'il est toujours impressionnant.*

276 en bas Vue aérienne où l'on aperçoit nettement la passe dont le bleu soutenu contraste avec les tons plus clairs du bas-fond et du récif. On distingue tout aussi bien le courant qui ride la surface.

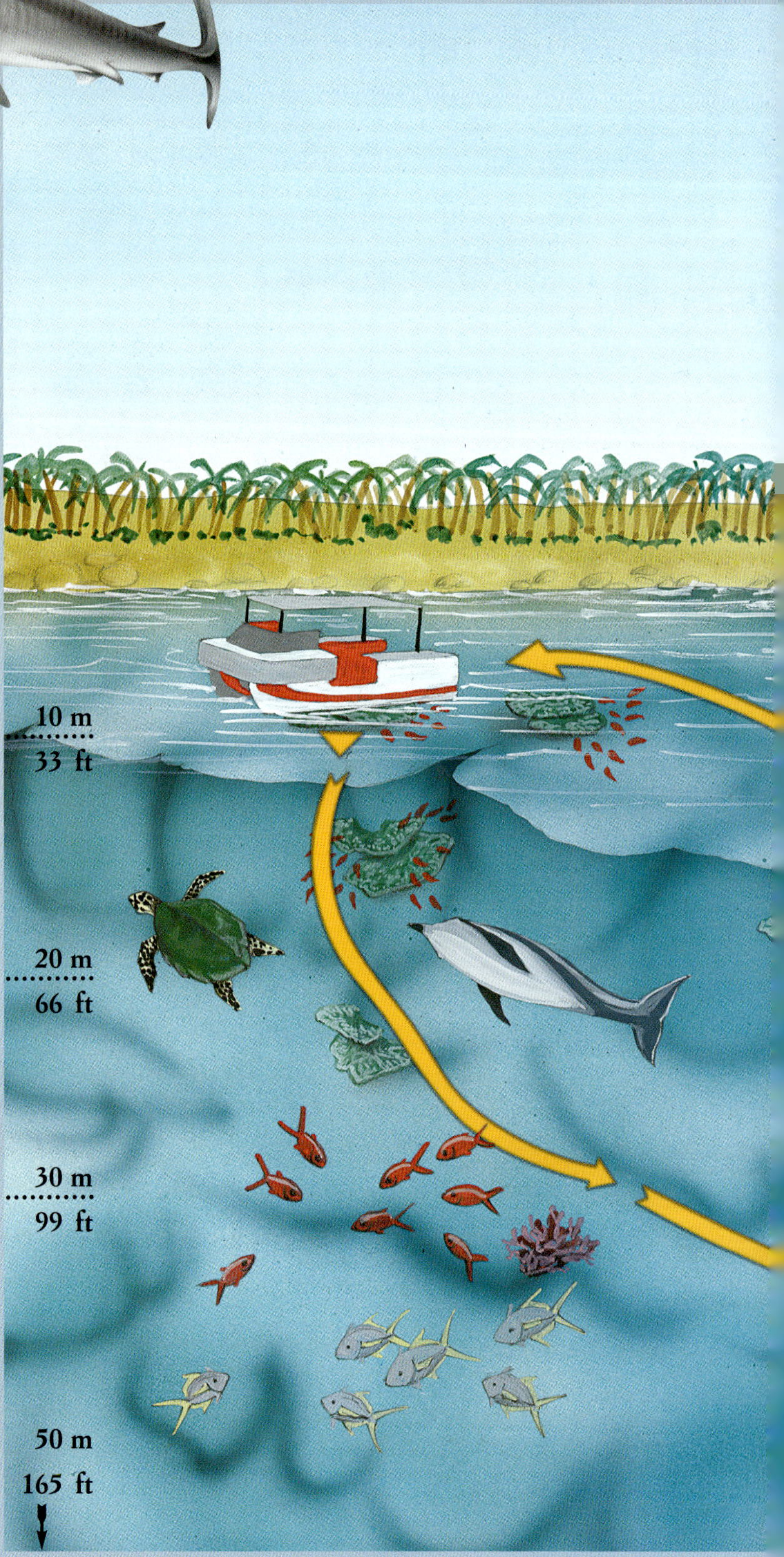

Illustrations Domitilla Müller

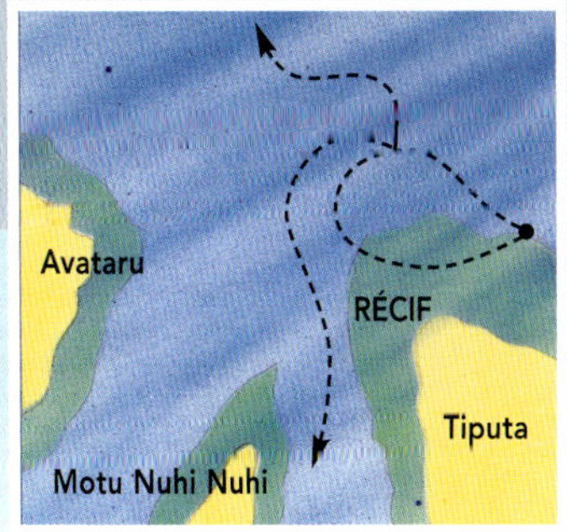

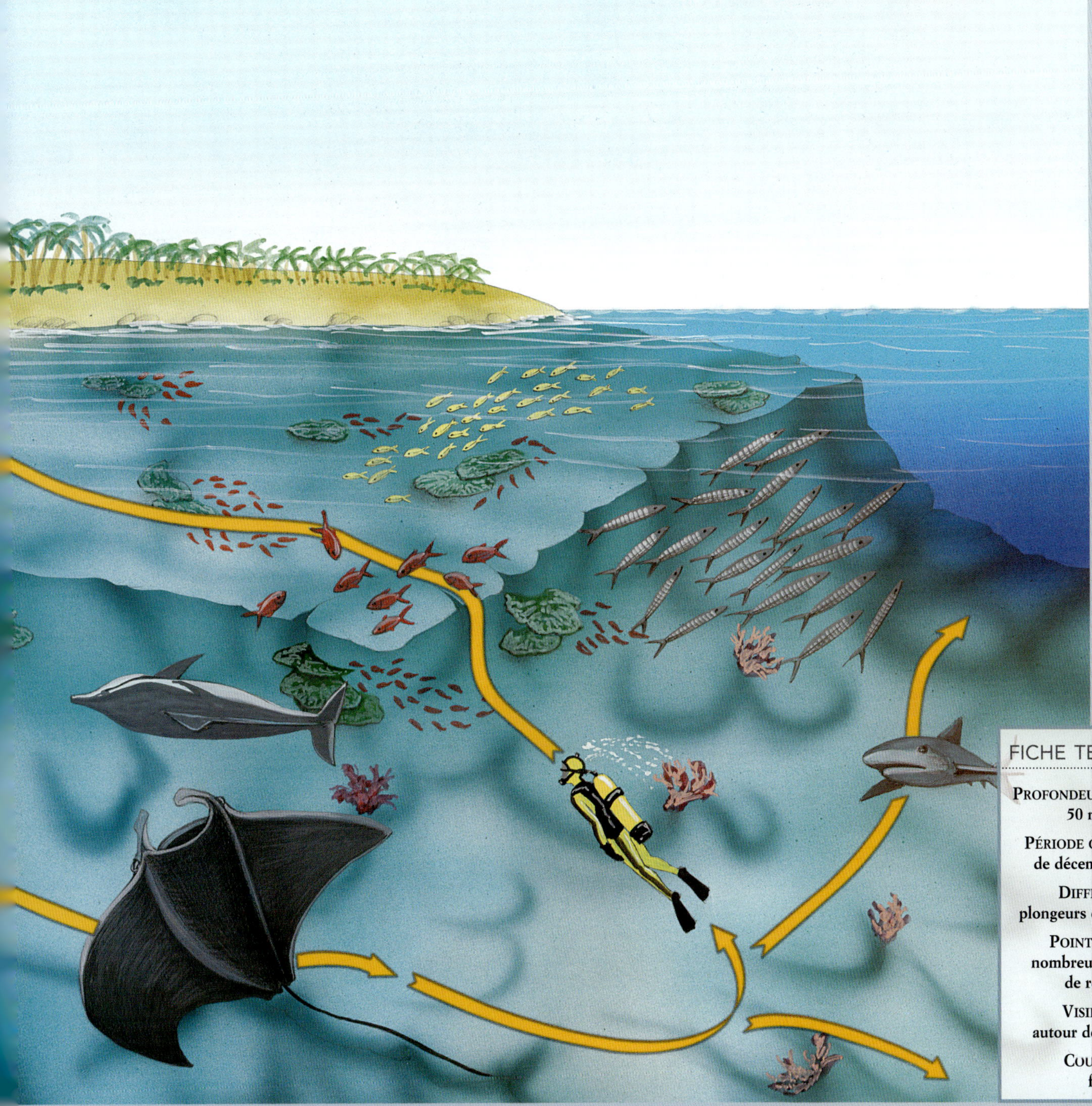

FICHE TECHNIQUE

Profondeur maximale :
50 mètres

Période conseillée :
de décembre à avril

Difficulté :
plongeurs expérimentés

Points forts :
nombreuses espèces de requins

Visibilité :
autour de 40 mètres

Courant :
fort

couleur aigue-marine dans un atoll qui propose 278 kilomètres de barrière corallienne inexplorée. L'île de Rangiroa, qui porte le même nom que l'atoll, ne fait que 7 kilomètres de longueur. Elle est située entre deux profonds canaux à travers lesquels les marées s'engagent selon un rythme régulier, les passes d'Avataru et de Tiputa, deux sites propres à susciter l'enthousiasme du plus blasé des plongeurs. En effet, parois, abruptes, jardins de corail luxuriants, raies mantas, barracudas, raies-léopards, requins-marteaux, sans parler d'un large éventail de poissons de roche du Pacifique… tout y est !

Parmi les spots qui méritent particulièrement le détour, le versant occidental de la passe de Tiputa, qui regarde vers l'océan, est un « sanctuaire » des requins gris de roche. Comme l'a affirmé plusieurs fois Erich Ritter, spécialiste des squales à Miami University : « Il n'y a pas d'autre lieu au monde où la population de requins gris de roche est comparable à celle que l'on trouve ici. »
Cent cinquante à trois cents de ces élégants prédateurs fréquentent cette portion du canal qui doit en voir passer, en tout, plusieurs milliers. Les amateurs de requins les plus avertis trouveront là de quoi enrichir leurs souvenirs.
En général, on plonge avec l'arrivée du courant, qui offre les meilleures conditions, et on se laisse dériver le long du canal. Continuez jusqu'au lieu-dit de la grotte aux requins, qui forme un angle prononcé de la paroi corallienne et se distingue par une émergence qui évoque une grotte. Dans ce coin à l'abri du courant, vous aurez tout loisir d'observer les innombrables requins qui évoluent tout autour de vous.
Le requin gris de récif (*Carcharhinus amblyrhynchos*) possède les caractéristiques classiques du prédateur : nez pointu, nageoire dorsale, yeux jaunes et bouche en forme de demi-lune. Les requins gris de roche des mers du Sud sont célèbres pour leur agressivité, au moins dans certaines circonstances. C'est une renommée qui s'avère dans d'autres régions du Pacifique, mais, à Rangiroa, les carcharhinidés affichent un calme absolu et se désintéressent totalement des plongeurs, comportement que vient confirmer Yves Lefèvre, propriétaire du Raie Manta Club de Rangiroa, qui plonge ici depuis quatorze années.
Aucune raison scientifique n'explique que tant de squales s'arrêtent dans le canal. Peut-être sont-ils attirés par les eaux poissonneuses dans lesquelles ils puisent une source permanente de nourriture ? Apprécient-ils la puissance du courant qui leur permet de disposer d'oxygène sans devoir, comme à l'habitude, nager sans relâche ? Quoi qu'il en

278 à gauche en haut *Le plan rapproché de ce petit mérou* (Epinephelus *sp.) fait ressortir sa dentition, ses yeux proéminents et ses narines formées par un conduit en U doté de cellules olfactives.*

278 à gauche au centre *Une bande de poissons-soldats bronze* (Myripristis adusta) *et de poissons-soldats à pointe blanche* (Myripristis vittata) *patrouille les eaux du récif.*

278 à gauche en bas *Par centaines, des barracudas* (Sphyraena *sp.) s'éloignent devant les plongeurs.*

278 à droite en haut *Un poisson-perroquet* (Scarus quoyi) *se repose pour la nuit. On distingue nettement sa dentition en demi-cercle qui forme un solide « bec » avec lequel l'animal gratte les coraux pour grignoter les algues qui y vivent en symbiose.*

278 à droite en bas *Une raie manta* (Manta birostris) *accompagne le plongeur. Ce poisson cartilagineux se distingue par les grandes « ailes » qui lui servent à nager et par les « cornes » qui dirigent le plancton vers sa bouche.*

278-279 Un groupe compact de poissons-papillons (Heniochus diphreutes) *se laisse approcher sans crainte. Si les jeunes de l'espèce évoluent dans les environs du récif, les adultes préfèrent nager entre deux eaux, se nourrissant de zooplancton.*

279 en bas Le tombant vertical s'enfonce dans l'obscurité. Alcyonaires et éponges y foisonnent, et surtout les coraux Stylasteridae, *hydrozoaires aux couleurs vives qui, contrairement aux coraux de feu, ne vivent pas en symbiose avec des algues.*

280-281 De nombreux requins à pointes noires (Carcharhinus melanopterus) *nagent entre deux eaux : c'est une espèce commune des eaux peu profondes que l'on identifie aisément à la pointe noire, bordée par une bande blanche, de chacune de ses nageoires.*

280 en bas Un requin à pointe blanche (Carcharhinus albimarginatus) *nage dans le bleu. C'est une espèce qui vit aussi bien près des côtes qu'au large, voire à des profondeurs non négligeables. Attention, il est considéré comme potentiellement dangereux.*

281 en haut Une bande de requins gris (Carcharhinus amblyrhynchos) *au-dessus de la barrière. Le requin gris agresse parfois les plongeurs, mais il s'éloigne généralement après une simple morsure, provoquant des blessures qui ne sont pas mortelles.*

281 en bas Le couple de petits requins gris (Carcharhinus amblyrhynchos) *s'approche d'un air agressif du photographe, mais, si l'on en croit l'impassibilité des poissons alentours, le couple est sans doute davantage poussé par la curiosité.*

281 au centre Dans le décor de coraux et de petits poissons de barrière, le requin gris (Carcharhinus amblyrhynchos) *paraît immense. Même si ses intentions ne sont pas agressives, son aspect reste plutôt menaçant.*

soit, les requins gris de roche constituent l'attraction majeure de la passe de Tiputa. En général, on peut compter sur le passage d'au moins cinq familles de squales. Signalons notamment les grands requins-marteaux *(Sphyrna mokarran)* – leur taille atteint 4 à 6 mètres –, timides et inoffensifs, qui vivent à 40-50 mètres de profondeur. À l'inversion de la marée, lorsque le courant océanique pénètre dans le canal, vous pourrez y croiser de superbes requins à pointe blanche *(Carcharhinus albimarginatus)*. Les Polynésiens les appellent «Tapetee» et ils font partie de l'imaginaire culturel local : un corps musculeux, une peau dorée et brillante, une ligne idéale pour atteindre des vitesses extraordinaires. Les Tapetee affichent un comportement de prédateur beaucoup plus net que les requins gris. D'ailleurs, il est à la fois impressionnant et fascinant d'observer la manière dont ils enregistrent tout ce qui se passe autour d'eux et leur réaction immédiate à toutes les sollicitations. Sous les saillies et entre les fissures, vous dénicherez également de grands requins-nourrices et, plus haut, sur le banc corallien, des requins de roche à pointe blanche et à pointes noires.

Après le circuit de la passe et de la grotte aux requins, laissez-vous porter par le courant jusqu'à la lagune, que vous atteindrez en une trentaine de minutes. Si vous gardez les yeux grands ouverts, en scrutant l'horizon de tous côté, vous ne manquerez pas d'apercevoir les grandes raies mantas et les aigles de mer, qui nagent à contre-courant. Et avec un peu de chance, vous croiserez peut-être aussi un des grands requins-marteaux. L'excursion s'achève sur une petite île à l'intérieur de la lagune, dans les eaux cristallines qui regorgent de poissons coralliens du Pacifique. Le nom du site, baptisé «Aquarium», en dit long sur les merveilles qui vous attendent.

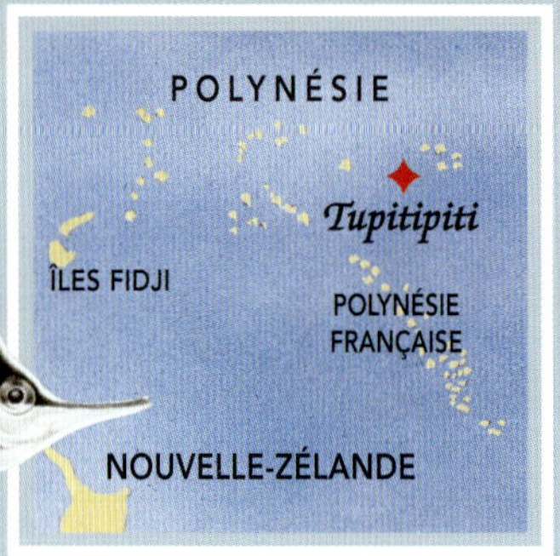

Textes et photographies Kurt Amsler. Illustrations Domitilla Müller

POLYNÉSIE - BORA BORA

TUPITIPITI

282 en haut L'atoll de Bora Bora, vu du ciel, est entouré par la mer bleu de cobalt qui contraste avec le vert émeraude de la lagune. Au bord de l'île, le bleu vire à nouveau à l'azur soutenu. Photographie Philippe Bachet.

282 en bas Le récif regorge de cavités et de saillies – c'est là que le courant est le plus fort, et ces zones constituent des milieux idéals pour les grandes gorgones.

Bora Bora est l'archipel le plus photographié de la Polynésie française. L'île principale, de 10 kilomètres de longueur, est entourée par une splendide lagune qui regorge de motu, le nom donné dans la région aux minuscules îlots. Bora Bora est elle-même entourée par un banc corallien qui permet en outre le seul passage vers la haute mer. Le symbole de l'île est sans aucun doute le volcan Otemanu, dont les 727 mètres d'altitude dominent les pentes recouvertes d'une végétation luxuriante, mais aussi la lagune aux couleurs changeantes. L'aéroport, construit par les Américains pendant la Seconde

Guerre mondiale, se trouve sur une île voisine. C'est à Bora Bora que s'est développé le tourisme de la Polynésie française qui, aujourd'hui, comme c'est souvent le cas, se traduit par la présence de nombreux hôtels, restaurants et boutiques.

À Bora Bora, on plonge dans la lagune et sur le banc de corail externe, ce qui permet de ne pas dépendre des conditions météo ou de l'état de la mer. La lagune, très poissonneuse, constitue

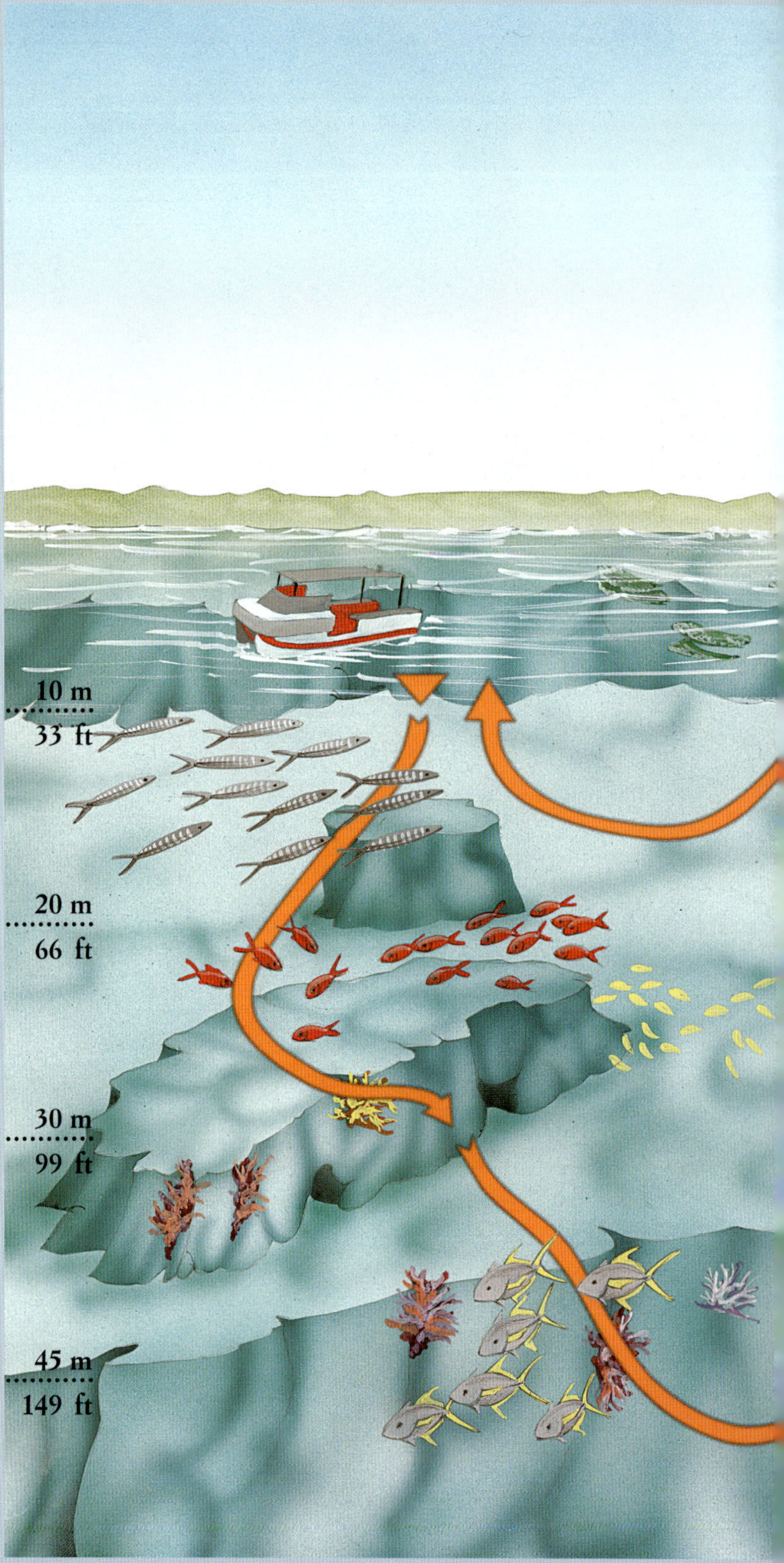

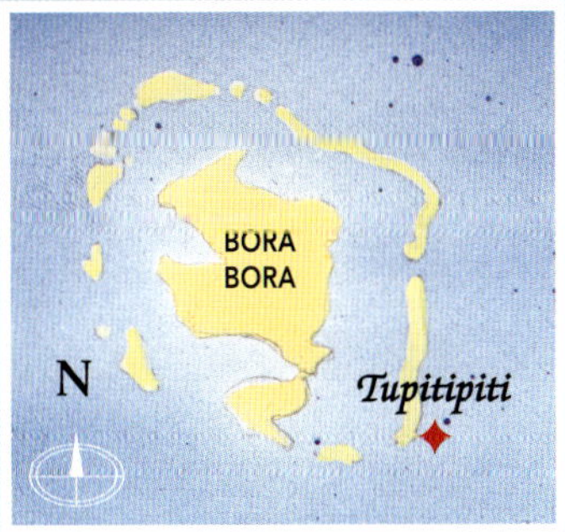

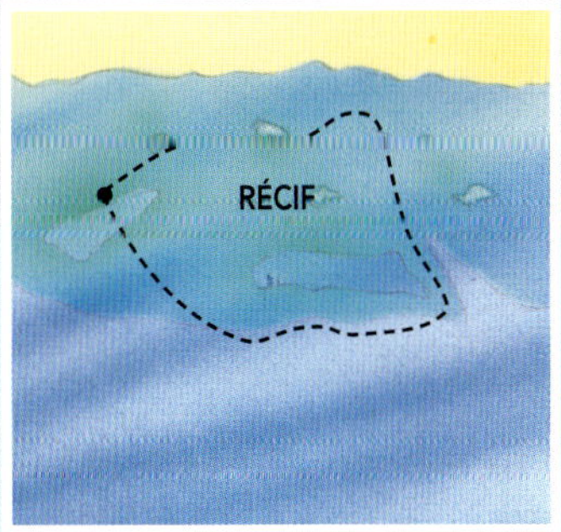

FICHE TECHNIQUE

PROFONDEUR MAXIMALE :
45 mètres

PÉRIODE CONSEILLÉE :
de décembre à avril

DIFFICULTÉ :
plongeurs expérimentés

POINTS FORTS :
requins-marteaux

VISIBILITÉ :
autour de 40 mètres

COURANT :
fort

l'habitat naturel d'innombrables raies mantas, qui la fréquentent toute l'année. Assister à leur ballet est accessible aux débutants, alors qu'il faut davantage d'expérience pour aller nager sur les bancs coralliens.

Le spot de Tupitipiti est situé exactement à l'angle sud-est, juste sur le banc de corail externe. Le seul canal qui permet de sortir de l'énorme lagune pour rejoindre la mer coupe l'atoll en diagonale, ce qui donne une traversée en barque relativement longue. Vous devrez également tenir compte de la direction du vent. Lorsqu'il souffle de l'est, les lames s'abattent sur le banc de corail et l'immersion est impossible; lorsqu'il souffle du sud, l'excursion est moins agréable, mais il est quand même possible de plonger. C'est lorsque le vent souffle du nord ou de l'ouest que les conditions sont les meilleures.

La topographie du spot est spectaculaire : le banc corallien, dont certaines portions s'élèvent au-dessus de l'eau, plonge d'abord en surplomb jusqu'à 10 mètres de profondeur; il est suivi d'un haut plateau assez plat, où les gigantesques éboulis de rochers indiquent la voie pour atteindre le tombant à proprement parler. Celui-ci mérite pleinement son nom car les parois descendent à la verticale à une profondeur vertigineuse. En général, l'eau y est cristalline et, lorsque le soleil brille, le paysage sous-marin offre un contraste intense avec le bleu profond de la haute mer.

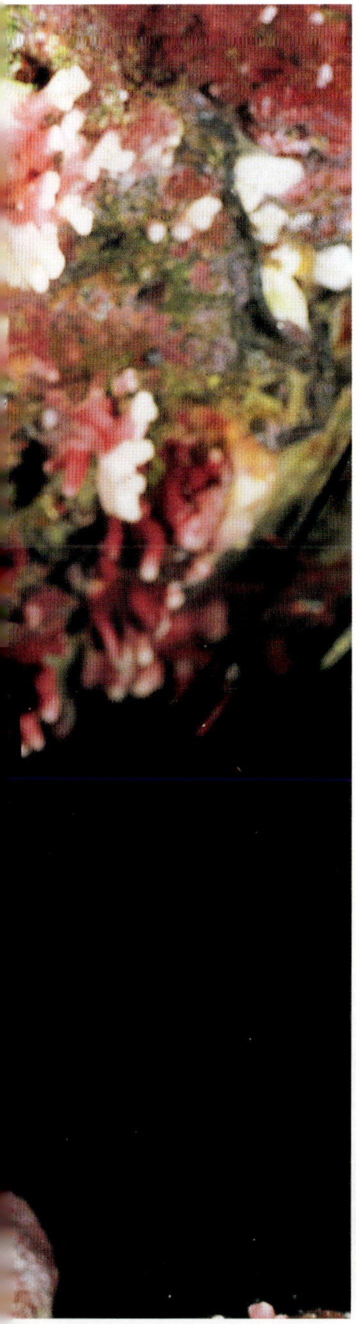

Quand les eaux sont calmes, il est possible de mouiller l'embarcation près de l'un des gros blocs de roche et de plonger dans le courant. C'est plus commode dans la mesure où vous pouvez ainsi nager sans devoir revenir à la barque. Le site se distingue notamment par le fait qu'il est accessible aux plongeurs de tous niveaux : les débutants exploreront la zone de surface, tandis que les plus expérimentés s'élanceront vers les profondeurs. Par ailleurs, son grand attrait réside dans les grottes ornées de coraux multicolores qui s'ouvrent à 45 mètres environ. Pour les moins aguerris, toutefois, les sorties situées le long du bord du banc corallien, à 20-30 mètres, ou directement entre les éboulis du plateau possèdent aussi beaucoup d'attraits. Entre les fissures et les saillies brillent des couleurs chatoyantes, et vous y apercevrez de nombreuses espèces marines. Dans tous les cas, ne vous séparez pas de votre torche. La topographie idéale des lieux permet de respecter à la lettre les canons de la plongée, qui veulent que l'on explore d'abord les hautes profondeurs. Pour compléter l'expérience, nagez également le long des saillies, vers les 10 mètres.

Le site offre une extraordinaire variété de coraux, notamment du genre *Distichopora* aux couleurs diverses. Toutes les saillies sont recouvertes de petits rameaux de ces coraux, plus particulièrement dans leur variété de couleur violette *(Distichopora violacea)*. Des coraux plus épais, de toutes les nuances, se développent à 35 mètres de profondeur ou dans les grottes du tombant. De par la position du banc corallien externe, mais aussi parce que le site est situé dans l'angle sud-est, c'est-à-dire particulièrement exposé au courant, les grands poissons pélagiques sont toujours présents. Sur le haut plateau ou sous les saillies, à faible profondeur, on croise ainsi des requins à pointe blanche et des requins de roche à pointes noires.

Si vous regardez vers le large depuis le bord du banc corallien, vous apercevrez à coup sûr de grands bancs de carangues gros-yeux, dont le corps réfléchit les lueurs argentées de l'eau cristalline. Vous croiserez aussi le requin-marteau, au demeurant plutôt rare dans cette région de la Polynésie française. C'est aussi ici, notamment sur les roches du haut plateau, que vivent des barracudas de dimensions très respectables. En novembre et en décembre, on peut apercevoir de gigantesques bancs de balistes. Enfin, en toute saison, vous pouvez également espérer croiser des raies mantas et des aigles de mer ; s'il est impossible de prévoir leur passage, ces fiers habitants des mers évoluent sur toute l'étendue de l'atoll et ne font pas de pause en un point précis ou dans la lagune interne. Toutefois, avec un peu de chance, vous serez peut-être au bon endroit au bon moment pour jouir du passage d'une bande d'aigles de mer ou d'une splendide manta géante.

284-285 Autour d'une murène (Gymnothorax flavimarginatus), *dissimulée dans une cavité, les branches des coraux s'attachent au rocher.*

285 à gauche en haut Un rocher proche de la surface, couvert de gorgones et autres invertébrés, évoque une tablette désordonnée.

285 à gauche au centre Un banc compact de vivaneaux à raie bleue (Lutjanus kasmira) *sur le récif.*

285 à gauche en bas Un groupe de poissons-cochers (Heniochus diphreutes).

285 à droite en haut Des requins à pointes noires (Carcharhinus melanopterus) *sont entourés d'une nuée de vivaneaux et de nombreux autres poissons. Les squales ne montrent aucune agressivité, et ils ne représentent aucun danger pour les petits poissons.*

285 à droite en bas Quatre grands rémoras se laissent transporter par une raie manta. Le rémora s'accroche à son hôte par une ventouse située sur le dos et qui correspond à un prolongement de son épine dorsale.

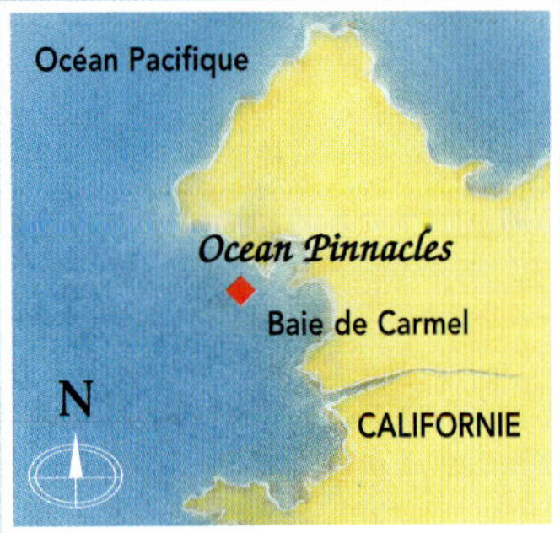

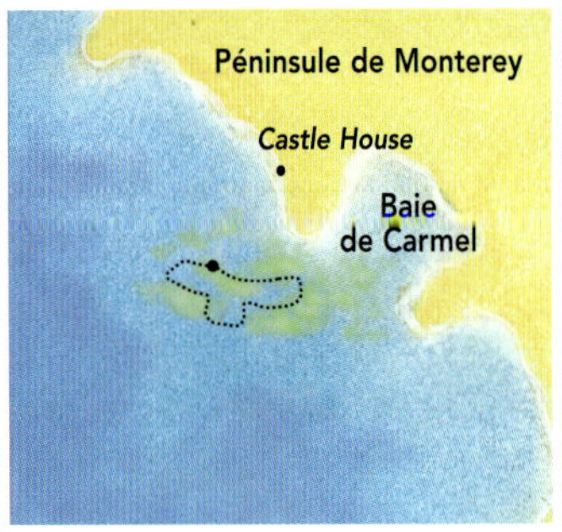

Textes et photographies Brandon Cole

FICHE TECHNIQUE

Profondeur maximale :
30 mètres

Période conseillée :
été et automne

Difficulté :
moyenne à élevée

Points forts :
hydrocoraux et forêts
de laminaires

Visibilité :
en automne, 10 à 25 mètres

Courant :
moyen à fort

Illustrations Aurora Antico

CALIFORNIE CARMEL BAY

OCEAN PINNACLES

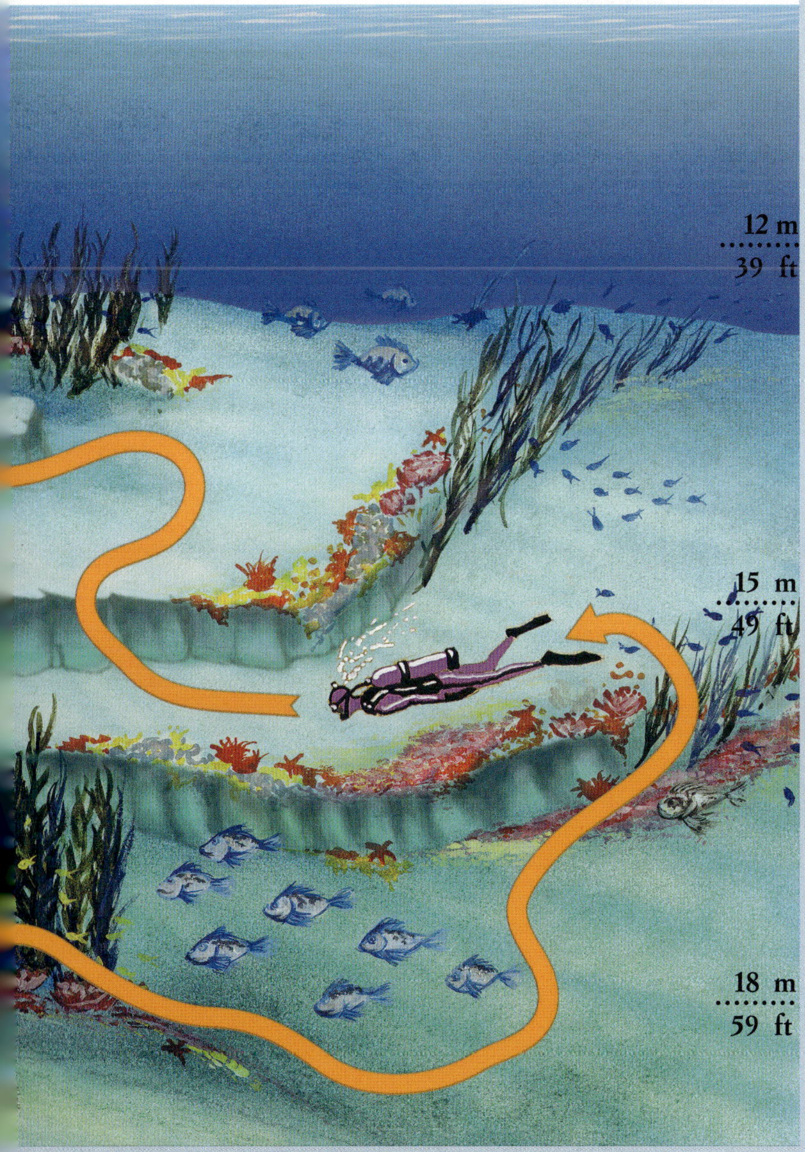

Ocean Pinnacles est considéré comme l'un des premiers sites de plongée de la Californie. À un mille de la péninsule de Monterey, il se compose d'une chaîne de montagnes sous-marines qui se distinguent par la luxuriance de la forêt de kelp – de longues algues laminaires – qui jaillit de pics accidentés depuis plus de 30 mètres de profondeur.

C'est une belle journée de septembre, sans vent – juste une légère houle – et j'ai mouillé mon petit bateau gonflable douze-mètres au-dessus d'une crête qui s'élève à l'ouest des pinacles les moins profonds et dont les couronnes affleurent à 4 mètres en dessous de la surface de l'eau. En exécutant un boulé arrière, je me laisse glisser au cœur d'une véritable nuée de méduses. L'eau fraîche – 12 à 13 °C – en est gorgée, et les plus grosses, qui pulsent dans le courant, arborent des nuances violettes et blanches, avec plus de 30 cm de diamètre et des tentacules frangés qui traînent jusqu'à quelque 3 mètres en arrière. Les plus petites, des milliers d'individus de la taille d'un dé à coudre, exécutent autour de moi une danse chaotique.

La myriade de couleurs et de mouvements au sommet du récif m'incite à descendre encore davantage. Je continue jusqu'à 15 mètres en longeant le bord d'un canyon aux parois abruptes tapissées de touffes vivement colorées d'hydrocoraux. Superbes dans leur livrée violette, rose, rouge ou orange, les hydrocoraux apprécient particulièrement les récifs de pleine mer comme ceux de la baie de Carmel, baignés par des eaux

287 en haut et en bas Deux rencontres remarquables à Ocean Pinnacles : une exceptionnelle méduse lumineuse (Pelagia noctiluca), *en haut, et une étoile de mer-tournesol* (Pycnopodia helianthiodes), *en bas.*

288 à gauche en bas Visiteur sporadique d'Ocean Pinnacles, le grand poisson-lune (Mola mola) *peut peser jusqu'à 2 tonnes !*

288 à droite Un épais banc de sardines (Sardinia pilchardus) *évolue dans la forêt de kelp* (Laminaria) *qui prospère à Ocean Pinnacles.*

288 à gauche en haut Cypraea spadicea*, caractéristique des eaux californiennes, privilégie les milieux rocheux jusqu'à 50 mètres de profondeur.*

288-289 À l'intérieur de la forêt de kelp, un plongeur explore le récif aux couleurs intenses : dès les premières brasses, on observe des colonies de coraux Allopora californica *et une actinie (en bas à droite).*

propres et riches en éléments nutritifs. Dans les délicats entrelacs, je déniche un bernard-l'ermite *(Eupagurus bernardus)*, de superbes limaces de mer du genre *Callisotoma*, de petits serpents *Ophiuroidea* et de petites rascasses californiennes *(Scorpaena guttata)* ou encore des poissons géants du kelp *(Heterostichus rostratus)*.

En plongeant dans un canal de sable à 25 mètres, j'aperçois des flets *(Pleuronectes flesus)* et une énorme étoile de mer-tournesol *(Pycnopodia helianthoides)* à treize bras. En remontant vers l'est, pour observer la paroi du tombant, je croise une morue-lingue *(Ophiodon elongatus)* perchée sur un rebord à 18 mètres. Avec son impressionnante mâchoire, ce prédateur de près d'un mètre de longueur surveille avidement les ombres alentours. Tout près, un poisson épineux *(Hemilepidotus spinosus)* mâle repose sa grosse tête plate sur un amas d'œufs verts. C'est un fier protecteur de sa couvée, et il ne cille même pas alors que je règle mon zoom sur son horrible profil.

Inutile de tenter de repérer une partie du rocher qui ne soit pas déjà occupée. Des bryozoaires, des tuniciers et des éponges aux couleurs vives se partagent le substrat avec la versatile anémone-fraise *(Corynactis californica)*. Je tente de prendre un cliché d'un crabe décorateur *(Dorripe frascone)* qui grimpe depuis une colonie d'anémones roses et enjambe une barricade de bernaches. Le crabe arbore une tenue de camouflage qui le confond avec les touffes d'hydroïdes plumeux. Les bars rayés *(Morone saxatilis)* et les morues-lingues tracent dans le tapis de laminaires. Les nudibranches sont partout : « zestes de citron » *(Tochuina tetraquetra)*, « châles espagnols » *(Flabellina iodinea)*, dendronotes et un doris qui pont des spirales d'œufs. Il y a aussi des coraux en coupe, des vers plumeaux *(Eudistylia polymorpha)*, des anémones roses à taches blanches *(Urticina lofotensis)* et des algues coralliennes en abondance.

Au niveau des 45 minutes, je remonte pour mon palier de sécurité. Les rayons de soleil filtrent à travers la canopée de la forêt de kelp, et j'ai l'impression d'évoluer dans une cathédrale. Un escadron de deux cents sébastes bleus *(Sebastes mystinus)* plane à côté de moi parmi les tiges majestueuses du kelp. Je consacre les dernières minutes à regarder vers le large. Par le passé, en plongeant, j'y ai aperçu des otaries bruyantes, des poissons-lunes, voire, une fois, un requin bleu. Les Pinnacles regorgent en effet de surprises.

L'accès aux Ocean Pinnacles n'est possible que par bateau. De nombreuses compagnies proposent des excursions régulières sur le spot, mais lorsque les conditions le permettent. Si vous possédez votre propre bateau, vous pouvez partir du Breakwater de Monterey (un long parcours de 16 kilomètres, assez accidenté) ou de Whaler's Cove dans la réserve de Point Lobos (plus court, mais il faut réserver à l'avance auprès des autorités du parc). En été, les Pinnacles, que l'on peut apercevoir de Castle House et sa tour carrée, sont envahis par le kelp. Le meilleur moment pour plonger est en été et en automne, notamment après la diminution de la floraison estivale du plancton, et la visibilité varie entre 10 et 25 mètres. En raison de la profondeur, des courants et des lames de fond, les Ocean Pinnacles sont plutôt réservés aux plongeurs moyens à expérimentés. Signalons un autre spot extraordinaire, les Outer Pinnacles, 400 mètres plus au sud.

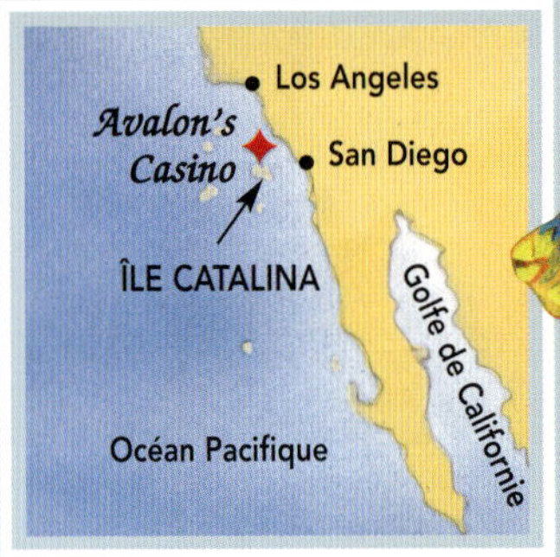

Textes et photographies Vincenzo Paolillo

CALIFORNIE - CATALINA

AVALON'S CASINO POINT DIVE PARK

Catalina est une île de l'océan Pacifique qui fait face à la côte californienne, à mi-chemin entre Los Angeles et San Diego. Elle est gérée par la Santa Catalina Island Conservancy, une fondation dont la mission est de préserver l'île et son milieu naturel. Une petite partie du territoire est occupée par Avalon, un centre résidentiel extrêmement moderne dévolu au tourisme nautique, à la voile et à la plongée. Sur la rive ouest de la baie d'Avalon, devant le petit casino, on a protégé une zone de 200 à 300 mètres sur 50 mètres où sont exclus la pêche

290 à gauche Dans ces eaux, il est très courant de croiser des otaries.

290 à droite L'hôte habituel des forêts de kelp, une grande algue laminaire, véritable symbole de cette mer, est le poisson Garibaldi (Hypsypops rubicundus).
Photographie Gianfranco D'Amato.

et la circulation ou le stationnement des bateaux. Casino Point Dive Park présente par conséquent un intérêt extrême pour les plongeurs.

Endossez les bouteilles sur la place devant le casino, enjambez le parapet et descendez sur les rochers vers la mer. Attention, les rochers sont glissants et les petites vagues du ressac sont assez fortes. Pour compliquer les choses, vous ne descendez pas réellement dans l'eau, mais dans une forêt des plus touffues pour vous retrouver au

Illustrations Domitilla Müller

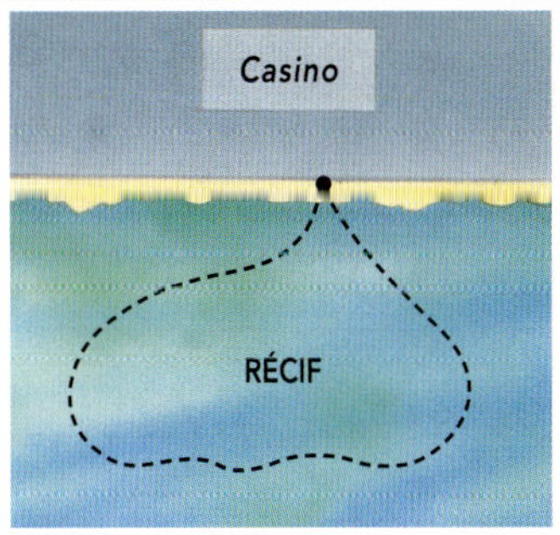

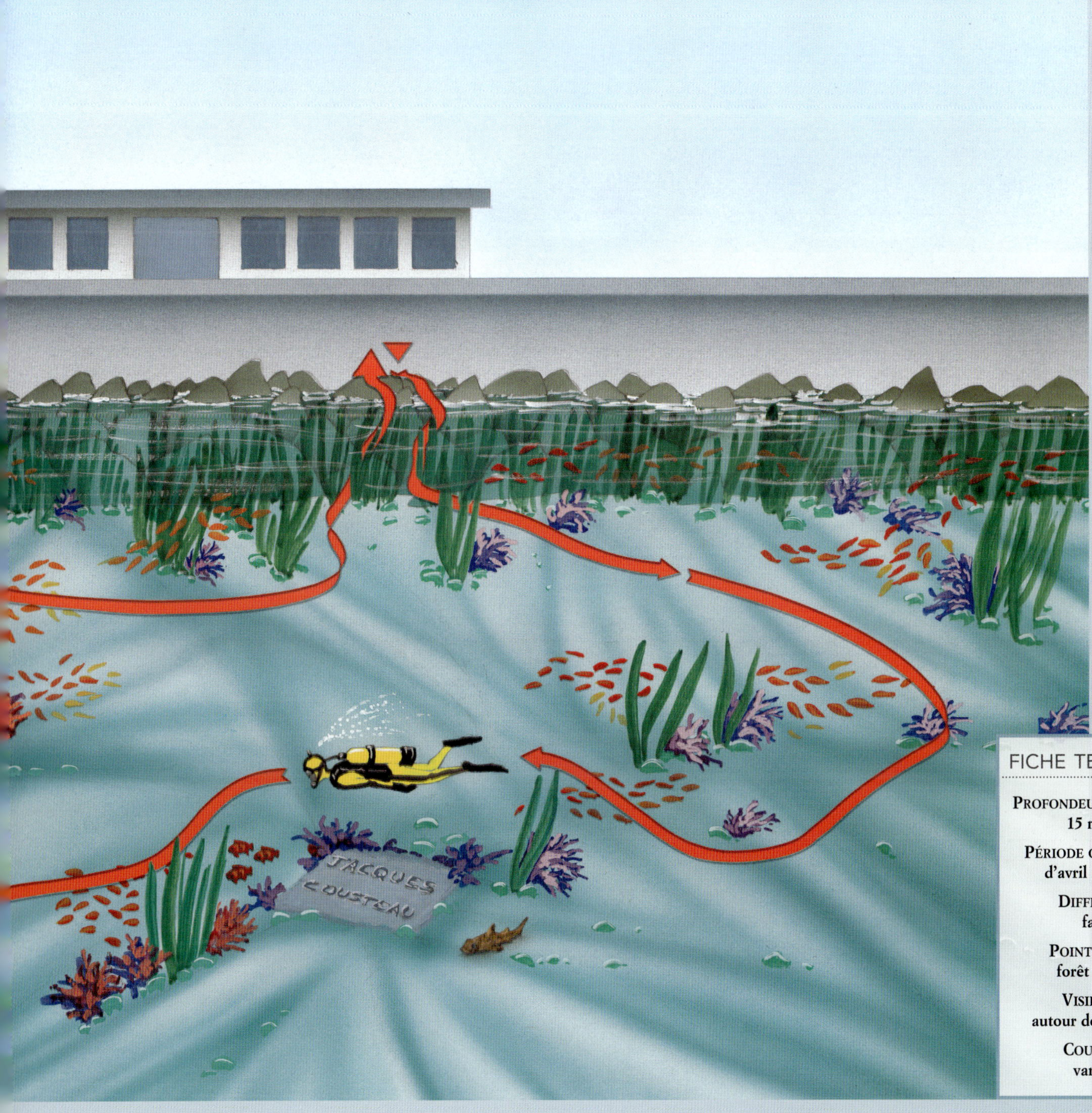

FICHE TECHNIQUE

Profondeur maximale :
15 mètres

Période conseillée :
d'avril à octobre

Difficulté :
facile

Points forts :
forêt de kelp

Visibilité :
autour de 20 mètres

Courant :
variable

292 à gauche en haut Les circuits de ce spot se distinguent par trois couleurs : le vert du kelp, le rouge des poissons Garibaldi, l'orange des gorgones.

beau milieu du kelp, cette algue brune géante *(Macrocystis pyrifera)* dont les immenses frondes, d'ailleurs plutôt vertes, se redressent grâce à son insolite dispositif de petites vésicules remplies de gaz. La roche descend à pic sur 7-8 mètres, et les algues du fond parviennent à la surface, ne laissant pratiquement pas un seul centimètre inoccupé entre la rive rocheuse et l'eau.

Glissez-vous entre les algues qui vous entourent, au point de vous empêcher de nager, et avancez sur une dizaine de mètres, jusqu'à ce que la forêt s'éclaircisse et que vous puissiez descendre plus bas pour jouir alors pleinement du spectacle des frondaisons. À travers les frondes, les rayons du soleil qui proviennent de la surface composent de superbes jeux de lumière dans lesquels dansent des quantités époustouflantes de poissons.

Citons d'abord le merveilleux poisson Garibaldi, un pomacentridé *(Hypsypops rubicundus)* qui atteint jusqu'à 30 cm de longueur, célèbre pour sa livrée rouge orangé qui tranche vivement sur le fond vert des algues. Les jeunes Garibaldi sont encore plus beaux lorsqu'ils se parent de marbrures bleues et de petites taches sur la livrée de la même couleur.

Continuez rapidement jusqu'à moins 15 mètres, en restant sur la droite. Au pied des algues poussent de superbes gorgones et, si vous avancez un peu vers le large, vous apercevrez une plaque en hommage à Jacques Cousteau et l'épave d'une barque. Tout autour, les énormes rameaux du kelp abritent d'autres poissons Garibaldi et des bancs de grogneurs *(Anisotremus davidsoni)*. C'est aussi là qu'on croise le bar du kelp *(Paralobrax clathratus)*, lequel, ventre clair, dos tacheté de gris et yeux du plus beau vert qui soit, apprécie l'environnement des frondes. De même que la «tête de chèvre de Californie» *(Semiconyphys pulcher)*, très colorée, avec une tête carrée et une dentition affûtée menaçante, toujours en mouvement et très inquiétante.

Il n'est pas non plus inhabituel de se heurter à un banc serré de pilchards du Chili *(Sardinops sagax)* ou de croiser une otarie curieuse qui, abandonnant le port d'Avalon, se mêle au groupe des plongeurs. Sur les roches du fond, vous découvrirez des gobies à bande bleue (*Lythrypmus dalli*), au corps orange et à la tête indigo, des gobies-zèbres (*Lythrypmus zebra*), aux caractéristiques faisceaux de couleur alternés, d'étonnantes langoustes, des rascasses, des crevettes et des crabes.

Enfin, il suffit d'un peu d'attention pour rencontrer un requin dormeur cornu (*Heterodontus francisci*), le plus petit des squales, avec 40 à 50 centimètres, de couleur gris-brun et piqueté de taches sombres sur tout le corps. Ne vous laissez pas prendre à son apparente immobilité et n'essayez pas de le toucher; son dos s'orne, sur le devant des deux nageoires, d'un petit aiguillon extrêmement acéré.

L'excursion ne suit pas un circuit précis, ne serait-ce que parce que le milieu dans lequel vous évoluerez est assez limité. Il faut revenir sur vos pas pour sortir de l'eau. N'essayez cependant pas de remonter directement à la surface avant de regagner la berge car vous risquez de sortir de la zone protégée et de vous heurter à l'un des bateaux à moteur qui croisent dans la région, et dont les grondements sont les seules perturbations de ce petit paradis.

292 à gauche en bas Souvent, au beau milieu du kelp, vous apercevrez des bancs tournoyants de calicagères grises (Kyphosus analogus).

292 à droite en haut Entre les rochers, il est possible de dénicher sans trop de peine des murènes de Californie (Gymnotorax mordax).

292 à droite en bas Le dormeur cornu (Heterodontus francisci), *le plus petit de tous les requins, ainsi nommé en raison des deux aiguillons placés juste avant les deux nageoires dorsales, atteint difficilement 50 centimètres de longueur.*

293 à gauche Les frondes du kelp restent érigées par un système composé de nombreuses petites vésicules remplies de gaz qui les soutiennent dans l'eau.

293 à droite Au pied des imposantes algues brunes du kelp (Macrocystis pyrifera) *– dont la coloration est en fait plutôt verdâtre – poussent de splendides gorgones à fouet.*

Textes et photographies Vincenzo Paolillo.

GALÁPAGOS - ISABELLA
ROCA REDONDA

À une vingtaine de kilomètres de la pointe septentrionale de la plus grande île des Galápagos, Isabella, au milieu d'une mer d'un bleu intense, émerge un gros rocher en forme de parallélépipède baptisé Roca Redonda. Les otaries, qui durant la journée dorment près de l'eau ou jouent devant les barques, parviennent, le soir, à grimper sur les parois très raides, pour passer la nuit sur le rocher. Sa position au milieu de la mer en fait un site privilégié de rencontres pour de nombreuses espèces pélagiques. Le côté nord est généralement plus fréquenté par les requins-marteaux, et, sur le côté sud, vous serez le témoin d'un phénomène

294 en haut Le poisson-arlequin (Bodianus eclancheri) *arbore des livrées aux couleurs voyantes, parmi lesquelles dominent, selon les cas, le rouge, le jaune et le blanc.*

294 en bas Roca Redonda est une formation en parallélépipède qui émerge comme un mirage entre les vagues du Pacifique.

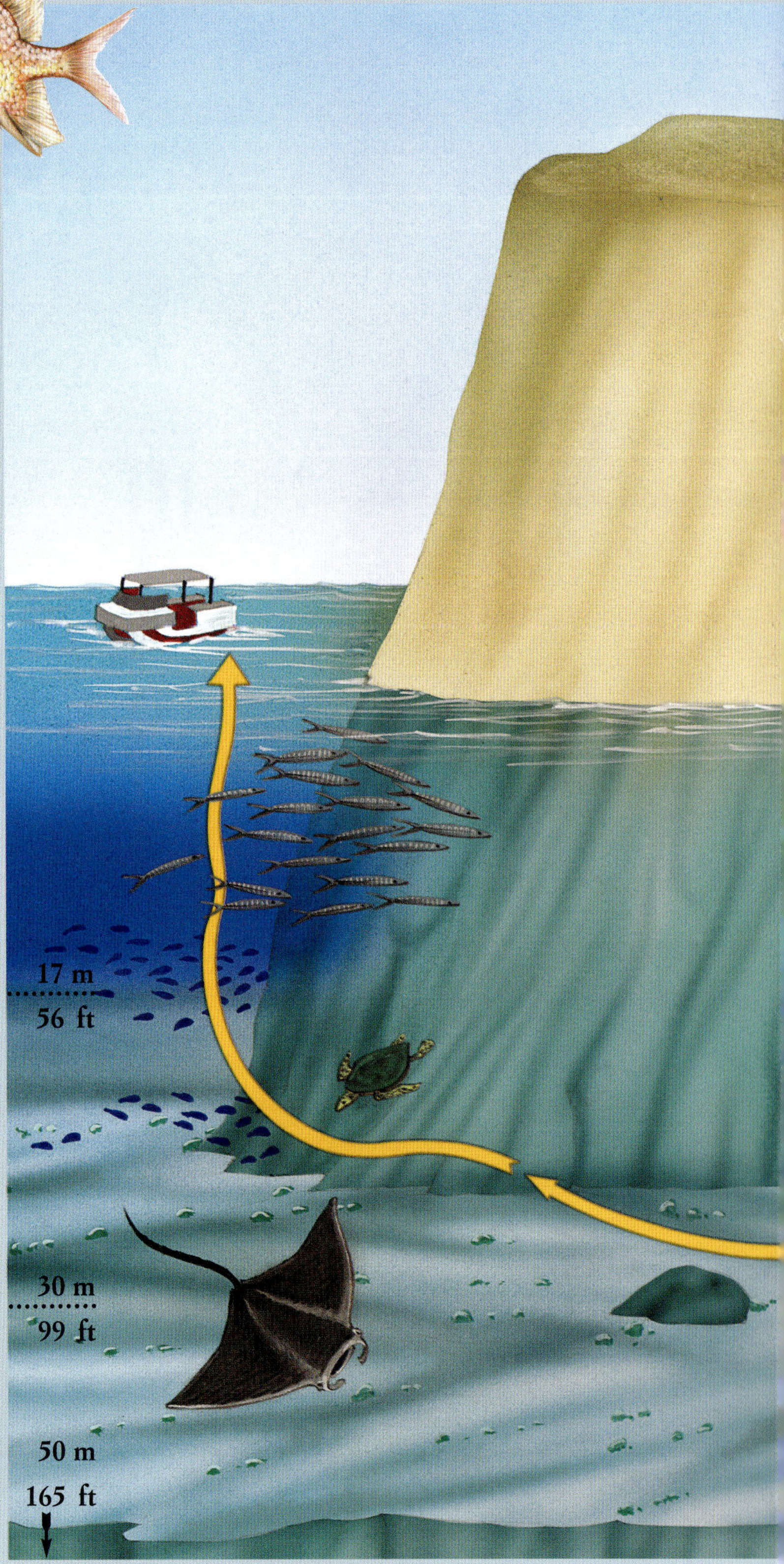

Illustrations Domitilla Müller

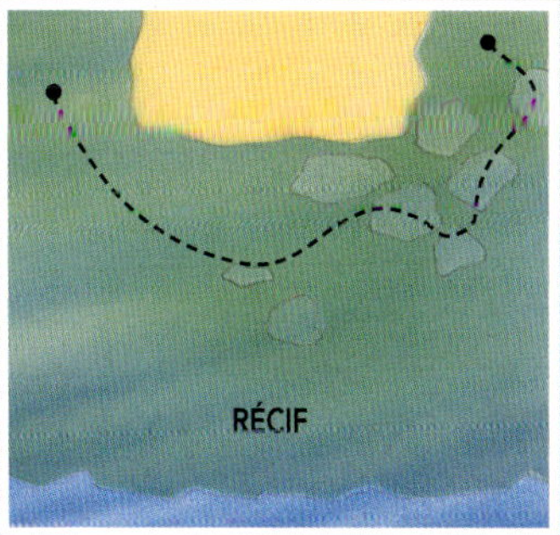

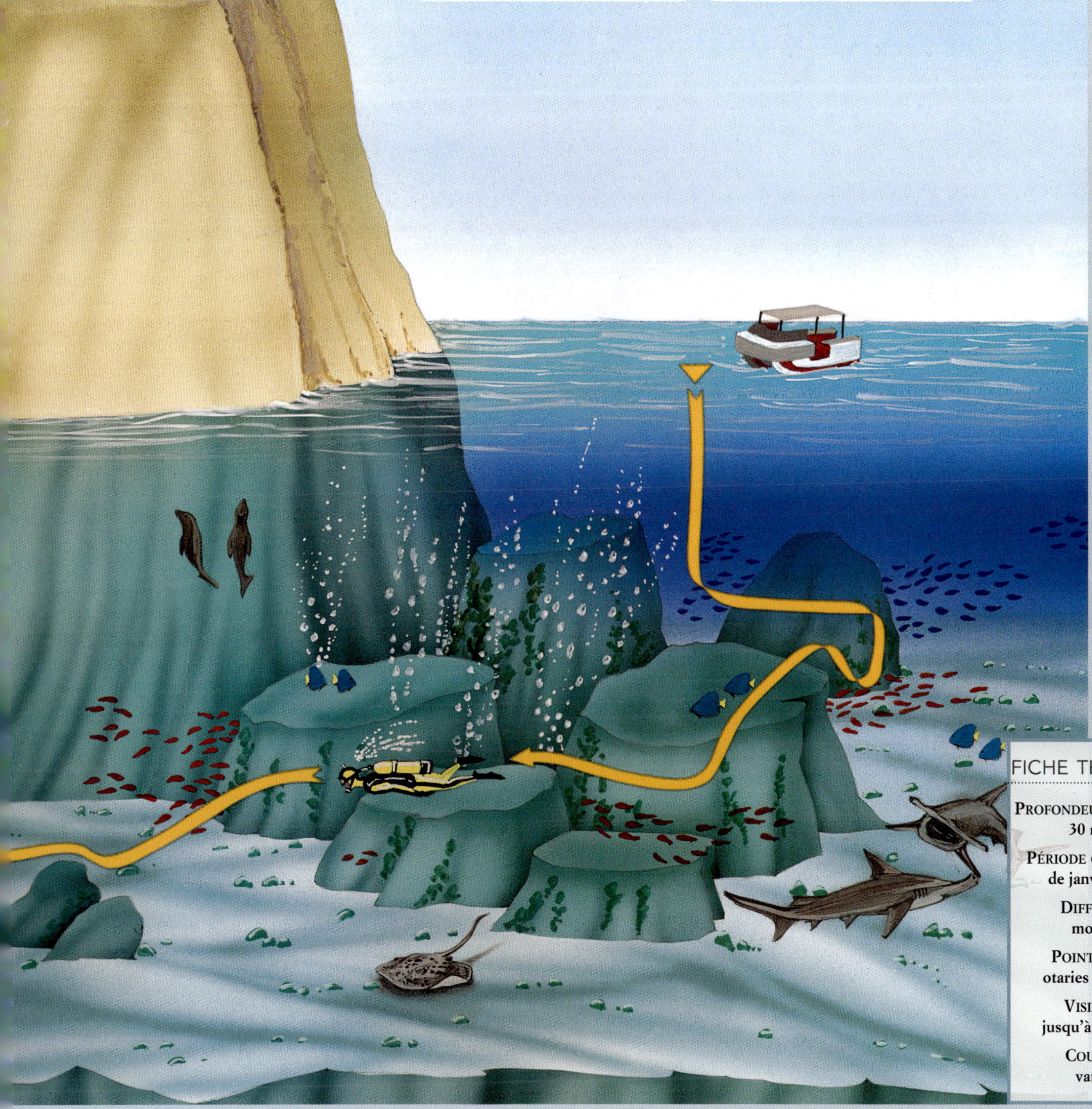

FICHE TECHNIQUE

Profondeur maximale :
30 mètres

Période conseillée :
de janvier à mai

Difficulté :
moyenne

Points forts :
otaries et requins

Visibilité :
jusqu'à 30 mètres

Courant :
variable

296 à droite en haut *Le long des parois de Roca Redonda, on rencontre de nombreux requins-marteaux halicornes* (Sphyrna lewinii).

296 à droite en bas *Cette rascasse spectaculaire est entourée de castagnoles rouges.*

296-297 *Très joueuses, les otaries font des compagnes de jeu très appréciées des plongeurs. C'est sans doute le moment qui procure le plus d'émotion lors de cette sortie.*

296 à gauche en haut *À certains endroits, l'eau adopte des nuances bleu-vert qui mettent en valeur les couleurs des gorgones.*

296 à gauche au centre *Probablement dérangée par le photographe, cette tortue verte* (Chelonia mydas) *va quitter sa cachette à l'intérieur du récif.*

296 à gauche en bas *Le mérou-cuir* (Dermatolepis dermatolepis) *est un hôte courant des Galápagos.*

insolite que nous évoquons plus loin. Si vous plongez du côté est, vous arriverez sur d'énormes rochers couverts d'algues, très appréciées des otaries, nombreuses et curieuses. Or si vous poursuivez votre chemin sans prendre le temps de les observer, les otaries réclameront votre attention à coups d'aboiements et de plongeons, comme si elles voulaient jouer avec vous. Au milieu des rochers, vous apercevrez également une extraordinaire quantité de poissons migrateurs ou sédentaires, même si la concentration n'a rien à voir avec les eaux plus calmes de l'archipel : idoles des Maures ou poissons-porte-enseigne *(Zanclus comitus)*, mérous gris à taches blanches *(Dermatolepis dermatolepis)*, bancs de grogneurs à œil doré *(Haemulon scuderi)*, poissons-chirurgiens à queue jaune *(Prionurus laticlavius)* et, partout, les étonnants poissons-arlequins *(Bodianus eclancheri)* à la livrée jaune et rouge.

Pour assister au curieux phénomène mentionné plus haut, continuez à palmer du côté sud. Là, de grosses bulles d'eau chaude remontent du fond, lentement, jusqu'à la surface : une marque de l'activité volcanique qui perdure dans cette région. Ensuite, les roches se font plus rares, et le fond sur lequel s'appuie le rocher de Roca Redonda descend lentement, depuis moins 17 mètres jusqu'au large. À cet endroit, vous dénicherez une énorme raie manta de passage, une tortue verte qui déambule, une raie, marbrée *(Taeniura meyeri)* ou épineuse *(Dasyatis breus)*, qui repose paresseusement sur le fond et ne s'éloigne que lorsqu'on la dérange. Au bord de la chute, vous remarquerez de splendides rameaux de corail noir, à la coloration verdâtre, entre lesquels évoluent de nombreux poissons.

Lorsque vous arrivez enfin à la pointe ouest, avec une paroi qui descend à pic jusqu'à 20 mètres de profondeur pour décliner ensuite doucement vers le large, vous observerez certainement l'énorme banc de barracudas *(Sphyraena idiastes)* qui stationne dans ces eaux, comme appuyé à la roche. Les dimensions des barracudas ne sont pas aussi imposantes que dans les autres mers (comme à Sipadan), mais leur nombre et leur aspect restent impressionnants.

S'il vous reste encore assez d'air, avant de remonter dans la barque qui vous attend au-dessus de la pointe, jetez un dernier regard vers le fond pour dénicher les murènes, les poissons-ballons, les rascasses et, souvent, des poissons-demoiselles de dimensions et couleurs inhabituelles.

INDEX DES NOMS PROPRES

Les folios en *italique* renvoient à des légendes d'illustrations, les folios en **gras** aux chapitres de référence.

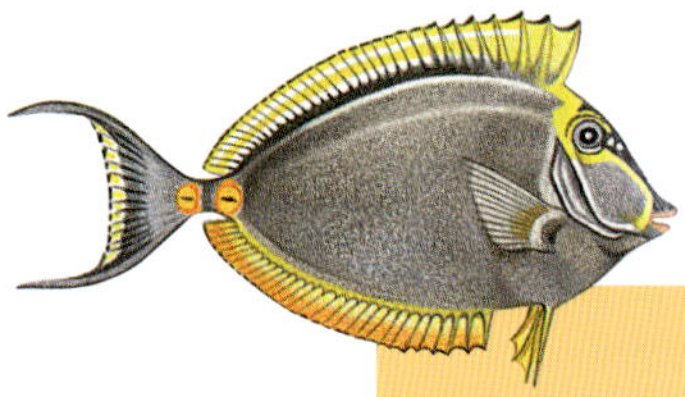

300 Les fonds de Ras Umm Sid, à quelques centaines de mètres du port de Charm el-Moya, en mer Rouge, sont particulièrement riches et fascinants.

Édition française

Paris (France)
Nouvelle édition revue et augmentée

Traduction : Hélène Tordo

ISBN-13 : 978-88-6112 028 0
Dépôt légal : avril 2007